I0391812

LE

PAUSANIAS FRANÇAIS;

Salon de 1806.

Je déclare que je poursuivrai devant les Tribunaux, tout Contrefacteur, Distributeur ou Débitant d'Éditions contrefaites. En conséquence, deux Exemplaires de cet Ouvrage ont été déposés à la Bibliothèque impériale.

Paris, ce 15 Octobre 1806.

Buisson

DE L'IMPRIMERIE DE DEMONVILLE.

LE
PAUSANIAS FRANÇAIS;

ÉTAT DES ARTS DU DESSIN EN FRANCE,

A L'OUVERTURE DU XIXe SIÈCLE:

Salon de 1806.

OUVRAGE dans lequel les Principales Productions de l'École actuelle sont classées, expliquées, analysées, à l'aide d'un Commentaire exact, raisonné; et représentées dans une suite de Dessins exécutés et gravés par les plus habiles Artistes.

On y a joint quelques *Portraits*, gravés au trait, de Grands Artistes vivans, avec des Notices historiques et inédites, concernant leur Personne et leurs Ouvrages.

PUBLIÉ PAR UN OBSERVATEUR IMPARTIAL.

Quelquefois du bon or je distingue le faux.
BOILEAU.

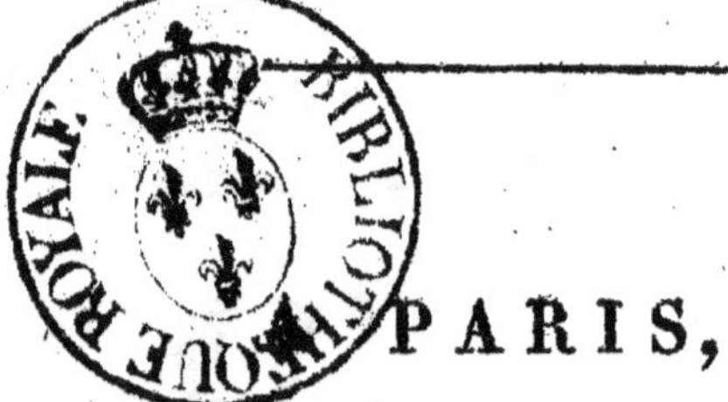

PARIS,

CHEZ F. BUISSON, Libraire-Éditeur, rue Gît-le-Cœur, n°. 10, ci-devant rue Hautefeuille, n°s 20 et 23.

1806.

AVANT-PROPOS.

PAUSANIAS a décrit les Tableaux, les Statues et les principaux Monumens de la Grèce : son Ouvrage est, un des plus précieux trésors de l'Antiquité. Cet Auteur, plein de la grandeur de son sujet, suppose qu'une Divinité lui apparut un jour et lui en inspira la pensée : et nous aussi, nous pourrions feindre une apparition du Génie des Arts et de la Gloire Française. Mais un Avant-Propos n'admet point ces brillantes Prosopopées : il faut parler à la raison et sur-tout à l'intérêt du Lecteur.

Cet Ouvrage, comme on le voit par son titre, n'est pas circonscrit dans un spectacle du moment : il embrasse de plus vastes et sur-tout de plus utiles considérations.

L'ouverture du Dix-Neuvième Siècle sera à jamais mémorable. Quel est à cette époque l'état des Arts du Dessin en France ? Vont-ils conserver, agrandir, ou perdre leur supériorité aujourd'hui reconnue en Europe? Tel est le problème que nos Artistes (je ne parle que des Artistes vraiment dignes de ce nom), doivent résoudre par des succès.

Les Siècles marqués des noms de Périclès,

d'Alexandre, des Médicis, de François Ier, de Louis XIV enfin, virent s'enflammer et s'éteindre avec eux le flambeau des Arts. Lorsqu'il s'allume à celui de la Gloire, quel doit être son éclat! La durée en égalera-t-elle la vivacité?

Quelles que soient désormais les destinées des Arts en France, il importe d'en reconnaître et d'en constater le point de départ le plus brillant. Nous nous proposons d'en être les Historiens : Pausanias remplit cette tâche pour la Grèce, Vasari pour l'Italie, Félibien pour les Siècles de François Ier et de Louis XIV : nous espérons la remplir pour le Siècle de Napoléon Ier.

Nous commençons par présenter l'examen des Productions des Arts exposées au Salon, parce que c'est là que les Arts tiennent, pour ainsi dire, par assises, leurs États Généraux. Cependant nous sommes loin de penser que tout ce qu'il y a de recommandable, se trouve compris entre quatre murs de galerie. Nous franchirons donc cette enceinte, et nos excursions, sans fatiguer le Lecteur, auront pour but de lui faire embrasser, d'un coup-d'œil rapide et général, tout l'horizon des Arts. Nous devons ici le prévenir que nous multiplierons les résultats sans multiplier les Volumes.

Après avoir indiqué le but de l'Ouvrage, il reste à faire connaître nos moyens et nos principes. De longues Études, et des relations vastes et multipliées, semblent assurer que nos promesses ne seront pas illusoires. La Première Livraison sera publiée, au plus tard, le 30 de ce mois (Septembre), et sera précédée d'une rapide Introduction, dans laquelle on suivra la marche des Arts depuis les Grecs jusqu'à nos jours, en signalant les principes de leur prospérité et de leur décadence. Si nous nous enveloppons du voile de l'anonyme, c'est dans l'intention de garder une impartialité plus indépendante.

Une beauté exclusive ne fermera pas nos yeux à d'autres beautés. Lorsqu'en parlant à Voltaire, on disait de quelqu'un : « C'est un Homme d'esprit. — De quel esprit ? » répondait Voltaire. Cela peut s'appliquer à tout, et aux Tableaux principalement. En effet, les uns brillent par la beauté de la Composition, les autres par celle de l'Expression : tel Maître se fait remarquer par le Dessin, tel autre par son Coloris ; celui-ci par l'entente du Clair-obscur, etc. Nous chercherons à distinguer, à faire ressortir le mérite propre de chacun ; nous indiquerons, avec égards, les parties qui lui manquent. La Critique doit être le Flambeau de Minerve et non la Torche de la Discorde.

Le mérite de la Pensée sera à nos yeux le premier de tous ; et pour assigner les traits du Beau, il nous suffira de reconnaître ceux de la Nature et de la Vérité.

Cet Ouvrage paraîtra par Cahiers, deux fois par semaine, à commencer, au plus tard, du 10 Octobre 1806, et il sera totalement terminé le 20 Novembre suivant. Chaque Cahier sera composé de 32 pages (plus ou moins) *in*-8° de Texte, grande justification, imprimé sur beaux caractères neufs de cicéro Didot, avec des Notes de petit romain, et sur papier grand-raisin fin d'Auvergne.

Chaque Cahier sera aussi orné de *plusieurs Gravures*, de manière que le nombre en sera de *trente* au moins pour l'Ouvrage complet. Les Dessins, exécutés et gravés par les plus habiles Artistes, représenteront les *Principaux Ouvrages* exposés au Salon en 1806, avec quelques *Portraits* gravés au trait, de Grands Artistes vivans.

Le prix de la Souscription, pour les *quinze Cahiers*, rendus *francs de Port par la Poste*, dans tout l'Empire français, est de *quinze francs*. En papier velin, *trente francs*. Passé le 10 Novembre, le prix sera de 18 *francs et de* 33 *francs* pour les Personnes qui n'auront pas souscrit avant cette époque.

Pour les Pays *hors de France*, on paiera (jusqu'au 10 Novembre) *dix sept francs*, par rapport au *double port* que la Poste exige. En papier vélin, *trente-quatre francs*.

L'Argent et la Lettre d'Avis, doivent être *affranchis*, et adressés A PARIS, à F. BUISSON, Libraire, *rue Gît-le-Cœur*, n°. 10.

On souscrit aussi chez tous *les Libraires*, *Marchands d'Estampes et de Tableaux*, *et chez les Directeurs des Postes de la France et de l'Étranger*.

Pour éviter les frais de l'*affranchissement* de l'Argent par la Poste, on pourra envoyer l'Argent par un Mandat sur un Banquier ou Maison de Commerce de Paris, ou bien un Mandat du Receveur de la Ville, sur l'Agence des *Receveurs-Généraux des Départemens*, établie *à Paris*, *Place Vendôme*, N°. 7.

LE PAUSANIAS FRANÇAIS.

Salon de 1806.

INTRODUCTION.

Considérations Générales et rapides sur la marche des Arts du Dessin, et sur les Causes de leurs Progrès et de leur Décadence, depuis les Grecs jusqu'à nos jours.

Nous n'afficherons point ici un vain étalage d'Érudition; elle est souvent voisine de l'ennui et de l'inutilité. Mais comment arriver au Salon moderne sans traverser les deux Musées (1), et comment parler dignement de l'École Française, si on ne remonte pas jusqu'aux Écoles-Mères? En un mot, les Productions du Génie Grec,

(1) Nous n'avons pas la prétention de décrire les Chefs-d'œuvre qu'ils renferment; nous nous bornons à indiquer les principes dont ils sont le résultat. Nous avons moins pour objet de satisfaire une vaine curiosité que de servir l'Art lui-même.

considérées comme Types originaux, celles du talent de l'Italie, considérées, soit sous le rapport de l'Invention, soit sous celui de l'Imitation, ont été pour l'École Française, comme des sources abondantes dont elle n'a cessé de dériver de nombreux ruisseaux.

Cependant cette Imitation, malgré tous ses avantages, a son écueil et son danger. On cesse d'être soi ; les Ouvrages n'ont plus le cachet de l'originalité ; ils s'altèrent à force d'être jettés dans le moule des copies.

Le premier miroir a réfléchi l'image de la Nature ; mais cette image sacrée s'affaiblit en se multipliant par des reflets dégradés dans une suite de glaces moins pures et qui finissent par n'offrir que des objets infidèles et confus. La Nature choisie doit être le premier modèle de l'Artiste ; elle est avant les Maîtres, ou plutôt c'est elle qui les fait.

Tels étaient les principes de ces Grecs qu'on imite tous les jours, parce qu'eux-mêmes n'ont imité que la Nature.

Telle est la première cause de leur supériorité dans les Arts du Dessin ; la Vérité fut leur objet ; la Simplicité, leur moyen. Ils exprimèrent beaucoup avec peu.

Ils subordonnèrent toujours l'Expressionau Caractère, à l'Unité ; ils bannirent de toutes leurs compositions la recherche et l'exagération ; ils furent naïfs avec sublimité, élégans avec négligence, et toujours grands sans effort, riches avec économie, ils surent (en les tempérant l'une par l'autre) concilier l'imagination la plus vive et la raison la plus exacte; ils reconnurent enfin que le désordre des passions même avait ses lois.

Le mérite de la Pensée ou de la réflexion se fait toujours profondément sentir dans toutes les compositions des Grecs; mais cette Pensée n'est pas un de ces résultats métaphysiques et froids que présentent trop souvent les Modernes, elle les rejette au contraire, elle marche et touche au but par la route la plus rapide et la plus sûre, c'est-à-dire par l'Imitation la plus simple à la fois, et la plus complète de la Nature.

On a prêté aux Grecs un système *scientifique*; non, ils n'eurent jamais un tel système. Les modernes seuls ont créé et le mot et la chose. Ils ont dit: nous avons *composé* un Poëme, un Tableau, une Statue; les Anciens disaient: nous avons *observé*, nous avons imité, exécuté. Poussons jusqu'au bout ce raisonnement: certes, Homère, Sophocle, Euripide, Ménandre, Aristophane n'inventèrent point les caractères qu'ils ont tracés: ils les observèrent, ils les traduisirent. Les Peintres, les Sculpteurs tels qu'Apelle et Phidias, ne firent point autre chose. L'histoire même nous a transmis les noms des hommes ou des femmes dont ils firent les portraits, et que les érudits seuls, qui connaissent tout, excepté la Nature, ont quelquefois mis au rang des beautés idéales.

Ce qui est idéal pour nous, ne l'était point pour les Grecs. Placés sous une latitude favorisée de la Nature et où se trouvent encore aujourd'hui les plus beaux types de l'espèce humaine, ils furent assez heureux pour compléter ce premier bienfait par celui des institutions les plus propres à développer le physique et le moral.

Le comble de l'Art est de remonter jusqu'à la Nature, et la Science la plus parfaite est celle de l'exprimer. Le Problême le plus difficile à résoudre, est celui de rendre une Nature infinie avec des moyens bornés.

Les Grecs, pour y réussir, employèrent l'Analyse et le Temps; l'Analyse qui rend compte de tout, le Temps qui mène à tout. On connaît les Traités des Grecs sur les Arts d'Imagination. Nul Peuple ne sut mieux les ramener à la Raison; un coup-d'œil sur la Langue Grecque suffit pour s'en convaincre; c'est la plus analytique de toutes les Langues. Dès qu'il s'agit de classer et d'ordonner les Idées, on est obligé d'en emprunter aux Grecs l'Expression. Les principes de l'Art Statuaire, de la Peinture et de l'Architecture, furent les mêmes que ceux de la Poétique et de l'Art Oratoire; il en résulta dans des genres divers des Chef-d'œuvres égaux. Cela est si vrai, qu'Aristote, pour rendre compte dans sa Rhétorique de l'énumération des parties, se sert d'une comparaison tirée de l'Architecture. Après avoir rappelé le Système du *Pycnostyle*, ou des colonnes serrées : De même, dit-il, que l'œil alors est porté à juger de l'étendue par la multiplicité des parties, de même l'esprit croit voir une chose s'agrandir par l'énumération des détails.

Cette méthode d'analyse s'appliquait également aux moyens employés. Et cela explique pourquoi ces Artistes supprimaient les petits détails, pourquoi ils subordonnaient les accessoires, pourquoi ils préféraient le développement des grandes lignes, pourquoi, en un seul mot, occupés à ne point distraire l'attention, ils coordonnaient tous les effets particuliers à l'effet général, et n'admettaient qu'une variété sobre, toujours dominée par ce grand et irrésistible principe de l'unité.

Mais qui leur avait révélé cet Art ? Je ne cesserai de le répéter, c'était la Nature elle-même. Nous en sommes venus au point de ne pouvoir revenir à la Nature que par de profondes méditations. Cette longanimité fut encore un des premiers mérites des Grecs.

Ils composèrent donc leurs ouvrages d'abord avec le génie de l'observation, et ensuite avec le temps.

Protogène employa sept années à la composition de l'Ialysus, (c'était un Tableau d'une seule figure.) Trois Sculpteurs se réunirent pour nous donner le Laocoon; c'est le monument de leur vie.

Résumons : l'étude de la Nature, le climat et les institutions qui en facilitaient le développement, l'instruction ou la philosophie dont le flambeau éclairait les Arts : telles furent les causes de l'inaccessible supériorité des Grecs ; ils purent observer une belle Nature, et ils l'observèrent. Non-seulement ils eurent sous les yeux, et ils copièrent les plus belles formes, mais encore ils surent retracer les nuances qui séparaient les âges, les caractères, les conditions, les situations ; ils reconnurent d'ailleurs qu'il y avait un point difficile et aussi fugitif à saisir que le passage du soleil au méridien, dans chaque espèce de beauté relative. En effet, dans les âges comme dans les situations, il existe un moment dont le Génie seul peut s'emparer, et qui contient pour ainsi dire en lui-même le germe le plus fécond, et l'expression la plus complète. La difficulté consiste à le reconnaître, et à ne le point confondre avec ce qui suit ou ce qui précède ; ce qui précède est une ébauche, ce qui suit est une altération. En pressant cette idée, on trouvera que ce qu'on appelle l'*idéal*, n'est autre chose que la Nature, mais la Nature saisie dans le point précis de sa perfection.

Peut-être ces observations doivent-elles être restreintes à l'imitation de la Nature humaine :

il paraît qu'elles ne sont pas toujours applicables au système mythologique. Les Poëtes et les Prêtres entraînèrent les Artistes dans d'autres routes : ils ont alors quitté la terre ; nous ne pouvons les suivre dans une sphère inconnue.

On n'a considéré le principe de l'unité que dans le rapport des détails à l'ensemble : les Grecs ont établi dans toutes leurs compositions l'unité de l'action. Chacun de leurs Personnages ne fait exactement que ce qu'il doit faire, et c'est ainsi qu'un homme sensé ne dit que ce qu'il doit dire. Il nous semble que de ce principe résulte irrésistiblement la conclusion, que les Grecs n'eurent aucun système, puisque la Nature n'en a aucun, et que leur principal mérite consiste à avoir toujours surpris et saisi la Nature sur le fait.

Les exemples sont sous les yeux. Les Statues rassemblées dans le Musée Napoléon rendent témoignage de la vérité de cette Observation. Toutes les poses sont simples, naturelles ; tous les contours sont vrais, toutes les physionomies sont pures ; les Dieux même y sont des hommes d'une beauté achevée ; la Nature y respire partout : malheur à qui la trouve idéale. J'aime à croire, et je sens alors avec orgueil que je suis Homme, j'aime à croire qu'il a existé des êtres aussi parfaits ; j'en retrouve d'ailleurs les types primitifs, et dans l'Orient, et dans la Grèce elle-même, où ils ne sont pas encore entièrement altérés. Quel est l'Artiste qui n'a point admiré vingt fois la beauté particulière et imposante des hommes et des femmes de l'Ionie, de l'Archipel, d'une partie du territoire de l'antique Phocée ?

Et depuis qu'en France on a cessé de garotter l'enfance par les doubles liens des langes et des préjugés ; depuis que les femmes de la plus simple condition ont adopté des vêtemens qui font valoir les formes en les protégeant, l'amélioration, je dirais presque la beauté de la population Française est remarquable : bientôt nos Artistes n'auront plus à envier aux Grecs les modèles du beau, et doublement heureux, ils les trouveront au sein de leur patrie et dans leurs familles. Je connais un Artiste qui, pénétré de ce principe, surprend et dessine au sein de nos assemblées publiques, le plus souvent même dans nos carrefours et sur les routes, des figures qu'il place sur des vases à la manière de ceux d'Herculanum : il conserve leurs traits, leur pose, quelquefois même leurs vêtemens ; on les prend alors pour des Antiques, et ce sont des modèles vivans que nous voyons tous les jours.

Il est probable que chez les Grecs la Peinture allait de pair avec la Sculpture : les règles de l'analogie et le voisinage de ces deux Arts mènent à cette conclusion : mais la main dévorante du temps, et la fureur des Barbares ont détruit les Monumens précieux qui auraient pu nous mettre à même de juger, avec certitude, de la perfection de la Peinture Grecque. On convient, en général, que les Peintres Grecs avaient une connaissance profonde du Dessin, et qu'ils possédaient au plus haut degré le talent de l'Expression.

Les prétentions des Modernes qui se flattent de l'emporter dans le Coloris, dans la Perspective, dans l'Art de peindre les Animaux et les Paysages, ne nous paraissent point généralement fondées; et pour ne parler que du Coloris, Pline regrettait sous Auguste la vérité et la simplicité de couleurs employées par les premiers Peintres, et se plaignait de ce qu'un vain éclat et le luxe d'un Coloris factice, avaient corrompu la Peinture. Les Artistes péchèrent presque toujours contre la perspective, mais quelquefois avec sentiment et par raison, comme on le voit dans les bas-reliefs de la colonne Trajane. La Vache de Miron, les Chevaux de Phidias, attestent combien ils savaient donner de vérité à la représentation des Animaux. Ceux qui surent imiter si savamment la Nature dans ses ouvrages les plus parfaits, n'échouèrent pas sans doute dans la représentation des parties les moins difficiles à saisir; et comme ils n'abandonnèrent jamais le fil de l'observation et de l'analyse, ils durent sortir sans peine de tous les labyrinthes de l'Art.

Le Tableau ancien de la Noce Aldobrandine, que Le Poussin étudia avec une attention et une assiduité particulières, les Dessins du Carrache et du Guide, d'après les Peintures anciennes, celles qu'on a tirées d'Herculanum, enfin les imitations reproduites sur les vases étrusques et dans la collection de Tischbein, tout nous atteste que les Peintres rendaient les différentes scènes avec la même simplicité, la même vérité que les Statuaires. Point d'écarts de l'imagination; ce que nous appelons *hardiesse*, *enthousiasme*, etc. était appelé chez les Grecs *extravagance*; tout était soumis à la raison : en un mot, les attitudes et les mouvemens dont la violence, le feu et l'impétuosité sont incompatibles avec la grandeur calme, étaient regardés par les Grecs comme défectueux, et ce défaut s'appelait *parenthyrsis*.

Terminons par les réflexions de Winkelmann : « Le goût et la manière des Artistes modernes « les plus célèbres, sont directement opposés à « cette admirable méthode. Ils choisissent sur- « tout les attitudes les plus hardies, et veulent « toujours exprimer les efforts les plus extraor- « dinaires du sentiment et de l'action. Ils font « sur-tout beaucoup d'usage du contraste, qu'ils « regardent comme la perfection de l'Art. Si nos « Artistes pouvaient se livrer sans contrainte à ce « goût mal entendu, ils ne représenteraient dans « leurs Statues et dans leurs Tableaux que des « Ajax ou des Capanées.

« Il n'y a que les Grands-Maîtres qui excellent « dans la représentation des mouvemens tran- « quilles de l'ame, les hommes médiocres réus-

« sissent mieux à exprimer les passions violentes. »

Il resterait à parler de l'Architecture des Grecs; mais ici les principes ne sont point contestés. La magnifique unité et la noble élégance du style Grec, semblent l'emporter sur l'austère majesté, sur la grandeur tranquille, imposante du style Egyptien, et sur l'énergique âpreté du style Etrusque. C'est aux Grecs que l'Architecture doit les types les plus purs, les formes les plus achevées, les lignes les plus parfaites; c'est-là que tous les détails sont coordonnés à l'ensemble, comme les rayons à un centre; c'est-là où les Grecs se montrent plus qu'ailleurs grands et simples; ils conservèrent sans cesse le sentiment du Beau et du Vrai, qui constituent le Génie, et des convenances qui constituent le Goût.

Chez les Romains, tous les grands travaux dans les Arts furent exécutés par des Etrusques et par des Grecs; cependant, comme dans cette orgueilleuse cité les Artistes étaient au rang des Esclaves (1), leur génie s'altéra. Il y eut encore dans les Monumens de la grandeur, mais elle confinait à l'exagération : quelque chose de la dureté du caractère Romain transpire dans l'exécution de leurs Statues. Le luxe fit disparaître la simplicité; il n'y eut presqu'alors aucune production qui ne fût chargée d'ornemens su-

(1) Chez les Grecs, au contraire, une loi interdisait aux Esclaves la culture des Arts Libéraux.

perflus, et c'est ainsi qu'on arrive à la barbarie. Ce fut la profusion des ornemens, la bizarrerie, les licences de tout genre, et enfin l'absence des règles qui perdirent l'Architecture elle-même. Mais destinée à embellir la ville éternelle, l'Architecture participa en quelque chose à toute la Grandeur Romaine. En effet, de quelle admiration ne nous frappe point la magnificence et la multiplicité de ces Monumens, ces aqueducs qui apportaient à Rome le tribut des fleuves; ces chemins qui liaient tout l'Univers à l'Empire; ces arcs de triomphe chargés de trophées; ces cirques, ces théâtres, ces hippodromes, ces naumachies, ces thermes, ces palais, ces mausolées, ces obélisques, ces pyramides, ces colonnes gigantesques, ce Capitole, cette multitude de Temples, cette foule de Statues, toute cette pompe, tout cet orgueil d'un peuple usurpateur du Monde! La beauté du ciseau Grec se conserva jusqu'à Adrien, et s'effaça dans le bas Empire.

Les conquêtes asiatiques, qui introduisirent l'esprit de l'orient, et le délire de quelques Empereurs, tournèrent ce luxe public vers un faste personnel. Ainsi, selon l'expression de Pline, les Palais égalèrent des Villes en étendue. On connaît celle des thermes de Dioclétien, de la Villa Adriani, du Palais d'or de Néron. On érigea à ce dernier des Statues colossales; on le peignit dans les proportions de soixante pieds de haut, l'adulation exagéra encore par la suite ces exagérations.

Lorsque l'Art dépasse ainsi les limites de la Nature, il touche à sa décadence et se précipite lui-même vers sa ruine.

La Barbarie se déborda comme une m[illegible] sans rivages. Ici l'Histoire n'offre plus que de[illegible] [illegible]acunes et des déserts.

Dans ce naufrage universel des connaissances humaines, un faible fanal en éclaira et servit à en sauver quelques débris. Ces étincelles du flambeau des Arts avaient été conservées en Italie, et furent ranimées par les Grecs fugitifs de Constantinople.

Ainsi se préparait la renaissance éclatante des Arts. Il faut ajouter que les guerres même de l'Italie, que la rivalité de ses Républiques, leur commerce, leur richesse, leur puissance, excitèrent, comme autrefois en Grèce, tous les esprits à tenter de grandes choses. Les Monumens des Arts antiques subsistaient encore et leur parlaient éloquemment ; ils entendirent cette voix puissante; et il est à observer que les Arts du Dessin, les Sciences, la Philosophie et les Lettres semblèrent alors se donner la main et s'avancer de front. N'oublions jamais que leur réunion fut toujours le principe de leurs succès, soit particuliers, soit généraux.

La Tradition des Arts d'Athènes avait donc été conservée par les Grecs du bas Empire ; mais la diversité des institutions, le malheur des tems, et sur-tout la création de l'Empire d'Orient; d'un côté l'influence Asiatique, et de l'autre les rapports avec les Barbares de l'Occident durent altérer et altérèrent en effet les principes des Beaux Arts. De là ce mélange de tous les styles. On vit s'imprimer tour-à-tour sur toutes les productions le cachet, tantôt du caractère oriental, et tantôt de la septentrionale gothicité.

Placée sous une Latitude mitoyenne, et pressée, pour ainsi dire, entre ces génies si divers, l'Italie conserva sous leur double empire quelques restes de la saine doctrine; mais cependant elle n'échappa point entièrement aux chaînes de la barbarie qui s'étendaient sur toute l'Europe. Elle ne put les rompre dans son premier essor. Ainsi s'expliquent les beautés et les défauts également inaccessibles pour nous, des premiers Poëtes (1) et des premiers Peintres (2) de l'Italie moderne. La naïveté et la grossièreté, la force et la rudesse, dominent à-la-fois dans les compositions de cette époque. La profonde mélancolie des mœurs, et quelque chose de l'austérité des cloîtres s'y fait sentir; les Temples, les Statues, les Tableaux, les Poëmes même ressemblent à cette Architecture gothique, grande et mesquine, uniforme et incorrecte,

(1) Le Dante.

(2) Cimabué, Giotto, Mazaccio.

aux détails menus et grêles, à l'ensemble pyramidal et gigantesque qui plaît à-la-fois et épouvante.

Les Médicis exercèrent une grande influence; mais dans les circonstances et dans les lieux les plus favorables à la développer. Ils furent grands avec et par leur Siècle, et cet âge aurait pu être grand sans eux. La Paix, leur paternel Gouvernement, recueillirent et firent germer toutes les semences généreuses que de grands et tumultueux événemens avaient jetées, et comme violemment répandues dans les esprits susceptibles de les recevoir.

Un des plus extraordinaires Génies de l'Ecole de Florence, Michel-Ange, étale cette vérité dans tous ses Ouvrages; et en général c'est le caractère de toute cette Ecole, soit par un effet du climat et des institutions, soit par un principe d'imitation, Sculpture, Peinture, Architecture, tout fut ramené à des formes grandes, sévères, et quelquefois outrées.

Gardons-nous cependant de trop généraliser ce principe. Quel pinceau eut plus de suavité, de naturel et de graces que celui de Léonard de Vinci, qui de la même main touchait la lyre comme Orphée, et maniait le compas comme Archimède! L'admiration se mêle à un effroi religieux, en contemplant ce talent si éminent et si universel. Ah! les hommes de ce grand Siècle, me disait un Artiste qui suit de près Léonard dans ses enchanteresses compositions, les hommes de ce grand Siècle sont des Géants armés de pied en cap; et lorsque par hasard, nous trouvons aujourd'hui la moindre pièce de leur armure, nous nous en couvrons tout entiers.

Léonard de Vinci fut un de ces Artistes penseurs qui ramènent tout l'Art à la Nature et à la Vérité. Toutes les figures de ce Peintre ont du relief, de la vie et de l'expression; elles respirent je ne sais quel charme mélancolique. Son Coloris a cette dernière teinte, et ce défaut n'est point sans attraits. Il nous est difficile de bien apprécier ce grand maître. Nous ne possédons qu'un petit nombre de ses Tableaux, et ils portent l'empreinte des ravages du temps. C'est sur le grand Théâtre de la Peinture à Fresque, comme dans un champ vaste, qu'il a donné carrière à tout son Génie.

En comparant ces grands Peintres aux grands Poëtes de l'Antiquité, on retrouvera en quelque sorte Eschyle dans Michel-Ange, Euripide dans Léonard de Vinci, et Sophocle dans le Peintre de l'Ecole romaine, dans l'inimitable Raphaël. (1). Ainsi se partagent entre ces grands hommes, et à des degrés différens, la force, le sentiment, l'élégance.

L'Ecole de Florence eut la gloire de précéder

---

(1) Cependant Le Poussin disait : « Comparé aux Modernes, Raphaël est un Dieu. Comparé aux Anciens, ce n'est qu'un Homme.

et de former les autres Ecoles. L'énergie du Dessin et de l'Expression fut son caractère distinctif ; la Grace et le Naturel appartinrent à d'autres.

A l'époque de la rénovation des Arts, le goût des premiers Artistes avait été, ainsi qu'il arrive toujours dans les commencemens, simple et naturel. Tel avait été le caractère du Cimabué et du Giotto ; tel fut celui du Mazaccio. Michel-Ange, par la violence de son génie, précipita tout-à-coup cette Ecole vers l'exagération. Cette marche est ordinaire, mais elle est plus ou moins rapide. Le cercle à parcourir est rempli par des degrés intermédiaires. Il fallut des Siècles pour amener les Grecs à cette révolution, par ce que la même nature, les mêmes idées, la même tradition soutenaient constamment leurs efforts ; mais lorsqu'au lieu de prendre ses imitations dans la Nature, l'Art les prend dans l'Art même, je m'explique ; lorsque ce n'est plus le sentiment ou la raison, mais la manière d'un Maître que l'on suit, quelque mérite qu'il ait d'ailleurs, on outre, on dépasse les limites, et d'écarts en écarts, on se trouve bientôt hors de la véritable route.

Si le Dessin donne la forme aux êtres, c'est le Coloris qui leur donne la vie. Ce principe sembla inspirer l'Ecole Vénitienne, et à son exemple celle de la Flandre. Les deux plus grands Coloristes qui aient jamais existé, sont le Titien et Rubens, quoiqu'ils aient employé des Méthodes différentes. Ils furent tous deux

Poëtes dans leurs compositions : mais le Titien fut plus correct ; il dessina quelquefois comme Raphaël, et il peignit comme la Nature. Rubens fit trop souvent violence au Dessin, et abusa étrangement de l'Allégorie ; mais quel talent que celui qui sait couvrir de pareilles absurdités, et qui s'est absous à force d'expression, de chaleur, de magie dans le Coloris. Cette partie de l'Art a autant de séduction que de difficulté ; cependant l'Artiste qui ne posséderait point au même degré les autres parties, n'obtiendra jamais qu'une première place dans le second rang.

L'Ecole Romaine eut raison de regarder comme le premier de tous le mérite de la composition et de la correction du Dessin : ainsi pensait le grand Raphaël. Il paraît que les Anciens eux-mêmes se guidaient d'après cette opinion. Raphaël, qui les avait imités, et qui s'était élevé par divers degrés jusqu'au sommet de l'Art, en voulant aller au-delà, aurait tenté un effort inutile ; en effet, la Transfiguration, regardée comme son chef-d'œuvre, parce que c'est son dernier Tableau, n'offre peut-être pas la sublimité de ses Fresques. La mort l'arrêta au milieu de sa course : il voulait concilier les principes des diverses Ecoles, et en un mot réunir et tourner tous les moyens de l'Art vers l'imitation la plus parfaite de la Nature.

Plus favorisés aujourd'hui sous le rapport des moyens d'instruction, nos Artistes ne sont pas réduits à s'introduire, par surprise, dans l'atelier des Maîtres de l'Art (1), à chercher péniblement, à grands frais et au loin, les chef-d'œuvres de l'Antiquité, à voyager enfin d'écoles en écoles, à surprendre pour ainsi dire un à un les secrets de la Peinture, et à s'initier ainsi lentement (2) à ses profonds mystères. Le Génie a rassemblé pour eux sous l'égide et par les mains de la puissance, les trésors qu'il avait jetés, et pour ainsi dire éparpillés dans des siècles reculés et dans des contrées lointaines.

Depuis les bords de la mer Ionienne jusqu'à ceux de la mer du Nord, la plus brillante partie des merveilles de l'Art entassées par les âges, réunies dans un seul temple, s'offrent à leur admiration, et si j'ose m'exprimer ainsi, à leur religion. Tous les modèles sont sous leurs yeux; toutes les routes leur sont ouvertes; et chacun n'écoutant que la voix de son talent, peut s'élancer dans la carrière ou la nature l'appelle, il est sûr d'y trouver un guide.

Votre caractère est-il énergique et sombre? Allez vous pénétrer d'une sublime terreur devant les compositions de Michel-Ange, étudiez la grande expression de Jules Romain. Préférez-vous le calme dans la force, et l'énergie sans vio-

(1) Vid. Les vies de Michel-Ange et de Raphaël.

(2) L'instruction qu'on obtient difficilement, est souvent la plus fructueuse.

lence, et cette vigueur qui n'exclut point la grace ? Méditez sans cesse, méditez les chefs-d'œuvres de Raphaël. Etes-vous doué enfin du don inestimable et rare de la sensibilité ? que Léonard de Vinci vous inspire ; la Grace vous séduit-elle ? embrassez le Corrège. Etes-vous attiré par les charmes du naturel uni à la noblesse, saluez le Dominiquin. Si une imagination fougueuse vous appelle à de vastes et dramatiques compositions, que Paul Véronèse vous instruise ; qu'il vous apprenne comment on peut unir à la rapidité de l'exécution, l'art de distribuer les groupes, de leur donner le caractère de la Nature, et sur-tout de répandre avec profusion sur une toile animée, le mouvement, la joie, l'air et la lumière. Heureux s'il eût moins péché contre le costume, et si l'on retrouvait dans ses acteurs, la vérité, la noblesse et l'élégance, qu'étalent le fond et les décorations de son théâtre, toujours embelli par la plus imposante Architecture. Le génie de Paul Véronèse se soutient à côté de celui de Palladio.

Telles sont les instructions que vous donnent à toute heure ces maîtres vivans encore dans leurs Chef-d'œuvres. Ils vous enseignent les beautés de l'Art ; d'autres vous en signalent les écueils. Dans la Peinture, Pierre de Cortone ; dans la Sculpture Le Bernin, et dans l'Architecture Le Boromini, vous montreront comment on s'égare dès qu'on abandonne le sentier de la Nature, pour satisfaire le desir de briller, et comment tour-à-tour, par une trivialité nue ou par une recherche affectée, on tombe dans la manière, le système, le ridicule et le bizarre.

Mais revenons : les Arts étaient arrivés en Italie au plus haut point de splendeur, tandis que dans le reste de l'Europe ils sortaient avec peine de l'obscurité. Le mouvement imprimé par les croisades n'avait été favorable qu'à quelques découvertes dans les Arts mécaniques et dans les Sciences : l'Architecture y avait gagné ; au lieu des masses informes du gothique, elle adoptait les décorations sveltes, élégantes, mais disproportionnées des Monumens Arabes. Cette révolution corrompit la Sculpture, et réduisit les peintres à n'être que des vitriers (1). Les guerres ouvrirent aux Français les portes de l'Italie et du sanctuaire des Arts. L'ame ardente de François Ier s'ouvrit à leurs impressions ; son esprit y fut sensible et sa politique, rivale de celle des Médicis, appela en France les premiers Artistes de l'Italie.

Périclès, disait Thucydide, embellit Athènes des plus riches Monumens, afin que l'étranger remportât une plus haute opinion de la ville

(1) On a perdu et on doit regretter le procédé à l'aide duquel ils donnaient aux vitraux qu'ils peignaient, des couleurs si éclatantes.

de Minerve : ainsi François Ier voulut ajouter à la considération que la France avait obtenue par les armes, celle que donnent les beaux Arts. Léonard de Vinci, Serlio et Le Primatice, en révélèrent aux Français tous les mystères. Ils jetèrent véritablement les fondemens de l'École Française, ils donnèrent pour leçons leurs Chef-d'œuvres.

La France se couvrit de Monumens qu'on admire encore aujourd'hui ; l'Architecture n'a jamais pris un plus noble essor. Fontainebleau s'éleva, comme les jardins d'Armide, au sein des déserts : édifice superbe, qui renferme cinq Palais dans son enceinte! asile des plaisirs et de la gloire, où les Rois se disputèrent de luxe et les Artistes de talent! On vit sortir de l'école du Rosso et du Primatice, Simon Leroy, Dorigny, Lérambert, Charmoy, Dubreuil, Jean Cousin, homme étonnant pour le siècle où il parut, Peintre, Architecte, Statuaire à l'exemple de Michel-Ange, et Freminet, qui, trop séduit par les Tableaux de ce dernier, força les attitudes de ses figures et s'écarta de la belle et simple Nature. On vit Jean Goujon porter la Sculpture des Bas-reliefs à un degré qu'on n'a pas encore atteint depuis, et qu'on ne surpassera probablement jamais.

A cette époque, les Sculpteurs pensaient que c'était avec la lumière qu'ils devaient obtenir la saillie; ils avaient raison. Sous Louis XIV, et jusqu'à nous, on a cru que c'était avec l'ombre; on se trompe : comment prétendre à imiter les effets de la Peinture lorsqu'on n'en a pas les moyens? Heureusement on commence à revenir de cette erreur.

Il faut arriver, par une transition rapide, au Siècle si improprement appelé *de Louis XIV*. En effet, il serait facile de prouver que cet âge n'a été qu'un écho très-inégal des âges qui l'avaient précédé, et que le mouvement imprimé par les premiers, loin d'avoir été continué, a été affaibli par ce Siècle, infidèle héritier de leur gloire. Et s'il ne s'agissait que d'Architecture, celle qui occupe les temps intermédiaires, approche d'autant plus de la perfection, qu'elle s'éloigne du siècle de Louis XIV, pour se rattacher à celui de François Ier. On n'a pas assez observé combien le gigantesque et l'adulation ont dégradé les productions de l'âge qui ne fut appelé *héroïque* que par des historiographes soudoyés (1).

Tout ce qui exista de grand sous Louis XIV, reçut sans lui, et presque malgré lui, le titre de Grand.

Ce règne naissait à peine, que Le Sueur expirait victime à la fois de l'oubli de la puissance

---

(1) Racine, Pélisson, historiographes, en titre, de Louis XIV, et enfin Voltaire, gentilhomme de la chambre!

et des intrigues de la jalousie, pour ne rien dire de plus. Et cependant Le Poussin courait avec transport embrasser les colonnes des temples de l'Italie, fier et heureux de se réfugier dans une misère honorable, et d'échapper aux promesses pompeuses, illusoires et dégradantes du pouvoir qui voulait enchaîner son génie. Qui le croirait! des Peintres et des Architectes, dont les noms sont ignorés aujourd'hui, déshéritèrent la France des talens de ce Grand Homme!

Nous insistons: il n'est que trop facile de démontrer, (qu'on nous pardonne cette courte digression) que les grands talens, sous Louis XIV, se sont élevés sans lui; j'ajoute malgré lui. Il ne vit dans Racine que le Courtisan; il n'accueillit dans Boileau que le Flatteur; mais Corneille, ce génie sublime, mais La Fontaine, ce génie aimable, languirent dans la misère. Le Brun esclave à la Cour, tyran de l'Ecole, ravit la faveur; mais Le Sueur, le Raphaël de la France, mais Le Poussin, nous ne saurions assez le répéter, Le Poussin, ce Peintre des Poëtes et des Philosophes, ne recueillirent que l'outrage et les dégoûts. On appela de l'Italie Le Bernin: Mansard et Le Veau, deux Architectes au-dessous de leur réputation, furent protégés; mais Perrault, le créateur de la Colonade du Louvre (1),

(1) Chef-d'œuvre à cette époque: il est loin d'être à l'abri d'une juste critique.

mais Blondel, l'ordonnateur de la Porte Saint-Denis, ne s'ouvrirent la carrière que par la puissance de leurs talens. Le ciseau de Girardon, fut employé; mais celui de Pujet reposa. Je pourrais étendre ces observations jusques sur le système militaire, montrer Condé, Turenne, Schomberg, sacrifiés à un ministre insolent, Villeroi l'emportant sur Catinat, etc.

Médiocre en tout, Louis XIV prit l'orgueil pour la grandeur.

Nous ne ferons ressortir ici que deux observations : la première, c'est que tout ce qui influa sur le dix-septième siècle, appartient au règne de Louis XIII, et non à celui de Louis XIV. Descartes, Pascal, Corneille et même Molière, Condé, Turenne, Le Sueur, Le Poussin, etc., étaient déjà célèbres à l'époque où Louis XIV était encore aux lisières.

Le Brun, à force de talent et de servilité, parvint à la direction des Arts; mais comme alors il donna la mesure de son esprit, admirable d'ailleurs, pour la mesure de l'esprit universel dans les Arts; comme il voulut que ses Dessins fussent, pour ainsi dire, le *nec plus ultrà* de la Peinture, de la Sculpture, de l'Architecture, et qu'il crut, sans être pourtant un Hercule, en poser les Colonnes, tout se dégrada et se perdit.

L'institution de l'Académie Française, et ensuite de celle de Peinture, produisit un effet remarquable, sur-tout dans cette dernière. Il n'y eut plus qu'un moule où l'on jeta tous les esprits ; les plus forts s'y neutralisèrent, les plus faibles en sortirent marqués du double sceau de l'abjection et de la médiocrité.

En Architecture, on prit une manière également éloignée du style Grec et de celui des Artistes de l'Italie. Dans l'ensemble domina le gigantesque, vers lequel un siècle de conquêtes entraîna toujours les Artistes : et par la suite de cette exagération, la simplicité fut bannie des détails. Ce fut alors que les ordres d'Architecture furent superposés ; que les différens membres furent taillés indistinctement et sans repos, et qu'enfin les ressauts qui rompent d'une manière si vicieuse l'uniformité, furent employés généralement. Je ne parle point de cent autres licences et des innovations, des mansardes, des consoles et de quelques bizarreries semblables.

L'équerre asservissoit également les Jardins, et le compas tyrannisa Flore et Pomone.

Cependant Le Nôtre, ce créateur des *Jardins Français*, fut un Homme de génie.

Mansard, à l'exemple de Le Brun, fut un adroit Courtisan, et perdit, sous le rapport du talent, tout ce qu'il gagna sous le rapport de la fortune. Je n'admirai jamais ni Versailles, ni Marly ; mais la masse, le dôme, et particulièrement la Cour des Invalides, traitée dans le style Grec, forcent les suffrages les plus difficiles.

Puisque j'ai émis avec sévérité mon opinion, j'ajouterai que la Colonade du Louvre me paraît un Monument beaucoup trop vanté ; et en effet, ce système de colonnes isolées par couples, dont on retrouve, dit-on, le modèle dans les Ruines de Palmyre, est bien moins imposant que le Pycnostyle des Anciens. Que l'on considère un seul instant la gravure du temple de Thésée à Athènes, et l'on sera de mon avis. Le fronton de la Colonade du Louvre interrompt le couronnement de l'édifice d'une manière ridicule ; la balustrade ne s'y raccorde point ; la porte principale n'est pas plus en proportion avec l'ensemble ; et enfin, les deux pavillons qui terminent cette colonade, et qui servent de contre-forts ou d'arcs-boutans, sont du plus mauvais goût. Tous les Artistes seront de mon avis ; la partie du Louvre traitée par l'Escot, étale des beautés d'un ordre bien supérieur, et auxquelles le ciseau inimitable de Jean Goujon assure l'immortalité.

Cette espèce de goût théatral qui corrompit l'Architecture, se faisait sentir de plus en plus dans la peinture elle-même.

Nous avons parlé de ce que fit Le Brun et de ce qu'il empêcha de faire. Soyons justes : son Méléagre, ses Batailles d'Alexandre, si bien traduites par le burin d'Audran, placent ce Maître au premier rang : il ne lui a manqué que d'être plus simple dans ses compositions.

Un autre eut alors cette naïveté en partage,

c'était Philippe de Champagne; mais cet Artiste ne pense point, ne choisit point: son talent pur, mais trop marqué au coin de la superstition, ressemble à un miroir étroit qui réfléchit indistinctement tous les objets.

Il n'existoit plus en Sculpture ni de Jean Goujon ni de Germain Pilon; mais un homme plus étonnant encore s'élevait et croissait dans la retraite et dans l'indépendance; c'étoit le Pujet, qui n'eut point de rival dans l'art de l'Expression. Il produisit des Chef-d'œuvres; mais comme il était trop grand et trop fier pour ramper aux pieds de Le Brun, il fut écarté par d'indignes rivaux.

La gravure sur métaux avait été poussée très-loin par Varin; le célèbre Audran s'est immortalisé dans l'art de traduire les Dessins, que la trop facile abondance de Le Clerc fit dégénérer.

L'Art marcha à grands pas vers sa décadence, du moment où les Artistes furent d'un côté enrégimentés dans des Académies, et de l'autre asservis au caprice d'un premier Peintre. Dès que les Hommes ne sont plus tout ce qu'ils peuvent être, mais ce qu'on leur permet d'être, ils rentrent dans la classe de ces Animaux domestiques, dont on mutile une partie des facultés pour s'assurer l'usage paisible de celles qui leur restent. Je ne dirai qu'un mot pour exprimer ce que fut alors le style des Arts du Dessin; il devint aussi académique qu'il était possible de l'être. Des hommes, qui n'étaient point d'ailleurs sans mérite, semblèrent alors prendre à tâche de prouver, par leurs Ouvrages, que l'esprit sans le jugement est le don le plus funeste de la Nature.

L'Ecole se précipitait vers sa ruine, et le délire en vint au point de croire qu'on pouvait peindre les objets sans les observer; on peignit ce qu'on appelle *de pratique*.

Nous sommes Français, on nous pardonnera donc de glisser rapidement sur l'époque à laquelle l'Ecole Française cessa d'exister. Il n'y a pas plus loin des Boucher, des Pierre, à Le Brun, que de Le Brun à Raphaël.

L'époque précédente vit régner du moins quelque grandeur et quelque caractère dans l'Ecole; mais dans les derniers âges tout était avili, tout s'était anéanti et perdu dans les abîmes de la corruption. Il semble que le Pinceau ait été tenu alors par des mains efféminées : il glissait sans dessiner les formes, sans indiquer les couleurs; nulle étude, nul effort, nulle observation. La Composition, l'Expression étaient également absentes; l'entente du Clair-obscur était ignorée; on plaçait l'Ombre dans la Lumière, la Lumière dans l'Ombre; on ne cherchait qu'un effet entièrement illusoire et factice; nulle vérité dans le caractère et dans la pose des Figures; on négligeait même d'en terminer les extrémités.

Du moins les premiers Peintres qui corrompirent le goût de l'Ecole, errèrent par un principe en quelque sorte généreux, et expièrent leurs fautes par quelques beautés, soit d'ensemble, soit de détail. Leurs compositions, en cessant d'être pittoresques, devinrent poétiques; quelques-unes même présentèrent souvent un ensemble harmonieux, riche et dramatique: d'autres portèrent à un très-haut degré le caractère de l'Expression; mais enfin comme on s'éloignait de l'imitation de la Nature, comme les systèmes dominaient, et comme on marchait alors dans le vide, le peu de beautés que pouvait faire rencontrer l'innovation, s'effaça aussi rapidement qu'un météore, et il ne resta plus que l'innovation, l'abus et tous ses vices.

Ce que l'absence totale de la Nature et de la Vérité peut produire d'excès, eût lieu. L'Ecole Française descendit au-dessous du néant.

Enfin, Vien parut. La Nature attendait un Peintre; il fut le Peintre de la Nature. Tel fut le talisman de ses premières compositions, méconnues trop long-temps, car il eut à lutter et à remonter péniblement contre le torrent des préjugés qui inondaient le siècle; il répétait sans cesse, il exprimait sans cesse la Nature; elle sourit et se révéla à ses Pinceaux.

Dès ce moment, l'Ecole Française marcha d'un pas rapide vers sa régénération. Cette époque est trop mémorable pour ne pas retracer ici une partie de la Vie et des Ouvrages de ce Grand Artiste.

Peint par Mlle Labille, femme Guyard. 1782.

Joseph Marie Vien,

né à Montpellier en 1716.

NOTICE

Historique et inédite sur M. Vien.

Son berceau touchait à la tombe de Louis XIV. M. Joseph-Marie *Vien*, naquit à Montpellier en 1716. Son enfance retentit du récit des merveilles du règne qui venait de finir. Dès l'âge le plus tendre, il brûlait de se signaler comme ces grands hommes dont on lui racontait l'histoire. La Nature, d'accord avec les destinées, avait marqué son rang parmi les grands Peintres.

Un instinct irrésistible mit le crayon entre ses mains. A quatre ans, il découpait des figures qui formaient des Portraits ressemblans ; à dix, il copiait, à l'encre de la Chine, des Estampes avec une telle perfection, qu'un jour un Peintre nommé *Baron*, ayant vu entre autres une copie que le jeune Vien avait faite, d'après l'Estampe du Tableau de Le Brun, représentant le Serpent d'airain, étonné et doutant même d'un mérite si précoce, fit voir ce dessin à un nommé Le Grand, Peintre de Portraits, Homme de mérite qui avait étudié à Rome. Celui-ci, pour reconnaître et pour apprécier de plus en plus, les talens de l'Elève, lui fit copier, d'après l'Estampe, la Judith du Dominiquin. Le jeune homme termina cette Copie dans la journée, et M. Le Grand en fut tellement satisfait, qu'il ouvrit son cabinet à M. Vien, qui pendant un an y copia les Estampes des plus Grands maîtres.

Malgré son extrême jeunesse, il eut la pénétration de découvrir que l'amitié dont l'honorait M. Le Grand, portait ombrage à M. Baron, qui ayant des vues sur l'héritage du Peintre, craignait que celui-ci n'en aliénât une partie en faveur de son Elève. Le jeune homme eut la délicatesse de se sacrifier lui-même, et satisfait d'emporter l'estime et les regrets de son maître, il sortit de chez lui.

Il revint habiter la modeste demeure qu'il occupait près la descente de la place du Pérou, à Montpellier, et où il jouissait de la vue la plus pittoresque. De la fenêtre du belvédère qui lui servait d'atelier, il découvrait à-la-fois les beaux Paysages du Languedoc, trente lieues de mer, et les Pyrénées. Il continua d'y travailler seul pendant un an, d'après des Estampes qu'il achetait avec l'argent qu'on lui donnait pour ses menus plaisirs. C'est là que la sphère de ses idées dut nécessairement s'agrandir avec celle de ses sensations.

L'âge de se décider pour une profession approchait; mais à tous les partis qu'on lui proposait, le jeune homme ne répondait que par ces mots : *Je veux être Peintre.*

Cependant, par un nouveau sacrifice plus douloureux encore que le premier, et sur-tout par piété filiale, M. Vien se détermina à céder aux vues de son père ; et selon les desseins de celui-ci, en dépit de ses propres inclinations, il entra chez un Procureur. La bonté de son caractère émoussa pour lui-même et pour les autres, les épines de la chicane : il se fit respecter, et sur-tout aimer des gens de la campagne, dont il conciliait les intérêts.

La Peinture, dit lui-même M. Vien, *le tirait par le bras pour lui faire reprendre le crayon.* Un procès entre les communautés de Cette et de Frontignan, le fit appeler pour dresser une carte ; l'Ingénieur de la Province lui proposa une place dans ses bureaux. Comme il ne répondait rien, l'Ingénieur répandit devant lui sur la table un sac d'argent, et lui compta dix francs par jour, pour honoraires, en offrant de les lui continuer : le jeune Vien refusa, il avait alors treize ans. — Que voulez-vous donc faire ? — *Je veux être Peintre.*

Il y avait dans un des faubourgs de Montpellier une manufacture considérable de faïence (1) : le jeune Vien n'hésita pas d'y entrer ; on lui avait promis qu'après deux ans d'apprentissage il serait associé avec le fils de la maison. Voilà donc M. Vien, Peintre *en faïence* ; mais selon son expression, *c'était toujours peindre.*

Il était traité comme l'enfant de la maison, et

---

(1) Cette fabrique rivalisait avec une manufacture royale bien montée ; on y exécutait en bleu des Dessins fort agréables.

en peu de tems il vit s'étendre sa réputation et prospérer la fabrique. Son engagement expiré, il répéta de nouveau : *Je veux être Peintre.*

Ses parens cèdent et l'adressent à M. Girald, Peintre, élève de La Fosse, et qui avait gagné le grand prix. Cet Artiste lui ouvre son atelier ; le jeune Vien dessinait depuis quinze jours, lorsque son Maître lui dit : « Vous voulez être » Peintre, ce n'est pas tout que de bien dessiner » et de faire des esquisses, voyons comment « vous pourrez peindre ». Il lui donne à copier une tête de Rigaud, une toile blanche, sa palette où il dispose quelques teintes ; il l'enferme et il sort. A son retour il trouva la tête ébauchée par plans avec des tons si justes, qu'il lui dit : « n'y « touchez pas, vous pourriez la gâter ».

M. Gerald lui proposa de l'occuper dans son cabinet pendant quatre ans, lui offrit sa maison, la table, et de le traiter comme son fils. M. Vien accepta. Dans l'intervalle de ces quatre années il fit pour l'Hôtel-de-Ville, trois grands Tableaux des Consuls, et plusieurs autres Portraits.

M. Gerald était non-seulement Peintre, mais encore Architecte de la Province de Languedoc, et en cette qualité il fut chargé d'exécuter le catafalque du duc du Maine. M. Vien, chargé de la direction de cet Ouvrage, s'en acquitta à la satisfaction de tous les Ordres de l'Etat. M. Vien avait alors vingt ans. L'engagement qu'il avait formé avec M. Gerald était rempli ; il se retira et travailla alors chez lui pendant un an, pour se disposer au voyage de Paris.

Il avait tout préparé pour son départ, lorsque Mde. Gerald lui proposa la main d'une riche héritière (c'était sa fille.) Une mutuelle inclination portait les deux jeunes gens l'un vers l'autre. « Je ressens, lui répondit M. Vien, avec autant » d'émotion que de délicatesse, je ressens avec » une vive reconnaissance l'honneur et les avan» tages d'une telle alliance ; j'aime Mademoi» selle votre fille, mais je suis loin de porter mes » vues aussi haut : je vais à Paris pour achever » mes études, et si je n'en reviens pas avec un » talent éminent et digne de la fortune et des » vertus de Mademoiselle, je me priverai du » bonheur que je pourrais espérer avec elle ».

A son départ de Montpellier, il fit réparer à ses frais le toit de ses pères, son seul héritage, et le donna à sa tante, en lui disant : « Ceci » est à vous, jouissez en pendant votre vie ; pour » moi, je vais acquérir du talent et de la fortune».

Il arriva à Paris, en 1741, et à la fin de cette année il eut la seconde médaille. Cependant obligé de gagner de l'argent pour vivre et pour étudier, il peignit à vil prix des esquisses pour les Marchands du Pont Notre Dame ; il travaillait toute la journée, et consacrait à ses études une partie des nuits. Quelquefois emporté par l'ardeur du travail, il ne s'appercevait pas qu'il était cinq ou six heures du matin : alors il allumait des poignées d'*Académies*, se réchauffait les pieds, et se couchait deux heures pour recommencer ensuite.

Il contracta dès-lors l'habitude de peindre d'après nature, ce qui était une chose inouie et fort extraordinaire ; car on se contentait de deviner le trait, et on peignait de mémoire. L'Anecdote qui suit doit paroître piquante aujourd'hui. M. Vien s'occupait un jour à peindre des études de pieds et de mains, lorsqu'il entendit derrière lui de grands éclats de rire et des huées. Il en demande la cause ; — « Quoi ! vous consultez la Nature pour la peindre ; jamais nos Maîtres ne travaillent ainsi ; cette méthode n'a pas le sens commun ».

M. Vien avait senti dès-lors que les Artistes, même ceux qui jouissaient à cette époque de la plus grande réputation, s'étaient fait une manière qui devait perdre la peinture en France. Il répétait aux élèves : « Vous ne faites que ce que » vous voyez faire à vos maîtres, qui ne travaillent eux-mêmes que de souvenir : eh bien, » je vous prédis que si cette manière continue, » d'ici à vingt ans la France n'aura plus de » peintres ». Une autre fois il leur disait : « consultez la nature, consultez-la sans cesse ; car » si l'on faisait cette question : *Qu'est-ce que la* » *peinture ?* y aurait-il d'autre réponse que » celle-ci : *C'est l'imitation de la nature* ».

La seconde année, il obtint la première médaille. MM. Natoire, Parocel et de Caylus, qui fut constamment son protecteur, le pressaient de concourir pour les prix ; il eut la modestie et le bon esprit d'attendre que son talent fût mûri par le travail. L'année suivante il fut un des premiers admis sur les esquisses pour concourir. L'Académie inondée de Dessinateurs, et ne voyant pas de Peintres, prit une décision par laquelle on ne devait admettre au concours que les jeunes Artistes qui apporteraient un tableau, et qui feraient au moins une figure peinte. Cette dernière condition qui eut lieu pour la première fois, a toujours été exigée depuis. M. Vien apporta cinq grandes esquisses (1). Elles réunirent les suffrages d'une manière si éclatante, qu'il fut question de fermer le concours, parce qu'il n'y avait point de sujets assez forts pour lutter avec ce nouvel athlète. Cependant, quelqu'un ayant

---

(1) Elles avaient environ trois pieds de haut. Tels étaient les sujets : Josué qui arrête le Soleil; la Construction de l'Arche; le Rocher frappé par Moïse; David dansant devant l'Arche; Oza frappé de mort.

A peu près vers le même tems, il fit une copie du Lancfranc, marquée au coin de l'Original.

Infatigable, il avait accepté l'entreprise de soixante Tableaux à faire dans la maison que M. Moufle, trésorier de l'extraordinaire des guerres, venait de faire bâtir au Marais. Il abandonna une Partie de ces travaux à quelques amis; celle qui lui resta servit à gonfler une bourse assez ronde pour son voyage.

fait observer que le talent du jeune Artiste ne devait point tourner contre lui, le concours eut lieu, et M. Vien remporta le premier prix.

Celui qui n'obtint que le second prix en tomba malade de chagrin; M. Vien, son rival, fut son consolateur, et devint son ami.

Il part pour l'Italie et s'embarque à Marseille. Il y avait de l'audace à le faire; les Anglais avec lesquels on était en guerre croisaient dans la Méditerranée. On relâche à la hauteur de Toulon. Vien courut admirer les ouvrages du Pujet. Calme au milieu des dangers, et uniquement occupé de son art, de retour à bord, il composa pendant la traversée, l'esquisse du massacre des Innocens. Cette esquisse, chaude d'action, et de couleur, semble être de Solimène.

Il voit Rome : Qu'on se figure avec quelle ardeur et quel ravissement un jeune et premier amant de la nature dut se pénétrer des beautés de l'antique et des ouvrages des grands Maîtres. Mais l'enthousiasme qu'alluma dans son ame l'aspect de la terre classique, loin de détruire ses premières impressions, ne fit que les rendre plus vives et plus profondes. Fidèle à la marche qu'il s'était tracée, M. Vien ne considéra ses études que comme un moyen ou plutôt comme un degré qui le rapprochait de plus en plus de l'Ecole de la Nature, à laquelle il avait voué pour jamais ses pinceaux.

Il continua donc de peindre d'après nature.

Les frais de modèles consumaient sa modique pension, mais l'économie et sur-tout l'amour de son art le soutenaient au sein des plus pénibles sacrifices.

Il ne négligeait aucune occasion de perfectionner son talent par l'exercice : à l'exemple du Poussin il se contentait pour ses honoraires d'une rétribution souvent médiocre et presque toujours insuffisante (1). Ce fut ainsi qu'il consentit à peindre pour le couvent des Capucins de Tarascon, huit grands tableaux de l'histoire de Sainte Marthe, au prix de cent livres pièce; ils avaient de proportion dix pieds de haut sur huit de large. On eût dit qu'il songeait moins à vivre qu'à peindre. Belle leçon pour les Artistes qui voient dans le travail et le talent des moyens de fortune plutôt que de gloire.

---

(1) Il peignit au prix de 300 liv., pour le Procureur des Missions de Saint Lazare, un Saint François de Salès, plaçant madame de Chantal sous la protection de Saint Vincent de Paul, ce fut le premier de ses grands Tableaux.

Il refusait dans le même tems 500 liv. que lui offrait un anglais pour une copie de la Madeleine du Guide, qu'il venait d'achever. « Je copie, disait-il, pour étudier, et non pour gagner de l'argent ». Nous ne parlerons donc point des nombreuses copies qu'il fit d'après le Guide, le Guerchin et quelques maîtres célèbres.

On cite parmi les Tableaux qu'il composa un Saint Jean, pour Montpellier, grand Tableau d'église ; et trois de cabinet, Hébé versant le nectar à Jupiter, Lot et ses filles, Susanne et les Vieillards.

Nous avons souvent entendu dire à M. Vien, que si de son tems on payait trop peu les ouvrages de l'Art, il craint aujourd'hui que l'énormité des sommes exigées par les Artistes n'éloigne les amateurs ; il ajoute que de véritables Artistes ne doivent jamais aller au-devant des travaux, ni les mendier pour ainsi dire ; mais qu'ils doivent au contraire forcer par leur talent et leur désintéressement le public à faire vis-à-vis d'eux les avances.

Le Directeur des Elèves à Rome, était alors M. de Troy. Il aimait, il favorisait les grandes réunions d'Artistes. Il dirigeait toujours ces assemblées, ainsi que leurs fêtes, vers les progrès de l'art. Dans le carnaval de 1748, il s'agit de donner une fête à l'ambassadeur de France (1). M. Vien imagina le spectacle d'une caravanne de la Mecque. Ce spectacle eut lieu aux frais et par les soins des Artistes. La pompe de la marche, la richesse et la variété des costumes, le luxe des tapis, la magnificence des présens, le tombeau du prophête, le contraste des chefs couverts d'or, et des esclaves nus, les chameaux, les coursiers, tout le désordre pittoresque d'une caravanne orientale; l'attitude dramatique que les Artistes lui imprimaient; tout produisit un enthousiasme difficile à décrire. Les cris de

---

(1) Le Cardinal de la Rochefoucauld.

joie, les applaudissemens, éclatèrent de toutes parts. Les sonnets, les fleurs, les boîtes de dragées, les essences, pleuvaient à leurs pieds. Benoit XIV se plaça derrière une jalousie pour voir passer la pompe : deux officiers de l'Empire, avec qui l'on était en guerre, élevèrent leurs chapeaux en criant : *Vive la France*. Enfin l'impression en fut si générale, si forte, que 27 ans après, le roi de Naples voulut renouveller ce spectacle et y jouer le principal rôle en 1776.

Nous ne parlerons point des voyages de l'Artiste à Naples, où, à l'exemple de Pline, mais plus prudent que lui, il contempla une éruption du Vésuve; et à Venise où il arriva de nuit, et dont la riche et imposante architecture, reflétée au clair de la lune par le miroir d'une mer tranquille, lui offrit un aspect tellement magique, qu'il en a conservé à jamais l'impression, comme celle du rêve le plus enchanteur.

Mais décrivons la marche du talent de M. Vien que nous suivons pas à pas, puisqu'il est le premier qui ait ouvert à l'Ecole Française la route du vrai.

Non-seulement il prenait toujours ses modèles dans la nature quant au Galbe, mais il y cherchait, il y trouvait encore et l'action et l'expression de ses personnages. Ce moyen est lent, mais il est sûr. Nous pourrions multiplier ici les anecdotes, nous nous bornerons à deux. Il était chargé de peindre un Saint Jean-Baptiste :

un modèle lui en fournit le corps, mais la tête n'avait point le caractère historique. M. Vien fut à la Trinité des Pélerins, et le premier groupe lui offrit un étranger, dont le caractère de tête était celui qu'il cherchait.

Le tableau d'un hermite acquit beaucoup de célébrité à M. Vien; il est peint d'après nature. En se promenant dans les rues de Rome, il fut frappé de l'expression de la physionomie de cet homme; il l'attira chez lui et en fit un modèle. C'était un Vénitien qui, après avoir tué son rival, avait pris l'habit d'hermite, moins par remords que pour se soustraire à la sévérité des lois (1).

M. Vien a retrouvé, sans doute, avec une jouissance bien naturelle et bien sentie, ce tableau de sa jeunesse dans la Galerie du Sénat Français, dont il est membre aujourd'hui. Ce tableau se soutient par la naïveté, par la couleur et par la vérité, à côté des Chefs-d'œuvre des Rubens, des Titien, des Champagne et des David.

De retour à Paris, il essuya toutes les tracasseries que suscite toujours au talent la médiocrité jalouse. Il en triompha, et fut agréé sur un tableau de Sainte-Marthe qu'il présenta. Six mois après, il fut logé au pavillon de

(1) Voyez sur ce Tableau les Notes à la fin de l'Ouvrage.

l'Infante. M. de Marigny le chargea de trois tableaux que M.[de] de Pompadour donnait à la paroisse de Crécy (1). M. de Caylus, toujours empressé à servir les Artistes, lui en procura trois autres à l'hôtel Lambert, qui appartenait à M. de la Haye, fermier général. Ce fut vers le même tems qu'il composa un Saint-Germain (2) pour l'église de ce nom. La Reine lui ordonna deux grands tableaux de dévotion (3). Ces différens ouvrages obtinrent les suffrages de l'Académie et de la Cour.

Il fit ensuite son tableau de réception qui représente Dédale attachant des aîles à son fils Icare : ce tableau se ressent de la couleur de l'école du tems ; mais la composition en est sage, le style en est plus grand et plus pur que ceux des maîtres contemporains qu'il laisse derrière lui à une grande distance. On n'y voit point surtout ces touches (4) et cette manière de peindre par hachures comme Carle Vanloo. Le dessin n'offre point ces contours heurtés, cette igno-

---

(1) Une Visitation, un Saint Jean-Baptiste, un Saint Eloi.

(2) Ce Tableau est à présent au Musée de Versailles.

(3) Saint Thomas qui prêche aux Indes, et Saint François Xavier.

(4) On appelait cela un beau Pinceau, comme si le premier de tous n'était point celui de la Nature, où l'on ne trouve point de touche, précisément parce que tout y est fondu.

rance de l'anatomie, ce *flamboyant* qui faisait le grand mérite des maîtres d'alors.

Six semaines après, M. Vien fut reçu Professeur. Son atelier se remplit d'élèves aussi habiles que nombreux.

Il fut le premier maître qui ayant senti la nécessité d'habituer la jeunesse à voir et à connaître parfaitement la nature, introduisit dans l'atelier l'étude du modèle vivant pendant trois jours de la semaine. Il ne se bornait pas à leur indiquer les beautés ou les défauts; il tâchait d'élever l'ame de ses disciples, d'éclairer, d'électriser leur esprit par les conversations qu'il avait tous les jours avec eux sur la nature, sur l'antique, sur les différentes écoles, sur les grands maîtres, sur le beau, sur le vrai. Plein de son sujet, il en parlait avec une chaleur éloquente; il tonnait contre le faux goût; le faux goût résista long-temps à ses efforts; mais enfin la raison l'emporta : les Arts revinrent à la nature, et cette grande révolution fut produite par l'exemple et le courage d'un seul homme.

Sa réputation s'étendit jusqu'au fond du nord. Le comte de Molck, ministre et favori de Frédéric V, roi de Danemarck, chargea M. Vien de cinq tableaux, et lui dit au nom de son maître : « S. M. m'a chargé de conquérir pour ses Etats » un homme tel que vous ; il veut y faire pros- » pérer les beaux Arts, il vous en offre la direc- » tion, 24,000 livres de rente, et un logement

» dans un de ses palais ». Je me dois à ma patrie, répondit M. Vien.

M. de Caylus venait de lire à l'Académie un mémoire sur la peinture en cire, pratiquée par les anciens : tandis que l'on multipliait les objections contre le mémoire, M. Vien s'occupait de les résoudre par le fait. Il peignit à l'encaustique une tête de Minerve (1).

L'Impératrice de Russie, Elizabeth, lui fit offrir en vain les plus grands avantages, avec 30,000 livres d'appointemens. M. Vien ne démentit point son caractère, il refusa ces offres brillantes.

Ce qui contribua le plus à sa réputation fut son tableau de Saint Denis (2) qu'on peut voir dans l'église de Saint-Roch, et dont la noble simplicité contraste d'une manière si éclatante avec la machine poétique établie en face, et dans laquelle M. Doyen a prodigué des effets moins vrais que systématiques. La multitude court à ce dernier tableau, mais les connaisseurs s'arrêtent devant le premier. Il n'y a jamais eu d'opposition plus forte ; dans l'un tout est violent, forcé, théâtral, dans l'autre tout est calme, naturel et simple.

Le Tableau de M. Vien a un accent pontifical et ce style religieux qui provoque le recueille-

(1) Cette tête est aujourd'hui dans le Palais de l'Empereur des Russies.

(2) Voyez les notes à la fin du Volume.

ment dans un Temple ; celui de M. Doyen, au contraire, étourdit par le fracas de l'action, et fait en quelque sorte trop de bruit ; il convient plutôt à une galerie de Tableaux qu'à une Eglise.

Celui qui avait applaudi aux premiers essais de l'Artiste, le Directeur de l'Académie à Rome, ayant quitté sa place, tous les vœux et toutes les espérances se réunirent sur M. Vien. Il était le seul qui pût à cette époque sauver l'école d'une ruine totale, puisque M. Natoire en avait été le Directeur, et que M. Pierre en était le premier Peintre. La modestie et sur-tout le bonheur (1) dont il jouissait, motivèrent les premiers refus de M. Vien. Cependant il céda au desir général et à l'ordre du Roi ; mais il mit deux conditions à son acceptation ; la première, qu'on augmenterait la pension des élèves ; la seconde qu'on lui donnerait à peindre un des tableaux qui devaient se faire pour le Roi.

Il peignit dans l'intervalle pour M. d'Angivilliers, une jeune femme Grecque. Elle compare un bouton de rose avec celui de son sein (2).

Ce fut à-peu-près à la même époque qu'il peignit pour le comte d'Orsay, *Hector faisant*

---

(1) Il avait épousé une femme aimable, sensible et vertueuse. Elle fut reçue à l'Académie, et l'on se rappelle encore avec plaisir les Tableaux de fleurs qu'elle exposa au Salon.

(2) Ce Tableau est d'un faire agréable et d'un style gracieux.

des reproches à Pâris (1). Ce tableau, l'un des plus beaux de l'artiste, était en opposition marquée avec tout ce qui se faisait alors. Il est d'une composition simple et noble, d'un dessin pur et d'un ton harmonieux. Comme ce Tableau était peint d'après nature et qu'il en avait le ton, tout ce qui se trouvait alors à côté paraissait rose, blafard et crud, ensorte qu'on croyait voir l'œuvre d'un ancien maître, placée en système d'accusation devant les productions les plus modernes et les plus académiques.

Deux traits, (car il me resterait beaucoup plus à dire, mais je me hâte d'abréger,) deux traits feront connaître combien les principes de M. Vien, ces principes qui ont contribué si puissamment à la régénération de l'Ecole Française, étaient profondément gravés dans son ame.

Il se trouvait à Rome dans une société où étaient le chevalier d'Azara, la princesse de Santa-Croce, un cardinal romain, et le cardinal Cornaro. Ce dernier, qui était vénitien, dit à l'Artiste : « En « vérité, mon cher Vien, votre Tableau ne ressem- « ble pas plus à un Tableau Français que moi « au Grand-Seigneur, car vous autres Français « vous n'avez pas de Peintres. — Monseigneur, « avez-vous fait le voyage de Paris? — Je l'ai « fait; j'y ai vu les Ouvrages des Le Sueur, des

(3) Tableau de haute dimension, figures grandes comme Nature.

« Le Brun. — Nous avons encore des hommes « à talent; mais vous, Monseigneur, avez-vous « à présent à Rome vos Raphaël et vos Domini- « quin? Venise a-t-elle ses Titien et ses Paul Vé- « ronèse? Ah! si l'Ecole Française secoue une « fois son mauvais système, elle s'élevera à un « degré de gloire dont l'éclat rivalisera avec celui « des Ecoles les plus célèbres ».

La seconde anecdote n'est pas moins remarquable. Notre célèbre David, qui préludait à sa réputation et s'égarait, s'était déclaré pour le système des Peintres Français : il avait alors gagné le grand prix, et accompagné à Rome M. Vien, dont il était l'élève, et répétait sans cesse : « Je mourrai fidèle au système français. « — Qu'allez-vous donc faire à Rome? — Etu- « dier. — Si vous étudiez la nature et l'antique, « vous changerez. — Nous verrons ».

Quelque tems après, David présenta à M. Vien un gros cahier, dessiné d'après l'antique. — « Vous « n'avez pas tenu votre promesse, lui dit en sou- « riant M. Vien, après avoir parcouru des yeux « les Dessins : comment vous dessinez d'après « l'antique? mais vous vous perdez. — Ah! je vois « bien à présent combien vous aviez raison de me « recommander d'étudier toujours la nature et « l'antique; mais ce n'est que depuis que je suis « à Rome que mes yeux se sont dessillés ».

C'était avec la même solidité de pensée que M. Vien repoussait toutes les objections. « Eh

« Monsieur ! s'écria un jour un Artiste (1), que « deviendra le goût français ? — Je ne connais « qu'un mauvais goût ; les Artistes ne doivent « pas s'y laisser entraîner : n'est-ce pas à eux « au contraire qu'il appartient d'éclairer et de « former celui du Public ? »

Il développait la même énergie et les mêmes principes libéraux dans sa conduite, et comme chef et directeur de l'Ecole Française à Rome. Avant lui, M. Natoire avait poussé au-delà des bornes le système d'une dévotion mal entendue, et plusieurs Artistes en avaient été victimes (2). A son arrivée à Rome, M. Vien reçut la visite du curé qui venait le sonder sur ses dispositions. « Monsieur le curé, lui dit en riant M. Vien, « votre paroisse est bien petite pour deux curés, « car je suis ici celui de l'Ecole Française, et je « vous prie de croire que tout ira bien quand je « vous l'aurai dit ». Le prêtre était un Italien délié qui l'entendit trop bien pour insister.

Le Tableau des adieux d'Hector et d'Andromaque fut exposé au salon de 1791. M. Vien avait alors 75 ans passés. Ce Tableau est riche de composition ; les couleurs en sont belles, d'un style simple et d'un ton harmonieux. On doit

---

(1) Il existe encore ; les égards nous défendent de le nommer.

(2) Entr'autres, M. Mouton qui fut renvoyé en France pour n'avoir pas fait ses Pâques.

encore, à la fécondité de son pinceau, deux ou trois autres Tableaux de la plus grande proportion, et dont les sujets sont tirés de l'Iliade.

Il arriva à Paris le 18 novembre 1781, et il eut une pension de 2,000 liv., qui fut réduite à 1,500 liv. lors de la révolution.

M. Vien avait été créé chevalier de l'ordre de Saint-Michel, et appelé après la mort de M. Pierre, à la place de premier Peintre du Roi. On vit applaudir à cette nomination les amis du vrai et du beau. C'est de son atelier que sont sortis ces Maîtres qui font la gloire de l'Ecole Française, et dont les Elèves semblent destinés à l'étendre encore.

En 1793, à 77 ans, il composa son Tableau d'Hélène poursuivie par Enée, au moment de l'incendie de Troye. Ce Tableau est dans les proportions de 13 pieds de large sur 10 de haut, et fait honneur à la vieillesse de l'auteur.

En l'an 2, le Gouvernement ayant appelé tous les Artistes à un concours, il remporta un prix. Enfin, à l'âge de 90 ans, il vient de peindre deux vases de fleurs, d'une grande Vérité et d'un bon Coloris.

M. Vien ayant perdu ses places, ses honoraires, et le fruit de ses épargnes placées sur l'état, était sur le point de tomber dans l'indigence, lorsqu'il fut appelé à la place de sénateur par le Premier Consul, qui choisit alors les membres du sénat parmi les hommes les plus distingués par leur mérite dans tous les genres.

M. Vien est grand, bien fait, un peu maigre, et d'une physionomie agréable : il marche avec aisance, malgré son grand âge, et se sert peu de lunettes, entend bien, et parle avec facilité. Sa mémoire est telle, qu'il se ressouvient d'une infinité de noms propres, et qu'il se rappelle parfaitement beaucoup de faits peu importans, qui datent de 80 ans. Sans aucune infirmité morale ou physique, il jouit d'une santé parfaite, qu'il doit sans doute à la douceur et à la pureté philosophique de ses mœurs.

M. Vien est grand partisan du beau style de l'antique, mais il l'est encore plus de la Nature et de la Vérité. Cette année, à l'âge de 90 ans, il a envoyé à l'Institut un discours où il exprime cette opinion, qu'il ne faut pas prendre toujours, et partout, l'antique pour modèle, attendu qu'un valet, un esclave, des personnages d'une condition commune, ne doivent point avoir les formes grandes et nobles que l'antique donnait à ses Héros et à ses Dieux.

M. Vien aurait pu prendre pour épigraphe ces vers du législateur du goût chez les Romains :

Intererit multumDavusne loquatur an heros, etc.

Nos lecteurs verront sans doute avec plaisir l'extrait de ce discours, lu, il y a quelques jours (1), à l'Institut national par M. Vincent, au nom du Secrétaire général de la Classe.

DES IDÉES GÉNÉRALES

SUR LA PEINTURE ET SUR LES ARTS D'IMITATION.

Extrait du Discours de M. le Sénateur VIEN.

LES idées que le Patriarche de notre Ecole a exposées à la classe, et qui y ont été écoutées avec ce tendre intérêt que font naître les discours d'un père chéri et respecté, sont développées avec beaucoup d'étendue dans un dialogue entre un Artiste et un Amateur. Les limites de cette séance ne nous permettent que de saisir l'esprit et l'intention de l'auteur, et d'en détacher quelques traits, que je prendrai pour ainsi dire au hasard, car il serait trop difficile de choisir entre les principes également vrais

---

(1) Le 4 Octobre 1806.

qu'y pose M. Vien, et les conséquences également justes qu'il en tire, résultats convaincans et qu'atteste une expérience couronnée par tous les succès.

Quels sont les principes, demande-t-on, qu'il faut donner à la jeunesse sur les grandes parties de l'Art, telles que la Composition, l'Expression, la Couleur ?

Ce qu'on appelle en général les principes, répond M. Vien, sont établis par les Grands-Maîtres, d'après les chef-d'œuvres. Mais les Grands-Maîtres eux-mêmes, auteurs de ces chef-d'œuvres, n'ont puisé leurs principes que dans la Nature : quelque raisonnement qu'on ait fait, et quoi qu'on ait écrit sur les principes, c'est aux vrais fondemens de l'Art qu'il faut en revenir : ce sont eux qu'il ne faut jamais perdre de vue. Le grand livre des principes est ouvert devant tous ceux qui embrassent la carrière des Arts, c'est la Nature elle-même. Interrogez l'homme sensé sur l'essence de la Peinture, de la Sculpture, et en général des Beaux-Arts, il répondra que c'est l'imitation de la Nature. L'homme instruit ajoutera que c'est par l'imitation de la Nature, que les plus grands Artistes de l'antiquité ont trouvé les moyens d'exciter l'admiration de leurs contemporains et de la postérité.

Le véritable talent de l'Artiste, consiste donc à imiter la Nature, soit qu'il veuille représenter ce qu'elle a de plus beau, soit qu'il ne se propose que d'être imitateur fidèle d'objets familiers, soit qu'il veuille représenter des scènes terribles ou riantes, sombres ou pathétiques.

M. Vien n'a plus qu'à exposer ce principe général sous différens aspects : il est si fécond qu'il s'applique à tout, si universel et si évident, qu'en considérant toutes les époques des Arts, tous leurs succès et tous leurs écarts, on ne trouverait que des démonstrations de cette première et unique règle.

Notre vénérable Maître ne s'est point astreint à une marche chronologique, mais choisissant les vérités et les exemples les plus utiles, il fait voir que le desir de se distinguer conduit souvent à la bizarrerie ; que le goût, souvent trop peu écl[illegible] et trop tranchant, des Amateurs, permet aux Artistes d'espérer de réussir en quittant la bonne route ; et rendant encore plus précise l'application de ces vérités, il déplore les écarts où se livre l'Architecture, ou plutôt de soi-disans Architectes : leurs décorations extérieures blessent les regards de l'Artiste instruit, et de l'homme de goût ; ils étalent un luxe et une recherche que M. Vien nomme *barbaresque*. Il déplore également l'erreur des Dessinateurs, qui consomment stérilement beaucoup de tems et de crayon pour imiter des estampes anglaises, au lieu de prendre pour modèle la manière large, simple et belle des Grands-Maîtres.

Mais quand l'Artiste s'est fait une loi d'imiter la Nature, il ne s'agit plus que de savoir choisir, lorsqu'il en a besoin, les plus belles formes qu'elle lui offre, et c'est alors que les leçons du Maître, le sentiment délicat du goût peuvent servir de régulateur. Quand on s'est livré longtems à l'étude de la Nature, on est plus apte à la sentir et à la rendre avec expression. Ainsi, le premier principe à suivre dans les Arts, la première qualité à acquérir conduit aux autres, savoir, à l'Expression et même à la Couleur, autant que l'étude et l'Art peuvent influer sur cette dernière qualité, qui est un don naturel.

Cette manière d'étudier les Arts, produit aussi des talens originaux, au lieu de copistes qui répètent la manière de leurs Maîtres, comme on l'a vu toutes les fois que la Nature n'a pas été prise pour règle constante. Raphaël et Michel-Ange, et le Dominiquin, et Carache et sa brillante école, et le Poussin, et Le Sueur, ont des caractères différens, et se sont tous illustrés en suivant le même maître, *la Nature*. Voyez, au contraire, lorsque même de grands talens, comme notre Le Brun, comme Pietre-de-Cortone, ont donné leurs préceptes et leur exemple pour règle, combien les ouvrages des élèves ont ressemblé à ceux des Maîtres, quelquefois à s'y méprendre. Alors toutes les productions n'ont qu'une physionomie, un masque d'emprunt. Ainsi, M. Vien a vu régner, pendant onze ans, à Rome, la mode

de copier Carle Maratte. Cette mode ne produisai
que des copistes de ce Maître, qui lui-même avai
eu recours à Raphaël, quand il s'était trouvé em
barrassé dans ses compositions. Eh ! pourquoi
continue M. Vien, ne pas consulter Raphaël lu
même, ou pour mieux dire, pourquoi ne pas re
monter à la source elle-même? En se pénétrant de
ouvrages et de l'esprit de Raphaël, il met dans l
bouche de ce Peintre immortel les vérités su
vantes :

« O ! vous qui voulez être Peintre, faites comm
« j'ai fait : Pour rendre sur la toile toutes les situ
« tions de la vie humaine, étudiez *la Nature*, et n
« puisez point à d'autre source. Elle est le premie
« modèle. Je n'ai copié personne ; je n'ai voulu re
« sembler ni à aucun des Maîtres mes contempo
« rains, ni à aucun de mes prédécesseurs ; l'exa
« men de leurs Ouvrages a pu me donner des idée
« dont j'ai tâché de tirer avantage; mais je n'ai se
« rieusement étudié que les vérités de *la Natur*
« elle offre un nombre infini de volumes toujour
« ouverts à quiconque sait lire et méditer. C'es
« là, et uniquement là, que vous apprendre
« ce qui doit se retrouver dans vos ouvrages
« pourvu que vous soyez véritablement nés pou
« devenir Peintres, car, sans cette prédestina
« tion, pourquoi vous obstiner à peindre, e
« sur-tout à peindre l'histoire? L'histoire, dan
« la plupart de ses Tableaux, ne permet de re
« présenter que les hommes illustres dont elle a

« par ses nobles récits, perpétué la mémoire ; ces « hommes peints par vous, si votre ame n'a ni « sentiment ni feu, ne porteront ni expression « ni caractère, ils seront muets pour tous les « spectateurs : Personne ne les reconnoîtra, et « vos Tableaux tomberont avec votre nom dans « un éternel oubli. J'honorai le Pérugin, mon « maître, j'écoutai ses préceptes, et les eus tou- « jours présens à mon esprit ; mais je ne me vouai « point à l'imiter, tandis que je ne vois de vous « que des copies de ceux qui vous enseignent. « L'aveu si souvent répété de Carle-Maratte, de- « vroit vous porter à me consulter préférable- « ment à lui ; et moi je vous dis de consulter « préférablement à moi, *l'Antique*, et préféra- « blement encore à *l'Antique*, *la Nature*.

« Jeunes Elèves, voilà les dernières paroles, « peut-être, qu'il me sera possible de vous adres- « ser. Chaque jour le temps jaloux s'exerce à dé- « truire mes ouvrages ; bientôt ils seront effacés ; « mais la Nature ne s'effacera jamais. Le véritable « modèle de l'Art existera toujours pour vous, vous « pourrez toujours devenir de grands hommes, « pourvu que vous sachiez bien choisir parmi les « sujets sans nombre qu'elle fournit, et la faire « reconnoître dans vos compositions ».

A ces leçons de Raphaël, que redisent depuis trois siècles les échos du Vatican, et qui retentissent aujourd'hui dans notre Musée, il faut joindre les conseils et les leçons que peuvent donner les grands Artistes de la Grèce qui respirent dans leurs ouvrages heureusement conservés, et par un bonheur encore plus inespéré, presque tous réunis aujourd'hui sous nos yeux.

« Jeunes Elèves, disent ces incomparables « Maîtres, quand vous étudiez les œuvres de nos « mains et les résultats de nos plus hautes con-« ceptions, songez que la plupart des figures an-« tiques parvenues jusqu'à vous, représentent « uniquement les Dieux suprêmes ou les Divi-« nités inférieures du culte auquel notre religion « nous assujétissait, songez que la religion « nous fit une loi d'exprimer dans les traits de « ces figures (autant que l'Art pouvait en fournir « le moyen) toute la puissance et toute la vertu « que notre mythologie attribuait à ces Divini-« tés : pour obéir à cette loi, nous avons dû « dans les représentations de chaque Divinité, « conserver un *caractère de tête uniforme*, une « ressemblance constante, car il fallait indiquer « nettement au peuple Grec l'objet présent à « son adoration. La forme matérielle des Dieux « de la Mythologie n'existait nulle part, et « celle d'aucune créature humaine, quelque « belle qu'elle pût être, ne pouvait être le mo-« dèle de la perfection essentiellement inhérente « à la Divinité. Il nous a donc fallu chercher « dans les différentes créatures humaines qui « nous paraissaient les plus belles, ce que cha-« cune d'elles pouvoit avoir de parfait, et for-

« mer, de leurs traits les plus nobles, une réu-
« nion que ne présente jamais la Nature. Nos
« efforts n'ont pas été vains, et ce fut dans ces
« images idéales que non-seulement le peuple,
« mais même les hommes les plus éclairés,
« trouvant peu-à-peu, ou croyant trouver une
« analogie complète avec les différens attributs
« de chaque Divinité, consentirent à y recon-
« naître les divers objets de leur culte.

« N'allez donc point, Jeunes Elèves, prodi-
« guer le résultat des études que vous faites sur
« de pareils ouvrages : Trop épris de ces sublimes
« modèles, craignez, que dans ce mélange de hé-
« ros, d'officiers, de soldats, de maîtres, de va-
« lets qui devront tour-à-tour s'animer sous vos
« doigts, on ne retrouve trop habituellement
« les traits dignes d'être *exclusivement* réservés
« à la représentation majestueuse des Dieux, ce
« serait tout confondre, ce serait manquer aux
« plus strictes convenances ».

Je viens, Messieurs, de faire parler Raphaël et les Grecs, dit M. Vien, et sans doute vous me pardonnerez cette fiction; que dis-je? Ce n'est point une fiction : les ouvrages des grands Artistes nous parlent.

C'est à regret que je m'arrête : car il eût été sans doute aussi intéressant pour cette assemblée d'écouter le développement que le Patriarche de la Peinture donne à ses observations, qu'il serait utile à la jeunesse de s'en pénétrer ».

Nous avons donné un grand développement à cette notice sur M. Vien, parce qu'il a exercé une grande influence sur la marche de l'Art dont il est en quelque sorte le restaurateur en France. Son immortalité commence. Quel plus bel exemple, d'ailleurs, à présenter aux Artistes, que celui d'une vie honorée par de grands succès et par de grandes vertus !

L'école de ce Maître a été féconde ; la direction imprimée aux Arts régénérés à été continuée ; des hommes célèbres ont fait de nouvelles conquêtes, nous les signalerons avec la même impartialité (1) ; mais ce sont en quelque sorte les branches d'un tronc vigoureux, et quel que soit aujourd'hui le luxe de leur ombrage, ils en doivent toute la richesse à la sève qui les alimenta.

---

(1) Nous donnerons successivement dans les numéros suivans les portraits et quelques détails sur la vie, sur les Ouvrages des principaux Chefs de l'Ecole Française, élèves de M. Vien, et sur un petit nombre d'Artistes qui, à la même époque, ont ouvert avec lui la route des vrais principes.

Salon de 1806.

L'EXPOSITION actuelle fera époque dans les annales de l'Art : il a fait de nouveaux pas. Au milieu de plusieurs Tableaux historiques également recommandables, deux entre autres, chacun dans leur genre, montrent jusqu'où peut aller la puissance du Dessin et celle du Coloris. La verve du Dessin de Michel-Ange semble respirer dans la scène de M. Girodet, malgré quelques défauts, et la transparence magique du Coloris de Rubens, mêlée à la vivacité de celui du Tintoret, anime et fait vivre en quelque sorte la composition de M. Gros. Tous deux se sont élancés avec autant de péril que de succès au-delà des routes connues.

Ceux qui ne se sont point écartés des chemins frayés, conservent une marche calme et vraie.

Ce qu'il y a de plus remarquable, c'est l'absence de tout système; nulle manière d'école : chaque Artiste obéit à un sentiment intérieur, et cède en quelque sorte au génie particulier qui l'inspire.

Cette variété n'est pas moins remarquable que l'abondance et la supériorité de ces nouvelles productions de l'Ecole Française : et cependant le Salon est pour ainsi dire veuf cette année des talens depuis long-tems en possession des suffrages du Public. MM. David, Vincent (1), Regnault, Gérard, Guérin, Meynier, etc. n'ont point exposé. On peut leur appliquer le mot de Tacite : *Eò magis apparebant quòd desiderabantur.*

Les femmes même disputent ici la palme ; les rangs des Artistes semblent se presser et s'augmenter ; l'intérêt se partage entre eux, mais il se fixe particulièrement sur les Tableaux de Chevalet et de Genre. Si dans le premier de tous, l'Ecole Française se montre aujourd'hui la digne rivale des Ecoles de Florence, de Rome et de Venise, elle paraît dans les autres n'avoir rien à envier à l'Ecole Hollandaise, relativement au fini et à la perfection laborieuse. Il suffit pour s'en convaincre, de jeter un coup-d'œil sur les Tableaux de Richard, et particulièrement sur ceux de Grobon.

Mais les batailles sont l'objet qui occupe principalement les pinceaux, et qui saisit d'abord l'attention. En effet, n'y a-t-il pas dans le luxe de notre gloire militaire de quoi enrichir tous les Arts ? Histoire, Poésie, Peinture, Sculpture, Architecture, tout semble inondé en quelque sorte de sujets Homériques.

L'ame s'élève à la vue de ces grands objets, et

---

(1) M. Vincent avait esquissé la Bataille des Pyramides, et cette esquisse est elle-même un beau Tableau.

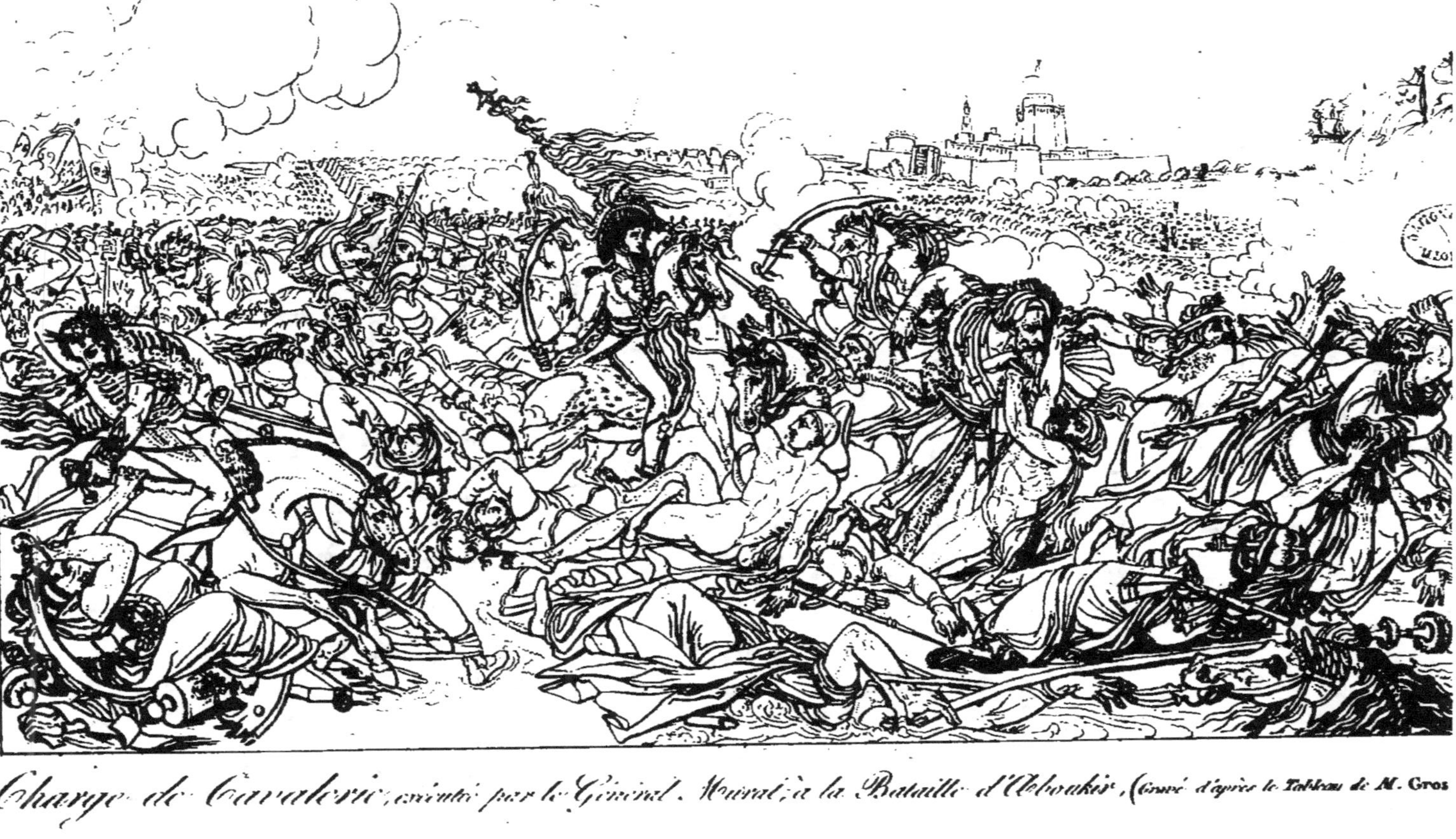

Charge de Cavalerie, exécuté par le Général Murat, à la Bataille d'Aboukir, (Gravé d'après le Tableau de M. Gros

le premier mérite de ces représentations, est de créer à nos intrépides défenseurs d'illustres émules. Le portrait de celui qui les conduit aux combats, ou plutôt à la victoire, et du sein duquel s'échappe comme d'un foyer brûlant, ces flammes de l'héroïsme, s'est multiplié sous le pinceau des Artistes : il semble le Dieu de ce temple des Arts, et il en remplit toute l'enceinte.

Le premier Tableau qui s'empare des regards par ses vastes dimensions, par l'intérêt du sujet, par le rare talent de son exécution, est celui exposé sous le n°. 241.

Charge de Cavalerie, exécutée par le général Murat, à la bataille d'Aboukir en Egypte. Tableau de 32 *pieds sur* 22 *pieds, par M.* GROS, *élève de* DAVID.

N. B. Le Tableau appartient au Prince Murat.

Explication du Sujet, donnée par l'Auteur (1).

« Cette action décida la mémorable victoire
« que remporta l'armée Française, commandée
« par le général en chef Bonaparte, le 7 thermi-
« dor an 7, sur l'armée Turque commandée par
« Kinceï Mustapha, pacha de Romélie.

« Les Turcs qui étaient retranchés dans la pres-
« qu'île d'Aboukir, avaient repoussé la première

(1) Nous préférerons toujours, par intérêt pour la vérité historique, de présenter les explications données ou communiquées par les Artistes eux-mêmes.

« attaque des Français, dirigée sur la redoute « qui défendait la droite de leur position ; ils « sortent de leurs retranchemens pour couper les « têtes des Français restés morts ou blessés sur « le champ de bataille ; l'infanterie française in- « dignée, recommence aussitôt l'attaque ; bien- « tôt la 22e., la 69e. et la 75e. gravissent et péné- « trent dans l'intérieur de la redoute. Le général « Murat, qui commandait l'avant-garde, lança « avec autant d'impétuosité que d'à-propos, ses « escadrons, qui se trouvent déjà couper toute « retraite aux Turcs chassés de la redoute, et les « repoussent vers la mer ; cette cavalerie pénètre « et traverse avec la plus grande rapidité toutes « les positions des Turcs, jusques sur les fossés « du fort, qui ne tire pas un coup de fusil ; elle « culbute, sabre et noie tout ce qu'elle rencontre. « Les Turcs, frappés de terreur, cherchent à ga- « gner à la nage leurs chaloupes canonnières, « qui elles-mêmes les foudroient, main en vain, « pour les forcer à retourner au combat. *Extrait « du rapport du prince Alexandre Berthier* ».

« Mustapha pacha, général en chef de l'armée « turque, se battit avec le plus grand courage : « blessé à la main, abandonné de ses troupes, « qu'il voit fuir de tous côtés, il veut encore re- « tenir ses soldats, mais dans leur terreur rien « ne peut les arrêter ; on les voit même se débar- « rasser en barbares de ceux qui implorent leur « secours. Le Pacha, entouré et sur les corps de

« ses plus fidèles serviteurs, est soutenu par eux « et par son fils, qui, le voyant hors de combat, « rend ses armes au général Murat, son vain- « queur. Les trois queues, marques distinctives « du rang de Mustapha pacha, tombent autour « de lui.

« La perte de plusieurs officiers français est « signalée dans quelques parties du Tableau. Le « colonel Duvivier, commandant le 14e. de dra- « gons, fut tué dans cette charge; on le distingue « atteint et renversé d'une balle au milieu de ses « dragons; l'adjudant général Le Turc, tué dans « la première attaque de la redoute, eut la tête « coupée; le colonel Beaumont, aide-de-camp du « général Murat, sabre un Turc qui emportait « la tête de cet officier, et lui arrache des mains « son sabre brisé. L'officier Guibert, aide-de- « camp du général en chef, fut tué d'un coup « de canon; son ceinturon, dans les mains d'un « Turc, est déchiré par le boulet qui le frappa; « auprès sont deux pièces de canon anglaises, « trouvées dans l'artillerie turque, et qui avaient « été données au Grand Seigneur par la cour de « Londres. Tel est le corps du Tableau. Le fond, « relevé sur des dessins faits d'après nature, re- « présente la redoute emportée par les demi-bri- « gades déjà nommées, l'escadron envoyé pour « couper la retraite, le camp des Turcs, le camp « du Pacha et le fort situé sur la pointe de la « presqu'île; l'escadre anglaise est en vue.

« Le commodore Sydney Smith voyant l'issue
« du combat, regagne ses vaisseaux monté sur
« un des canots que l'on voit à la pointe de la
« presqu'île. Les canonnières turques mitraillent
« leurs propres troupes, et la mer est couverte
« de turbans ».

Ce Tableau est une belle page de l'histoire, ou plutôt un chant de poëme épique; semblables aux Grecs, les Français triomphent de l'antique Orient : c'est ainsi qu'Homère rassemble et l'Europe et l'Asie sous les murs d'Ilion, et montre, d'un côté, selon les expressions de Bossuet, le calme de la supériorité, la valeur éclairée, et de l'autre, le brutal emportement, la férocité stupide et le courage aveugle; comme s'il avait voulu indiquer qu'il s'agissait du triomphe des lumières et de la civilisation sur les ténèbres et la barbarie.

L'Artiste, et c'est là son premier mérite, est entré profondément dans cette grande pensée de son sujet. Tout fuit, tout se disperse devant le guerrier Français; mais l'Ottoman n'a pas fui en lâche : Il céde en frémissant comme un tigre blessé, et il ensanglante sa défaite. Le choc a été terrible; les escadrons qui accourent et se précipitent comme la foudre, ces groupes de fuyards mutilés, épouvantés, que les flots reçoivent et dévorent, expliquent d'une manière effrayante toute la scène. Au centre, tout l'intéret dramatique habilement saisi, se rassemble sur les deux chefs.

D'un côté le général Murat portant sur son front, et respirant dans toute son attitude l'assurance de la victoire, développe et représente pour ainsi dire à lui seul toute la supériorité de l'héroïsme Français. Son regard est serein, mais brillant des feux de la gloire : Son coursier est véritablement orgueilleux du poids qu'il porte; il dévore la plaine, il atteint déjà le chef des ennemis.

Ce chef est noblement vaincu : C'est Hector digne d'Achille. Le Peintre a bien senti qu'il fallait conserver au Pacha cette dignité historique : Il était difficile de l'exprimer. C'est ici que le Peintre, disons le mot, s'est montré grand poète. Une des mains du Pacha est désarmée et sanglante; de l'autre, furieux, éperdu, égaré, il saisit, il veut en vain arrêter des fuyards; son cheval est tombé, tout a plié, il résiste seul; son épée lui était échappée, elle est relevée par son fils qui la présente au général Murat, pour sauver la vie de son père (1).

Voilà ce qui dans le langage des Artistes s'appelle écrire énergiquement son sujet. L'Artiste, n'eût-il exécuté que ce seul groupe, aurait fait preuve du premier des talens, de celui d'invention et de pensée. Non-seulement le drame est parfaitement exposé, suivi, noué, développé, mais encore tous les caractères portent la double empreinte de leur physionomie primitive et de

---

(1) Cet épisode est de l'invention de M. Gros.

la situation. En effet, s'il s'agissait de consacrer par des types, c'est-à-dire par des modèles, d'un côté le caractère oriental, et de l'autre le caractère Français, il suffiroit de présenter le portrait des deux principaux personnages.

Corneille, ce profond génie, a exprimé dans un seul vers tout le caractère de l'héroïsme :

> La valeur n'est valeur, qu'autant qu'elle est tranquille.

L'Artiste a exprimé la même chose en traçant la figure du général Français. Mais tout ce que le désespoir d'être vaincu a de convulsions, tout ce que la honte de céder, mêlée à la rage trompée offre d'affres douloureuses ; en un mot, la plus profonde énergie de la plus profonde fureur, tout est peint sur la physionomie de ce Pacha qui, comme l'Ajax de l'Iliade, ou comme l'Argant du Tasse, sait nous intéresser à sa férocité même.

Il n'est pas jusqu'au puissant contraste du sourire affectueux et plein de sécurité du fils du Pacha, qui n'ait une expression bien caractéristique, et malheur à qui ne comprendrait pas tout ce qu'elle a d'honorable pour la générosité Française. Il a lu dans les regards du général la clémence de l'Héroïsme.

Des épisodes habilement entendus et rigoureusement tracés, renforcent cet effet général dont ils semblent répéter l'expression comme des échos. Ici le colonel Beaumont immole avec un sentiment de douleur concentrée et presque de deuil solennel, le barbare qui entassait dans une horrible nasse les têtes des Français égorgés. Sachons gré à la délicate sensibilité de l'Artiste qui a plongé dans l'ombre ce spectacle d'horreur.

Le premier mérite de ce tableau consiste donc dans la vérité, sans laquelle il n'y a rien de beau. Nous avons reconnu cette vérité dans la différence de la situation des personnages, et sur-tout dans celle de leur caractère moral. Saisir ces nuances, voilà ce qui caractérise un Artiste penseur; mais il se trouvait arrêté par d'autres difficultés, il fallait encore exprimer dans toute sa vérité la nature physique et diverse dont les modèles étaient loin de ses yeux et ne pouvaient être rassemblés que par des circonstances rares, par des soins laborieux, et par une patience tenace dont l'effet devait être de glacer l'imagination de l'Artiste; elle semble au contraire s'être embrasée par ces difficultés même. Son pinceau accuse d'une manière énergiquement précise, les formes les plus caractéristiques et les plus opposées, et le Peintre d'Histoire s'est montré grand Peintre de Portraits et de Portraits nationaux. Ces Français, ces Albanais, ces Turcs, dont les traits ne diffèrent pas moins entr'eux que leurs armes, sont tellement reconnaissables, que chaque individu de ces nations croit y reconnaître les types particuliers de son espèce. Cela est si vrai, que lorsque l'Ambassadeur Turc fut au Salon, il ne voulut point d'abord, (à ce qu'on nous a raconté) s'arrêter devant le tableau de M. Hennequin ; il vit celui de M. Gros : aussi-tôt il fit un geste expressif (semblable à celui d'une personne qui va se déshabiller). Son interprête lui ayant demandé l'explication de ce geste : — « Quand tous ces per- « sonnages seraient nus, on reconnaîtrait facile- « ment, ici des Turcs, là des Albanais, et là des « Français ».

Ce témoignage nous paraît un des plus beaux éloges : Il en est cependant un plus grand encore, c'est celui des rivaux même de M. Gros. Nous avons entendu des Artistes s'écrier à la vue de cette Peinture : « O puissance du Pinceau ! » En effet, me disait l'un d'eux, ce Tableau nous renvoie tous à l'école sous le rapport du Coloris, ou plutôt il n'y a ici aucun système d'Ecole : C'est la couleur de la Nature. Les objets ne se détachent point par opposition d'ombre et de lumière. On n'y trouve pas même l'emploi des dégradations, des nuances intermédiaires ; les couleurs les plus vives y éclatent à côté les unes des autres, et se détachent sur un fond vigoureux, où tous les tons se repoussent à la fois et s'allient.

L'Artiste s'est donc ouvert dans cette partie de l'Art une route qui n'est qu'à lui. Sans doute l'excès même de sa force est un abus, parce qu'une grande qualité confine toujours à un défaut ; mais enfin il faut le louer d'avoir pris ce parti, l'eût-il même outré, puisqu'il n'y rencontre pas de rivaux.

Si nous passons à l'examen du dessin, malgré quelques inégalités, les formes en sont grandes, caractéristiques et fermes. Si dans le Coloris, l'Artiste en général rivalise avec Rubens, il semble dans son dessin reproduire quelque chose du Jules Romain.

Après des éloges aussi vrais, que sentis et profonds, faisons seulement pour l'intéret de l'Art, et à regret, la part de la critique; mais hâtons-nous d'énoncer les principes qui nous guident dans cet examen général.

Etrangers par notre état comme par notre caractère aux misérables passions d'amour-propre et d'intéret qui divisent trop malheureusement les Artistes, loin de répandre, à l'exemple de quelques journalistes, le fiel et le poison dans les blessures profondes que leur irritable sensibilité multiplie, et dont elle est la victime, nous voudrions au contraire y verser un baume consolateur, ou plutôt les fermer pour jamais, en proclamant de plus en plus cette grande vérité que l'on feint de ne pas entendre, et dont chacun cependant a la conscience : c'est que NUL NE SAURAIT ÊTRE PARFAIT.

Il y a plus, selon l'observation d'Aristote que nous avons déjà cité, une vertu est toujours voisine d'un défaut : Ainsi, la grace n'est que trop souvent l'absence de la force; ainsi la force elle-même conduit à la rudesse, etc. etc.

. . . . *Non omnia possumus omnes.* VIRG.

Il faut l'avouer, et peu de critiques auraient cette bonne-foi, les chéf-d'œuvres même des Raphaël, des Michel-Ange, des Vinci et des Titien, ne seraient pas à l'abri de cette critique que j'ai vu s'exercer sur des talens qui naissent, croissent et se développent avec autant d'audace que de bonheur. Cependant l'indulgence doit être pour les Elèves, et la sévérité pour les Maîtres. Mais il y a long-temps qu'on l'a dit: Lorsque l'envie élève les anciens pour rabaisser les modernes, ce n'est pas qu'elle aime les morts, mais c'est qu'elle hait les vivans.

Il y a des gens assez malheureux pour n'être frappés à la vue d'un ouvrage que de ce qu'il peut présenter de défectueux. Pour nous, enthousiastes du beau et du vrai, nous ne sommes susceptibles de passion que pour ses charmes. La devise du Poète philosophe sera la nôtre.

.... Ubi plura nitent in carmine, non ego paucis
Offendar maculis, quas aut incuria fudit
Aut humana parum cavit natura..... Hor.

Nous considérant pour ainsi dire comme des avocats rapporteurs de l'opinion publique, nous tâcherons de la présenter aux Artistes, non comme un arrêt sans appel, mais comme un sujet de méditations: nos conclusions sont de leur nature très-réformables; mais quelle qu'en soit l'expression, elle sera toujours marquée au coin d'un véritable dévouement (sans acception de personne) à la cause des Arts, et nous ne séparerons jamais la franchise de la politesse et des égards que l'on doit au talent.

Après cette déclaration de principes, que nous fesons une fois pour toutes, appliquons-les au Tableau de M. Gros.

Les défauts que l'on a cru remarquer dans cette belle composition, regardent quelques parties, soit de l'action, soit du coloris, soit enfin de la perspective. Et d'abord quant à l'action générale, si l'exécution en est presqu'admirable et du pinceau le plus hardi, si les groupes y sont jetés avec la rapidité de la pensée, la confusion s'y rencontre aussi; c'est le défaut d'une grande chaleur d'imagination, où la fumée se mêle à la flamme.

Un corps de cavalerie étendue, forme naturellement une grande masse; ici elle a semblé se fondre: ni l'œil ni la pensée ne peuvent retrouver la place des corps de chevaux et d'hommes dont on voit seulement les têtes.

Dans de pareils sujets, les Grands-Maîtres ont l'habitude de dessiner préliminairement, et en entier sur la toile, les figures que d'autres doivent recouvrir: qu'on ne dise pas que cette confusion appartient à une mêlée; on peut, on doit peindre une mêlée, le désordre même, avec ordre: un peu de réflexion en convaincra cet Artiste estimable. S'il en doutait, nous l'inviterions à méditer long-tems les compositions du *Passage du Granique*, et de la *Bataille d'Arbelles*, par Le

6

Brun : il y surprendrait ce secret, ce bel art de retracer avec ordre une mêlée.

On a observé que le colonel qui sabre d'une main, tandis que de l'autre il arrache le sabre de son ennemi, doit se trouver désarçonné, car il ne peut s'arrêter par cette double action, au moment où son cheval est lancé avec la plus vive impétuosité.

Le groupe du Pacha, soutenu par son fils et un esclave, ne peut supporter l'examen par rapport au plan. Le Pacha paraît colossal auprès du cheval abattu sous lui, et la distance qui le sépare des fuyards est trop grande pour qu'il puisse les atteindre, il les arrête cependant.

Puisqu'il s'agit des plans, remarquons encore que la distance qui est entre le corps de cavalerie française en avant, et celui qu'on aperçoit dans le lointain, est énorme, et répugne à la pensée et à l'œil. Le même défaut règne dans le fond du Tableau, par rapport aux redoutes, à la mer et aux Turcs qui s'y précipitent : la perspective aérienne ne s'y fait pas moins généralement desirer que la perspective linéaire ; et cela tient à la distribution de la lumière, qui est répandue par-tout avec profusion et égalité, de manière que dans ce Tableau, rien n'avance, ne recule, et ne s'enfonce suffisamment. Je sais que l'Artiste a voulu peindre la lumière brûlante de l'Asie, et rendre le pittoresque effet d'un ciel étincelant ; mais il me semble que plus la lumière est vive, s'il y a moins d'ombres, plus aussi celles qui existent doivent être prononcées. On trouve donc cette couleur locale trop diaphane : on y reprend l'abus de ces luisans prodigués sur tous les corps, et qui détruisent la solidité de l'effet. Ce n'était point ainsi que travaillait Paul Véronèse, lorsqu'il épandait à pleines mains la lumière sur ses vastes et brillantes compositions, où l'œil creuse la toile, suit les plans, plonge dans les lointains, et revient aisément faire le tour de chaque groupe et de chaque objet.

Quelques couleurs trop rosées s'éloignent du ton oriental que M. Gros avait si énergiquement prononcé dans le beau Tableau de la Peste de Japha : ici nous l'offrirons pour modèle à lui-même.

Hâtons-nous de glisser sur quelques incorrections de son nouveau Chef-d'œuvre. Dirons-nous que quelques figures, entre autres celle du devant qui se noie, sont rouges, que les ombres en sont verdâtres, que les bras en sont trop gros, que quelques détails sont trop lâchés, et qu'enfin le fond n'est pas digne de ce Tableau si magnifique d'ailleurs ?

Concluons : tout ce qu'il y a d'admirable est du génie, et les fautes même tiennent à l'abus de cette belle faculté. Ajoutons que le mérite est dans le principal, et les fautes dans les accessoires. Ce Tableau offre des beautés du premier ordre, et des choses si parfaites, que malgré l'inégalité que l'on aperçoit, on est bien convaincu que l'Artiste a encore acquis, et qu'il ne peut manquer d'acquérir encore ; car la réflexion, le tems peuvent lui donner ce qui lui manque ; mais il possède déjà le génie, la force et la chaleur, qui ne s'apprennent pas ; enfin il est né Peintre. Qu'il médite donc et qu'il pense, mais sur-tout qu'il écoute toujours la voix intérieure de son génie. Ne soyons pas injustes, et ne lui demandons que tout ce qu'il peut nous donner, il nous fera encore assez riches.

Les puristes ont glacé les lettres ; défions-nous quelquefois des puristes en fait de Beaux-Arts ; leur pédantisme tue le talent, éteint l'imagination ; et cela me rappelle que Rameau, cédant un jour à de minutieuses critiques, disaït : « J'ai tant de goût aujourd'hui, que je crains bien, mes chers amis, de ne plus avoir bientôt de génie ».

No. 24. *Honneurs rendus à Raphaël après sa mort.* Tableau de 3 p. 4 p. de hauteur, sur 6 p. 5 p. de largeur (1), *par* M. BERGERET, *élève de* DAVID.

N. B. Ce Tableau a été acheté par l'Empereur.

Explication donnée par l'Auteur.

« Raphaël, étendu sur son lit de mort, est « visité par Léon X, accompagné du cardinal « Bembo. Le pape, après avoir officié, répand « des fleurs sur le corps de ce Peintre illustre ; « Bembo y dépose une couronne de laurier ; Jules « Romain, Polidore, Lucas Penni, tous ses élèves

(1) C'est la dimension des Tableaux du Poussin.

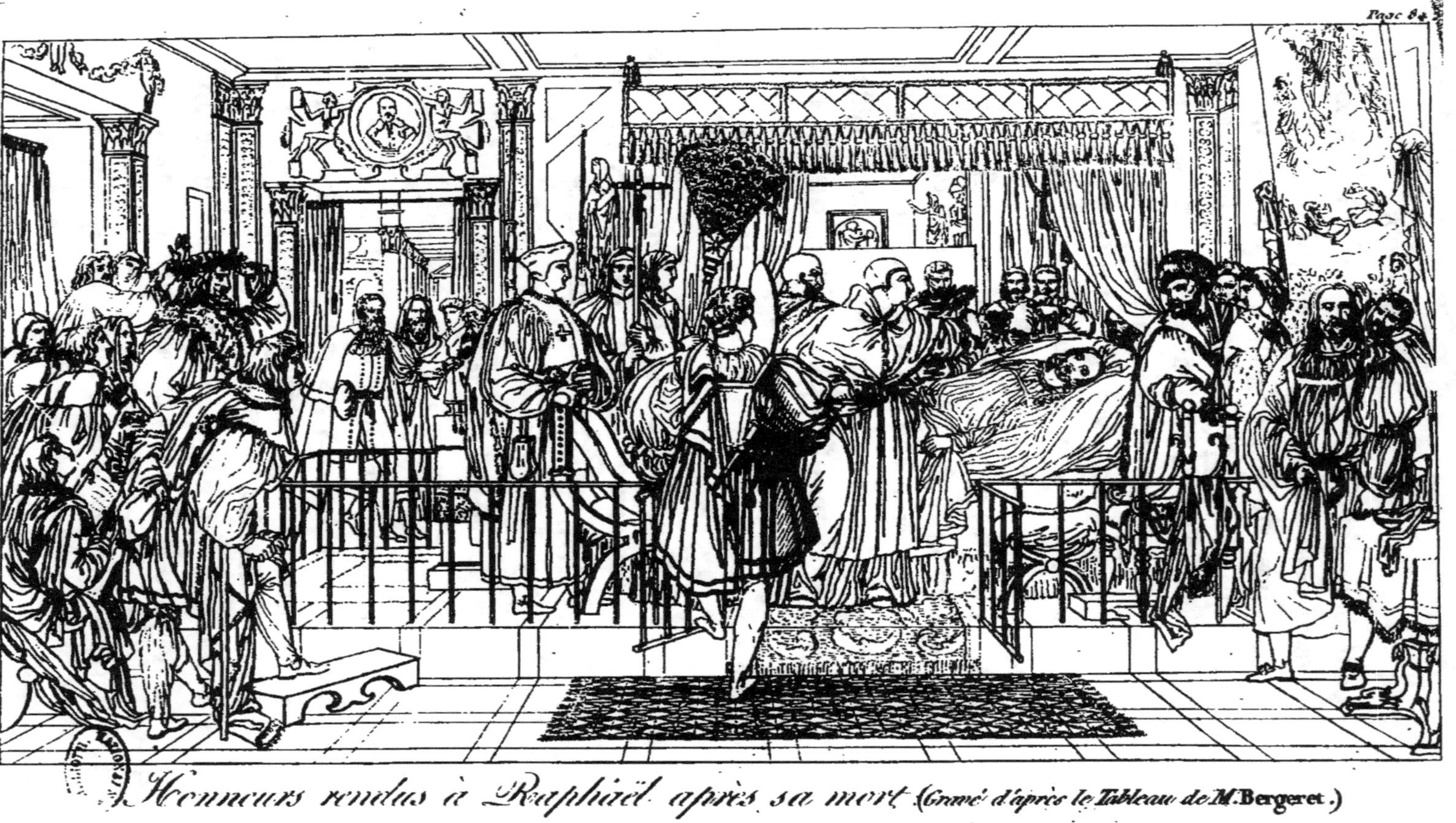

Honneurs rendus à Raphaël après sa mort (Gravé d'après le Tableau de M. Bergeret.)

« et ses amis entourent son lit ; Marc Antoine, « célèbre graveur, déplore la perte de ce grand « homme ; l'Arioste lui fait hommage de sa cou- « ronne ; Michel Ange et Sébastien del Piombo, « son élève, tous deux rivaux de Raphaël, vien- « nent déposer une branche de laurier près de « lui, en témoignage de leur estime et de leurs « regrets ; le Perugin, accablé par les ans, vient « pleurer la perte de son élève, sa principale « gloire ; enfin, le Vasari, transporté par les « beautés du Tableau de la Transfiguration, écrit « ces paroles remarquables : *Ame bienheureuse « et infortunée ! vous serez le plus beau sujet de « nos entretiens ; les actions de votre vie ne sont « pas moins célèbres que les ouvrages que vous « laissez sont admirables ; l'Art de la Peinture « est pour ainsi dire mort avec vous, et loin de « pouvoir vous surpasser, on ne pourra jamais « vous atteindre* ».

Ce Tableau est un de ceux qui remplit le mieux les intentions de la Peinture. Le sujet émeut, intéresse ; il exerce sans effort toute la séduction d'un dramatique puisé dans la Nature et dans de grands souvenirs. Le plus sublime génie éclipsé avant son midi ; l'hommage rendu au suprême talent par la puissance elle-même ; les larmes de ses rivaux ; cette dernière merveille du pinceau suspendue comme un trophée au-dessus du lit funèbre ; de si vastes espérances éteintes tout-à-coup dans les regrets d'une perte irréparable, ce deuil de la religion, dont ces mains habiles et aujourd'hui glacées, décoraient naguère l'édifice ; ce concours pieux, attendri, de nobles, de lettrés, d'Artistes, d'élèves, de peuple, frappés avec une énergie diverse, mais profonde d'un sentiment de désolation comme dans une calamité publique, tout porte ici dans l'ame une mélancolie irrésistible, car pour l'éprouver il n'est pas besoin d'être Artiste ou Savant, il suffit d'être sensible.

Le sujet est si bien expliqué sur la toile, qu'il se fait entendre au vulgaire ignorant. Cela tient à l'heureuse disposition des groupes, qui sont tous ordonnés avec une intelligence rare. La science et l'érudition y abondent sans se faire sentir : tous ces épisodes multipliés et variés sont ramenés, par une pensée sage et unique, à un centre commun d'intérêts. Rallier ainsi la variété des détails à l'unité de l'ensemble, c'est le comble de l'Art.

C'est ce qui constitue le beau dans toute espèce de composition, c'est remplir le précepte indiqué par Aristote, et développé par Horace et Boileau,

Denique sit quod vis simplex duntaxat et unum.

Que d'un art délicat les pièces assorties
Ne forment qu'un seul tout de diverses parties.

Tel est le secret du charme qu'on éprouve à la vue générale de ce Tableau ; tout y paraît juste et bien entendu, les lignes, la pantomime, la couleur : il faut en admirer l'effet, la teinte locale et l'harmonie. La vérité brillante des costumes, leur singularité en attirant l'œil, repousse la pensée jusques dans le 16e. siècle, ce siècle si admirable par le mouvement qu'il imprima de toutes parts à l'esprit humain. L'antiquité est toujours un ressort puissant d'intérêt, *major è longinquo reverentia.*

Cet intérêt s'accroît encore, et produit une espèce d'enthousiasme pour ces tems lointains sans humilier le nôtre, lorsqu'on vient à reconnaître dans ces personnages imposans tous ceux de la cour des Médicis, et lorsque tant d'éclat n'est rassemblé autour de l'homme immortel, objet de tant de regrets, que pour mieux en faire ressortir la supériorité, que pour faire sentir le vide immense qu'il laisse après lui.

Avec quelle curiosité on cherche à surprendre, à lire sur la physionomie de ces grands hommes quelques traits de leur caractère! Ici, le magnifique et voluptueux Léon X, pape idolâtre des délices et des Arts, qu'il encourageait et cultivait lui-même (1). A ses côtés, le Bembo, ce spirituel et singulier cardinal (2), qui ne lisait jamais la

---

(1) On cite de Léon X, ainsi que de tous les Médicis, des vers extrêmement agréables.

(2) Bembo n'employait pour rédiger les brefs du pontife des Chrétiens que la latinité philosophique de Cicéron. Il n'écrivit jamais *Deo immortali*, mais *Diis immortalibus*. Il ne désignait l'excommunication que par les mots *aquâ et igne interdictum* et la foi par celui de *persuasio*. On estime singulièrement ses poésies latines, un peu libres, comme toutes celles de ce tems.

Vulgate ni son Bréviaire, de peur de corrompre sa belle latinité, et dans les poésies duquel on trouve cette épitaphe de Raphaël :

Ille hîc est Raphaël, timuit quo sospite vinci
Rerum magna Parens, et moriente mori.

La Nature jalouse admira son pinceau,
Et veuve, elle craignit de le suivre au tombeau.

La présence du pape et du cardinal est ici motivée, d'abord par leurs mœurs, et ensuite par cette espèce de noble familiarité qui régnait alors entre eux et les grands Artistes (1). Que le pape Léon X effeuille des roses, que le Bembo dépose sur ce lit funèbre une couronne de lauriers, tout cela est dans leur caractère.

Combien le groupe éploré de ces Elèves du grand Raphaël m'intéresse ! Que j'aime à y reconnaître ce fier Jules Romain, qui maria si souvent son pinceau à celui de son maître, et qui, après avoir peint à ses côtés, s'ouvrit dans l'expression une route où il n'a jamais été atteint par personne ! Et cet excellent Penni,

---

(1) On en peut juger par les réponses suivantes : deux cardinaux ayant reproché à Raphaël d'avoir fait dans un Tableau les visages de Saint-Pierre et de Saint-Paul trop rouges : *Messeigneurs*, leur répondit-il, *je les ai peints tels qu'ils sont dans le ciel, où ils rougissent de ce que l'Eglise est si mal gouvernée.*

Ainsi Michel Ange répondait à Jules II, qui se plaignait de ce que les personnages d'un Tableau pieux n'étaient pas représentés assez richement : *Les hommes que j'ai peints ne portaient ni or, ni parure ; c'étaient de vrais Chrétiens qui méprisaient les richesses.*

surnommé *il Fattore*, parce que Raphaël lui abandonnait le soin de toutes ses affaires; et Marc-Antoine, dont le burin traduisait et multipliait les chef-d'œuvres de l'Appelle romain; et Vasari qui lui consacre des hymnes, Vasari qui tint avec honneur la plume et le crayon (1); et ce vieux Perugin, dont les Compositions, malgré le ton gothique et roide qui y domine, ont quelquefois tant de naïveté, mais dont la plus grande gloire fut et sera d'avoir été élève de Léonard de Vinci et maître de Raphaël; et ses rivaux enfin: Michel Ange qui sembla tremper ses pinceaux dans la poésie du Dante, comme Raphaël dans celle de Pétrarque; et Sebastien del Piombo, poëte, musicien et peintre, qui avait retenu du Giorgione, son premier maître (2), la partie la plus séduisante de la Peinture, c'est-à-dire, le Coloris; Piombo qui osa lutter avec le génie de Raphaël et opposer au chef-d'œuvre de la Transfiguration un Tableau qui paraît aussi lui-même un chef-d'œuvre lorsqu'on cesse de le comparer au premier (3); et enfin, comme si l'on eût voulu humilier toutes les gloires dans une seule

---

(1) On doit citer Vasari, plutôt comme Homme de Lettres, que comme Artiste: et encore était-il moins Peintre qu'Architecte.

(2) Il étudia ensuite sous Michel Ange.

(3) Le Tableau de la Résurrection de Lazare, dont on attribue même l'Invention et le Dessin sur la toile au grand Michel Ange, ce Tableau est admirable pour le grand goût de couleur; mais il ne l'emporta point sur celui de Raphaël.

et devant celle de Raphaël, l'Arioste qui le contemple de loin, et qui semble vouloir en sa présence déposer sa couronne, trait dont les critiques devaient faire justice. C'est ici que l'exagération perce. Je ne m'explique point, je veux ménager deux nations également irritables, celle des Peintres et celle des Poëtes; il est douteux que Raphaël, quelle que soit la sublimité de son talent, aille aussi loin dans la postérité que le divin Arioste; mais ce qui n'est pas douteux, c'est que l'Arioste qui était alors à Ferrare n'a pas pu, n'a pas dû faire le voyage de Rome tout exprès pour y venir faire une abjuration aussi humble de sa supériorité, acte qui répugne à la conscience d'un vrai Poète.

Je n'ajouterai qu'un mot : son siècle et la postérité ont décerné à l'Arioste la couronne de laurier, mais il ne la portait pas (1); la lui donner dans cette circonstance est contre le costume une faute d'autant plus remarquable, qu'il est parfaitement observé dans toutes les autres parties de ce tableau.

Cet art de grouper plusieurs personnages illustres autour d'un seul, et de présenter, pour ainsi dire, aux Lettrés et aux Artistes des Tableaux de famille, est un heureux pas que l'Art vient de faire, mais dont la première idée et la plus ingénieuse exécution appartient à

(1) Pétrarque la portait parce qu'il avait été couronné au Capitole.

M. Monsiau, célèbre par son Tableau de l'*Assemblée chez Ninon*, et qui avait traité dans le même genre la mort de Raphaël avant M. Bergeret.

Il faut savoir gré à ce dernier de n'avoir pas été découragé par les succès de son prédécesseur, et d'être entré en rival généreux dans la même carrière. Nous savons que les Artistes grecs travaillaient souvent sur des sujets déjà traités; c'est même par ces efforts successifs qu'ils ont atteint la perfection. Voltaire, à leur exemple, refit des tragédies de Crébillon et même de Corneille, le succès couronna souvent son audace; il est à desirer que cette noble émulation qui embrâse aujourd'hui l'Ecole française, se soutienne : comme les Anciens, nous pourrons alors compter sur le même sujet plusieurs chef-d'œuvres.

Le Tableau de M. Monsiau se recommandait par l'élégance du dessin, la noblesse des personnages et des airs de tête, l'arrangement des draperies et le parti qu'il avait tiré du costume; mais celui de M. Bergeret l'emporte sous le rapport du Coloris, de l'entente du clair-obscur, de l'ordonnance, et sur-tout du caractère historique. Dans le premier on voyait une scène peut-être trop bien arrangée, une scène peinte en France; dans celui-ci, c'est le désordre du moment. En général, la vérité de l'action est telle, qu'elle semble avoir été peinte à l'instant même et dans le lieu où elle s'est passée, par un Elève de Raphaël qui aurait assisté à ce funèbre et touchant spectacle.

Le Peintre de l'imagination n'a-t-il pas inspiré celui-ci, lorsque versant à son tour des fleurs sur la tombe de Raphaël, il s'écriait :

Ah ! jeune infortuné, digne d'un meilleur sort,
Hâte-toi, le tems fuit, achève ton ouvrage !
Si le destin sévère épargne ton jeune âge,
Tu seras Raphaël! (1) Vain espoir! il n'est plus,
Et ses nobles travaux restent interrompus :
En vain se soulevant à son heure dernière,
Il tourne encor vers eux sa mourante paupière ;
En vain, pour achever son ouvrage naissant,
Il reprend en ses mains son pinceau languissant,
Il meurt..... Courez, portez à son ombre chérie
Ces fleurs, ces frêles dons, emblêmes de sa vie.
Mais non.... son ombre attend un hommage plus beau ;
Muses, Talens, Beaux-Arts, placez sur son tombeau
Ce chef-d'œuvre échappé de sa main défaillante ;
Joignez-y ses pinceaux, sa palette brillante ;
Et changeant en triomphe une pompe de deuil,
Conduisez un trophée, et non pas un cercueil.
Rome n'aura jamais vu de fête plus belle (2).

Mais revenons. L'Artiste qui, jeune encore, s'annonce par un tel succès, pourrait à l'exemple de tant de talens qui l'ont précédé, être corrompu par l'éloge et s'endormir sur des lauriers

(1) Voyez les Notes à la fin de l'Ouvrage.

(2) Delille, Poëme de l'Imagination, chant 8.

qu'il croirait désormais faciles, nous nous proposons, par une juste sévérité, de tenir son génie en haleine, et de le forcer à se surpasser lui-même.

L'effet général de cette charmante composition si séduisant au premier coup-d'œil et d'un peu loin, perd quelque chose à être détaillé et vu de près. On reconnaît que l'Artiste a plus étudié les grands Coloristes que les beautés majestueuses et élégantes de l'Antiquité. En effet, les figures sont courtes, grosses, et quelques têtes énormes, ce qui, en rapetissant les figures, leur donne un air rustique. Plusieurs têtes manquent donc de noblesse, sur-tout celle de Marc-Antoine. Il faut en excepter celle du Pape, du cardinal Bembo, de Michel-Ange, de Jules-Romain, et de toutes les figures si bien exprimées dans la demi-teinte. Remarquons cependant que pour faire appercevoir Léon X par un très-léger profil, le Peintre en a forcé l'attitude, qui péche alors un peu contre la perspective. Plusieurs autres têtes paraissent peu agréables, sur-tout celle de Vasari; sa physionomie d'ailleurs n'exprime pas ce qu'il dit; son profil et celui de Vincent de San-Giniano forment un angle trop saillant; les cheveux arrangés de même en grosses boucles sur le col, et qui d'ailleurs sont lourdement touchés, contribuent à rendre les têtes plus larges que longues.

Le ton de la tête de Raphaël se confond trop

avec celui du linge, elle est beaucoup trop vieille, et celle du Pérugin, accablé par les ans, ne l'est pas assez. Sébastien del Piombo, élève de Michel-Ange, paraît au moins aussi âgé que lui; enfin la tête de l'Arioste manque de noblesse et de beauté : On n'y retrouve point ce front du génie, cet *os magna sonaturum*, et pour m'exprimer à la manière de Dupaty, il n'y a point de poésie dans ce regard.

La touche en général est lourde, et le costume semble encore ajouter à la pesanteur des figures : Il est à la vérité fidèlement rendu, mais l'Artiste semble n'en avoir saisi que le côté le moins agréable. Par exemple, le personnage qu'on aperçoit par le dos, et qui occupe l'avant-scène, ne présente qu'une masse noire qui fait tache et repousse. Cependant le costume est assez beau pour être employé avantageusement en Peinture. Léonard de Vinci, Raphaël, et dernièrement M. Monsiau lui-même, dans le même sujet, l'ont prouvé.

M. Bergeret a montré combien il était digne de marcher dans les routes de la pensée; la pensée fait le mérite de son ordonnance générale; cependant elle me paraît l'avoir abandonné dans quelques détails. Certes c'est une pensée aimable, ingénieuse et touchante que d'avoir jeté sur le fauteuil le plus près du lit *il mantile* de la belle jardinière, pour indiquer qu'elle n'a abandonné son amant qu'au moment où le Pontife a paru.

Mais ce *mantile* est un *schall* (1) moderne sur un fauteuil gothique.

Il est peut-être inconvenant d'avoir placé hors de l'enceinte, et à distance, Michel-Ange, Vasari et l'Arioste. Leur hommage aurait-il été mêlé de crainte, de réserve et de jalousie? Je veux le croire; je me suis déjà expliqué par rapport au divin Arioste; je n'ajouterai qu'un mot sur le sublime Michel-Ange : Il fut grand et jaloux, Raphaël le fut-il moins? Ils auraient pu cependant parcourir long-temps, chacun de leur côté, la carrière des Arts, sans se rencontrer jamais; car la nature, en les comblant de ses présens, leur avait donné un génie aussi divers que magnifique. Dans l'un abonde la force, comme dans l'autre la grace.

Cependant la rivalité versa dans leur ame le poison d'une jalousie aussi incurable qu'irrésistible : La fièvre déplorable de cette passion est trop communément la maladie des grands Artistes et même des hommes de lettres; et pour ne citer que des exemples modernes, Racine ne fut-il pas jaloux de Corneille? Voltaire ne fut-il pas jaloux des deux Rousseau?

Supposer que l'ame de Michel-Ange ait abjuré ce sentiment, c'est pécher sans doute contre la tradition et le caractère, mais c'est pécher d'une

---

(1) C'est l'expression dont s'est servi l'auteur d'un article sur ce même Tableau, dans le *Courrier des Spectacles*; il y a été trompé.

manière morale et sublime, c'est dire aux Artistes de nos jours : « Abjurez pour votre bonheur « autant que pour votre gloire ces mouvemens « de haine et d'envie qu'il faut laisser aux ames « étroites; ce n'était point un bel esprit, mais « un cœur généreux, celui qui s'écriait dans un « Poëme envoyé au concours Académique (1) :

Nommez-moi mon rival, et je cours l'embrasser.

« Artistes! vous aurez beau vous presser et « chercher à écraser des rivaux pour occuper « exclusivement le temple de la renommée, seuls « vous ne le remplirez jamais tout entier. Le « sanctuaire de ce temple n'est pas réservé à une « Divinité unique, c'est un Panthéon qui s'ouvre « à tous; des places ont beau s'y remplir, il n'en « reste que trop de vides. »

---

(1) Le Poëme fut couronné; il était de Champfort.

NOTICE

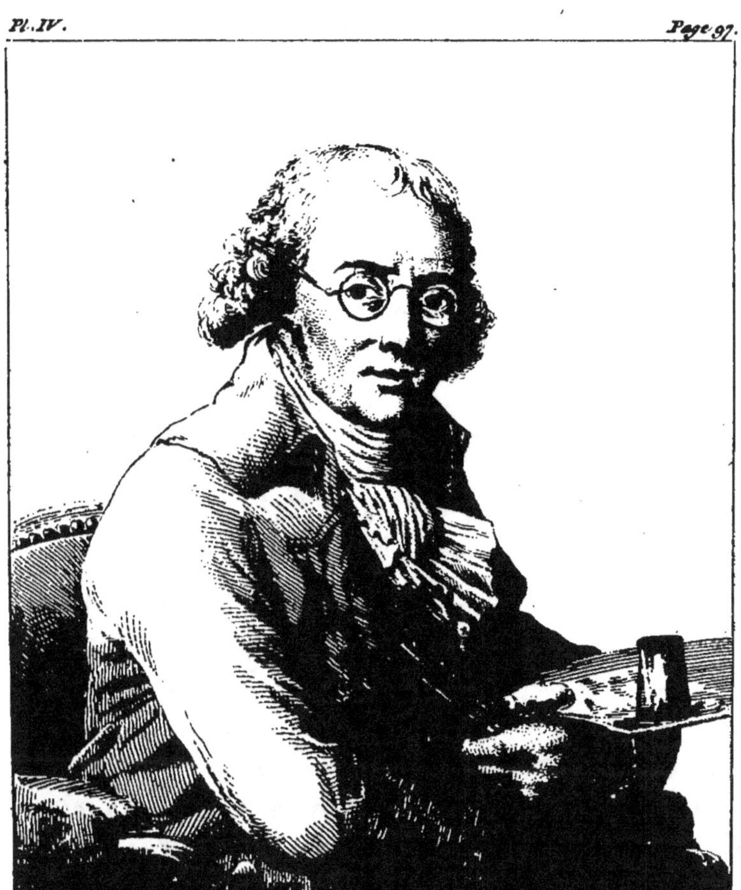

point par Mad. Guiard. en 1791.

François André Vincent,

né à Paris, le 30 Décembre 1746.

NOTICE

Historique et inédite sur M. VINCENT, *Elève de M.* VIEN.

M. François-André Vincent, est né à Paris le 30 décembre 1746 ; son père était Genevois, refugié et par conséquent d'origine française ; Peintre de portraits, il avait de la réputation dans son Art, et s'était procuré une honnête aisance ; mais il voulut d'abord fermer à son fils la carrière qu'il venait lui-même de parcourir, et que celui-ci devait illustrer. La tendresse paternelle, et sur-tout la connaissance des hommes, excusaient, ou plutôt motivaient cette détermination. Il est rare de rencontrer la fortune et le bonheur dans la carrière des Lettres et des Arts : Gardons-nous donc de blâmer cette première résistance que de sages parens opposent aux premiers voeux d'une jeunesse bouillante qui peut se tromper et s'égarer sur sa vocation ; mais aussi gardons-nous de blâmer cette généreuse indépendance de la jeunesse qui s'élance, à travers tous les obstacles, vers le but que la Nature lui a marqué. Le génie a, pour ainsi dire, la conscience de sa vocation et de ses forces : on peut comprimer ce ressort indomptable, mais rien ne peut le briser.

M. Vincent attiré par un goût irrésistible vers

7

la Peinture, abandonna Plutus pour Minerve; il était placé chez un banquier : il dut beaucoup à l'amitié de Roslin, peintre habile de portraits, qui détermina le père du jeune artiste à le faire passer du comptoir dans l'atelier; il entra dans celui de M. Vien.

Il était digne de recevoir les leçons d'un aussi grand professeur. Il en profita si bien qu'il gagna en peu de tems toutes les médailles, et remporta le grand prix, non pas en élève, mais en maître. A la vue de cette composition, l'enthousiasme de ses rivaux et de ses camarades (dont la douceur de ses mœurs lui avait fait autant d'amis) fut tel, qu'ils portèrent le jeune Artiste en triomphe, et lui décernèrent une couronne de laurier; honneur d'autant plus remarquable, qu'il était obtenu pour la première fois, et que cet enthousiasme était vrai, senti et inspiré.

Cette scène, qui s'est renouvelée depuis avec autant de transports pour le jeune Drouais et pour quelques autres, avait alors tout l'éclat et toute la fraîcheur d'un sentiment dont l'effet s'est affaibli depuis, pour avoir été prodigué. Il en est ainsi des couronnes jetées au théâtre et de l'appel fait à l'Auteur. Cette distinction fut honorable pour le premier qui la reçut et la mérita, c'était Voltaire : mais depuis que l'auteur d'un Opéra comique peut l'obtenir, elle est indifférente et commune, pour ne pas dire, avilie.

Le sujet du prix obtenu par M. Vincent, était *Germanicus qui harangue ses troupes.* Le talent de la composition et le sentiment de l'expression, qu'on recherchait sur-tout à cette époque, formaient le mérite de ce tableau. On l'a conservé long-tems dans les salles du modèle de l'académie. Il y serait encore, si M. Vincent ne l'avait fait retirer par une simplicité de modestie qui est dans son caractère, en disant : « il m'ennuie de le voir si long-tems ; « il doit céder sa place à d'autres ».

C'est ici qu'il faut placer une anecdote qui fera ressortir d'une manière sensible la supériorité de l'Epoque actuelle sur celle qui l'a précédée. M. Vincent, comme protestant, n'aurait pu obtenir le prix dans une académie catholique, si celle-ci, par considération pour un talent aussi transcendant, n'eût fermé les yeux sur sa religion : et cela est si vrai, qu'un Artiste nommé Saint Ours, et qui, par la suite, mais d'une manière beaucoup moins éclatante, mérita le grand prix, ne put l'obtenir parce qu'il était protestant.

M. Vincent, arrivé à Rome, ne fut pas d'abord à l'abri des tracasseries du dévôt M. Natoire ; mais le ministère français couvrit l'Artiste de son égide, et réduisit le persécuteur au silence. Sa vie à Rome n'offre rien de remarquable. Il y préparait ses succès par une étude profonde et dans une retraite laborieuse ; et quoiqu'il excellât dejà dans le dessin, il éprouva le besoin de perfectionner son goût d'après l'antique, les grands maîtres et la nature.

La vie d'un Artiste est l'histoire de ses travaux : nous allons parler de ceux de M. Vincent. Il revint à Paris avec un talent affermi par l'étude. Il présenta, pour être agréé à l'Académie, un Tableau dans lequel on voit un Saint Jérôme et l'Ange qui sonne de la trompette. La composition et le dessin réunirent tous les suffrages.

Il traita le sujet de Bélisaire, *date obolum Belisario*. (Il est à remarquer qu'il a ainsi devancé le célèbre David dans le choix de plusieurs sujets). La pensée en était aussi ingénieuse que parfaitement exprimée.

Mais l'Ouvrage qui mit, pour ainsi dire, le sceau à sa réputation, et qui le classe parmi les Peintres les plus recommandables de l'Ecole française, c'est le Tableau du président Molé au milieu des factieux. Le Peintre semble s'être profondément pénétré de cette pensée de Virgile :

. . . . *Si forte virum quem*
Conspexere, silent. . . . .

On y admire la noblesse imposante et calme du Président ; il semble dire : « il y a loin de vos poignards au cœur d'un homme de bien ». Quelle scène ! Comme on y démêle bien les différens caractères ! La populace est furieuse, les hommes supérieurs par leur état ou par leurs lumières, sont calmes : le héros ou le premier personnage est sublime. L'Artiste semble avoir eu la prescience de ce que nous a dévoilé la révolution.

Mais n'envisageant ce sujet que sous le rapport pittoresque, disons que c'était pour la première fois que depuis le siècle de Le Brun l'on présentait des expressions vraies. La chaleur et la vérité de la composition générale, la force de l'expression, la justesse des mouvemens, la vérité des caractères, celle du costume employé alors en peinture pour la première fois, le parti que l'Artiste a su en tirer, l'ajustement des draperies, la vigueur du coloris, la belle entente du clair-obscur, la savante distribution de la lumière, tout concourt à faire de ce Tableau un chef-d'œuvre. C'était le premier que l'Artiste exposait au salon ; il y enleva la palme.

Ce Tableau était pour le Roi : l'Artiste en fit pour la maison Molé une copie, dont la beauté égale celle de l'original.

Nous sommes Français : nous regretterons toujours que M. Vincent n'ait pas exclusivement consacré son pinceau à des sujets Français. Le premier pas qu'il fit dans cette carrière lui en révéla toute l'étendue. Pourquoi les Peintres ne se considèrent-ils point comme des historiens de notre gloire ? Pourquoi aller demander à l'Antiquité des sujets trop loin de nous pour nous intéresser, lorsque nos archives offrent une mine si neuve et si feconde à exploiter? Le costume n'est point un obstacle invincible ; les grands Peintres l'emploient sans qu'il nuise à leurs compositions.

L'année suivante, M. Vincent exposa au salon deux sujets, l'un tiré de Tite-Live, *le Combat des Romains et des Sabins* (traité depuis par David); l'autre tiré d'Homère, *Achille luttant avec le Xante.* On remarqua dans l'une et dans l'autre de ces compositions, l'invention, la richesse, la franchise et la liberté du pinceau. Le premier sujet est exécuté en tapisserie à la manufacture des Gobelins.

Mais une des plus recommandables productions du pinceau de M. Vincent, c'est le Tableau de la Piscine, largement composé, et dans lequel il s'est rapproché des grands maîtres de l'Ecole d'Italie, et particulièrement des Carrache. Indépendamment de la pureté du dessin et du mérite de l'exécution, on y remarque la noblesse, la beauté du Christ, personnage principal, et l'expression de ceux qui l'entourent ; le corps du paralytique sur les bords de la Piscine, et qui se trouve sur le devant du Tableau, est vraiment admirable, par la science et la vérité avec lesquelles l'anatomie y est rendue ; la perspective, que d'ailleurs M. Vincent sait très-bien, y est si juste, que l'on suit tous les plans qu'il était difficile de faire sentir dans ce Tableau. Quoiqu'il n'ait pas eu autant de réputation que celui du président Molé, beaucoup d'Artistes lui préfèrent encore celui-ci, malgré la supériorité de l'autre.

Je n'oublierai pas un petit Tableau de *Saint Jean-Baptiste prêchant dans le désert*, très-fin d'exécution et de coloris ; il fut fait pour la paroisse de Saint-Eustache : on le voit à présent au Musée de Versailles.

La même année, M. Vincent présenta son morceau de réception, Borée enlevant Orithie ; le jeune Borée est d'un caractère de dessin ressenti ; les nuages déchirés peignent l'agitation des vents. Un épisode très-ingénieux, c'est celui d'un vieux compagnon de Borée qui flétrit une rose de son souffle : ce Tableau, admirable par l'exécution, semble un peu noir de ton.

Cet Artiste a peint deux fois le sujet d'Arie et Pætus ; la première en un grand Tableau de trois figures, et l'autre en un moindre, avec deux figures. La vigueur du ton se fait remarquer dans l'un comme dans l'autre, ainsi que la vérité de la pantomime et de l'expression.

Par suite des principes que j'ai développés plus haut, et d'observations peut-être particulières, je préfère au Tableau de *la Clémence d'Auguste*, et au sujet qui en fait le pendant, *Pyrrhus réfugié chez Glaucias*, la scène, si bien exprimée sur la toile, du bon Henri IV près de Sully blessé. Ces Tableaux présentent cependant le mérite d'exécution qui caractérise le pinceau de M. Vincent : le style en est noble, l'action en est développée avec justesse, le sentiment des convenances et la dignité y règnent. Mais je reviens toujours méditer et m'attendrir devant le Tableau d'*Henri IV et de Sully*. Ces sortes de sujets sont une espèce de bonne fortune pour un Artiste, et il semble que l'objet les inspire alors autant qu'il émeut les spectateurs. Il s'agit ici d'un trait connu : Henri IV rencontre après la bataille d'Yvri, Sully blessé, et qu'on transporte sur un lit formé de branchages. Le Roi lui serre la main en lui disant : « *Souvenez-vous que vous avez un bon maître* ». Ce Tableau est aujourd'hui dans la galerie de l'Empereur à Saint-Cloud.

C'est Henri, c'est Sully ; d'un côté la bonté, de l'autre la sensibilité et la reconnaissance. Les souvenirs et l'expression font vivre ce Tableau ; les caractères y sont aussi touchans que vrais, l'exécution participe au mérite de la composition, les détails même tout jusqu'aux animaux y est rendu avec une perfection rare : la lumière générale en paraît brillante et le ton argentin.

A côté de cette scène touchante et historique, M. Vincent avait placé au même salon, une des scènes les plus séduisantes de la féerie, *Renaud et Armide* : ce Tableau, qui fut fait pour le comte d'Artois, est actuellement chez le Ministre de l'Intérieur ; la grace et le charme du sujet ont passé dans le pinceau. L'Artiste, modeste comme le vrai talent, satisfit alors à une critique qu'on avait faite : on avait observé que l'éclat des armures, que la vivacité de la lumière, trop également brillante, dégénéraient en papillottage. L'Artiste eut le courage de glacer entièrement son Tableau, qui prit alors un ton harmonieux, et en quelque sorte magique.

Il est à croire que ses succès dans le genre gracieux, déterminèrent M. Vincent à peindre le *Choix de Xeuxis*, sujet véritablement digne d'inspirer un Grec ou un Français, et dans lequel la fraîche et riante imagination de ce Peintre, a rassemblé les images les plus anacréontiques, et révélé les formes les plus voluptueuses. On y admire la suavité du pinceau, la grace des têtes, l'élégance des poses; mais il y a peut-être un peu d'exagération dans celle de Zeuxis (un Artiste grec était familiarisé avec l'aspect de la beauté). On desirerait aussi que la couleur répondît à la beauté de la composition et du dessin.

M. Vincent, qui semble avoir pris pour devise cette maxime de Boileau :

Passez du grave au doux, du plaisant (1) au sévère.

Prouva bientôt qu'il savait s'élever du gracieux à l'héroïque, et même au terrible. Il peignit pour le Gouvernement *Guillaume-Tell*, pré-

---

(1) Plaisant signifie ici *gracieux*.

cipitant Gesler dans le lac. Ce Tableau enrichit aujourd'hui le Musée de Toulouse : il se fait distinguer par la fermeté d'exécution, par la vigueur du ton, par un dessin ressenti : tout y paraît en harmonie avec le sujet ; la composition a quelque chose d'âpre comme le site, et de violent comme l'action ; la tempête qui éclate, annonce une révolution.

La philosophie a dicté à l'Artiste le sujet suivant : Un père donne à son fils une leçon d'agriculture. Le Coloris laissait quelque chose à desirer, il y avait trop d'élégance, et peut-être de manière dans la pose du jeune homme ; mais je ne veux pas critiquer une composition aussi morale et aussi intéressante. Ce Tableau faisait partie d'une galerie qu'un amateur éclairé, M. Boyer-Fonfrède, voulait consacrer aux Arts, aux Sciences, au Commerce, à l'Agriculture. M. Vincent avait déjà fait plusieurs exquisses ; deux Tableaux seulement, ont été exécutés, l'un est le Tableau dont nous venons de parler, et l'autre représente un Intérieur Domestique.

De ces grands sujets, M. Vincent descendit à un sujet romantique ; il peignit la Mélancolie : il n'a point oublié le cyprès et le *Clair de Lune solennel.* Quoique Français, on se sent dévot à la sombre déesse, à la vue de ce Tableau sentimental. Il est peint avec charme, l'effet en est juste et le ton inspiré.

Dans ces derniers tems, le génie héroïque a

échauffé celui de l'Artiste ; il a tracé d'inspiration la *Bataille des Pyramides*, magnifique esquisse, dont le dessin se développe sur une toile de 25 pieds. Les figures de cette esquisse, grandes comme nature sont si parfaites, que beaucoup d'Artistes desirent qu'on la conserve comme un beau carton, et cependant tous ceux qui la verront regretteront que le Tableau n'ait pas été terminé.

La faiblesse de sa santé, et même de longues maladies, avaient interrompu les travaux de M. Vincent. On vit éclore de son pinceau facile et exercé un Tableau charmant, composé de deux figures grandes comme nature, représentant un Enfant qui relève un Esclave ; il est exécuté avec sa vigueur accoutumée. On y remarque toute l'énergie qu'il avait à trente ans, dans le fort de son talent. On y admire en outre une grande vérité d'expression, celle de la naïveté, de la reconnaissance et du bonheur de l'esclave rendu à la liberté.

Parmi les Portraits qu'il a faits, on distingue celui de Desforges, auteur de la Femme Jalouse, ceux des fils de M. Auguste, du poëte Arnault, et du naturaliste Cuvier, membres de l'Institut.

La vie de M. Vincent est peu féconde en événemens : bon, sage, modeste, sans ambition, il ne connut jamais les tracasseries, les tourmens de l'intrigue, et les poisons de la jalousie ; il obligea souvent et ne nuisit jamais, aussi est-il un des hommes qui soit le plus aimé : c'est aussi l'Artiste le plus aimable et le plus spirituel, cet esprit respire sur sa physionomie ; il possède plusieurs talens agréables, il est bon musicien, il a cultivé les Belles-Lettres ; il s'exprime avec grace.

Aucun Maître n'a jamais été plus chéri de ses élèves que M. Vincent ; il est leur ami et leur père, et à ce sujet il disait : « J'ai pensé de bonne « heure à m'en faire des amis, car il n'y a qu'un « tems pour cela, il est si doux lorsqu'on avance « en âge d'en avoir, et de n'être pas isolé ».

Sa vertu a toujours été à toute épreuve ; il a le bonheur de pouvoir repasser entièrement sa vie sans avoir à se reprocher d'avoir fait aucune peine à personne ; et la douceur de ses mœurs et de son caractère est telle, qu'elle ne lui a jamais permis d'user de représailles à l'égard de ses plus cruels ennemis.

Un trait peu connu achèvera de peindre son caractère. L'année où il exposa l'excellent Tableau du président Molé, on vint le trouver pour avoir une critique du salon : — « Vous n'y pensez pas ; exposant moi-même, « j'irais critiquer les Ouvrages des Artistes qui « courent la même carrière que moi » ! On se vengea de son refus en le traitant assez mal, et très-injustement dans la critique dont un autre ne rougit pas de se charger.

Les principes de M. Vincent, relativement à

l'Art, ne sont pas moins simples et moins vrais. Il n'a jamais cessé de faire sentir à ses Elèves combien il est important *d'imiter fidèlement la belle nature*. Il a le premier émis l'opinion que les Peintres d'histoire devaient faire des Portraits, afin de s'habituer à rendre fidèlement ce qu'ils voyaient. Il pense qu'il y a un *beau idéal* qui peut dégénérer en chimérique ou en fantastique ; qu'ainsi les Boucher et autres qui se sont éloignés de la nature, couraient après ce faux idéal; mais que le beau, le vrai idéal, tel que celui des Grecs, consiste dans l'arrangement des parties constituant le beau; qu'ils en traçaient un tableau dans leur pensée et en formaient un type qui servait toujours de modèle. Ainsi, pour eux l'idée des formes et de la tête d'Apollon était telle, qu'on n'aurait pu s'en écarter sans blesser la vérité. Il en est de même de celle de Diane qui cependant a aussi son caractère particulier, et ainsi des autres. De même les Peintres modernes se sont fait une *idée* telle du Père Eternel, et sur-tout de la tête du Christ, qu'elle a dans tous leurs Ouvrages le même style et le même caractère dont il serait impossible de sortir.

Mais cet *idéal* doit toujours être fondé sur la belle nature et malgré plusieurs réflexions très-spirituelles que M. Quatremère a faites sur ce sujet, il s'est trompé étrangement en voulant prouver que l'on pouvait se passer de l'imitation de la nature relativement au beau idéal, et en croyant qu'il était absolument hors d'elle. Ce principe ne tendrait à rien moins qu'à perdre l'Art.

On a observé que les grands maîtres se faisaient distinguer jusques dans leurs dessins. Les dessins que M. Vincent a copiés à Rome d'après l'antique ou d'après Raphaël, sont très-beaux; ils ont le grand mérite de traduire avec la plus religieuse fidélité les originaux : et c'est encore lui qui le premier en a donné l'exemple ; avant lui, on croyait ou embellir Raphaël, ou qu'il ne valait pas la peine d'être fidèlement rendu : je ne citerai en preuve que les dessins de M. Pierre, premier peintre du Roi, gravés par Desmarteau à l'imitation du crayon rouge, entr'autres ceux des Anges du Tableau d'Héliodore, dont le caractère est entièrement altéré. Les dessins de M. Vincent, au contraire, rendent le beau style de ces figures.

Il s'est aussi formé une manière d'ombrer au crayon rouge, qui est, sans contredit, la plus agréable à l'œil et la plus digne d'un Artiste, car elle est spirituelle, nette, propre et douce, de beaucoup d'effet, et fait bien tourner, reculer ou avancer les objets; ses hachures ne sont ni lourdes, comptées et dures comme celles des dessins de Pierre Vanloo, etc., ni heurtées, aigres ou attirant l'œil comme celles de Greuze et de beaucoup d'autres Maîtres, ni pointillées et faites avec cette froide longanimité de plusieurs Dessinateurs actuels dont la manière semble moins appartenir à l'Art qu'à un métier de patience.

Mais le plus grand mérite de M. Vincent est le génie de l'invention. Tandis que les Artistes, du plus grand mérite, se renferment, s'entourent, d'antiques, d'estampes et de médailles pour composer, M. Vincent trace les premières pensées de ses Tableaux et ses esquisses au milieu de ses amis et de ses Elèves. C'est ainsi qu'il a fait ses plus beaux dessins à la plume, rehaussée de bistre; ils sont pleins d'effet.

Son talent pour la composition est encore plus remarquable dans ses esquisses peintes, où à la chaleur de la pensée, à la pureté du dessin et à la justesse des expressions, se joint la vigueur du Coloris, au point que plusieurs amateurs en font autant de cas que de ses Tableaux. Il est vrai qu'elles sont très-arrêtées. M. Vincent possède toujours bien son sujet, se rend compte de tout, et connaît d'ailleurs parfaitement l'anatomie et la perspective.

Concluons. Il serait difficile de calculer jusqu'à quel point serait monté cet Artiste si sa santé eût égalé son génie.

Comment parler d'un grand maître sans faire mention des principaux Elèves de son école? Ainsi le nom de Vien rappelle aussitôt ceux de ses premiers Disciples, de Vincent, de David, de Menageot, de Suvée, de Taillasson, etc.

Les noms de Guyard, de Thevenin, de Meynier, de Mérimée, de Pajou, de Labadie, etc., viennent se grouper autour du nom de Vincent, comme des rameaux autour de leur tige.

Guide de ses Elèves, il a su les encourager en leur aplanissant une grande partie des difficultés; toujours leur ami, il n'a cessé de leur rendre tous les services qui ont pu dépendre de lui.

Parmi ses Elèves, une femme tient le premier rang, et fut doublement chère à cet Artiste, à qui elle dut une partie de sa gloire en le reconnaissant pour maître, et de son bonheur en le recevant pour époux (1).

Le talent de Mme. Guyard était décidé, ferme et plus vigoureux de dessin, de composition et sur-tout de couleur, que ne l'est celui d'une femme. On se rappelle sur-tout deux de ses Tableaux : l'un est son portrait en pied; elle est occupée à peindre, et derrière elle on voit ses deux Elèves favorites, Mlles. Rosemont et Capet qui contemplent les traits que son pinceau vient d'exprimer sur la toile : on y remarque avec quelle grace elle est ajustée, en dépit de la mode, et quel parti elle a su tirer d'un chapeau orné d'une plume et posé avec élégance. L'autre est le portrait de mesdames de France, en pied et sur un balcon : on a admiré la fermeté avec laquelle

(1) Madame Guyard, demoiselle Labille.

ce Tableau était dessiné, la composition, la perspective, l'ajustement pittoresque et presqu'historique des personnages, la vérité des étoffes l'entente du clair-obscur, l'harmonie et la vigueur du ton ; c'était un des Tableaux les mieux coloriés du salon. Quelques envieux ont prétendu que M. Vincent l'avait retouché ; ses Elèves savent le contraire : d'ailleurs les connaisseurs savent bien apprécier et distinguer la différence des touches.

On peut citer encore avec éloge parmi ses élèves M. Mérimée, Artiste autant recommandable par son érudition que par son talent. Il suffit de rappeler son Tableau de l'*innocence* (1) : la pensée ingénieuse, la naïveté de l'enfant, la beauté du paysage, et le ton de couleur de ce tableau, ont assuré sa réputation. Il existe de lui un autre Tableau moins connu, et non moins intéressant pour l'exécution et la pensée : il représente des voyageurs qui trouvent dans une forêt des ossemens dont l'un est engagé dans un vieux chêne ; ils reconnaissent alors ceux du fameux Milon de Crotone.

Pourrai-je oublier Thevenin ? Son Tableau d'Augereau, plantant un drapeau sur le pont

---

(1) Une jeune fille offre son pain à un serpent : ce Tableau a été gravé.

M. Mérimée s'est occupé avec succès de recherches Chimiques sur la préparation des couleurs.

d'Arcole, l'a fait connaître avantageusement, on y a remarqué qu'il seroit un de ceux qui, dans le genre historique, réussirait le mieux à vaincre les difficultés que présente le costume français. Son tableau d'*OEdipe appuié sur Antigone*, a prouvé qu'il pouvait s'élever aux sujets antiques.

Ce Tableau se voit aujourd'hui dans les salles du Corps législatif. Mais cet Artiste semble s'être surpassé lui-même dans le tableau héroïque du *Passage du Mont-Saint-Bernard.* Nous lui consacrerons dans cet ouvrage un article particulier.

Un des élèves les plus distingués de cette école est Meynier. Rien n'égale la fermeté de son dessin et son Coloris n'est quelquefois que trop brillant. Il compose avec force, avec grace; il a su le prouver par les compositions de *Milon de Crotone*, de l'*Androclès*, etc., et sur-tout par celle de *Télémaque, dans l'île de Calypso.* On y admire les diverses expressions des Nymphes, toutes ravissantes, la beauté du fils d'Ulysse, la noblesse de Mentor et la colère imposante de Calypso, l'heureux ajustement des draperies, la richesse du paysage, etc., enfin l'invention générale, l'ordonnance, la vigueur de l'exécution, et la suavité du Coloris.

Le même artiste a fait preuve de la flexibilité de son talent dans un autre genre; on lui doit un des plus beaux plafonds du Muséum, celui où *le Code Justinien est donné à la terre.*

Je voudrais faire le dénombrement de tous

les élèves estimables de cette école, mais l'espace me manque. Je me contenterai d'indiquer encore MM. Ansiaux et Pajou, dont on a vu au Salon dernier un tableau recommandable par l'expression et le beau ton de Couleur, mais dont le style n'est pas assez soutenu, et Labadie, qui dans un âge très-tendre ayant remporté tous les prix, donnait de telles espérances, qu'on l'appelait le *Drouais* de l'atelier.

Au moment où nous terminions cet article, nous nous sommes souvenus d'un fort beau Tableau de M. Vincent. C'est le *portrait de M. de Laforet* (envoyé de France en Prusse), et de toute sa famille. Les figures et les draperies en sont traitées avec un goût inexprimable. Tout, sous le rapport d'exécution, rappelle dans ce portrait le grand Peintre d'histoire; la composition n'est pas moins intéressante : M. de Laforêt est assis devant son secrétaire, où il était occupé; mais la plus tendre des distractions a fixé ses regards vers l'extrémité de l'appartement où son épouse, placée devant une jardinière, cueille des fleurs : sa fille les reçoit dans un pan de sa robe, qu'elle a relevée d'une main, tandis que de l'autre elle forme un bouquet pour son père.

Tous les Tableaux de M. Vincent font autant d'honneur à son esprit et à son cœur, qu'à son talent.

SUITE DU SALON DE 1806.

N°. 223. *Scène du Déluge*, *par* M. GIRODET, *élève de* DAVID. Tableau de 14 pieds 4 pouces de hauteur, sur 11 pieds 6 pouces de largeur, figures plus grandes que nature. (*Voy.* Pl. V.

Explication du sujet (1).

« Le sujet est une scène *de Déluge*, ce qui « doit s'entendre ici seulement d'une inondation « considérable, et non point, comme quelques- « uns l'ont cru, du Déluge universel.

« Le lac de la Montagne, grossi par les pluies « du ciel, a tout-à-coup rompu les digues qui « le retenoient; ses eaux se précipitent par tor- « rens et en larges nappes; elles ont rempli la « vallée et s'élèvent encore : l'orage n'a point « cessé. Dans ce péril, un homme a chargé sur « ses épaules son vieux père; et suivi de sa

(1) L'explication n'ayant point été donnée au public par l'Auteur, nous nous étions adressés à lui pour l'obtenir. Dans une conférence que nous avons eue avec cet Artiste célèbre, il promit d'abord de nous l'adresser; le tems lui ayant manqué pour remplir sa promesse, il s'en est référé à l'explication donnée par un journal, explication que nous adoptons ici, puisqu'elle est revêtue de la sanction de l'Artiste.

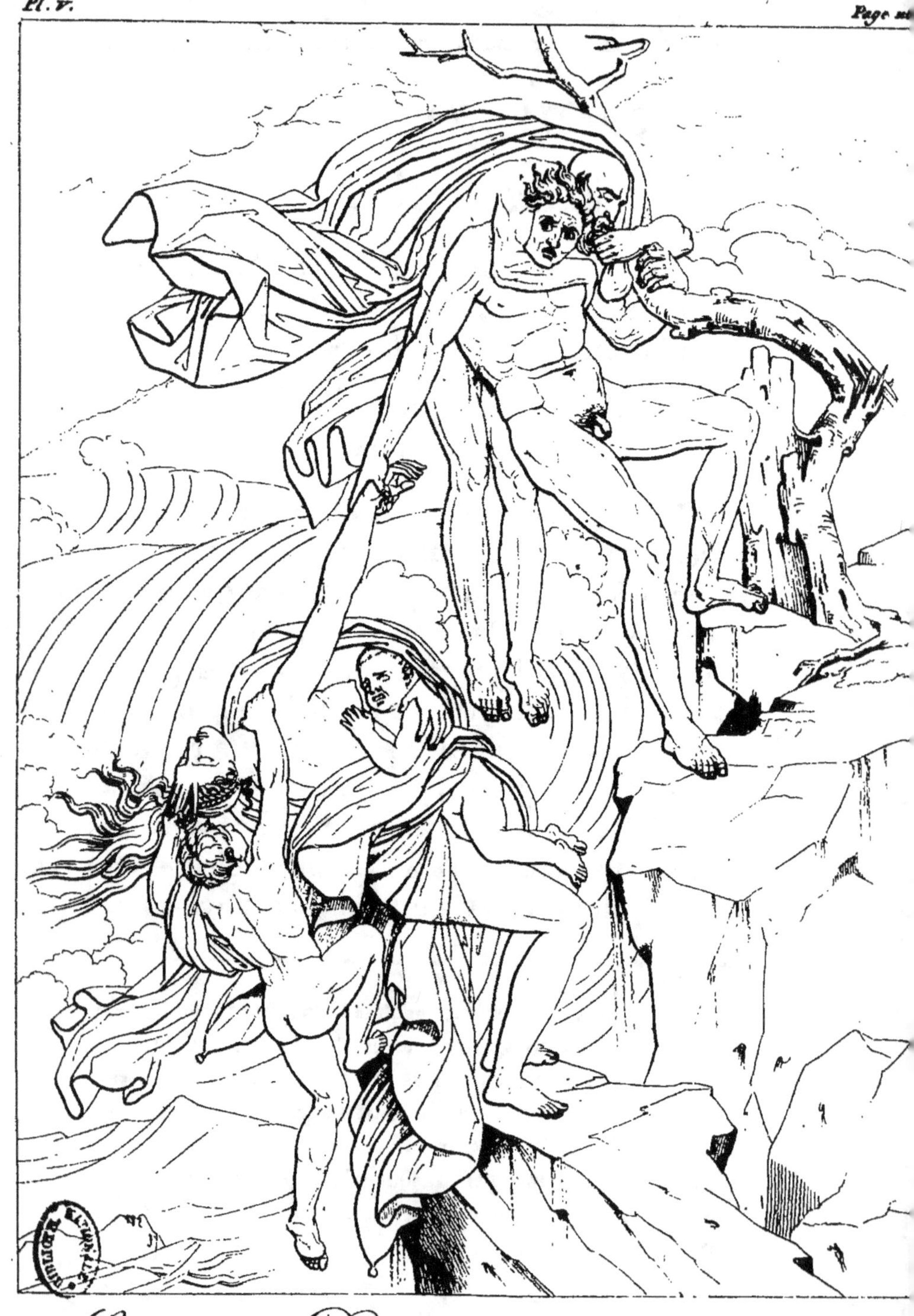

Scène du Déluge. (Gravée d'après le Tableau de M. Girodet.)

« femme, qu'il conduit par la main, de ses deux « enfans, l'un à la mamelle, l'autre qui marche « après sa mère, ils fuyoient ensemble devant « les progrès de l'inondation, en suivant leur « chemin de rocher en rocher, quand l'accident « que le peintre a choisi pour le moment de « son action est survenu.

« Cet homme, sur la force duquel repose le « salut de toute sa famille, et qui forme comme « le point d'attache de cette chaîne de person- « nages que nous venons de désigner, a saisi « une branche d'arbre pour se soutenir sur une « roche glissante ; cette branche plie sous l'effort ; « en vain le malheureux se roidit sur ses pieds, « et s'efforce d'alléger la partie supérieure de « son corps pour maintenir l'équilibre qui se « perd ; le vieillard en voulant se retenir à l'arbre « rompu, précipite le danger ; l'impulsion se « communique aux autres personnages : la mère, « évanouie, tombe renversée sous l'enfant qu'elle « a dans ses bras ; l'autre enfant poussé par la « secousse générale hors du sommet étroit où « il venait d'arriver à la suite de sa mère, s'est « attaché à la chevelure de celle-ci, et y demeure « suspendu au-dessus de l'abyme : cependant « l'arbre éclate et se courbe de plus en plus ; « rien ne peut plus retarder la perte de cette « famille ».

Il en sera de cet Ouvrage, comme de tous ceux qui sont marqués au coin d'un génie extraordinaire; il n'aura ni médiocres enthousiastes, ni médiocres détracteurs : mais hâtons-nous de le dire, et de fixer ainsi l'état de la question : tous les reproches tomberont sur le genre que l'Auteur a choisi ; et cela accordé, tous les éloges appartiendront de droit au rare mérite d'une exécution qui nous paraît inaccessible au plus grand nombre des Peintres de l'Ecole actuelle.

Quiconque n'a jamais été sensible aux effrayantes beautés, au charme horrible de quelques tableaux d'Eschyle, du Dante, de Shakespear, de Milton, de Crebillon, de Klopstook, de Schiller, ne goûtera jamais les compositions de Michel-Ange, ni celle-ci dans laquelle M. Girodet semble avoir recherché et accumulé les effets dramatiques poussés au-delà même des limites de la terreur.

Peut-être lui appartenait-il bien mieux qu'à tout autre de veiller religieusement à la conservation des principes, c'est-à-dire, à ne point porter les genres au-delà de leurs bornes, et de présenter, comme les Anciens, le beau sans effort, et l'énergie dans le calme. La terreur ne doit jamais être outrée. *La Méduse*, *la Niobé*, *le Laocoon* sont alors le véritable modèle; en les quittant, on rencontre *le Moïse ou le Jugement dernier* de Michel-Ange; mais il y a entre les seconds et les premiers la même distance qu'entre les poèmes de Lucain et de Stace, et ceux de Virgile et d'Homère.

Nous appuyons sur ces réflexions, parce que dans un moment où tous les Arts tendent à l'exagération, et par conséquent à la corruption, ce n'est pas aux maîtres de l'Art qu'il convient de renforcer cette direction. Le Drame et ensuite le Mélodrame ont envahi le théâtre; le style poétique a fait une irruption dans la prose, qui s'en est vengée en inondant à son tour les poèmes; une littérature mélancolique et ténébreuse a gagné jusqu'aux romans : il semble que les cerveaux paralysés ne puissent plus être ébranlés que par des secousses électriques et violentes; les doux pleurs de la sensibilité seraient-ils taris au fond des cœurs desséchés? faut-il nous condamner à verser des larmes de sang? Montesquieu disait : *Il faut écorcher un Moscovite pour le faire sentir*; peut-il en être ainsi d'un Athénien ou d'un Français? Ce système désastreux ressemble à une invasion gothique; toutes les limites des Arts semblent ébranlées, et le temple lui-même chancèle sur ses fondemens.

Soit qu'il faille attribuer cet effet à la marche des tems, soit qu'on le rapporte à l'influence des images terribles qu'a présentées une grande révolution, la Peinture elle-même, du moins dans une certaine Ecole, a multiplié les représentations tragiques et même horribles : sans doute c'est un moyen d'agir puissamment sur le vulgaire, sur cette masse inerte qu'une situation violente enivre comme une liqueur forte; mais alors il faudra partager ce mérite avec les faiseurs de Drames, avec l'Auteur du *Juge écorché par les ordres de Cambyse* ; car le peuple ne sait point juger du mérite de l'exécution, il ne voit sur la toile, comme ailleurs, qu'un spectacle. Voilà pourtant où conduirait l'abus des effets dramatiques en Peinture.

Je ne cesserai de le répéter, le grand mérite du Peintre reste entièrement à l'abri de cette critique qui ne tombe que sur le genre. L'intérêt seul de l'Art dicte et motive ces réflexions; la devise d'un Observateur impartial est celle d'un ancien : *Amicus Plato, magis amica Veritas.*

Il ne me reste plus qu'à rendre compte naïvement des sensations que m'a fait éprouver la vue de cette grande et terrible scène.

La première fois que j'allai au salon, mes regards, attirés aussitôt par ceux de la multitude, se fixèrent naturellement sur le beau Tableau de M. Girodet; je n'avais pas besoin du livret pour y reconnaître le sublime talent de cet Artiste; il n'y avait que lui qui pût développer dans la composition cette mâle énergie, dans le dessin cette pureté, cette précision admirable, cette fermeté dans les contours, ce grandiose dans les formes, cette science anatomique dont il a rendu avec force les différens détails, selon le rapport et le caractère des âges.

Enfin, il était impossible de méconnaître le pinceau de M. Girodet à cette exécution parfaite dont lui seul semble avoir le secret.

J'admirais ce chef-d'œuvre. Avec quelle vérité, me disais-je, cet Artiste a rendu *une scène de naufrage*, le tumulte des vagues, la transparence des eaux de la mer, la vigueur des mouvemens de ces malheureux navigateurs au désespoir, qui, surpris tout-à-coup par une horrible tempête, ont rassemblé toutes les forces que, pour sa conservation, la nature inspire et donne dans un extrême danger!

Mais, en entendant prononcer autour de moi le mot *déluge*, j'ouvre enfin le livret, et j'y lis, à mon grand regret : *Scène du Déluge;* je dis à mon grand regret, parce que ce peu de mots, en changeant l'ordre de mes sensations et de mes idées, détruisit une partie de mon illusion. Mais comme je craignais de me tromper en faisant ces réflexions, et voulant leur donner le poids de l'observation et de la méditation, je me tirai de la foule; j'allai respirer dans la galerie et contempler le Déluge du Poussin, cette grande Tragédie.

Au lieu de la terreur et du sentiment pénible que j'avais éprouvés à la vue de la scène qui avait fait dresser mes cheveux, ici je ne sentis qu'une émotion mélancolique et profonde, mêlée de compassion et de tristesse : mes larmes étaient prêtes à couler ; morne et pensif, je n'apercevais plus rien autour de moi ; ma pensée plongeait en quelque sorte dans cet abîme de deuil universel....

Dans l'autre Tableau, tout est en mouvement, tout est brillant, tout est convulsif ; dans celui du Poussin, au contraire, tout est morne, faible, abattu : l'univers se dissout, le globe s'en va en terre glaise, le soleil s'éteint sous les eaux, toute la nature est affaissée ; les victimes elles-mêmes luttent à peine, on s'aperçoit qu'elles sont déjà la proie de la mort : l'eau, le néant vont tout engloutir ; et les scènes de ces derniers hommes, comme elles sont simples, grandes et touchantes ! et la teinte générale, triste, et mélancolique, comme elle est appropriée à cette sombre désolation ! Cette espèce de voile grisâtre et plombé qui s'étend sur la nature expirante, annonce au monde sa dernière nuit, et semble l'envelopper comme un linceul funéraire.

Cependant l'ignorance a osé comparer le Déluge du Poussin à une *églogue de Virgile*, à *un paysage magnifique* dans lequel *il a placé*, ose-t-on ajouter, *quelques figures accessoires*, *esquissées au bout du pinceau*, *et heurtées*. Ce qu'on appelle *une églogue*, c'est le déluge ; ce qu'on regarde comme *un paysage magnifique* en est le théâtre : ces *figures accessoires* sont les acteurs ; mais la scène étant entière et grande, les figures n'ont pas pu, n'ont pas dû occuper tout le Tableau. Ces figures ne sont pas *heurtées*, elles sont touchées avec justesse et fermeté ; elles sont aussi finies qu'elles devaient l'être, si on les considère relativement à l'étendue de l'espace et de l'obscurité.

Mais loin de nous la pensée de vouloir établir un parallèle injuste et d'élever un Tableau aux dépens de l'autre. Convenons que si le Poussin est effectivement le Virgile de la Peinture, M. Girodet en est, en quelque sorte, le Milton.

Il semble s'être proposé de résoudre le problême le plus compliqué des plus grandes difficultés de la Peinture ; et d'abord la combinaison nouvelle, hardie, dramatique et extraordinaire d'un tel groupe ne pouvait appartenir qu'à une tête très-forte, et son exécution à une main très-exercée. Dans le plus extrême danger, on voit toujours les membres d'une même famille se serrer et s'appuyer l'un sur l'autre : mais comment rattacher à un seul tous les anneaux de cette chaîne ? La Nature indiquait la moitié des moyens, l'Art a créé l'autre. Epoux et fils également sensible, le principal personnage, nouvel Enée, porte son père sur ses épaules, et retient sa femme par la main ; le plus malheureux de ses enfans s'attache aux cheveux de sa mère renversée. Cet horrible épisode fait frémir, tandis que l'accident qui précipite la chute de l'époux infortuné et de toute sa famille, serre le cœur et fait baisser les regards.

Cette première combinaison a amené celle des attitudes : le génie de Michel-Ange les avouerait. La femme évanouie ne pose sur le rocher que par les extrémités du corps ; son corps s'est replié, sa tête renversée penche sur l'abîme ; la main seule et le bras tendu de l'époux la soutiennent encore, mais l'équilibre se rompt : il faut l'avouer, la tête tourne et s'égare, si l'on continue de fixer les yeux sur ce Drame. Et cet époux placé entre des sentimens et des efforts si violens et si divers, comme il presse à son tour sur toutes nos affections et sur toutes nos pensées ! Si vous êtes homme, et sur-tout si vous êtes époux, et père que son horrible désespoir retentira profondément au fond de votre cœur ! On a admiré ici l'Art, ou plutôt la science anatomique ; on a recommandé à la méditation des jeunes dessinateurs, comme le résultat des études les plus immenses, la figure de cet homme, qui ne peut obtenir de l'action simultanée de tous ses muscles une force d'adhérence qui le retienne sur le sol glissant : adoptons sans remarques cette réflexion, quoique l'observation nous ait appris que dans la Nature une partie des muscles se repose quand l'autre est en action, et disons que cette figure, empruntée, il est vrai, du *Jugement dernier* de Michel-Ange, est un chef-d'œuvre. Loin de nous la pensée de rappeler l'imitation pour en déprécier le mérite ; il ne suffit pas d'emprunter aux Anciens ou aux Modernes la pensée d'une figure, il faut encore savoir l'exprimer ou la peindre. On reprochait à Virgile d'avoir volé au chantre d'Achille quelques vers, c'est, répondait-il, voler à Hercule sa massue. Admirons la figure de cette femme évanouie, et dont les formes prononcées avec tant de force ont cependant tant de grace; et cet enfant modelé comme ceux du Flamand, du Dominiquin, du Poussin, ou plutôt comme ceux de la Nature; et ce vieillard décrépit, dont la physionomie et toute l'habitude du corps présentent un contraste si énergique, si habilement saisi avec les formes de la beauté, de l'enfance, de la jeunesse, et de la virilité.

Il semble donc que M. Girodet ait lui-même formé à plaisir le labyrinthe des plus inextricables difficultés, sûr qu'il était d'en sortir le flambeau de la Science dans une main, et celui de l'Art dans l'autre.

Après lui avoir rendu cette éclatante justice, consolons un instant ses rivaux en leur dévoilant quelques fautes égales peut-être aux leurs; mais hâtons-nous de le dire, les fautes peuvent se trouver dans le sujet et dans quelques détails, mais la perfection a présidé à l'exécution et fera leur désespoir.

On a critiqué d'abord cette *guirlande* de figures : Michel-Ange offre plusieurs exemples de pareils groupes; mais ils n'étaient point isolés, ils n'étaient point uniques, ils n'étaient point déplacés au milieu des convulsions de la nature elle-même; en un mot, la vaste toile du jugement dernier permettait à son génie tous les développemens et même les écarts.

On a insisté; on a trouvé les eaux de la mer, si admirablement peintes d'ailleurs, trop limpides, et les rochers trop brillans. Dans un déluge qui dévore le globe, engloutit les terres, celles-ci doivent salir les eaux. Il pleut, sans doute, et cependant les draperies ne sont pas mouillées. On ne sait comment ni par où ces personnages sont arrivés là. La stature de la femme paraît trop forte, ce qui diminue l'intérêt, car on ne s'intéresse qu'à un être faible; il est vrai qu'elle est évanouie. N'est-ce pas un spectacle horrible, inoui, immoral, que celui d'un enfant qui cherche à sauver ses jours aux dépens de ceux de sa mère? Si cela pouvait être dans la Nature, il faudrait se hâter de le voiler.

Tous les personnages sont dans l'ombre, et les contours en sont éclairés par un coup de foudre; mais ces lumières devraient être plus pâles, et participer du ton gris et plombé des nuages.

Enfin, on a rappelé la composition, aujourd'hui oubliée, d'un Artiste nommé Bounieux, qui, avec moins d'effets, en obtenait un plus grand, ajoutons, et avec beaucoup moins de talent: On voyait dans ce Tableau un seul personnage isolé, sur une roche d'où sa famille était tombée sans qu'il pût la secourir. Cependant les ondes universelles alloient l'engloutir lui-même, et cette perspective faisait la seule consolation de son affreux désespoir.

Mais qu'importent ces observations et ces critiques? On l'a dit il y a long-temps, la critique comme la flamme cherche toujours à atteindre les objets élevés; les critiques meurent et l'ouvrage vit.

Il ne manque à M. Girodet que de se confier davantage à sa supériorité, et de croire qu'il aura toujours assez fait lorsqu'il aura été simple.

Nº. 6. *Epidémie d'Espagne.* Tableau de 10 pieds, sur 14 pieds, par M. APPARICIO, pensionnaire du Roi d'Espagne et Elève de DAVID.

Explication donnée par l'Auteur.

« En 1804 et 1805 toute l'Europe fut menacée « de l'affreuse épidémie qui dépeupla une partie « de l'Espagne. La nation espagnole fit briller « en cette triste circonstance ce noble et géné- « reux caractère qui de tout tems l'a distinguée. « Le gouvernement multiplia les précautions, « prodigua les soins et les secours. Secondant la « vigilante activité et la sagesse du prince de la « Paix, les gouverneurs des provinces, les ma- « gistrats des villes établirent des lazareths : tous « les ordres de citoyens concoururent avec une

« louable émulation, au soulagement des mal-
« heureux. Les ecclésiastiques, tant séculiers
« que réguliers, se firent sur-tout remarquer
« par ce zèle infatigable qui, non content de
« compatir aux maux qu'il a sous les yeux,
« court avec une sorte d'avidité à la recherche
« des misérables, pour les soigner et les consoler.

« On s'est borné dans ce Tableau, à quelques
« scènes de ce genre.

« Il représente un lazareth établi dans un
« couvent, où l'on portait toutes les personnes
« qui, dans le voisinage, étaient attaquées de
« la maladie. Les religieux de cette maison péri-
« rent presque tous victimes de leur dévoue-
« ment, qui ne se démentit jamais. Au milieu
« d'eux mourut l'évêque du lieu, homme d'une
« rare piété, d'une vertu et d'une bonté exem-
« plaires.

« Le père de l'Auteur, atteint du mal com-
« mun, finissait sa vie dans ce pieux asile, lors-
« qu'il reçut de son fils, pensionnaire du roi
« d'Espagne à Paris, le portrait de cet Artiste
« et celui de son frère; une lettre d'envoi annon-
« çait quelques succès propres à flatter la ten-
« dresse d'un père. Le vieillard à qui sa fille
« présentait cet hommage de la piété filiale,
« en ressentit un peu de consolation. Le saint
« évêque s'approche : *Bénissez vos enfans, lui*
« *dit-il, et rendez graces à Dieu du moment de*
bonheur

« *bonheur dont il vous fait jouir à votre dernière* « *heure.*

« C'est là le sujet de l'épisode principal de « ce tableau, où l'auteur aurait voulu immor« taliser le souvenir de sa propre douleur, en « même-tems que celui de la désolation de son « pays et de la touchante humanité de ses con« citoyens ».

Le choix de cette scène fait plus d'honneur au cœur et au patriotisme de l'Auteur, que l'exécution à son talent; c'est plutôt un *grand Tableau de genre, ou de Drame domestique, qu'un tableau d'Histoire.* L'évêque, un des personnages principaux, n'a pas assez de noblesse, ni ce caractère grand et vraiment pontifical que devait lui donner la sublimité de ses fonctions et surtout de son dévouement. La tête du vieillard est d'un grand caractère; il contraste avec celui du jeune homme et de la jeune fille qui sont pleins de candeur, le corps de celle-ci, vue en racourci, est senti, l'autre femme renversée à terre, est d'un effet expressif. Mais on pourrait desirer que le tableau ne fût pas pour ainsi dire coupé en deux et que les groupes fussent plus liés. Ces deux portraits, dans un cadre, sont d'un effet trivial, denués de goût et de style.

C'est ici que se fait sentir et qu'est écrit, pour ainsi dire, le défaut de la composition. En présentant son portrait, l'Auteur a cherché à faire ressortir un intérêt particulier au milieu d'un intérêt général. En peignant tout un peuple expirant, il a voulu qu'on s'occupât d'une famille, et de la sienne encore; que dis-je? des succès d'un fils? Oh! que l'amour propre serait ici odieux et déplacé, s'il n'était pas couvert par la sensibilité, et absous par la piété filiale. De là nait la complication et tout l'embarras de la scène. Me présenter l'image du Malheur et de la Religion qui le console, était une idée assez sublime pour dominer seule dans ce Tableau.

L'Auteur me semble d'ailleurs, sous le rapport de l'Humanité qu'il faut toujours considérer, avoir manqué la partie la plus essentielle de son sujet. C'est aux arts qu'il appartient de consacrer les bienfaits des sciences. Personne n'ignore que l'Epidémie d'Espagne a cessé par le seul emploi multiplié et répété du procédé de Guyton-Morveau, pour la désinfection de l'air (c'est l'emploi de l'acide muriatique). Dans un pays où le préjugé avait trop long-tems combattu les résultats des nouvelles doctrines scientifiques (1), combien il eût été louable

(1) Le monde ne sera heureux que lorsque ces doctrines, (les seules qui n'aient pour objet que l'intérêt et le plus grand bonheur de l'espèce humaine) se propageront de plus en plus. Loin de nous la pensée de vouloir abaisser ici le peuple généreux des Espagnes? Il a été un des premiers,

pour l'Artiste de se montrer à la fois Philantrope et Citoyen! qu'il eût été touchant le spectacle d'un Physicien, arrêtant, comme par miracle, les effets de la contagion, opposant un fluide héroïque à des fluides délétères, tandis que d'autres ne savent que prier et mourir!

N°. 236. *Vue de Lyon, prise de l'Ile Saint-Just.*
Tableau de 3 pieds sur 2 pieds.

Explications données par l'Auteur.

« On voit sur le devant les restes d'Aqueducs « antiques; plus loin l'Ile Pérache, où doit être » bâti le Palais Impérial; le Pont de la Guillo- « tière, et dans le lointain la plaine du Dau- « phiné, couronnée par les Alpes ».

N°. 237. *Vue de Lyon, prise du quai St.-Antoine.*
Tableau de 3 pieds sur 2 pieds.

« On voit en face la Cathédrale Saint-Jean, le « Palais de l'Archevêché; derrière, le côteau de

---

sur-tout à Cadix, sur-tout à Malaga, à reconnaître dans cette occasion, les bienfaits de la Chimie moderne. Mais il faut rappeler que sur un vaisseau Russe, un Pope ignorant ayant voulu substituer l'eau bénite à l'acide muriatique, tout en mourut, tandis que sur un vaisseau Français qui se trouvait affecté de l'épidémie dans les mêmes parages, graces à l'acide muriatique, tout fut sauvé.

« Fourvière, le couvent des Antiques, jadis « le Palais des Empereurs, l'Eglise Saint-Just, « et les restes du chemin d'Agrippa. *Effet du « matin* ».

N°. 238. *Vue de Lyon.* Tableau de 2 pieds sur 18 pouces.

« On y voit le Pont du Change, bâti dans le « XIe. Siècle, par l'archevêque Hubert. *Effet « du Soleil couchant* ».

N°. 239. *Vue de l'Ile Barbe.* Tableau de 2 pieds sur 18 pouces.

Effet du matin.

N°. 240. *Vue de l'Eglise d'Ainay, à Lyon.* Tableau de 10 pouces sur 8 pouces.

« Elle est bâtie sur l'emplacement de l'ancien « Temple d'Auguste ».

Je suppose, qu'un marchand de Tableaux, loyal, comme il y en a tant, achète les charmantes compositions de M. Grosbon, qu'il leur donne le vernis, la teinte d'ancienneté, un cadre du tems, etc. : qu'il place ensuite ces Tableaux dans une vente d'anciens maîtres, et que sans leur donner un nom, il écrive sur son catalogue : « *Charmans Tableaux de l'Ecole hollandaise, d'une belle teinte, d'un effet vigoureux, d'une vérité de détails et d'une finesse de touche qui n'appartiennent qu'à cette Ecole; il paraît qu'ils sont du même maître ».*

Ne voyez-vous pas d'ici les amateurs, lors de la vente, trouver le nom du maître? L'un s'écriera, en examinant ces fabriques du N°. 237, et sur-tout du N°. 240 : j'assure que ce sont des *Peter Neef*. — Et moi, dira un contradicteur, je proteste qu'il ne peignait pas avec autant de suavité, de mollesse et cependant avec une telle perfection, les arbres et le paysage; voyez ces 2e. et 3e. plans du N°. 236, comme ils sont accusés, et ces lointains! . . . — Ce ne peut être un *Ruisdael*, dira un troisième; car s'il a plus de vigueur et de fermeté, il est bien loin de ce charme, de ce gracieux.

Mais écoutons un connaisseur. — On peut être sûr, aux détails si riches et si soignés du N°. 236, que c'est un *Breughel de Velours*; je regrette seulement que ces détails soient également faits et aussi brillans. — Pour moi, s'écrie un cinquième, je croirais à cet effet de soleil couchant, à cette teinte douce et suave, à cette finesse de ton, à ce beau ciel, et sur-tout à la transparence de ces eaux, que le N°. 238 est un *Vandel Veld*.

Alors un riche amateur s'avance : — Messieurs, disputez tant qu'il vous plaira sur le nom du peintre; quant à moi, je mets cent louis sur chacun. On enchérit sur lui, il les pousse jusqu'au double, et emporte les Tableaux : il est ravi de cette acquisition.

Mais voici que quelqu'un allant visiter le cabinet de l'amateur, lui dit : « Détrompez-vous ; je connais l'Artiste, il vit, et de plus c'est un Français. Alors notre homme, fait comme tous les riches amateurs, et l'illusion dissipée, se désespère et crie qu'il est trompé, ruiné, que le marché ne vaut rien, etc. etc. » Cependant ce sont les mêmes Tableaux, ils n'ont point changé; mais le nom ! le tems !... Encore si c'était d'un étranger ! mais c'est d'un Français ! car nous autres, nous sommes si généreux pour les autres nations, si indifférens quand il s'agit du talent de nos compatriotes et sur-tout de nos comtemporains. Et cependant, quelle Ecole égale aujourd'hui la nôtre ? Les Allemands, les Belges, les Italiens, et même les Anglais (quoique si inférieurs dans les Beaux-Arts) ne savent-ils pas apprécier leurs productions ? Ils les vantent souvent plus qu'elles ne le méritent, et en cela, je pense qu'ils ont raison et qu'ils font bien de montrer un esprit national dans l'admiration qu'ils ont pour les ouvrages de leurs compatriotes, et dont la gloire doit refléter sur celle de toute la nation; car après les trophées des Héros et les bienfaits des Sages, est-il de plus beaux titres que ceux qui viennent des Sciences et des Arts ? en est-il sur-tout de plus durables ?

N°. 247. *Malvina pleure la mort de son cher Oscar; ses Compagnes cherchent à la consoler.* Tableau de 24 pouces sur 30 pouces, par Mademoiselle Elisabeth HARVEY.

Au moment où nous écrivions ces notices, un Amateur nous a communiqué les réflexions suivantes, dont nous nous empressons d'enrichir ce recueil. Venant à nous rappeler que La Fontaine fut cher à la célèbre madame Harvey (1), et qu'il s'agit peut-être ici d'une de ses descendantes, nous nous sommes crus, en qualité d'hommes de lettres, solidaires du Fabuliste, et obligés à la reconnaissance.

« Le livret du salon n'offre pas moins de cinquante dames ou demoiselles peintres, les unes plus, les autres moins distinguées par leur talent; c'est plus qu'il n'en avait jamais paru à-la-fois, et je ne sais s'il est fort à desirer pour leur sexe, pour la société en général, et pour les Arts, que cette affluence se soutienne. La plupart d'entre elles se bornent, il est vrai, au portrait; mais quelques-unes s'élèvent jusqu'aux Tableaux d'histoire. Madame Mongez est la seule qui ait osé faire en grand cette tentative hardie.

» Le charmant Tableau de Mlle. Lorimier vient ensuite pour la grandeur : pour le mérite, c'est

(1) C'est à elle que notre Esope a dédié la fable du *Renard Anglais.*

autre chose ; mais il faut renvoyer ceci aux articles particuliers de ces deux dames.

» Parmi les Tableaux d'une moindre dimension, qui traitent des sujets historiques, je donnerais l'un des premiers rangs à celui de mademoiselle Elisabeth Harvey (1). Elle y a représenté Malvina pleurant la mort d'Oscar, et ses compagnes qui cherchent à la consoler. Pour bien apprécier d'abord l'invention et la composition, il faut se rappeler le morceau d'Ossian qui fait le sujet du Tableau.

» Dans celui de ses poèmes, qui est intitulé *Croma*, la tendre Malvina, après un songe où elle a cru voir son amant et entendre sa voix, lui adresse cette plainte. « Fils d'Ossian, cher Oscar, tu vis dans le cœur de Malvina : mes soupirs se lèvent avec l'aurore, et mes larmes descendent avec la rosée de la nuit. Cher amant, je fleurissais en ta présence comme un jeune arbrisseau ; mais ta mort, comme un vent brûlant, est venue flétrir ma jeunesse. Ma tête s'est penchée ; le printems est revenu avec ses rosées bienfaisantes, et ne m'a point fait refleurir. Mes jeunes compagnes me voyaient dans un morne silence au milieu de ma demeure : elles touchaient la harpe pour ramener la joie dans mon ame, mais les larmes coulaient toujours sur les joues de Malvina. Elles voyaient ma tristesse

---

(1) N°. 247.

profonde, et elles me disaient : « Pourquoi es-tu si obstinée dans ta douleur, toi la première des belles de Lutha? Ton amant était donc à tes yeux aimable et beau comme le premier rayon du matin? » *(Traduction de Le Tourneur)*.

« C'est cette scène touchante que Mlle. Harvey a transportée sur la toile, et qu'elle y a rendue plus touchante encore. Elle a représenté la douleur morne et profonde de Malvina, et mis en action ce qu'Ossian lui fait raconter des vains efforts de ses compagnes pour adoucir son désespoir. Aux charmes de la musique, elle a encore ajouté l'idée des distractions de la chasse. L'action des personnages est à-la-fois animée, simple et ingénieuse; l'une des compagnes de Malvina est assise devant elle touchant la harpe et chantant avec l'air de l'inspiration; une autre debout, le carquois flottant sur les épaules et suivie de deux chiens agiles, lui présente un arc et semble l'inviter à venir reprendre leurs nobles exercices; la troisième lui tend une harpe pour l'engager à joindre ses accords à ceux de leur compagne. Tout ce groupe est plein de grace et de ce mouvement paisible qui convient à la scène représentée et qui n'a rien de convulsif.

» La figure principale est belle, mais d'une beauté que les larmes ont flétrie sans l'effacer. *Sa tête s'est penchée,* ses blonds cheveux sont en désordre et agités par les vents; son attitude entière est celle d'une douleur concentrée, inaccessible aux consolations. Les trois jeunes compagnes sont charmantes : la poésie et la musique animent les traits de la première ; son front rougit d'enthousiasme, et ses yeux en étincellent ; ses cheveux sont de ce blond foncé qui annonce de l'énergie et de l'ardeur : la chasseresse est une brune piquante, et la troisième une blonde à-peu-près telle que Malvina. L'unité, si desirable dans toute production des Arts, est parfaite dans celle-ci ; tout tend à un seul but, tout concourt à laisser dans l'ame un sentiment mêlé de la pitié qu'inspire un tel malheur, et de l'espérance que donnent des consolatrices si aimables.

» Le site est beau, calme et triste. Malvina est assise sur le roc au pied des ruines d'un vieux château ; la mer est dans le lointain. On voit à l'extrémité du rivage, et dans un grand éloignement, la grotte de Fingal qui se confond pour ainsi dire avec les eaux de la mer et les brouillards du ciel. Peut-être les brouillards ne sont-ils pas assez généralement répandus dans toute l'atmosphère ; c'est une circonstance essentielle de tout paysage *Ossianique*. Le Tableau y gagne sans doute à l'égard du Coloris et de l'effet purement pittoresque ; mais peut-être y perd-il aussi quelque chose du côté de l'illusion.

» Le dessin est pur, les formes sont élégantes, sans aucune trace d'affectation ni de manière. Si l'auteur a encore des progrès à faire, il semble que c'est dans la légéreté des draperies, dans la fermeté du pinceau et dans l'éclat de la couleur. Mais quand on regarde avec quelqu'attention ce joli Tableau, on est beaucoup plus occupé de son mérite très-réel que de ses légers défauts.

» Il réussirait parfaitement en gravure; mais il exigerait une grande finesse de burin, une touche facile et un fini précieux.

» Mlle. Elisabeth Harvey a exposé de plus un portrait d'homme et deux études. Le portrait (1) est, dit-on, celui d'un jeune Italien, petit-fils du célèbre Beccaria, et qui annonce un grand talent pour la poésie. Sa figure est très-belle et très-expressive; cette expression est celle d'une inspiration naturelle qui agit intérieurement, sans excitatifs et sans efforts; intention ingénieuse et parfaitement rendue, qui prouve dans la jeune Artiste autant de finesse d'esprit que de talent. Les deux études (2) sont des têtes de jeunes paysans et paysannes : les trois sur-tout qui sont groupées ensemble, sont d'un effet aussi vrai que gracieux.

» Mlle. Harvey, née anglaise, mais fixée depuis plusieurs années à Paris, a fait ses études en Italie, où elle a passé cinq ou six ans. On

---

(1) N°. 248.
(2) N°. 249.

s'en aperçoit à son goût de dessin, à la sagesse de sa composition et de son Coloris, qui pourrait être plus brillant, mais qui n'a rien de faux ni de fardé. Elle a cultivé et continue d'exercer son art sous les yeux d'une mère dont on vante l'esprit, l'amabilité et le goût éclairé pour les Lettres et pour les Arts, et auprès d'une sœur qui les cultive elle-même avec succès (1) ».

N°. 131. *L'Empereur honorant le malheur des ennemis blessés.* Tableau de 15 pieds sur 11 pieds, par M. Debret, élève de David. (*Voyez* Pl. VI.)

Ce Tableau appartient au Corps Législatif.

Explication du sujet, donnée par l'Auteur.

« Les prisonniers autrichiens, en défilant de-
« vant l'Empereur, témoignaient un extrême
« empressement de le voir. Ils se rappelaient
« qu'un jour à l'armée d'Italie, dans une circon-
« stance pareille, lorsqu'il vit passer devant lui
« des charriots remplis d'Autrichiens blessés, il

---

(1) Mademoiselle Harvey, l'aînée, s'est fait un talent particulier de peindre au bistre sur ivoire, d'après l'antique ou d'après les meilleurs Tableaux des plus grands maîtres.

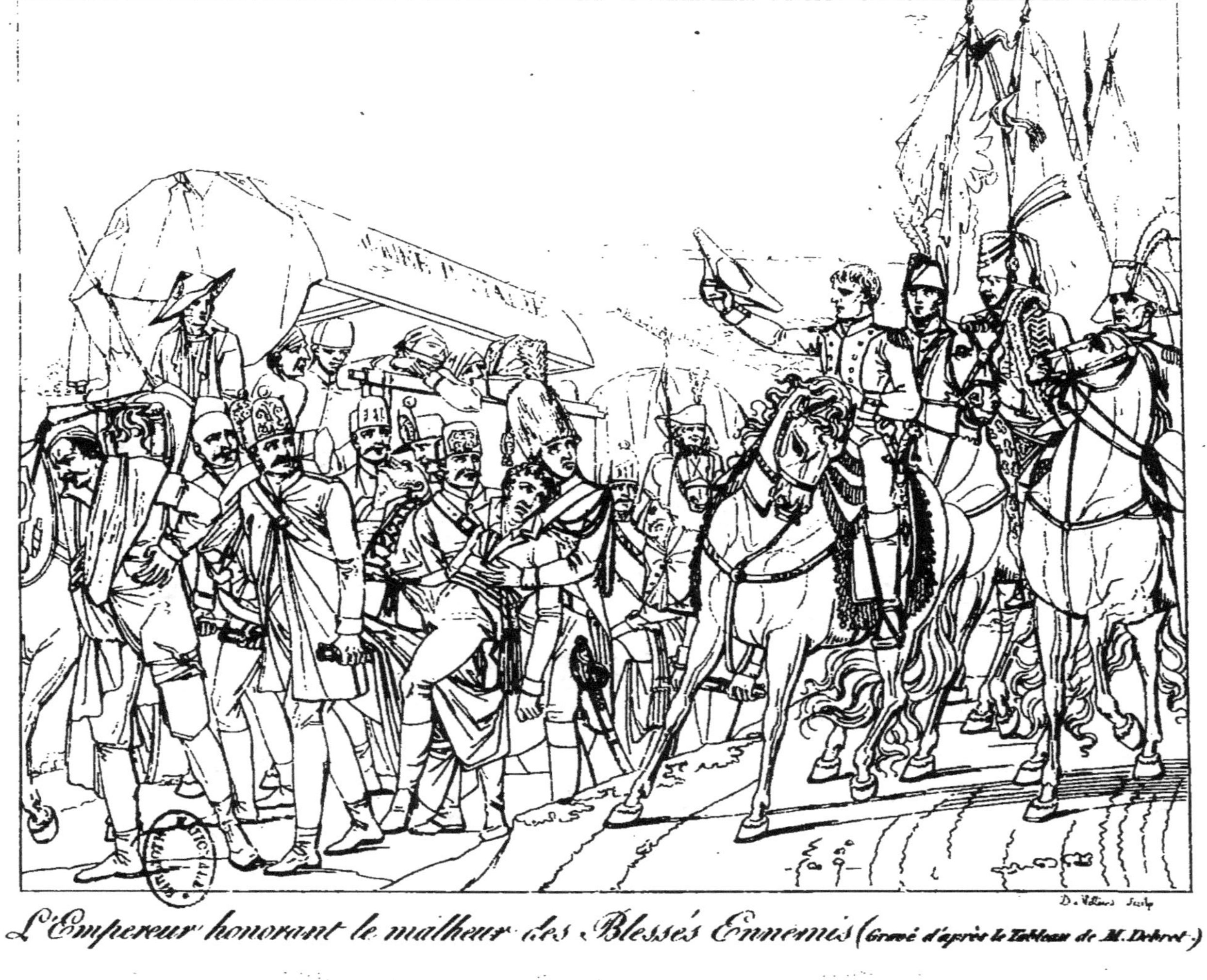

D. Villiers Sculp.

L'Empereur honorant le malheur des Blessés Ennemis (Gravé d'après le Tableau de M. Debret.)

« ôta son chapeau, en disant : *Honneur au cou-*
« *rage malheureux* (1) ».

Ce dernier trait est le sujet du Tableau ; il fera époque dans les annales de l'humanité : cette scène attire et captive les regards ; ils y reviennent sans cesse, et c'est un de ces ouvrages qui charment à-la-fois la foule, le connaisseur et l'homme sensible. Une partie de cet intérêt tient d'abord au bonheur du sujet, mais ensuite la naïveté de la composition, la vérité d'action, de dessin, de ton et d'harmonie en complètent le charme. En un mot, c'est un beau Tableau, parce qu'il est vrai dans toutes ses parties : nul système, nul effort, nul charlatanisme ; il obtient beaucoup d'effet sans paraître y viser.

A la droite du Tableau, le héros monté sur un cheval blanc, salue avec un noble attendrissement les blessés, dont un groupe occupe l'autre côté et le milieu du Tableau...

Ce qui frappe d'abord, ce sont les airs de tête, leur naïve vérité produit sur le spectateur un effet qui tient de l'illusion. La physionomie de l'officier autrichien porté sur un brancard par des soldats, est du plus beau caractère, et remplie d'expression. On y démêle à travers celle de la douleur, le sentiment de sa reconnoissance pour le Premier Consul, et ce sentiment semble

(1) Extrait du *Journal de Paris* du 15 brumaire an 14.

comme un doux rayon éclaircir les nuages que le malheur a répandus sur le front du vaincu. Les figures des soldats sont véritablement Germaniques ; le caractère national est empreint dans chacun de leurs traits ; les paroles de bonté que le général Bonaparte adresse à ces victimes de la guerre, les ont pénétrées de la plus vive émotion : avec quel plaisir on voit des grenadiers français occupés à rendre des soins à leurs ennemis malheureux !

Si la pensée de ce Tableau est simple et touchante, si la composition en est sage et vraie, il y entre cependant beaucoup d'art, mais il s'y cache sous le naturel. Les lumières de ce Tableau, bien conduites et bien entendues, frappent sur les personnages principaux, et sont ramenées encore sur plusieurs points par des accidens habilement ménagés. On peut admirer comment l'Artiste ayant détaché le groupe des Français par des montagnes en arrière, pour n'avoir pas un clair trop brusque de l'autre côté, a placé ce charriot qui forme un fond si heureux, et qui d'ailleurs se lie à l'action, et multiplie l'intérêt.

Qui n'a pas remarqué ces têtes de soldats si parfaitement exprimées dans la demi-teinte ! Et qui ne serait sensible à l'harmonie de ce tableau si parfaite et si juste, que saisissant d'abord la vue, elle la rappelle ensuite et la satisfait sans cesse. Ce ton chaud et cependant vrai, semble appartenir à Carle Dujardin.

Le dessin est ferme et large, et les chevaux ont été étudiés; les accessoires, sans être trop soignés, sont bien touchés. Cependant, peut-être y a-t-il un peu de roideur dans le dessin des chevaux : La jambe pendante de l'officier blessé paraît un peu courte. On desirerait que la tête du principal personnage fût traitée dans un style plus héroïque, plus ressemblant. Il est arrêté, et cependant son cheval est en action de marcher, et semble tomber en avant, par l'effet du terrain qui paraît incliné au lieu d'être horisontal. Les plans, d'ailleurs, sont parfaitement indiqués, et l'Artiste a su tirer parti de l'espace avec une intelligence rare.

Il faut lui savoir gré d'avoir traité ce sujet en grand, et d'avoir donné à ses figures les proportions héroïques. Cependant, un journaliste qui a le privilège de décrier chaque matin la raison avec laquelle il se brouille chaque après-dîner, a prétendu dans un de ces accès de délire qui lui sont si familiers, que ce sujet devait être traité *en Tableau de genre*, *en petites dimensions*, je ne sais pourquoi il n'a pas ajouté en miniature. Qu'on le reconnaît bien à ce profond jugement! Il voit la destruction en grand, et l'humanité en petit.

Quel plus magnifique spectacle cependant que celui d'un Héros qui s'attendrit sur les malheurs de la guerre, et qui honore dans ses ennemis même ce noble courage dont il est à-la-fois le juge et le modèle! Cette action si simple a quelque chose de solennel et de touchant, et semble nous rappeler un de ces grands caractères des temps antiques, ou de ceux de la loyale et magnanime chevalerie.

Quel ennemi de ce grand Monarque ne sentiroit point expirer sa haine à la vue de ce tableau? Et lorsque la Paix ramènera au sein de Paris l'étranger, croit-on que le fier Germain puisse le contempler sans répandre des larmes d'attendrissement. Les Tableaux de batailles, c'est-à-dire, des dissentions Européennes, ne sont que trop nombreux; qu'elles se multiplient à leur tour, les images de la bonté compatissante aux malheurs de la terre! Et tandis que les Orateurs préparent déjà le Panégyrique de Trajan, Peintres! disposez la toile où vous devez retracer les douces vertus et ces bienfaits consolateurs, qui font d'un Prince les délices du monde.

NOTICE

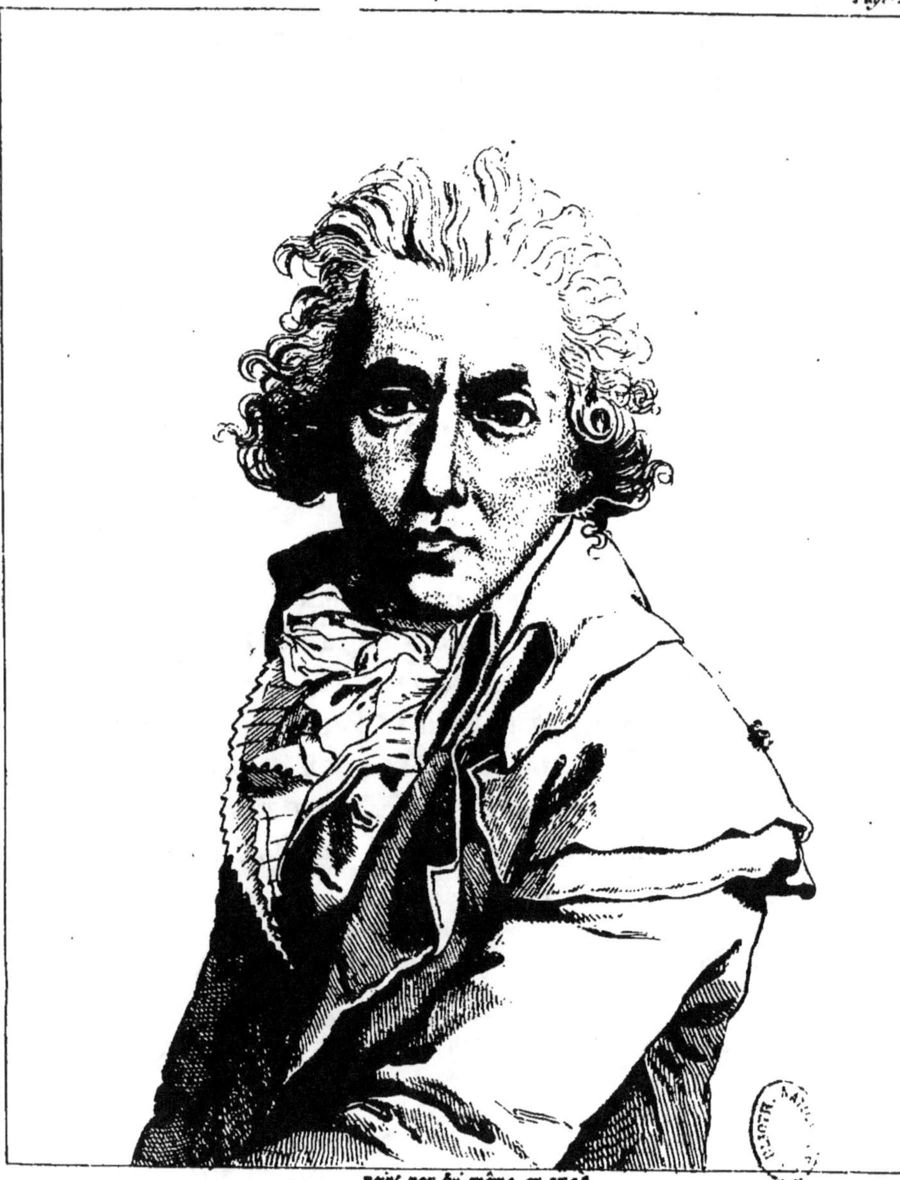

peint par lui même en 1792.

Louis David.

né à Paris, en 1749.

NOTICE

Historique et inédite sur M. Louis DAVID. (*Pl.* VII.)

M. LOUIS DAVID naquit à Paris en 1749, d'un marchand de fer, qui fut tué d'un coup d'épée.

Il fit ses études au collège des Quatre-Nations; il les termina avec succès à l'âge de seize ans. Dans les classes, il dessinait sans cesse, et surtout des chevaux; il semblait déjà promettre un Artiste.

Au sortir du collége, il entra chez M. Boucher, son cousin, qui le plaça chez M. Vien.

Il y commença son Cours de Peinture, sous la direction de cet habile maître, et particulièrement sous celle de ses camarades déjà célèbres; Vincent, Touzé (1), et Lacour (2).

Il sortit de cet atelier pour se livrer à son talent qui formait ses moyens d'existence.

M. Sedaine, homme de lettres, son parrain, secrétaire perpétuel de l'Académie d'Architecture,

---

(1) Touzé, connu d'abord par l'originalité de son talent, Compositeur plein de chaleur, Coloriste et Dessinateur habile, Mime célèbre, honnête homme, et qui vient de mourir dans un hospice.

(2) Homme de mérite, établi aujourd'hui à Bordeaux.

lui avait donné un logement au Louvre, au-dessus de cette Académie.

Comme il ne s'occupait d'études qu'au moment de concourir pour les prix, il se passa plusieurs années avant qu'il pût obtenir le premier. Nous allons rappeler les différens sujets de ces concours.

Le premier fut, *la Lutte allégorique de Mars et de Minerve*; le jeune David obtint le second prix.

L'année d'ensuite, on proposa *la Mort des Enfans de Niobé*. Il vit avec douleur accorder le premier prix à M. Jombert (1), l'un de ses meilleurs amis, et le second à M. Le Monnier (2), tous deux élèves de M. Vien. Le Tableau de M. David était noir, mais présentait le double mérite de la pensée et de l'exécution.

Le sujet du troisième concours fut *la Mort de Sénèque*. L'Artiste ne fut pas plus heureux, et méritait moins de l'être.

Dans l'intervalle, un de ses amis lui procura la connaissance de la célèbre mademoiselle Guimard, qui venait de faire disposer les Peintures d'un Salon, dont Le Doux, l'architecte, avait donné la première idée à Fragonard. Celui-ci

(1) Fils du Libraire, et qui a quitté la carrière des arts pour celle de la philosophie.

(2) Connu par plusieurs grands Tableaux, et entr'autres par celui du *Commerce*, que l'on voit dans une des salles de l'Hôtel-de-Ville à Rouen.

venait d'en ébaucher la composition. M. David fut chargé de terminer les Peintures de ce salon, qui appartient aujourd'hui à M. Peregaux, banquier.

Des curieux le visitent quelquefois pour mieux apprécier aujourd'hui le talent de M. David, en mesurant le point d'où il est parti. En effet, il travaillait alors dans le genre de Boucher. Son enthousiasme pour ce Peintre paraissait sans bornes : « Eh! Messieurs, disait-il, n'est pas Bou-« cher qui veut (1) ».

Lorsqu'on lui parlait de l'Ecole d'Italie, il disait : « Eh Messieurs, soyons Français ».

Le salon de mademoiselle Guimard l'occupa pendant deux années, dans l'espace desquelles il concourut de nouveau pour les prix. Le sujet du concours était *la Maladie d'Antiochus* ou plutôt *sa Passion pour Stratonice*. L'un de ses anciens amis, M. Moitte le sculpteur, lui prodigua ses secours et ses avis. Ce Tableau est le premier où M. David, inspiré par le Grandiose du style de cet Artiste plein de talent, et qui arrivait alors d'Italie, pressentit la beauté de l'expression historique; il ne discontinua plus de la chercher. Il eut le premier prix. C'était pour la quatrième fois

---

(1) Il faut rappeler que cet Artiste avait commencé par travailler dans le goût de l'Ecole Italienne; mais que ses Tableaux ne se vendant point, il se jeta dans le genre maniéré, qui a retenu son nom.

qu'il concourait, et il avait vu passer avant lui ses camarades, MM. Suvée, Le Monnier, Jombert, et Peyron.

Malgré son apparente obstination à ne pas vouloir abjurer la manière française dont il s'était montré partisan passionné, il sentit bientôt que le génie ouvrait à ses yeux une autre route : Ils se dessillèrent ; M. Vien fut son premier guide (1), et pressentit les succès de son élève.

Il partit pour Rome : Il y étudia comme un commençant ; il écrivait alors à ses amis qu'il ne s'occupait qu'à dessiner l'*Ecorché de Houdon*, qu'ensuite il passerait à celui de Michel-Ange, qu'enfin il allait changer de manière.

Après deux ou trois années d'efforts solitaires, il se mit à peindre, et composa sa première esquisse, les *Funérailles de Patrocle*.

Malgré l'énergie qui régnait dans ce premier chef-d'œuvre, on y ressentait encore un arrière goût de son ancienne manière. Les pensionnaires ses camarades, en l'admirant même, disaient : c'est toujours du David, c'est-à-dire, du genre Français.

On lui commanda pour Marseille le Tableau *de la Peste*. Il y travaillait mystérieusement ; il ne le montra à son maître et à ses camarades (les pensionnaires) qu'après l'avoir totalement achevé.

---

(1) Vid. la Notice sur M. Vien, page 39.

Cependant, il l'avait laissé appercevoir à un nommé Coste, Peintre de paysage et d'architecture. Dans un moment de désespoir où le jetait l'*embu* (ou le terne de son Tableau), M. David était près de le crever, lorsque cet Artiste l'arrêta, en lui donnant un espèce de vernis qui raviva les couleurs; M. David s'appaisa.

Les Artistes, à l'aspect de ce chef-d'œuvre dévoilé à leurs regards, en furent tellement frappés, qu'après une demi-heure de silence, l'un des plus habiles, La Marie, sculpteur, s'exprima en ces termes: « Mes amis, nous devons être fiers « d'avoir David pour camarade, ce chef-d'œuvre « ira à la postérité ».

Tous les Artistes Etrangers et Romains vinrent en foule voir ce Tableau, et partagèrent l'enthousiasme général. Il fallut mettre des gardes devant la maison de l'artiste; une foule de vers lui furent adressés.

Ce Tableau de *la Peste* est traité dans un grand style, il est d'un dessin large, le Saint-Roch est d'un beau caractère: l'opposition des femmes et des enfans est admirable; enfin la composition est grande et pathétique. On a remarqué l'énergie sombre et terrible d'un pestiféré qui a la tête enveloppée d'un linge, et qui se résigne à la mort qu'il voit venir, avec une fermeté stoïque. Cette figure est une des plus belles qui soient sorties du pinceau de M. David, et peut-être de celui des grands maîtres de l'École française. On frémit à la vue d'une femme expirante, que son enfant tâche de rappeler à la vie. La Vierge qui occupe le haut du Tableau est encore traitée dans le style français, tout le reste ressent l'Ecole Italienne. Ce Tableau, large d'effet, et exécuté d'une manière ferme et digne des plus grands Maîtres, est placé en regard du beau Bas-relief du Puget, il soutient la comparaison.

M. David revint en France. Arrivé à Paris, il retrouva la même activité de bienveillance auprès de Sedaine, son ancien protecteur, devenu alors son admirateur et son ami. Celui-ci le reçut chez lui, avec les Tableaux et les études qu'il avait faits à Rome. Ses Ouvrages ne furent pas plutôt exposés dans le salon de Sedaine, que tous les Artistes et les Amateurs y coururent en foule. Ces chef-d'œuvres étaient dans la manière italienne, ils excitèrent la plus vive sensation.

La connaissance de M. Moreau, l'architecte de la ville, valut à l'Artiste un atelier à la ville même. Il y fit son tableau de *Bélisaire* (1).

Ce Tableau est le premier qui ait commencé la grande réputation de M. David; il fit une sensation très-vive au Salon. La composition en est sage; la tête du Bélisaire est superbe et du plus grand caractère. Le style général est héroïque. L'idée du Casque dans lequel Bélisaire

(1) Ce Tableau a été gravé par M. Morel.

reçoit une obole, est ingénieuse et profonde ; elle appartient à M. Vincent. Le ton est vigoureux, les draperies sont bien ajustées ; mais le Tableau péche par la perspective, le jeune Enfant, d'une heureuse nature, contraste avec le Vieillard : la femme exprime bien l'intérêt.

Ce tableau avait été fait, par M. David, sans avoir été commandé pour le Roi (1), et M. d'Angivillers lui ayant fait cette objection, lui en offrit cependant cent louis : M. Pécoul, beau-père de l'Artiste, le détourna de les accepter, et lui en offrit la rente, jusqu'à ce qu'il trouvât à vendre ce chef-d'œuvre ce qu'il valait. Il fut acheté par l'Electeur de Trêves. Les français l'ont repris, et il a passé dans la galerie du Sénateur Lucien Bonaparte.

L'anecdote concernant les rapports de M. David avec M. Pécoul, dont il devint l'ami et le gendre, intéresse et honore les Arts.

Le Roi venait d'accorder à M. David un logement au Louvre ; M. le Comte d'Angivillers adressa l'Artiste à M. Pécoul, Entrepreneur des Bâtimens du Roi, pour se concerter avec lui, relativement aux dispositions à faire dans son nouvel appartement. Cet Entrepreneur était passionné pour les Arts ; et frappé du grand talent de M. David, il l'interrompit au milieu de ses

(1) Les Tableaux commandés par le Roi étaient payés 4000 fr.

projets de distribution, en lui disant : « Mais » c'est un appartement de garçon ; comptez-vous » toujours l'être ? — Je ne sais. — Laissez-moi « maître des distributions, et venez dîner avec « moi ». La partie est acceptée. Après le dîner, M. Pécoul prend l'Artiste en particulier : — « Vous avez connu à Rome le frère (1) de ma « fille ; vous venez de la voir ; si vous lui plai-« sez, et qu'elle vous plaise, je vous donne sa « main, et j'y joins cinquante mille écus ». M. David l'épousa au bout de huit jours.

Il a eu de ce mariage quatre enfans, savoir deux filles jumelles, aujourd'hui mariées à des Colonels, un fils qui est militaire, et un autre qui cultive les Lettres.

Fesons succéder à cette anecdote une historiette.

A-peu-près vers le même tems, M. David fut chargé, par madame la Maréchale de Noailles, de peindre *un Christ* pour son oratoire. Ce Christ était une belle figure académique savamment exécutée, et dont l'anatomie est parfaitement ressentie. La couleur seulement tirait un peu sur le violâtre. La Maréchale en fut d'abord éprise ; mais elle reconnut enfin dans ce Christ un très-beau Garde-française, qui avait servi

---

(1) C'est le même qui périt si malheureusement en Italie ; il y fut dévoré par des chiens.

de modèle ; sa religion en fut alarmée, elle renvoya le Tableau à l'Artiste, en protestant qu'elle ne s'agenouillerait jamais devant une pareille image. L'Artiste eut beau répondre que l'intention sanctifiait tout, et pour la rassurer, lui nomma plusieurs Nymphes d'après lesquelles on avait fait des Vierges. Il y eut procès ; on pense bien que l'Artiste le gagna : le droit était de son côté, comme le ridicule de l'autre.

Aussi-tôt après son mariage, M. David composa le Tableau d'*Andromaque pleurant sur le corps d'Hector*, pour son Tableau de réception à l'Académie (il avait été agréé pour son *Bélisaire*) : ce Tableau est véritablement dans le style antique, et se recommande par la simplicité de sa composition. Elle a inspiré le jeune Guérin, qui, pour tracer son Marcus Sextus, nous paraît ne s'être pas moins souvenu de ce lit funèbre que de la tête de Brutus, tracée si énergiquement dans l'ombre, par le pinceau de M. David.

La douleur d'Andromaque est pathétique et noble ; le corps du Héros troyen est parfaitement dessiné ; mais le ton général est un peu jaune.

M. David traçait en même tems l'Esquisse des *Horaces*, *le Portrait du Prince polonais Poniatowsky*. Le Cheval est un des plus beaux qui existent en peinture ; il y avait peut-être de la bizarrerie à représenter à cheval le Prince en gilet et en cordon bleu : du reste il est bien posé et parfaitement dessiné.

Il fit *le Portrait de M. Pécoul* son beau-père, et celui *de M. Alphonse Le Roi*, Docteur en Médecine. Cette dernière tête est véritablement inspirée ; mais ce Portrait, l'un des plus beaux qui soient sortis du pinceau de M. David, n'a point été achevé par lui ; les mains et les étoffes ont été faites par M. Garnerey, un de ses Elèves.

L'Artiste desirait achever à Rome même le Tableau de ses *Horaces* ; il exécuta ce projet, revit avec transport la terre classique des Beaux-Arts, et y séjourna avec son épouse.

Le Tableau des *Horaces* mit le comble à sa réputation : la pensée et la composition en sont véritablement antiques. Cette Pose rappelle l'attitude des soldats romains lorsqu'ils prêtaient serment, et c'est ainsi qu'ils figurent sur les médailles. On a reproché à M. David de s'être enrichi de cette image : il faut en féliciter son goût. On n'a pas assez remarqué tout ce qui lui appartenait. Elle est bien de lui la pensée d'avoir fait distinguer, par l'énergie de son mouvement, celui des trois qui devait rester vainqueur. On rapporte qu'un enfant s'écria un jour, à l'aspect de cette figure : « Ah ! c'est celui-« là qui tuera sa sœur ». Elle lui appartient encore cette idée d'avoir fait contraster ce groupe de femmes et leur faiblesse avec l'intrépidité de ces Héros. Quelle vigueur dans le style ! quelle perfection d'exécution ! Le dessin des Horaces ressemble à tout ce qu'il y a de beau, et cependant il n'est et n'a jamais été imité de personne.

Faisons ici mention de l'ignorance qui caractérisait l'ancien Directeur général des Arts en France, M. le comte d'Angivilliers. Les proportions du Tableau des *Horaces* se trouvant dépasser les proportions ordinaires des Tableaux commandés pour le Roi, le docte Comte en concluait qu'il fallait les payer moins. — Eh bien ! monsieur le Comte, répondit énergiquement M. David, il ne reste plus qu'à couper le Tableau ; par quelle partie voulez-vous que l'on commence ? Cette réponse étonna et désarma le directeur.

L'Artiste va marcher, ou plutôt courir, de succès en succès. Le *Serment des Horaces* est suivi de la *Mort de Socrate*. Ce Tableau rappelle à la fois la dimension et la pensée de ceux du Poussin. Je place cette composition au rang des plus belles productions de M. David ; M. Massard l'a gravée. La plus haute et la plus juste expression respire dans toutes les attitudes et sur toutes les physionomies.

Tandis que les autres Peintres n'ont exprimé que la laideur physique, et n'ont rendu pour ainsi dire que le masque de Socrate, M. David a su le parer d'inspiration, et l'embellir par l'ame ; celle du Philosophe a passé dans sa figure. Je n'indique ici qu'une partie des beautés, il serait trop long de les détailler. Remarquons cette belle pantomime du Geôlier attendri, qui n'offre qu'en reculant la coupe fatale. On a admiré la pose de Criton, abîmé dans la douleur. L'Artiste m'a raconté autrefois qu'il en avait puisé les détails dans Richardson. Cette attitude est celle que le sublime Romancier a donnée à l'oncle Harlowe, pendant la lecture du testament de Clarisse. La beauté du Coloris et du Pinceau égale celle du Style. Un autre Artiste a traité le même sujet; mais il fait nuit dans son Tableau, et les paroles de Socrate ont l'air de s'y perdre sans être écoutées de personne.

MM. de Trudaine avaient acheté ce Tableau; ils furent, comme le Philosophe d'Athènes, victimes du fanatisme des partis.

La philosophie indiqua à M. David un autre sujet, c'était *le Portrait du savant et à jamais regrettable Lavoisier*; il le représenta à côté de son épouse. Ils étaient dignes l'un de l'autre par leurs vertus, leur union, leurs connaissances et leurs talens. Si Lavoisier était un des hommes les plus éclairés et l'un des plus grands génies de son siècle, sa femme était, de toutes les femmes, la plus capable de l'apprécier. Elle apprit à la fois la Chimie, le Dessin et la Gravure, pour ne pas le quitter; c'est à elle que l'on doit les excellentes planches de l'Ouvrage de Lavoisier sur la Chimie. M. David, qui se pénètre de toutes les passions qu'il veut rendre, a exprimé leurs vertus et leurs qualités dans le Tableau qu'il en a fait. Il a peint Lavoisier vêtu simplement, assis près d'une table, sur et auprès de laquelle sont des instrumens, des objets de Chimie. Ce savant paraît partager tout son être entre cette science et son épouse qu'il regarde : elle est debout, elle s'appuie sur l'épaule de son mari, toute son attitude exprime son bonheur. La Couleur générale de ce Tableau est un peu grise ; mais le Dessin et la composition sont dignes et du sujet et de l'Artiste.

Nous ne ferons pas le même éloge du Tableau des *Amours de Pâris et d'Hélène* (gravé par M. Avril). Le Gracieux semble étranger à la touche énergique de M. David ; c'est Hercule qui veut pincer la lyre. L'*Hélène* est commune ; le Pâris est dessiné d'après une médaille, et l'Architecture, par un singulier anachronisme, est empruntée de celle du Louvre, exécutée par Jean Goujon. Le fond de ce Tableau est précisément le même que celui de la salle de l'Institut.

Dans un sujet terrible, M. David parut dans son centre : il fit *Brutus*. Cependant on trouve de la sensibilité dans le groupe des femmes, et le Brutus lui-même n'en paraît pas exempt ; il s'est réfugié dans l'ombre, et cette ombre est projetée par la statue de Rome, idée de génie qui appartient à l'Artiste, car il n'a pas trouvé cela dans l'antique, ni sur une médaille. Un Peintre vulgaire n'eût pas manqué de placer l'horreur au milieu du Tableau ; le Peintre ne l'a indiquée que sur le dernier plan, et la Lumière ne frappe sur cet objet que pour en faire ressortir la terreur. Cet effet de Brutus dans l'ombre, et de son horrible sacrifice éclairé, était si naturellement dramatique, que l'on s'en est emparé, et que La Rive a mis au Théâtre le Tableau en scène.

Nous ne pouvons qu'indiquer *les Portraits de Madame *** et de M. Hocard*, peints mi-corps. Leur mérite est, dit-on, très-marqué ; mais il échappe en cet instant à notre mémoire.

Une composition plus vaste l'occupait, le *Serment du jeu de paume*. Le dessin en est admirable, ainsi que les attitudes, les Portraits, la pantomime, le développement des caractères dans une situation qui ne se retrouve qu'une fois en plusieurs siècles. On y remarque des épisodes de génie, tels que celui de la foudre qui tombe sur un temple, tels encore que le principal groupe des religions réunies; on voit s'embrasser Rabaud-Saint-Etienne, protestant ; dom Gerle, chartreux, et un Philosophe. Le public avait droit d'exiger que ce Tableau fût terminé, puisqu'il avait souscrit pour la gravure : M. David ne l'a pas achevé, soit par dégoût, soit par circonstance, soit par superstition, car il disait à l'un de ses amis que toutes les fois qu'il avait voulu s'en occuper, il avait été mis en arrestation. Quelle que soit l'opinion des différens partis, ils doivent tous s'accorder à regretter que ce Tableau n'ait pas été fini, car c'est une page mémorable de notre histoire.

A ce Tableau, succédèrent les Portraits de *Le Pelletier* et de *Marat*. La figure de Le Pelletier à mi-corps est bien étudiée et presque copiée de celle d'Hector dans le Tableau du même Artiste. Le pendant lui était supérieur d'exécution et même de coloris. Il ne fallait rien moins qu'un talent transcendant comme celui de David, pour tirer un tel parti d'un sujet aussi ingrat. Nous avons rappelé ces deux Tableaux, parce qu'ils appartiennent à l'Histoire.

Parlons des *Portraits de M. et de Mad. Cérisia*, exposés au salon avec tant de succès. C'est là que l'Artiste a prouvé, à l'exemple des Peintres anciens, que c'est à ceux d'histoire qu'il appartient de faire des Portraits; doctrine que ses élèves Girodet et Gerard ont propagée avec succès. Mais convenons que si les Portraits y gagnent, le grand genre de l'Histoire y perd; car tandis que les Portraits se multiplient, les scènes d'Histoire deviennent plus rares.

Nous pourrions citer encore avec éloge les Portraits de deux Ambassadeurs hollandais, messieurs Meyer et Blaeu; mais nous nous hâtons d'arriver au magnifique *Tableau des Sabines*.

A l'exemple des tragiques Grecs, l'Artiste a porté au plus haut degré la pitié et la terreur, en faisant briller les armes que ces familles divisées allaient enfoncer dans leur propre sein. . «

Ces scènes exaltant mon imagination, je crus voir alors les Français des différens partis prêts à s'égorger de leurs propres mains, et la mère-patrie se levant, se précipitant entre eux, et criant : Arrêtez....

Ce rapprochement que je hasardais, je le communiquai à l'Artiste; il me répondit : « Telle était ma pensée lorsque je saisis les pinceaux; puissé-je être entendu ! »

Avançons, et contemplons le lieu de la scène et l'attitude des acteurs.

Une plaine vaste, deux armées en présence. Là dominent, s'élèvent les hauteurs de Rome, les rochers célèbres par la trahison et le nom de Tarpéia : les Sabins les occupent; leur ordre de bataille se développe au pied des remparts. En face sont les Romains. Les partis se sont mesurés avec fureur : un cadavre sanglant est étendu sur la terre; plus loin un guerrier expire. Au centre, cette Femme élancée sur une pierre, qui, les bras élevés, précipite son enfant sur les pointes des glaives et des lances ; sur le devant du Tableau, Tatius et Romulus, Romulus, brillant des formes d'Achille, ou plutôt d'Apollon; Tatius, étalant celles d'Hercule ou d'Ajax : le premier dans l'attitude d'un demi-dieu, calme, élevé au-dessus de l'humanité, beau de jeunesse et d'héroïsme; le second, plus rapproché des mortels par l'âpreté de ses formes,

par

par l'expression de sa physionomie, où la férocité se mêle au courage : Romulus balançait le javelot inévitable ; Tatius reculait et saisissait le glaive.... Des Femmes se sont précipitées entre eux, leurs enfans sont exposés à terre.... Hersilie domine au centre de ce groupe, comme Romulus au milieu des Guerriers, par le caractère idéal de sa tête, par la beauté de ses formes, par la noblesse de son attitude, que la grace inséparable de tous ses mouvemens accompagne au sein même du trouble, sur-tout par la dignité de sa douleur, dernier trait qui caractérise un être et une ame hors de la condition commune. Hersilie a fléchi un genou : ses mains étendues, ses regards supplians implorent Romulus et Tatius.... Le sentiment d'Hersilie est mêlé d'une majesté calme. Le contraste ajoute à la sublimité. Près d'Hersilie, une Femme, dans l'action du plus violent désespoir, se précipite ; une autre s'arrache les cheveux ; il en est une qui, versant des larmes brûlantes, échevelée, le sein nu, est tombée à deux genoux ; elle leur crie : *Ecrasez donc ces Enfans, foulez aux pieds leurs Mères* : mais ses yeux et son geste semblent les défendre et les retenir encore. Là, une aïeule auguste découvre sa poitrine. De ce côté, une Femme embrasse avec abandon les genoux de Tatius. Telle est l'expression des passions dans les conditions communes ou dans les personnages vulgaires. Par-tout des Mères, des Enfans au milieu des armes, sous les pieds des combattans, sous les pieds des chevaux. Le cri de la nature a suspendu celui du carnage. Vous distinguez parmi les Sabins un Vieillard dont le geste impose aux combattans; au centre du groupe un officier qui abaisse les piques croisées; et du côté des Romains, le Général de la cavalerie qui remet son sabre dans le fourreau. Cette ordonnance est historique, et le calcul s'y trouve d'accord avec le sentiment. A l'exemple de Polygnote, qui représenta le premier une foule de Personnages, et l'embarquement des Grecs après la prise de Troie, M. David a couvert de figures une vaste toile; elle semble creusée par l'art; vous croyez voir deux armées s'avancer, se menacer, se mesurer, s'arrêter.

L'unité est dans l'ensemble, la variété dans les détails. Je m'explique: l'Artiste a voulu peindre l'indécision, la suspension de l'action générale par celle des Mères et des Enfans précipités tout-à-coup au milieu des combattans. Vous avez pu remarquer dans l'exposition des différentes parties, comment elles concouraient toutes, mais diversement, au but général; et cette diversité, loin de nuire à l'effet, le soutient, parce que les mouvemens sont simultanées. Le trouble que l'on observe dans quelques groupes, est celui des flots qui expirent avec l'orage. D'un côté, l'action des Mères est fortement caractérisée par leur nombre, par leur désordre, par leur attitude, par la place qu'elles occupent dans le Tableau. L'effet de cette action est, en quelque sorte, renforcé par le spectacle des Enfans dont les cris, les larmes, l'innocence et la sécurité, commandent aux glaives. Le repos est indiqué dans chaque parti par l'attitude des premiers Officiers ; et si les deux principaux Personnages conservent encore dans leur hésitation une posture menaçante, c'est qu'ils doivent céder les derniers. Mais l'Artiste a mis entre eux une barrière qu'ils ne peuvent plus franchir..... leurs Femmes et leurs Enfans que le coup va frapper s'il cesse d'être suspendu.

M. David a cherché la beauté morale dans l'ensemble, et la plus parfaite expression de la beauté physique dans les détails ; mais avec la variété qui doit caractériser les conditions, les sexes, les âges, les passions (1).

Un plus grand spectacle réclamait ses pinceaux. Le *Saint-Bernard* était franchi. Il voulut peindre un Héros sous les pas duquel s'étaient abaissées les Alpes, comme sous ceux d'Annibal et de Charlemagne. La figure du Héros est jeune, idéale ; mais elle manque de ressemblance. Son manteau, agité par les vents, semble affecter la forme des ailes de l'aigle, et c'est une idée ingénieuse. Les accessoires sont faibles, sacrifiés ;

---

(1) Voyez sur ce Tableau les observations publiées en l'an VIII. Paris, Pougens, quai Voltaire, n°. 10.

mais le cheval est magnifique. On voit qu'il est fier de son poids; il dévore déjà les hauteurs.

On admire plusieurs détails du *Passage des Thermopyles,* Tableau que l'Artiste n'a pas achevé. C'est dans l'exécution qu'on retrouve tout son talent; mais la composition en paraît vicieuse. On y voit parmi les principaux personnages, un soldat aveugle, remarquable par l'enthousiasme et presque par l'exagération de ses mouvemens. Il a l'air de crier, et prêt à frapper comme un sourd. La prudence inquiète et le calme interrogateur, nous semblent au contraire former le caractère de l'aveugle.

L'Artiste revint au Portrait, et fit celui du *Pape.* Il est dessiné sans noblesse, et posé sans goût. La tête du Pontife est blanche et vénérable, et il lui donna un ton basané; il lui a imprimé, non le caractère d'un Pape, mais celui d'un Missionnaire; les mains du Pontife, qui sont extrêmement délicates, se trouvent dans le Tableau traitées très-grossièrement, quoique savamment. Les étoffes sont lourdes et sans vérité, et ressemblent plutôt à des étoffes de laine qu'à des étoffes de soie; la couleur est noire. Vandick, d'après un tel modèle, aurait fait un chef-d'œuvre.

M. David paraît avoir recueilli toutes ses forces pour le magnifique Tableau du couronnement de S. M. I. et R. Napoléon Ier. Peu de personnes ont vu ce Tableau, et par conséquent il est difficile d'en juger. Cependant, le patriarche de la Peinture, et l'un des élèves de M. David, qui marche de près sur ses traces, assurent que ce Tableau sera un chef-d'œuvre, et que David est David plus que jamais.

Jamais Ecole ne fut plus nombreuse que celle de M. David; mais comme on s'y propose la perfection, et que rien n'est si difficile que de l'atteindre, il en résulte qu'un très-petit nombre d'Artistes se sont montrés dignes de marcher sur les traces d'un si grand Maître.

Il faut ajouter que cette perfection, il ne s'est pas borné à la placer dans l'exécution, il l'a cherchée encore, et trouvée dans ce qu'on appelle la pensée. Il est bien rare de remporter à-la-fois ces deux palmes. Aussi, a-t-on vu plusieurs de ses Elèves se partager entre ces deux mérites; les uns ont celui d'exécuter, d'autres ont celui de penser. Mais combien ont cru penser, lorsqu'ils ne faisaient que rêver! Et dans l'exécution, combien d'autres ont pris le bizarre pour le naturel, la sécheresse pour la fermeté, et des effets de bas-reliefs pour des effets de Peinture.

Je me rappelle une époque où une espèce de système sembla passer dans cette Ecole comme dans notre littérature. On ne parlait plus que de sentiment, et à force d'en voir et d'en mettre par-tout, on courait grand risque de tomber dans la manière et l'exagération; l'abus du sentiment en fait bientôt perdre l'usage.

Acheverai-je de m'expliquer ? M. David a le tort de ne pas faire assez de cas de son rare talent d'exécution. *Tel est l'esprit humain*, dit Montaigne, *négligent de ses propres richesses : Voyez César dans ses commentaires; il est plus jaloux de paraître grand ingénieur que grand capitaine.* M. David ne cesse donc pas de répéter que l'exécution n'est rien, que la pensée est tout. Je crois qu'il y a un milieu entre ces deux propositions extrêmes. Le maître a quelquefois éloigné de l'atelier des Elèves dont les dispositions lui paraissaient purement manuelles. Ce talent suprême d'exécution sera cependant toujours pour beaucoup dans la renommée de M. David ; il y a plus, il en est la base. M. David me semble être en Peinture ce que Boileau est dans les Lettres ; c'est la même perfection dans les détails, la même longanimité ; en un mot, le même art.

Voilà ce qui manque à une foule de jeunes gens. La nature ne les a pas destinés à être Peintres. Ils s'abusent sur la facilité avec laquelle ils copient l'antique trop superficiellement étudié. Ils en conservent le souvenir, sans en avoir l'idée ; et c'est ainsi qu'on peut rapporter la conversation d'un homme d'esprit sans en avoir soi-même ; mais l'à-propos et l'accent de sa conversation n'existent plus.

J'ai tracé avec impartialité les causes des succès de l'Ecole de M. David, et des défauts de quelques élèves. Il me reste à observer que la plupart de ceux qui se distinguent aujourd'hui, et qui promettent de devenir des maîtres, se sont ouvert des routes particulières, et ont une manière à eux. L'un se fait remarquer par la gracieuse facilité de son pinceau, l'autre par sa force; celui-ci par l'éclat de son Coloris, celui-là par un dessin ressenti; tel par la fougue, tel par le calme de ses compositions, et tel par le fini précieux de ses Tableaux de chevalet.

Les plus anciens élèves de M. David sont, MM. Garnerey et Damame. Le second abandonna la Peinture pour les voyages; celui qu'il a fait en Russie lui a fourni l'occasion d'en publier les costumes, dans un Ouvrage très-piquant, et gravés par Debucourt avec cette touche fine et spirituelle qui caractérise le seul graveur que l'Angleterre nous envie. M. Garnerey, Peintre de portraits et de genre, a exécuté quelquefois pour M. David les accessoires de ses Tableaux. C'est à lui qu'on doit tous les Dessins des cinq volumes d'*Antiquités Nationales* publiées par M. *Millin*. On a remarqué de ce Peintre une scène de genre représentant *le Retour d'un détenu*, et *le Portrait d'un homme de Lettres*. Ces deux Ouvrages ont été vus au Salon, il y a quelques années. Il vient d'exposer avec le même succès le *Portrait de M. Dugrand*; nous lui consacrerons un article.

Hâtons-nous d'arriver aux élèves les plus célèbres de cette Ecole : Les noms de Drouais, de MM. Girodet, Gros, Gérard, Serangeli, Gautherot, Ingres, Berthon, Richard, Bergeret, etc. viennent s'offrir aux souvenirs.

Nous renvoyons à une notice particulière sur Drouais ce qui concerne ce grand Artiste, le premier de l'école de David, et si malheureusement moissonné avant le tems, comme Raphaël.

Nous avons déjà eu plusieurs fois occasion de rendre justice aux talens de MM. Girodet et Gerard. Quoique séparés par leur talent, l'estime publique les rapproche. L'un semble suivre le Corrège et l'autre Michel-Ange. Ils se sont partagé le double empire de la force et de la grace, et chacun a gardé le sien. Le seul reproche qu'on puisse, qu'on doive faire à tous les deux, c'est d'avoir produit trop peu de grands Tableaux d'histoire. Il y a déjà long-tems qu'ils sont l'un et l'autre célèbres par les hautes espérances qu'ils ont données. Dans le même espace de tems, les grands Maîtres des siècles passés et ceux du nôtre, multipliaient les chef-d'œuvres. Tantôt ils développaient leur génie sur une toile immense ou sur le théâtre de la fresque; tantôt lorsque ces grandes occasions leur étaient refusées, ils s'occupaient, comme le Poussin, de Tableaux de chevalet. La vie d'un Peintre d'histoire doit être remplie par ses compositions.

Je vois avec peine que, pour esquiver une grande partie des difficultés du genre historique, l'on se borne à mettre en scène deux figures, dont l'une est souvent une Académie.

Mais on a fait des Portraits : Les Portraits ne

doivent être, pour ainsi dire, que des études pour le Peintre d'histoire, et des moyens, des degrés, pour s'élever plus haut. MM. Vien, Vincent, David, dont il faut toujours citer l'exemple aux élèves, ont fait aussi des Portraits; mais malgré cette espèce de sacrifice, de combien de grandes compositions historiques leur pinceau laborieux n'a-t-il pas su nous enrichir.

Je rappellerai en peu de mots les compositions de MM. Gerard et Girodet. L'un s'annonça par la pensée du *Bélisaire* aveugle, et portant son guide qu'un serpent a blessé, sujet d'invention, et calculé pour amener une situation dramatique. La figure du jeune homme est admirable; la nature du Bélisaire n'est peut-être pas assez héroïque; le dessin a été réformé dans la gravure; nous en parlerons. Le ton chaud du Coloris général mérite les plus grands éloges. La composition de *l'Amour et de Psyché* par le même Artiste, offre la scène la plus calme et la plus suave. On a blâmé l'attitude de l'amour, le défaut de Coloris; mais il a fallu admirer la perfection du dessin, la magie du pinceau, et on lui a consacré dans l'un de nos meilleurs journaux une espèce d'hymne (1). Dans le dessin *du* 10 *août*, M. Gérard a prouvé qu'il savait traiter avec énergie une grande scène historique. L'esquisse

(1) Voyez la Décade philosophique, an 6, n°. 33, p. 335.

chaude et inspirée *d'Ossian*, dont la harpe évoque les fantômes, est une belle page de poëme. On a admiré quelques Portraits du même Artiste, et particulièrement celui de S. M. I. et R., le seul qui soit ressemblant (1). Ceux qui s'intéressent à la gloire de M. Gérard desirent qu'il termine enfin une grande composition que nous connaissons de lui; *le Jugement de Pâris* (2). On voit dans son atelier le tableau d'*une famille en voyage, qui se repose sur des ruines.*

Qui ne connaît *l'Endymion* de M. Girodet? On assure que dans le principe c'était une figure d'Académie, et que les camarades de l'Artiste lui conseillèrent d'y introduire la scène de l'amour. Quoi qu'il en soit, cette composition véritablement poétique et dessinée avec une perfection rare, sera toujours considérée comme un des plus beaux Tableaux qui soient sortis des mains de cet habile Artiste. On a remarqné à l'un des Salons le Tableau *d'Hippocrate refusant l'or du roi des Perses* (3), sujet intéressant et bien rendu, mais qui exigeait peut-être plus de variété dans

---

(1) On le voit au Salon des Affaires Etrangères.

(2) Il est de la plus grande dimension.

(3) La Peste ravageait la Grèce et les Côtes de l'Asie: le Roi de Perse envoya des députés et des présens à Hippocrate pour l'attirer dans ses états; mais ce grand homme refusa les présens, et répondit: *Je me dois à mon pays.*

les attitudes et dans les airs de tête, et dans celle d'Hippocrate un plus haut caractère, sans cesser d'être simple. Parmi les Portraits nombreux que l'on doit à ce pinceau ferme et exercé, nous avons distingué particulièrement celui d'un homme de couleur appuyé sur le buste de Raynal. Toute la bizarrerie des Poèmes Calédoniens paraît avoir passé dans le Tableau *d'Ossian* par M. Girodet : Ce sont des rêves. Les objets les plus fantastiques et les plus éloignés que puisse évoquer et rassembler la fièvre de l'imagination la plus chaude, s'y trouvent comme naturellement et facilement entassés ; mais aussi tout ce qu'il a de terrible, de voluptueux, de poétique, y est rassemblé, et perce inopinément au milieu de ce désordre. Il y a des parties extraordinaires, il y en a d'admirables. C'est ainsi que dans les lieux qui furent le théâtre de ces objets, le voyageur après avoir franchi des rochers, marché sur des bruyères et traversé des brouillards, découvre tout-à-coup l'immensité des mers. L'article publié sur *la Scène du Déluge*, page 116 de cet Ouvrage, est le complément de ces réflexions.

Un autre élève distingué de cette Ecole, semble être appelé aux scènes grandes et terribles ; son génie se trouve, pour ainsi dire, à l'étroit, lorsqu'il n'a pas une toile vaste : C'est M. Gros. Il a signalé son entrée dans la carrière par des succès ; il est grand coloriste, dessine avec fermeté, compose avec chaleur; son inspiration est capable de se ployer aux règles, et de recevoir le frein de la raison.

M. Gros ira très-loin s'il ne s'égare pas, s'il se rend de plus en plus sévère sur le dessin, si sa manière de colorer ne dégénère point en système; si, non content d'étudier Jules Romain, il médite Raphaël; si, à l'exemple de son maître, il pense profondément, de manière que le Tableau soit déjà fait et achevé dans sa tête lorsqu'il prendra le pinceau pour l'exprimer sur la toile. Il a déjà justifié les espérances qu'il avait données au dernier Salon. Son Tableau de *la Peste de Jâfa* avait réuni tous les suffrages par l'énergie de la composition, par la fermeté de l'exécution et la vigueur du Coloris.

Nous regrettons de ne pas avoir eu plus souvent occasion de rendre justice aux talens de MM. Serangeli et Gautherot. *Orphée ramenant Eurydice des enfers*, et d'autres Tableaux de M. Serangeli, promettaient un beau talent, quoique sa fermeté ait quelquefois dégénéré en sécheresse, et que son Coloris tende au noir. M. Gautherot du sein de ses inégalités, fait jaillir des étincelles heureuses. On peut citer son Tableau de *Pyrame et Thisbé*, et sur-tout celui d'*Atala*, dans lequel il y avait de très-belles parties.

Quoique M. Le Thiers ait commencé par être élève de M. Doyen, l'école de M. David le réclame. MM. Le Thiers et Drouais furent les premiers qui marchèrent avec honneur dans les sentiers ouverts par ce grand maître. L'amitié rapprocha ces deux Artistes, ainsi que le talent ; ils vécurent, pour ainsi dire, en confraternité d'armes, ils furent inséparables à Rome. Le même atelier et les mêmes goûts comme les mêmes études, les réunissaient. M. Le Thiers a eu le malheur de survivre à son illustre ami, mais il promet de nous le rendre. C'est, de tous les Peintres de l'Ecole actuelle, un de ceux qui entendent le mieux ce qu'on appelait *une grande machine*. L'esquisse de son *Brutus* est un magnifique carton qui semble échappé des mains de Jules Romain : Son *Philoctète* est exécuté avec la plus grande vigueur, et annonce une science anatomique profonde. Nous félicitons cet Artiste, ou plutôt notre histoire, de ce qu'elle sera transmise par ses pinceaux à la Postérité, avec autant d'énergie que de fidélité (1). De même que plusieurs Poètes sont destinés par leur génie au genre lyrique, de même il y a des Peintres qui paraissent destinés à représenter les grandes scènes de l'histoire. M. Le Thiers est de ce nombre. Nous aurons occasion de revenir

(1) M. Le Thiers est chargé par le Gouvernement de quelques travaux ; il a fait plusieurs Portraits de la Famille Impériale.

sur le compte de cet Artiste, en parlant du Tableau qu'il a exposé cette année, et c'est ainsi que nous ferons connaître particulièrement les talens de MM. Ingres, Bergeret, Berthon, etc. en analysant dans le cours de cet Ouvrage leurs différentes Productions.

SUITE DU SALON DE 1806.

N°. 155. *Le dévouement de Cimon, fils de Miltiade.* Tableau de 9 pieds 3 p. sur 13 pieds 2 p. par DEVOSGE.

Explication donnée par l'Auteur.

« Miltiade après avoir, dans la guerre de Perse, « augmenté la puissance et la gloire d'Athènes, « fut accusé par ses ennemis d'entretenir des « intelligences avec le grand roi. Il fut condamné « à une amende que la modicité de sa fortune ne « lui permit pas de payer, et le vainqueur de « Marathon, qui, seul, avec dix mille hommes, « avait brisé les fers que trois cent mille Perses « apportaient à sa patrie, fut lui-même chargé « de chaînes, et jeté dans une prison : Il y périt. « Comme débiteur du fisc, il devait être privé « de la sépulture ; mais son fils, par un pieux « et courageux dévouement, vient s'offrir pour « répondre de sa dette, et reprendre les fers « de son père ».

Ce Tableau, dont les figures sont de grandeur naturelle, fait honneur au talent de l'Artiste ; il est composé avec sagesse et sentiment. L'abandon douloureux de la femme est expressif ; cette figure est belle et a de la noblesse, la tête de la vieille est aussi d'une grande expression ; on y retrouve encore de beaux traits, et il y a dans la pose de Cimon une fermeté froide et assurée que justifie son dévouement. Cependant, cette froideur est poussée peut-être trop loin, et va jusqu'à la roideur ; d'ailleurs ce personnage est lourd de dessin et même incorrect ; les bras sont trop gros, et les mains petites ; le vieillard est intéressant et bien étudié, les deux hommes qui le soulèvent et qu'on aperçoit dans la demi-teinte, sont d'un heureux dessin, d'une couleur et d'une exécution recommandables ; le percé produit de l'effet. Il y a dans ce beau Tableau, de l'harmonie, de la couleur, une juste entente du clair obscur, et c'est sans contredit, dans le style antique, un des meilleurs Tableaux d'histoire qui soient au Salon. Nous nous honorons d'être des premiers à rendre justice à cet Artiste, dont peu de monde a parlé, et qui paraît profondément ignorer l'art de travailler ses succès.

N°. 272.

N°. 272. *Sa Majesté l'Empereur sur son Trône.* Tableau de 9 pieds 3 p. sur 13 pieds 2 p.

N. B. Ce Tableau appartient au Corps Législatif.

N°. 273. *Plusieurs Portraits sous ce même N°.* haut de 3 pieds 3 p., large de 2 pieds 3 p.; haut de 3 pieds 6 p., large de 2 pieds 8 p.; par M. INGRES, Pensionnaire de l'Ecole de France à Rome, Elève de DAVID.

L'Auteur n'a point donné l'explication de ces Tableaux.

Considérons d'abord le *Portrait de l'Empereur:* Comment, avec autant de talent, avec un dessin aussi correct, une exactitude aussi parfaite, M. Ingres est-il parvenu à faire un mauvais Tableau? C'est qu'il a voulu faire du singulier, de l'extraordinaire. Sans doute, il ne faut pas toujours suivre pied à pied les sentiers battus, mais il ne faut pas affecter les hauteurs escarpées: Il y a des esprits aigus, qui, semblables à la chèvre, ne se plaisent que sur des rochers à pic. Le bon esprit consiste à choisir pour arriver un chemin sûr et facile, et c'est celui que les grands maîtres, aidés de l'expérience, ont tracé. En le quittant, on risque de s'égarer: c'est ainsi que par une belle passion pour l'extraordinaire en architecture, le Boromini et Openor pervertirent entièrement tous les arts du dessin; cependant les inventeurs de ce goût dépravé avaient les chef-d'œuvres de l'antique et de l'Italie sous les yeux : voici que dans un autre genre non moins détestable, puisqu'il est gothique, M. Ingres ne tend à rien moins qu'à faire rétrogader l'art de quatre siècles, à nous reporter à son enfance, à résusciter la manière de Jean de Bruges. Mais dans cette enfance de l'art, il y avait au moins de la naïveté et de la vérité, ce n'était pas par système que ces Artistes peignaient ainsi ; ils ne pouvaient faire mieux. Si le hasard leur présentait la nature sous un aspect heureux ou sous une forme avantageuse, ils ne manquaient pas de la rendre avec une patience infinie, et telle qu'ils la voyaient. On rencontre souvent des détails très-bien imités dans leurs ouvrages, mais on les considère avec froideur et sans intérêt, parce qu'ils manquent de vie, d'harmonie et de mouvement, parce qu'ils n'inspirent rien, étant faits sans inspiration. Ces auteurs ne connaissaient pas ce qui constitue l'art de la Peinture, l'expression et l'illusion ou l'effet, le sublime de la composition, la magie de la couleur, la dégradation des teintes, la perspective aérienne qui creuse, enfonce, fait ressortir, avancer, reculer les objets, leur donne un corps, et enfin transforme une toile plane en une scène réelle et féconde en illusions.

Dénuée de ces moyens, la Peinture n'est plus qu'une plate et froide découpure enluminée.

Nous avons entendu ce qui se disait à l'entour

nous au salon, et nous avons observé que les sentimens étaient unanimes parmi ceux qui se connaissaient dans les arts, comme parmi le vulgaire. D'abord, le premier aspect prévenait contre ce tableau, l'on se récriait, l'on se moquait de la composition et de l'agencement; mais ensuite on se rapprochait, on admirait le fini précieux, et l'exacte vérité des étoffes, et la correction du dessin, mais on s'en retournait mécontent, on regrettait que l'artiste eût recherché les effets les plus bisarres. Pourquoi d'abord avoir fait de face le portrait de l'Empereur : c'est la chose la plus difficile à bien rendre. Le caractère d'un grand homme, cette physionomie héroïque, la mobilité de son expression, cette profondeur de génie, ces traits d'inspiration qui passent comme l'éclair, ne présentent-ils pas assez de difficultés pour les saisir? plusieurs artistes en ont fait l'épreuve. Ce n'est pas tout; d'autres auraient senti que le costume de l'Empereur, très-beau d'ailleurs, et très-riche, avait besoin d'être développé le plus possible, à cause de la difficulté de rendre les raccourcis sous des étoffes lourdes, épaisses et qui masquent les formes.

M. Ingres a cru vaincre ces difficultés, et ses raccourcis ne sont pas sentis, et la figure se trouve empaquetée d'étoffes comme ces vierges d'Italie, qui pour être engoncées dans les brocards d'or, les velours et les satins, n'en sont pas mieux faites, et ne valent pas celles de marbre que leur simplicité et l'élégance seule du ciseau embellissent. Ce trône est lourd et massif, la main qui tient le sceptre n'est pas d'une heureuse exécution. On dirait que l'artiste a été prendre cette attitude, ainsi que le reste, dans quelques médailles gothiques. Quant à la tête de l'Empereur, elle est trop grosse, point ressemblante, d'un coloris faux et trop blême : malgré la finesse du pinceau, le précieux du fini, la fonte des teintes, elle est sèche de manière, ne fait aucun effet, et ne sort pas de la toile.

Quoique M. Ingres ait affecté la couleur blanche dans son tableau, il n'en est pas plus harmonieux ; ce passage rapide d'une teinte à une teinte opposée, ces tons brisés ou durs fatiguent l'œil, et détruisent l'effet.

Le peintre ne s'est pas représenté d'une manière plus avantageuse, et on lui aurait pardonné de se flatter. Quand on a l'avantage d'être artiste et d'avoir du talent, pourquoi se peindre sous un aspect aussi défavorable ? M. Ingres a voulu faire encore de l'extraordinaire. Vous voyez une tête bazanée, des cheveux noirs qui font tache sur une toile blanche, un surtout planté sur une épaule dont il masque les formes, un mouchoir blanc à la main ; enfin, une opposition systématique du noir au blanc, qui produit une discordance, infiniment désagréable.

M. Ingres est dans un âge où la réussite de toute la vie dépend souvent de la marche que l'on suit; il a du talent, il dessine bien, il sort de l'école d'un grand maître; qu'il en suive les préceptes sans se laisser aller à la fougue d'une imagination déréglée qu'à son âge on est tenté de prendre pour le feu du génie; et qu'il sache sur-tout que dans les arts il faut instruire ou plaire, et que la difficulté vaincue, en ne produisant qu'une admiration stérile, et qui s'efface bientot, n'est d'aucune utilité, car elle n'inspire rien, et déplaît le plus souvent. Le principal but des arts est d'émouvoir, d'exciter les passions par le sentiment et l'illusion, ou d'enchanter et de plaire par l'unité de l'ensemble, par l'harmonie des détails, par l'imitation simple et vraie de la nature. Rarement la difficulté vaincue a produit ces effets. Ces formes si baroques, si tourmentées de la mauvaise architecture et de la sculpture du siècle de Louis XV étaient aussi de la difficulté vaincue; il était fort pénible d'imaginer et d'exécuter ces dessins bisarres et ces formes contournées: cela ressemble trop aux acrostiches des poëtes, et aux quadruples croches des musiciens.

Le portrait de madame Riviere paraît mieux ajusté, mieux posé que les autres. Mais cette pose, cet ajustement ne conviennent pas à une dame que nous savons être un modèle de grace et de décence. Elle est appuyée sur un coussin, dont le trop grand éclat nuit à l'harmonie, attire l'œil et écrase le reste. La tête et les mains, quoique peintes avec soin, et bien fondues, sont pâles, et toujours d'une manière sèche et plate : le bras droit est trop long, la main mal dessinée; la finesse du nez a disparu, les cheveux sont lourds : les accessoires sont très-finis, le schal sur-tout, trop chiffonné et pas assez large de plis, est rendu avec une vérité à faire illusion.

Un autre *Portrait*, sous le n°. 273, nous paraît être ce que M. Ingres a fait de mieux; le sujet devait l'inspirer : c'est une jeune et belle Personne, fille de madame Rivière, fraîche comme le bouton de rose, et qui semble appeler les pinceaux du Corrège. Cette charmante tête se détache en vigueur sur un fond clair; le fond est un paysage assez léger et vaporeux, le ton a plus de vérité et de vigueur; mais cette figure est encore vêtue de blanc; des gants verts, trop éclatans, achèvent de blesser l'œil; cependant ce Portrait est moins sec, sort mieux de la toile, et est d'une meilleure manière que les autres ouvrages de M. Ingres, on y voit qu'au lieu de l'extraordinaire et du singulier, l'Artiste a étudié les grands maîtres et la nature. La beauté de la tête fait regretter que les bras et les mains soient cachés sous des gants.

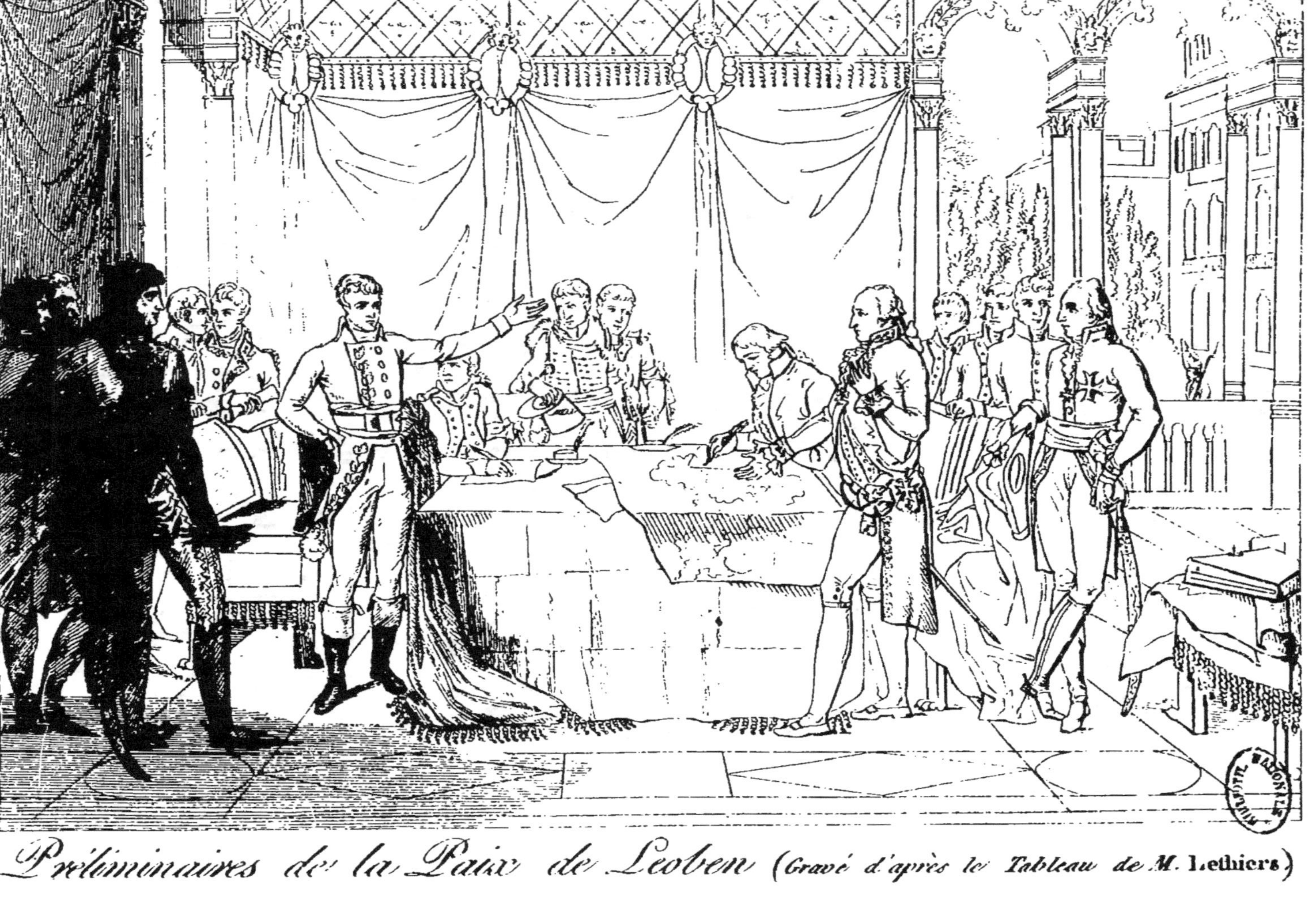

Préliminaires de la Paix de Leoben (Gravé d'après le Tableau de M. Lethiers)

No. 357. *Les Préliminaires de la Paix de Léoben entre le Général Bonaparte et le Plénipotentiaire d'Autriche, M. le marquis de Gallo.* Tableau de 15 pieds sur 11, par M. Le Thiers. (*Pl.* VIII.)

N. B. Ce Tableau ordonné par le Corps Législatif, se voit dans la salle des Conférences de son Palais.

Explication donnée par l'Auteur.

« Le Tableau représentant le Traité de Léoben, » signé entre le général Bonaparte et le plénipo- » tentiaire d'Autriche, M. le marquis de Gallo, » a été demandé par le Corps législatif à M. le » Thiers. L'instant représenté est celui où le » Général Français indique le ciel que l'on aper- » çoit par une fenêtre; il est censé répondre à » son adversaire sur différentes questions, et par- » ticulièrement sur la puissance du Peuple fran- » çais, qui, dit-il, est aussi claire que le jour.

» Les paroles ne se peignent point : ici l'Ar- » tiste n'a pu les rendre; mais le geste simple » du Général semble à tout le monde dire à son » adversaire : si nous ne sommes pas d'accord » sur tel point, je continue ma marche, et voilà » le chemin de la victoire ».

Il était difficile de tirer un grand parti d'une scène qui ne présentait aucun de ces grands mouvemens pittoresques, qui font le charme des tableaux; mais l'Artiste a su y suppléer par l'effet que produit la situation du Héros, par la disposition des autres personnages qu'il a groupés heureusement; enfin, par la naïveté et la variété des attitudes, et par la ressemblance parfaite de ces différens portraits historiques.

Ce grand tableau, d'une belle ordonnance, fait une impression très-agréable au premier abord, par son effet harmonieux et par sa composition bien entendue; on n'a pas besoin d'explication pour en comprendre le sujet, on voit de suite que le général français, avec la noble contenance d'un Héros victorieux, dicte sans morgue, mais avec assurance, ses volontés.

M. la Valette, son secrétaire, paraît charmé de ce qu'il lui dicte, et admire sa manière de négocier, en cherchant à deviner dans ses yeux ce qu'il va dire, tandis que de l'autre côté le plénipotentiaire autrichien semble très-occupé de ce qu'il doit faire; le secrétaire de celui-ci, les yeux baissés sur son papier, écrit avec l'air servile et soumis d'un subalterne.

Le groupe des Français qui entourent le Héros négociateur, est parfaitement disposé: leur physionomie exprime bien le plaisir qu'ils ont d'entendre leur général, et de voir avec quelle grandeur et quelle noblesse il soutient les intérêt set la gloire de la nation française; le groupe des généraux autrichiens semble étonné de trouver ce jeune général, aussi habile en conférences politiques que redoutable sur le champ de bataille; cependant, le général Meersfeld, appuyé sur son sabre, paraît n'écouter qu'avec un dépit concentré, et qui semble appartenir à la conscience des défaites qu'il éprouvera par la suite : au surplus, l'artiste a eu le bon esprit et la délicatesse d'éviter de leur donner un air trop humilié. Il faut toujours qu'Hector soit digne d'Achille.

De l'examen de l'ensemble, si on passe à celui des détails, on remarquera que l'attitude du général Bonaparte est expressive et noble, la figure est bien dessinée et ressemblante ; ce mérite est celui de tous les portraits de cette scène historique. On distingue les jeunes aides-de-camp du général français, Louis Bonaparte, Eugene Beauharnais, appuyé sur son épaule, les généraux Massena et Augereau, remarquables par leur physionomie ; et enfin, le général Berthier à qui un aide-de-camp semble communiquer quelque remarque. Cependant les traits de la plupart ont subi quelque altération par suite du tems et des fatigues de la guerre ; ils étaient presque tous adolescens à l'ouverture des premières campagnes ; il faut donc savoir gré à l'artiste de cette extrême ressemblance, d'autant plus difficile à exprimer, que tous ces personnages sont dans la demi-teinte. Au centre de ces guerriers brille le général Murat, vu des trois quarts, également reconnaissable à l'éclat de ses armes, à son attitude martiale, à sa haute stature, et enfin à la beauté héroïque de ses formes qui semblent en faire un modèle idéal, et le présenter comme le brave des braves, au milieu de la nation française.

L'uniforme du Général Murat, est très-pittoresque, peut-être les cuisses et les jambes sont-elles un peu longues, relativement au buste, d'où il résulte que la figure ne paraît point entièrement juste. La couleur est vraie, c'est celle de la nature; on admire particulièrement l'éclat et le ton du premier personnage; un accident ingénieux en rehausse la lumière : un rayon de soleil, comme échappé avec amour, semble caresser la figure du héros et l'investir d'une auréole. L'Artiste, véritablement Français, a donné à toute cette partie de son tableau, une teinte d'inspiration qui s'échappe d'un cœur profondément pénétré d'admiration et d'idolâtrie. Il n'en est pas de même du reste, car le marquis de Gallo est moins bien par l'effet, soit du satin qui papillotte naturellement, soit du pinceau qui a trop d'éclat, soit du contraste des uniformes blancs. Ce coin n'est pas aussi harmonieux que le groupe de l'autre extrémité, et ne remplit pas bien sa partie dans l'harmonie générale du Coloris.

Les jambes du plénipotentiaire Autrichien, et en général ses formes paraissent trop délicates; mais loin de mériter ici le blâme, l'artiste nous paraît digne d'éloges. En effet, il a voulu exprimer la faiblesse naturelle des muscles d'un homme de cabinet qui ne sort qu'en voiture, il a voulu faire contraster ces formes avec la vigueur athlétique, et presque herculéenne des guerriers français, dont le physique semble s'être affermi et la force décuplée au milieu des exercices les plus pénibles, dont ils se sont, pour ainsi dire, fait un besoin, et au sein des fatigues qui se changent pour eux en délassemens.

Les têtes des généraux autrichiens ont de la ressemblance ; on reconnaît entr'autres le général Meersfeld en avant, et derrière lui le général St.-Vincent, mais ces têtes n'ont pas assez de relief, et paraissent lâchées : l'une d'elles a même une expression trop simple, les cheveux de toutes sont lourds et crus ; enfin, la tête du général Meersfeld est d'un ton massif et plombé.

L'architecture est d'un beau style, la scène a lieu dans un pavillon de l'évêque, au milieu d'un jardin, ce qui a permis à l'artiste de développer un riche accident de paysage. Le caractère de cette architecture accuse bien celui des palais d'Italie. Les arbres du fond sont peut-être trop peu terminés. L'Artiste cependant a rendu avec justesse les détails d'une architecture plus éloignée ; ce tableau se trouve placé au milieu de plusieurs chefs-d'œuvre de l'école moderne, et nous n'hésitons pas à assurer qu'il les efface tous, à l'exception d'un seul : c'est le *Tableau de Philoctète*, composé par le même Artiste. Le ton en est chaud, inspiré, brûlant; Philoctète est une académie magnifique; la jambe sur laquelle se développe l'activité du poison de l'hydre de Lerne est dessinée avec une science profonde de l'anatomie : elle perce à travers l'expression des muscles, et le mouvement des chairs. Peu d'Artistes seraient capables de dessiner ainsi, un seul, peut-être, (c'est M. Girodet), excepté. Le fond du tableau de *Philoctète souffrant* est riche et harmonieux; la composition est énergique, le Coloris vigoureux, et le dessin ressenti. Tout, jusqu'aux accessoires, est traité avec un rare talent, auquel nous nous honorons d'autant plus de rendre justice, que la simplicité des mœurs et du caractère de M. Le Thiers pourrait induire en erreur sur son mérite; il ignore l'art de se pousser, de se faire valoir, et je ne cesserai de le répéter, c'est un des hommes les plus capables de traduire sur la toile les pages héroïques de notre histoire. Sa société, sa conversation ne montrent que l'excellent homme; ses ouvrages décèlent l'Artiste de génie.

N°. 429. *Henri IV*. Tableau de M. RICHARD, Elève de M. David.

Explication donnée par l'Auteur.

« Le corps de Henri IV est exposé à l'entrée « du caveau, dans le passage des chapelles sou-

« terraines de Saint-Denis, tel qu'il fut en 1793, « lors de son exhumation. On le trouva bien « conservé, et les traits de son visage étaient par- « faitement reconnaissables ».

Lorsque les tombes de Saint-Denis furent violées, le cadavre de Henri IV, comme si la providence avait voulu le soustraire aux outrages que subissait le vulgaire des Rois, parut, pour ainsi dire, se ranimer; ses traits seulement obscurcis par la vapeur des tombeaux, avaient conservé toute leur expression; la valeur et la bonté semblaient y rayonner encore à travers les ombres de la mort. Ah! si jadis frappé des regards de Marius, le plus féroce des Cimbres s'écria: « Non, « je ne puis tuer Caïus Marius », combien ne dût pas être plus rapidement désarmée la horde fanatique acharnée sur des cendres, lorsqu'elle vint à contempler ce front magnanime qui fit trembler la ligue, et ce sourire calme et plein d'humanité qui la désarma. Cette scène a inspiré de beaux vers (1) et un beau Tableau.

On trouve en effet dans ce Tableau ce talent de la perspective, cette entente d'ombre et de lumière, cet effet enfin qui creuse la toile, de manière à produire l'illusion la plus profonde, et à faire reconnaître le talent de M. Richard; mais le ton général manque de vérité, les

---

(1) Voyez les Notes à la fin de l'Ouvrage.

parois de ces murs, bas, humides, antiques, n'accusent pas cette vétusté de teintes inégales qui semble porter le cachet des ravages du tems; ces murs sont polis et d'une seule teinte, comme s'ils sortaient des mains des maçons; on ne sent pas assez la profondeur de la bière dressée contre le mur, et comme le cadavre, ainsi que le cercueil, sont presque de la même couleur que les murailles, on serait tenté de prendre l'objet principal pour un bas relief.

No. 430. *Mademoiselle de la Vallière surprise par Louis XIV.* Tableau de M. Richard-Fleury.

Explication du sujet, donnée par l'Auteur.

« Mademoiselle de la Vallière lisait encore une « lettre du Roi, lorsqu'il entra dans sa chambre « par la fenêtre et vint se jeter à ses pieds ».

Ce Tableau, qu'il faut bien se garder de confondre avec le suivant, est le plus faible de ceux de M. Richard. Le ton en est gris violacé; ce n'est pas celui de la lumière. La teinte des figures est couleur de brique; il n'y a de vrai dans l'effet que celui de la lampe même et des accessoires qui l'avoisinent. Je ne sais pourquoi ce Tableau fait caricature; cette expression n'est point hasardée.

Serait-ce parce que la situation est commune? Ce grand Louis XIV a l'air ici d'un écolier en bonne fortune; ajoutez qu'il y a je ne sais quelle expression de grisette surprise, dans toute l'attitude de mademoiselle de la Vallière. Elle était belle de beauté et de décence; je n'en retrouve pas ici les caractères, du moins le premier. La coiffure et l'ajustement ne sont pas heureux; l'Artiste n'a pas su tirer parti du costume.

Louis XIV est aussi mal traité : On connaît l'effet de sa physionomie imposante et théâtrale, au point que les Ambassadeurs et ses propres Officiers paraissaient déconcertés devant lui : Il suffit d'ailleurs de se rappeler ces vers de Racine, dont l'application fut généralement saisie :

De cette nuit......... as-tu vu la splendeur!
Tes yeux ne sont-ils pas tout pleins de sa grandeur?
Ces flambeaux, ce bûcher, cette nuit enflammée,
Ces aigles, ces faisceaux, ce peuple, cette armée,
Cette foule de Rois, ces Consuls, ce Sénat,
Qui tous de mon amant empruntaient leur éclat;
Cette pourpre, cet or que rehaussait sa gloire
Et ces lauriers encor témoins de sa victoire;
Tous ces yeux qu'on voyait venir de toutes parts,
Confondre sur lui seul leurs avides regards;
Ce port majestueux, cette douce présence....
Ciel! avec quel respect et quelle complaisance
Tous les cœurs en secret l'assuraient de leur foi!
Parle! Peut-on le voir sans penser comme moi
Qu'en quelqu'obscurité que le sort l'eût fait naître
Le monde en le voyant eût reconnu son maître.

Puisque je suis en train de citer, pourrai-je oublier la répartie de ce vieux militaire qui, décontenancé par le regard imposant du monarque, lui présentait un placet en tremblant : « Au moins, Sire, je ne tremble pas ainsi devant vos ennemis » ; et voilà le monarque qu'on a représenté d'une manière insignifiante, et tremblant pour ainsi dire lui-même aux pieds d'une jeune fille.

Ovide a eu peut-être raison de dire :

Non bene conveniunt, nec eadem in sede morantur
Majestas et amor. . . . .

Ce que Voltaire a traduit ainsi :

Pour le plaisir que fait la majesté !

Cependant, une pareille scène doit toujours se ressentir de la noblesse des personnages : Le Dessin nous a paru trivial, et comme le Coloris est faux, loin de faire illusion sur ce premier vice, il semble au contraire le faire ressortir.

Comme le nom de Louis XIV occupe aujourd'hui le Public, ce nom, l'intérêt du sujet nous avaient engagés à le faire graver et à en demander la permission à madame St-F.... qui en a fait l'acquisition : elle s'y est refusée. Cependant, des propriétaires assurément moins riches et plus délicats, je veux dire les Artistes, non-seulement nous ont permis de faire graver, au simple trait, leurs Tableaux, mais encore nous ont offert, nous ont prodigué

digué tous les secours nécessaires pour ce travail ; quelques-uns des plus habiles ont poussé la complaisance jusqu'à retoucher quelques-uns des dessins. Enfin, toutes les classes, tous ceux qui s'intéressent soit directement, soit indirectement aux Arts, ont favorisé une entreprise qui n'a pour but que de leur être utile. Nous nous contenterons de citer un nom à jamais cher aux Arts, qui ont dû à cette famille autant d'encouragement que d'éclat. M. De La Borde, non content de nous avoir permis de copier cette scène du *Naufrage des compagnons de la Peyrouse*, cette scène si déchirante, et qui lui rappelle de si douloureux souvenirs, et à tous les Français de si justes regrets, nous a encore offert tous les renseignemens qui dépendaient de lui, tandis que madame Saint-F. . . ne nous a refusé, que par la crainte très-mal fondée que notre Ouvrage ne nuisît à une spéculation mercantile, qu'on se propose sur ce Ttbleau, en le faisant graver.

Mais ce calcul même est aussi faux qu'illusoire. Un simple trait, d'une aussi petite dimension que celle qui est adoptée pour ce recueil, ne peut supporter la concurrence avec une Gravure terminée par un Artiste habile. Il y a plus : Ces *eaux fortes spritées*, et qui retracent une idée ou un souvenir de quelques Ouvrages exposés au Salon, n'ont d'autre but, n'ont d'autre mérite, que celui d'ajouter à la curiosité, que doit exciter le Texte, et d'en être en quelque sorte le complément. Elles doivent inspirer naturellement aux Amateurs le desir de les posséder sous un module plus grand, plus développé, et enfin avec tout ce charme que donne le fini d'une Gravure accomplie; dans ce cas, c'est la traduction fidèle d'un discours dont nous ne rapportons que le sens. Nous le répétons, madame Saint-F.... a méconnu à la fois les égards de l'obligeance la plus commune, et les considérations de son propre intérêt. Ceci prouve combien les mœurs de quelques personnes sont changées, car il n'est peut-être pas inutile d'observer que des gens d'une certaine classe qui se seraient crus déshonorés autrefois par un *commerce honnête*, font aujourd'hui le *courtage* avec une activité qui embrasse tout, jusqu'aux objets d'Arts, que dans tous les tems les familles distinguées par leurs titres, et sur-tout par leurs lumières, se contentaient d'acquérir par deux motifs généreux, d'abord pour goûter les nobles jouissances des Arts, et ensuite pour encourager ceux à qui ils les devaient.

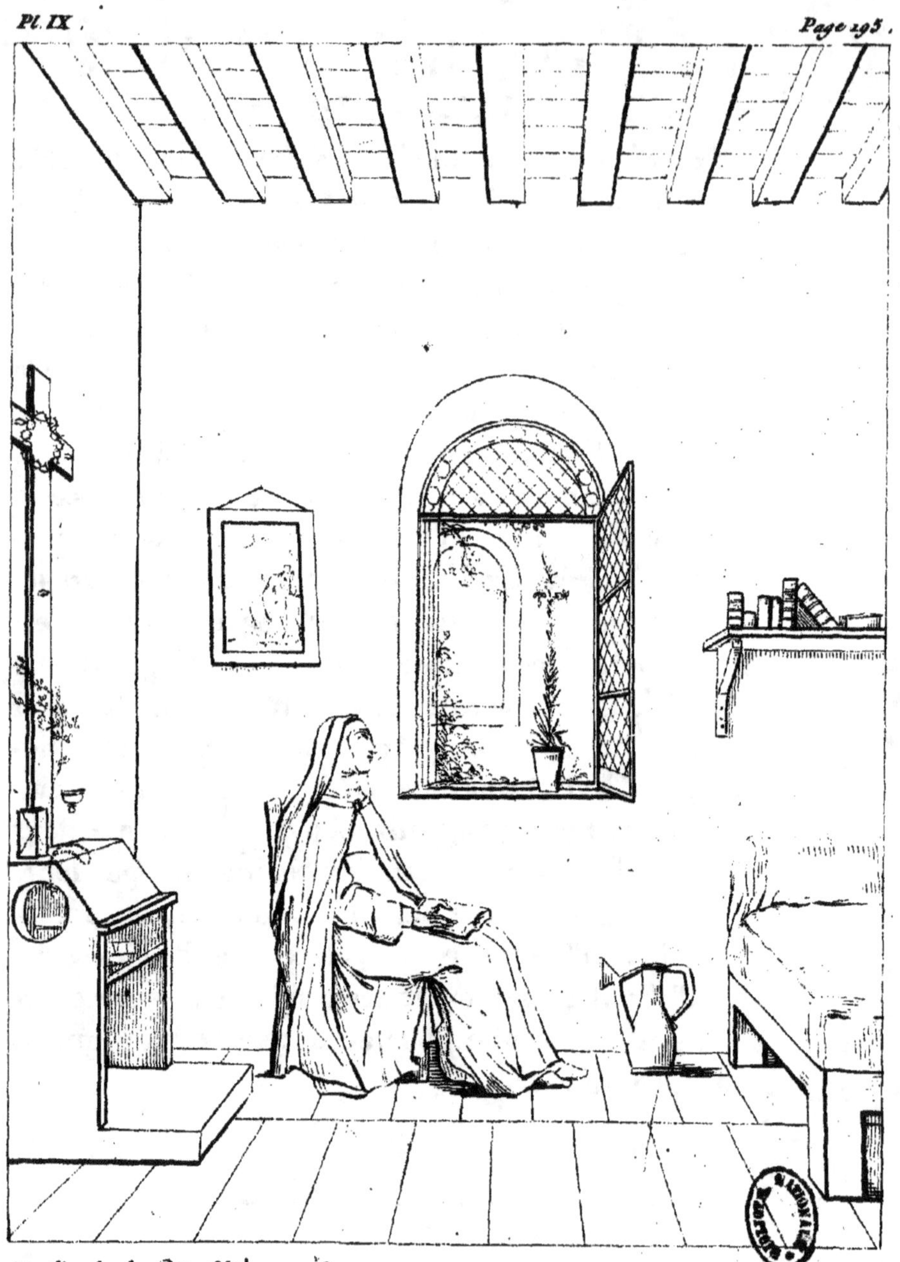

Mlle. de la Vallière, Carmélite. (Gravé d'après le Tableau de M. Richard Fleury.)

N°. 431. *Mademoiselle de la Vallière, Carmélite.* Tableau de 2 pieds sur 1 pieds 6 pouces, par le même. (Pl. IX.)

Explication du sujet donnée par l'Auteur.

« Seule dans sa cellule, mademoiselle la Val-
« lière jette un regard sur un lis, emblême de
« ses amours, et laisse échapper de ses mains son
« livre de prières ».

Si je ne considère que le ton fin et léger de ce Tableau, l'effet magique de la perspective, ce percé, cette profondeur, l'entente des plans, la distribution de la lumière, la justesse du dessin, la vérité des étoffes et des accessoires, l'expression générale, et en un mot ce fini et ce précieux de touche, qui semble appartenir à l'école Hollandaise, je n'aurai point assez de termes pour exprimer mon admiration; la finesse du pinceau semble en égaler la fermeté et l'esprit: Il n'est pas jusqu'au rayon lumineux échappé par la croisée, qui n'achève d'éblouir mes regards. Mais en rendant, ainsi que je viens de le faire, au mérite d'exécution une justice bien sentie, je ne puis m'empêcher de blâmer très-sévèrement la composition générale, parce qu'elle est en contradiction avec la vérité historique.

> Rien n'est beau que le vrai, le vrai seul est aimable,

A dit le législateur du Parnasse français.

Qu'est-ce que me représente ce Tableau? Un Lis qui est, allégoriquement parlant, le principal personnage du Tableau. Il est cultivé avec soin, ce qu'indique l'arrosoir placé au-dessous. Dans l'extase de sa contemplation, la religieuse laisse échapper son livre de prières, et se pâme en quelque sorte. Elle ressemble alors à une Héloïse, ou plutôt à une Sainte-Thérèse; ce n'est plus la sœur *Louise de la miséricorde*, si connue par son austère fanatisme:

> Car de l'amour à la dévotion
> Il n'est qu'un pas; l'un et l'autre est faiblesse. VOLT.

On a observé que les caractères tendres étaient alors les plus ardens, les plus persévérans dans leur nouvelle passion. Dieu fait disparaître l'amant. La plus voluptueuse des femmes, madame de Longueville, finit ainsi par le jansénisme. Mais revenons à mademoiselle de la Vallière, et justifions par des faits, c'est-à-dire, par l'histoire, la sévérité de nos remarques.

En 1675, mademoiselle de la Vallière se fit carmélite à Paris, et persévéra. *Ma mère*, dit-elle « en entrant à la supérieure, *j'ai fait jusqu'ici* « *un mauvais usage de ma volonté*, *mais je viens*

« *la remettre entre vos mains, pour ne la plus* « *reprendre* ».

Dans les commencemens de sa conversion, elle écrivit à un de ses amis : « *Dieu est si bon, qu'au* « *lieu des châtimens que j'ai mérités, il m'envoie* « *des consolations.... Malgré la grandeur de* « *mes péchés, qui me sont toujours présens, je* « *sens que son amour aura plus de part à mon* « *sacrifice que la crainte de ses jugemens* ». Se couvrir d'un cilice, marcher pieds nus, jeûner rigoureusement, chanter la nuit au chœur dans une langue inconnue, tout cela ne rebuta point la délicatesse d'une femme accoutumée à tant de gloire, de mollesse et de plaisir. Les violens maux de tête auxquels elle était sujette, l'obligeant de fermer les yeux, on lui demanda si cette situation ne gênait pas sa vue? « *Point du* « *tout*, répondit-elle, *cela me la repose; je suis* « *si lasse des choses de la terre, que je trouve* « *même du plaisir à ne pas les regarder* ».

Un érésipèle à la jambe l'ayant beaucoup fait souffrir sans qu'elle en eût parlé, on lui fit des reproches de porter si loin l'esprit de pénitence : « *Je ne savais ce que c'était*, répondit-elle, *je n'y* « *avais pas regardé*. Elle vécut dans ces austérités, *depuis* 1675 *jusqu'en* 1710, année où elle mourut. Elle avait pris le nom de Sœur Louise *de la Miséricorde* (1).

---

(1) Madame de la Vallière mourut le 6 juin, âgée de 66 ans.

On avait voulu la retenir dans le monde pour l'édifier par ses exemples : « *Ce serait à moi*, ré« pondit-elle, *une horrible présomption de me* « *croire propre à aider le prochain. Quand on* « *s'est perdu soi-même, on n'est ni digne ni ca*« *pable de servir les autres* ». Lorsque le duc de *Vermandois* son fils mourut, elle répondit avec courage à ceux qui lui annoncèrent cette perte : « *Qu'elle n'avait pas trop de larmes pour elle*« *même, et que c'était sur ses fautes qu'elle devait* « *pleurer.* » Elle ajouta cette parole si connue : « *Il faut que je pleure la naissance de ce fils* « *encore plus que sa mort* » !

Ce fut avec la même constance et la même résignation qu'elle apprit depuis la mort du prince de Conti, qui avait épousé mademoiselle de Blois, sa fille. L'excès de ses austérités la rendit très-infirme. Un mal de tête habituel, une sciatique douloureuse, un rhumatisme universel, exercèrent sa patience sans abattre son courage. On l'exhortait en vain à prendre quelque repos : « *Il ne peut y en avoir pour moi sur la terre*, « répondit-elle ; *que mon exil est long*, ajoutait-« elle quelquefois !.... »

On sait que le Tableau de la *Madeleine pénitente*, l'un des chef-d'œuvres de Le Brun, mais assurément beaucoup trop théâtral, fut peint d'après cette femme illustre, qui imita la Pécheresse dans ses austérités, comme elle l'avait imitée dans ses faiblesses.

Ces passages historiques démontrent évidemment la fausseté d'une composition dont l'exécution est d'ailleurs si achevée. Je crois pouvoir indiquer la source de l'erreur qu'a commise cet Artiste recommandable; il n'a étudié le caractère de madame de la Vallière que dans *le roman de madame de Genlis.*

Revenons aux détails: Peut-être la tête et les mains devraient-elles être plus coloriées et d'un ton moins fade, il se rapproche trop de celui du fond. Mademoiselle de la Vallière paraît aussi trop jeune, elle avait eu plusieurs enfans, et en supposant qu'elle ne fait que d'entrer au couvent des carmélites, elle aurait eu à cette époque trente-un ans.

No. 437. *Clémence de S. M. l'Empereur envers le Divan, en Egypte.* Tableau de 8 pieds 3 p. sur 8 pieds 3 p., par M. Rigo.

Explication du sujet donnée par l'Auteur.

« Le général Bonaparte, aussi-tôt après la prise
« du Caire, avait institué un divan composé de
« soixante des habitans les plus recommandables
« de cette capitale. Chacune des nations qui com-
« posent la population de l'Egypte, était gou-
« vernée sous l'influence toute puissante de Na-
« poléon, par des hommes qui parlaient sa langue.

« et qui suivaient sa loi. Le peuple ne sentait « point peser sur lui la main du vainqueur. « Cependant on voit éclater dans la capitale de « l'Egypte, le soulèvement le plus formidable « qui ait jamais menacé une colonie à son ber- « ceau.

« Le divan n'avait rien fait pour prévenir cette « insurrection. Napoléon châtia à la fois son « imprévoyance et la révolte des habitans, en « cassant l'assemblée qui les représentait. Quand « après deux mois de tranquillité il se fut assuré « du repentir du peuple, il lui rendit ce conseil « public dont il l'avait privé.

« Le Peintre a choisi le moment où une dépu- « tation du divan étant introduite auprès du gé- « néral en chef environné de ses officiers, Na- « poléon ordonne à l'interprête de répéter aux « Cheiks de la loi ses propres paroles : *Dieu « m'a ordonné d'être clément et miséricordieux « pour le peuple. J'ai été clément et miséricor- « dieux envers vous.... J'ai été affligé de votre « révolte, et je ne vous ai privé que pendant « deux mois de votre divan ; mais aujourd'hui « je vous le restitue ; votre bonne conduite a « effacé la tache de votre rebellion.*

(Voyez la fin de l'Article suivant.)

N°. 438. *Clémence de S. M. l'Empereur envers une Famille arabe.* Tableau de 8 pieds 3 p. sur 8 pieds 3 p., par le même.

Explication du sujet donnée par l'Auteur.

« Le 14 messidor an 6, l'armée d'Orient commandée par le général Bonaparte, entre dans « Alexandrie par la brêche. Les habitans faisaient « du haut de leurs terrasses un feu très-meurtrier sur nos colonnes. Les femmes, les enfans « excitaient par leurs cris le courage de leurs « maris et de leurs pères. Un des principaux « habitans s'était fait remarquer par une résistance désespérée; les soldats avaient escaladé « sa maison, ils l'en arrachaient avec fureur; « ils se disposaient à l'immoler sur les corps « de leurs compagnons d'armes, quand la femme « de cet Arabe s'élance au-devant du général « Bonaparte, qu'elle distingue parmi les combattans; suivie de sa fille éplorée, elle jette « entre les bras du général son jeune enfant: « Bonaparte sourit à l'innocence du fils, à la « confiance de la mère, et d'un geste il sauve « la vie au père. Cet acte d'une clémence si difficile à pratiquer au milieu du tumulte d'un « assaut, et dans cet échange forcené de violences « et de meurtres; cet acte de clémence retint « l'indignation des Français, il adoucit l'ame

« des Turcs, et les armes leur tombèrent des « mains ».

Ces scènes pathétiques forment tout l'intérêt de ces Tableaux; l'exécution en est d'une faiblesse extrême: cependant on s'y arrête, on y revient, et la foule ne se lasse point de les contempler. C'est ainsi qu'on va applaudir à tel drame dont les situations sont touchantes, et dont les vers sont détestables. Il faut un Apelle pour peindre Alexandre, et un Corneille pour célébrer la clémence d'Auguste.

N°. 14. *Tableau de Famille*, haut de 7 pieds et large de 5 pieds 5 p., par M. BARBIER-WALBONNE, Elève de M. DAVID.

L'Auteur n'a point donné d'autre explication.

Il serait impossible de rendre compte des nombreux Portraits que le Salon étale; nous ne nous occuperons donc que de quelques-uns recommandables, soit par la composition, soit par le talent de l'Artiste, soit par l'importance des Personnages.

Ce Portrait, par sa dimension, le nombre des figures, l'intérêt et le sentiment qui règnent dans sa composition, enfin par la manière dont il est exécuté, est un de ceux qui se font remarquer avec le plus d'avantage.

Les figures y sont en pied, grandes comme nature, le principal Personnage est assis dans un jardin, en face d'un buste terminé en Hermès, au bas duquel on lit :

CHABAUD LA TOUR,
Col. Dir. du Génie,
Né à Nimes le 28 février
1727;
Mort à Cette le 5 Août
1791.
Il vécut, il mourut
Sans reproche.

M. N.... assis dans un jardin, en face de cette statue, semble la présenter à la vénération de sa famille qui l'entoure ; sa jeune fille, qui est assise sur un de ses genoux, et son fils plus jeune encore appuyé aussi sur lui ; son épouse un peu éloignée et qui tient entre ses bras son enfant à la mamelle, écoutent avec attendrissement le récit des vertus de celui auquel est érigé ce simple monument. Il est facile de deviner qu'un père fait à sa famille l'éloge du sien, et donne à-la-fois à ses enfans le spectacle trop rare aujourd'hui d'un bon père et d'un bon fils.

Toute cette scène est exprimée avec sensibilité, avec grace, avec trop de grace peut-être : Les têtes paraissent belles de ressemblance, les chairs d'une assez bonne couleur, les étoffes d'une grande vérité. Mais tout ce Tableau est éclairé avec trop d'éclat et d'égalité, il n'y a pas assez de masses, on n'a pas fait de sacrifices. Il en résulte que la Femme placée en arrière ne recule pas, et cela parce qu'on a voulu la faire briller autant que les Personnages qui sont sur le devant. Au reste, ce Tableau est d'un dessin correct et d'une exécution soignée et vigoureuse, qui le place au rang des meilleurs Portraits du Salon. Il faut cependant oser dire à l'Artiste (et il faut pour le dire être autant son ami que celui de l'Art) qu'une pareille manière le conduirait à perdre son talent et la Peinture.

En effet, tout brille dans son Tableau. Tout doit-il également y briller? Faut-il donner le même éclat à la terre, au ciel et aux bottes? Voilà cependant où conduit l'envie de plaire aux Personnes qui vous mettent en œuvre, au vulgaire des Amateurs, et au Public, qui ne manquent jamais d'être séduits par un effet agréable, mais qui ne s'informent jamais s'il est juste.

N°. 152. *Ni l'un ni l'autre.* Tableau de 1 pieds 4 p. sur 1 pieds 2 p., par Mlle. DESORAS (Jenny).

Explication du sujet donnée par l'Auteur.

« Une jeune fille entre deux Vieillards, se « bouche les oreilles ».

Et N°. 153. *La petite fille au chat, ou la Malice.* Tableau de 8 pouces sur 6 pouces, par la même.

(*L'Auteur n'a pas donné d'autre explication.*)

Est-ce la naïveté de l'innocence, est-ce le rafinement de la coquetterie qui a inspiré ces deux sujets à Mlle. Jenny? D'abord une petite fille, plus espiègle qu'un jeune chat, lutine, attaque le malin animal, avec un sentiment de friponnerie, dont la jouissance et l'expression étincellent dans ses yeux; ensuite la même, placée, comme dans la *Chaste Suzanne*, entre deux Vieillards, les bafoue en se bouchant les oreilles. Les figures en sont très-expressives; les Vieillards, proportion gardée, paraissent d'une nature trop petite; le ton général est gris-violâtre. Ce Tableau, soit par l'effet de l'inspiration, soit par toute autre cause, est tellement supérieur au précédent, qu'il est difficile d'y reconnaître le même pinceau.

N°. 142. *Un Abreuvoir.* Tableau de 1 pied 7 p. sur 2 pieds 1 p., par M. DEMARNE.

N°. 143. *L'Agneau chéri.* Tableau du même.

N°. 144. *Une Foire.* Tableau de 1 pied 2 p. sur 1 pied 7 p., par le même.

N°. 145. *L'intérieur d'une Ferme de Franche-Comté.* Tableau de 1 pied 3 p. sur 1 pied 8 p. ½, par le même. (On voit dans ce Tableau un soldat revenant de la bataille d'Austerlitz).

N°. 146. *Un Abreuvoir.* Tableau du même.

(*Tous ces Tableaux, excepté le dernier, appartiennent à l'Auteur, qui n'en a pas autrement expliqué les sujets.*)

Un talent aussi rare que celui de M. De Marne doit excuser et motiver la sévérité des réflexions. Nous lui avons prodigué dans tous les tems, nous lui prodiguerons encore de justes éloges; mais commençons par gémir de ce qu'un pinceau aussi brillant soit obligé de se louer à des manufacturiers. Malheur à l'Artiste qui devient entrepreneur! il court grand risque de perdre la moitié de son talent. Ainsi les manufactures absorbent et débauchent en quelque sorte les talens de MM. De Marne, Droling, Sweback, Mallet, etc. C'est un grand inconvénient, en ce que l'Art devient alors un métier, et qu'il faut porter le joug des idées d'autrui, au lieu de se livrer à l'indépendance de son génie.

Mais, dira-t-on, il y a une juste réciprocité de l'influence des Arts et de l'Industrie sur ceux du Dessin: cela est vrai, mais dans le seul cas où le produit matériel ne l'emporte pas sur le produit intellectuel ; je m'explique : lorsqu'un secrétaire massif d'acajou coûte plus cher qu'un Tableau de genre, l'Artiste sent avec amertume qu'il vaut mieux être ouvrier, et il finit par l'être. Ajoutez que les honneurs sont alors, ainsi que le profit, pour les manufacturiers, car ce sont les manufacturiers que l'on couronne. C'est ainsi que dans les courses de New-Marcket, les propriétaires et les jockeis remportent les prix que méritent leurs chevaux. Mais nous nous étendrons davantage sur cet article dans celui que nous consacrerons, après avoir rendu compte du salon, à l'examen de l'application des Arts, du Dessin, à ceux de l'industrie.

Il résulte de ces observations que c'est à ces circonstances qu'il faut attribuer la faiblesse de quelques-uns de ces nouveaux Tableaux de M. De Marne. D'ailleurs, ainsi que Greuze, il est trop plein d'une seule idée qu'il copie, qu'il commente en mille manières ; c'est le défaut général des Peintres de paysages : ils commencent dans leur jeunesse par faire des études d'après nature ; et dès que leur porte-feuille est plein, ils croient que leur tête peut rester vide ; ils vivent sur ce fond d'études autour duquel leurs compositions circulent sans cesse. On peut leur appliquer ces vers d'Ovide :

. . . . . . *Facies non omnibus una,*
Nec diversa tamen, qualis decet esse sororum.

M. De Marne nous paraît ignorer la supériorité de son talent dans les Tableaux de genre intérieur (tels que corps-de-garde, fermes, scènes domestiques, etc.) C'est-là qu'il excelle. Il devrait se renfermer dans ces sujets. J'en atteste cet intérieur de ferme peint sous le N°. 145, et qui me paraît véritablement un chef-d'œuvre; car il est tems d'adoucir des reproches trop sévères peut-être, par un éloge qui ne sera que juste.

Il est impossible de mieux entendre la composition locale, de donner aux objets un ton plus harmonieux, de les peindre avec une touche plus spirituelle. Il y a une ame infinie dans les têtes, sur-tout dans celle du père du défenseur de la patrie. C'est un vrai poème que ce Tableau. En un mot, j'y trouve tout le goût de la meilleure touche française, avec toute la couleur et toute la transparence du pinceau flamand.

Il y a des Episodes charmans, neufs, dignes du bon La Fontaine, un chien qui aboye, des bœufs qui passent leur large tête à travers une mauvaise cloison, et qui mugissent à l'unisson, puis tous les détails d'un ménage patriarcal, une famille simple, bonne, hospitalière, une famille enfin.

Il est à desirer pour les intérêts de notre histoire encore plus que pour ceux de l'Artiste, que son pinceau aussi brillant qu'énergique et fidèle se consacre uniquement à retracer cette foule de scènes touchantes qui ont lieu à côté des grandes

scènes

scènes héroïques. Cet Artiste est un de ceux qui excellent dans ces représentations, et ce talent devient de plus en plus rare.

Qui le croirait? ce beau Tableau qui, dans la suite des tems, sera payé bien cher, appartient encore à l'auteur. Il y a beaucoup d'Artistes qui s'occupent de vendre; celui-ci ne s'occupe que de peindre.

N°. 47. *Portrait en pied de son Excellence M. de Caulaincourt, grand Ecuyer.* Tableau de 6 pieds 8 p. sur 4 pieds 4 p., par M. Bonnemaison.

Lorsque Vandick faisait les portraits des Personnages remarquables du siècle où il vivait, il s'occupait de leur physionomie, de leur caractère de tête, et très-peu de leur costume. Il sacrifiait toujours les accessoires à la figure; et alors ces têtes devenaient tellement vivantes d'expression, qu'elles semblent tenir du pinceau bien plus encore que d'elles-mêmes leur existence et leur immortalité. Ce système, ou plutôt cette raison d'exprimer, n'était point un calcul de ce maître, c'était une observation indiquée par la nature elle-même, les Artistes grecs l'avaient faite avant lui, ou plutôt le bon sens l'avait révélée: un habit ne doit pas attirer l'attention plus que le personnage. Il aurait donc fallu éteindre l'éclat des étoffes au lieu de chercher à le rendre très-vif. Ces représentations de la soie, du velours, des dentelles, de l'or, de l'argent sont dans l'exécution un labyrinthe où se perd le génie des Artistes en voulant se montrer.

Le dessin manque de correction; par exemple, le bras droit est gauche, et le gauche est trop long; le mollet de la jambe droite est trop bas, le pied est trop roide, et celui qui lui est opposé trop petit; le fond est cru et dur. On peut objecter que tel était celui de quelques Tableaux de Vandick; mais alors l'inimitable Vandick imprimait aux têtes un tel éclat de couleur, un ton si lumineux, que le fond semblait cesser de l'être.

Comme il s'agit ici d'un Ouvrage, estimable en résultat, et d'un Artiste plein de talent, nous saisissons cette occasion de nous élever avec force contre un abus qui semble écarter aujourd'hui l'Ecole française des routes de la sagesse et de la vérité. Le pinceau s'occupe autant des accessoires que du principal, il a tort : lorsque tout brille dans un Tableau, rien ne brille.

N°. 48. *Portrait du Général du Génie Vallongne, tué au siège de Gaëte.* Tableau de 2 pieds 3 p. sur 1 pieds 9 p., par le même.

Ce Portrait, l'un des plus beaux du salon, peut-être le mieux peint, est très-ignoré de la multitude; mais il est apprécié à sa juste valeur par le petit nombre des connaisseurs : peint, modelé, étudié, il tourne. C'est de la chair; les yeux sont animés, la bouche respire la plus haute expression. Ce Personnage n'a pas l'air d'être venu chez son Peintre pour dire : Peignez-moi; c'est le Peintre, au contraire, qui l'a saisi et qui a deviné la situation la plus expressive.

N°. 56. *Pygmalion amoureux de sa Statue.* Tableau de 6 pieds sur 4 pieds, par Mlle. Bounieu (Emilie), élève de son Père.

Ce n'est qu'une peinture d'éventail vue par un verre microscopique.

N°. 244. *Hylas enlevé par les Nymphes.* Tableau de 3 pieds sur 4 pieds 3 p., par M. Harriet, pensionnaire de l'Ecole de France, mort à Rome.

N°. 245. *Hero et Léandre.* Dessin de 1 pied 9 p. sur 1 pied 5 p., par le même.

« Ces deux ouvrages et quelques autres de cet « intéressant Artiste appartiennent à sa veuve. « Elle possède aussi une esquisse, première pen- « sée, de son Tableau représentant *Horatius* « *Coclès*, Tableau qu'une mort trop prématurée « l'empêcha de finir ».

. . . . Manibus date lilia plenis ;
His saltem accumulem donis, et fungar inani
Munere. . . . .

Ce jeune Artiste, qui donnait de hautes espérances, et qui vient d'être moissonné à la fleur de l'âge, avait une physionomie douce, des mœurs simples, un caractère aimable, dont ses ouvrages sont en quelque sorte le reflet.

Le Dessin de *Léandre et Hero* est plein d'expression, de style et d'effet. Quelque chose de la grace du poème de Musée semble y respirer ; on sent que l'Artiste lui-même était dans l'âge des amours, lorsqu'il a dessiné ce sujet, l'un des plus célèbres et des plus touchans de l'antiquité, et qui a inspiré cette charmante épigramme de l'Anthologie.

Léandre conduit par l'Amour
En nageant, disait aux orages,
Laissez-moi gagner les rivages,
Ne me noyez qu'à mon retour.

Un journaliste (1), soit mauvaise foi, soit ignorance, vient de soutenir que cette entreprise de Léandre était une fable. On sent bien que le journaliste, prudent comme un abbé, n'eût jamais tenté le voyage; il a été cependant réalisé depuis. M. Le Chevalier, dans son excellent ouvrage sur la *Troade*, assure qu'un jeune Juif, à l'exemple de Léandre, traversa le détroit, à la nage, pour obtenir une fille qu'il aimait. Le docte voyageur qui a été sur les lieux ne doute pas un instant de la possibilité du fait; mais on le nie dans un cabinet de la rue des Prêtres à Paris. C'est là qu'on est en guerre ouverte avec la raison.

Revenons. La composition d'*Hylas enlevé par les Nymphes* est anacréontique; la couleur en est charmante; le dessin élégant, quoiqu'un peu lâché; la touche extrêmement spirituelle.

Ce sujet de l'Adolescence ravie à l'Amour figure souvent sur les bas-reliefs des tombeaux antiques. L'Artiste infortuné ignorait sans doute en le peignant qu'il traçait l'emblême de ses tristes destinées. Puissent nos justes regrets porter quelque consolation au cœur de l'amitié! puissent-ils inspirer à quelque riche amateur la pensée de réunir ces compositions de l'Artiste, en ajoutant au-dessous cette inscription:

O miserande puer! si quâ fata aspera rumpas.

---

(1) M. A. (le prêtre Felès) du Journal des Débats.

N°. 254. *Un Portrait de Femme*. Tableau de 1 pied 9 p. sur 1 pied 6 p., par M. Henri.

Les rares dispositions que ce Portrait annonce font regretter que l'auteur ait passé une partie de sa jeunesse à faire des *Dessins pointillés*.

La Mode passe et le Talent se trouve perdu. D'ailleurs ce genre de Dessin gâte les yeux : on ne voit plus qu'une teinte grise dans la nature. Après avoir travaillé ainsi, il est presque impossible de devenir Coloriste.

N°. 221. *Trait de générosité Française*. Tableau de 8 pieds sur 9 pieds 6 p., par M. Gérard (G.)

Explication du sujet donnée par l'Auteur.

« Blondel, officier au régiment des Carabi-
« niers, dangereusement blessé, ne songeant
« plus qu'à sauver l'étendard, perce à travers
« l'ennemi; démonté par cinq coups de baïon-
« nette que son cheval avait reçus dans les
« flancs, il s'arrête auprès d'un maréchal-des-
« logis des chevaux-légers de Kinski, resté sur
« le champ de bataille. Dans l'instant, Brador,
« officier de santé, arrive, Blondel lui montre
« ce brave Autrichien : *Tu vois qu'il va périr,*
« *faute de secours, commence donc par lui.*

« Ce trait qui s'est passé à la bataille d'Arlon, « gagnée par les Français, a été rapporté par « le général Delaage, et se trouve dans les *An-* « *nales de la révolution* ».

N. B. Ce Tableau est un prix d'encouragement obtenu en l'an 3.

Cette scène fait verser les larmes de l'attendrissement, malgré la faiblesse de son exécution. Je crois déjà l'avoir remarqué, les sujets les plus dramatiques sont d'ordinaire le moins bien traités. Un Journaliste, avec cette finesse de goût et cette sûreté de jugement qui le caractérisent, n'a pas manqué de confondre ici M. *G. Gérard* avec M. *F. Gérard*, le peintre du *Bélisaire* et de *Psyché*. Cette erreur est assurément bien innocente.

No. 218. *La Rosière recevant le baiser de protection de la Dame du lieu.* Tableau de 2 pieds 6 p. sur 2 pieds, par Mlle. GÉRARD.

No. 219. *Portrait en pied de la Famille de M. V***.* Tableau de 2 pieds 6 p. sur 2 pieds, par la même.

N°. 220. *La tendresse Maternelle.* Tableau de 1 pied 9 p. sur 1 pied 6 p., par la même.

On a tout dit sur le sujet des Rosières. Celui qui le premier en a mis une en scène, a cru, pour conserver la vérité historique, devoir lui donner, au moins, un amant. Nous en avons vu couronner une, pendant la Révolution, en plein Palais - Royal.

La plus simple des vertus est donc bien rare, dans l'âge même de l'innocence, s'il lui faut de pareils encouragemens. Ne voit-on pas d'ailleurs que c'est éveiller la vanité et flatter l'amour-propre d'un sexe chez lequel il est si puissant? Ce qui a fait dire à Gentil Bernard :

Avant l'amour, l'amour-propre était né.

C'est, Dieu me pardonne, donner de la coquetterie à la Vertu même.

Ipsa quidem Virtus pretium sibi. . . . . . .

Et quels étaient d'ailleurs trop souvent les juges de cette Vertu? des personnages à qui elle n'était rien moins que familière.

Ces réflexions ne tombent que sur l'institution du couronnement des Rosières, et ne s'appliquent point au Tableau. L'ame candide et pure de Mlle. Gérard a répandu une teinte virginale sur ce Tableau, comme sur toutes les scènes domestiques auxquelles son pinceau prête tant de charme.

Ce charme n'y brille que trop. On pourrait dire en quelque sorte que ce pinceau abuse des Graces. Il touche presqu'à la manière, c'est un genre français, et qui frise le Dorat en peinture. Mais cette touche est infiniment spirituelle; et d'ailleurs le genre et le style de Mlle. Gérard sont bien à elle. Son talent est décidé et se soutient sans secours étranger. Ce n'est pas à elle qu'on appliquera ces vers de Le Brun :

Plus d'une amante despotique
D'un sexe qui l'adore, enleva les crayons;
Plus d'une Phébé poétique
A des astres du Pinde emprunté les rayons.

Mlle. Gérard marche seule dans une carrière où son goût et ses mains habiles savent toujours faire éclore des fleurs. Et à cette occasion, puisque j'ai déjà cité des vers, je lui citerai encore celui de La Fontaine sur la Déesse du matin :

Laissant tomber des fleurs, et ne les semant pas.

J'oserai donc lui conseiller de moins rechercher les effets brillans, de mêler quelque naïveté et même quelque négligence à sa grace.

Cette composition de la *Rosière* me paraît d'ailleurs entassée, et il y a quelque monotonie dans les lumières, dans la touche et dans le ton.

Je reviens au titre du sujet. Qu'est-ce qu'UN BAISER DE PROTECTION *de la dame du lieu?* J'ai le malheur de ne pas saisir le sens de ces mots.

Les amis des Arts, de la grace ingénieuse, et de tout ce qu'il y a d'aimable avec abandon, retrouvent ici avec un vif plaisir le portrait du vieux Fragonard, dans celui du Bailly. Il fut le Maître de mademoiselle Gérard, et elle semble hériter de son pinceau.

Le N°. 219 est moins heureux; la composition semble dénuée d'esprit. La figure et les jambes du mari sont mal dessinées. Mais le Tableau de la *Tendresse maternelle* semble restituer à cette Artiste tous ses avantages. Ce sujet convenait à sa sensibilité, à ses vertus.

Le triomphe d'amour, c'est le cœur d'une mère.

L'Artiste a d'autant plus de mérite à bien exprimer ces affections, qu'elle s'est refusée à les éprouver pour n'appartenir qu'à son art.

N°. 148. *Le Chariot brisé*. Tableau de Famille. Hauteur 5 pieds; Largeur 5 pieds : par M. Desbordes, élève de M. Brenet.

N°. 149. *Portrait du général Teulié, commandant la division italienne en France*. Tableau de 11 pouces sur 8 pouces, par le même.

Nos. 150. *Plusieurs Portraits sous le même* No. par le même.

Ce Peintre réussit dans le Genre et dans le Portrait. Sa couleur est belle, sa touche est large et moelleuse; mais le dessin laisse à desirer. Il aurait fallu, sur-tout, sans trop grouper les figures, les moins éparpiller. J'ai distingué une femme en robe grise, on prendrait cette figure pour l'ouvrage d'un Peintre d'Histoire. Mais les fleurs sont trop brillantes, et le fond du paysage n'a pas assez d'air. J'ose prédire à cet Artiste de grands succès, s'il étudie davantage les grands Peintres des Ecoles flamande et hollandaise.

No. 190. *Une Madeleine Pénitente*. Tableau de 1 pied 4 p. sur 1 pied 9 p., par M. Fabre, résidant à Florence.

No. 191. *La sixième Eglogue de Virgile*. Tableau de 2 pieds 7 p. sur 3 pieds 6 p., par le même.

M. Fabre avait exposé il y a plusieurs années une *Suzanne entre deux Vieillards*. Ce Tableau était d'un beau style historique et d'une séduction de couleur dont personne n'a approché depuis. Cet Artiste semble aujourd'hui négliger ce dernier avantage : le défaut de couleur est moins sensible dans son Tableau de la *Madeleine* que dans celui de l'*Eglogue de Virgile*. Ce dernier est d'un ton entièrement faux : le paysage est d'ailleurs digne d'éloges ; peu de Peintres réussissent mieux dans cette partie.

Entrons dans les détails :

Ce beau Paysage est riche et bien composé ; cependant il n'est pas assez lumineux, les trois figures de Silène et des deux bergers sont d'un ton trop également basané ; mais la nymphe Eglé est jolie, d'une couleur plus vraie, et d'un bon style de dessin ; elle n'est cependant pas très-bien drapée ; ce coin du Tableau est riche et d'un ton plus léger que l'autre ; les lointains s'éloignent bien et sont aériens. Cependant, M. Fabre qui fait encore mieux que ce Tableau, et qui apparemment n'en était pas encore content, n'avait pas desiré qu'il fût exposé.

La Madeleine est belle et bien peinte, le paysage est touché avec légéreté, et les accessoires sont heureux : la couleur est d'un ton agréable et vrai, tout y est harmonieux ; c'est un fort joli Tableau de chevalet.

No. 433. *Un chevalier se préparant au Combat.* Tableau de 1 pied 2 p. sur 1 pied 5 p., par M. Richard-Fleury.

Explication du sujet donnée par l'Auteur.

« Le chevalier fait sa prière dans une des cha-
« pelles de Saint-Irénée, à Lyon, ruinées par le
« Baron des Adrets en 1562 ».

Ce charmant Tableau rassemble au plus haut degré toute l'illusion et le charme que M. Richard sait donner à ses Tableaux. Il y a une finesse de ton, une harmonie, un effet de lumière admirables. Que ce percé creuse bien la toile! L'on est étonné et séduit. Cependant, la même faute contre la vérité se reproduit ici : Les murs, d'un intérieur humide et très-antique, ne devraient pas être aussi polis ni aussi propres. Ce reproche que nous avons déjà fait à l'Artiste relativement au Tableau de Henri IV, pourrait peut-être aussi s'appliquer à celui de Jacques Molay, et il y a de plus un anachronisme; car si ce chevalier est d'un tems postérieur à 1562, époque où le baron des Adrets ruina ces chapelles, son armure aurait dû être plus moderne, si au contraire le chevalier est du tems que marque son costume, alors la croix que l'Artiste a représentée, était debout et non pas abattue, puisque les chapelles de Saint-Irénée n'avaient pas encore été pillées. Quand on peint des traits historiques et des monumens, il faut bien prendre garde à ce qu'ils ne se contredisent pas l'un l'autre, sans cela il n'y a plus d'illusion pour l'homme instruit. Ce sont des erreurs qu'il sera facile à M. Richard d'éviter, avec un peu de réflexion, et c'est pour cela que nous les lui avons fait remarquer; mais ce qui ne serait pas facile à d'autres qu'à lui, c'est d'exécuter aussi bien les charmantes figures dont il orne ses intérieurs; celle du chevalier sur-tout est infiniment précieuse de touche, de finesse et de ton. Malgré le talent et les succès soutenus de M. Richard, nous devons l'avertir et lui présenter, pour ainsi-dire, son état de situation : les ouvrages qu'il a mis cette année au Salon, sont inférieurs à ceux du Salon dernier : ici il n'est plus que Peintre de genre, tandis que la grande composition, le style, la couleur et tout le talent qu'il avait développé, sur-tout dans son Tableau de François Ier., l'avaient placé au rang des bons Peintres d'histoire.

No. 204. *Les Pénitens Noirs, ou la* via crucis. Tableau de 2 pieds 3 p. sur 1 pied 10 p., par M. Forbin.

Explication du sujet donnée par l'Auteur.

« Les Pénitens noirs ont à Rome la coutume « de passer ainsi au Colisée, en procession nom« breuse, le Vendredi saint, précédés par une « jeune fille portant la croix, ayant les pieds nus « et la tête entourée de fleurs. Le peuple les fuit, « persuadé que leur rencontre, ce jour-là, est le « présage d'une mort prochaine ».

Ce sujet intéresse par la bizarrerie et sous le rapport de l'exécution. Le ton en est vigoureux, l'effet en est brillant et vrai.

Rien de plus pittoresque que le contraste de ces hommes, la tête dans un sac, enveloppés de vêtemens noirs, parsemés de têtes et d'os de morts, et cependant précédés d'une jeune et jolie fille, la tête couronnée de roses, les pieds nus, et portant la croix.

Ainsi, l'on retrouve encore des restes de ces fêtes embellies par l'imagination brillante des Grecs et des Latins, parmi les cérémonies les plus lugubres du Christianisme, on y retrouve encore avec ce goût décidé pour les images riantes ou terribles, ces anciennes croyances aux présages et aux Augures. Quand un peuple a reçu de vives impressions soutenues par des institutions fortes, il en reste toujours quelques traces.

Ce Tableau, par cette scène bisarre, par la manière dont elle est rendue, sur-tout par le lieu pittoresque où elle se passe, par l'effet piquant de lumière qui l'éclaire, est un de ceux qui attire le plus les regards. La jeune Fille qui porte la croix est jolie, toutes les figures sont touchées avec esprit et finesse; mais c'est dans l'effet de la perspective que l'Artiste s'est distingué. Toutes les voûtes sont d'une profondeur prodigieuse, et s'enfoncent, pour ainsi dire, dans la toile. Ce passage, à travers lequel la lumière du Soleil perce dans ces voûtes sombres, est d'un effet piquant et à faire illusion. Cette composition singulière est enrichie d'un Coloris vigoureux, dont les tons fins et variés, joints à une exécution libre et ferme, concourent à faire de ce Tableau une espèce de drame aussi intéressant qu'extraordinaire.

No. 509. *Honneurs rendus à Duguesclin.* Tableau de M. VAFFLARD, Elève de M. REGNAULT.

Explication du sujet donnée par l'Auteur.

« Le connétable Duguesclin alla mettre le siége
« devant Castel-Neuf-Randon. Duguesclin avait
« juré de ne point partir qu'il ne fût rendu ; mais
« comme il l'avait presque réduit à l'extrémité,
« il fut lui-même attaqué d'une maladie dont il
« mourut le 13 juillet 1380. Le même jour les
« assiégés apportèrent les clefs, et les déposèrent
« à ses pieds, disant qu'ils ne voulaient pas céder
« l'honneur de leur réduction à d'autres qu'à
« un si grand personnage.

« Olivier Duguesclin, son frère, et ses plus
« chers amis, Sancerre et Clisson, son frère
« d'armes, entouraient son lit de mort. *Mézerai.*

On ne pourra pas accuser ce Peintre d'anachronisme, car il y a tant de roideur dans la composition et dans le dessin de ce Tableau, les bras, les jambes, les figures y sont alignés si parallèlement, il y a si peu d'harmonie dans les lignes et dans la couleur, une telle absence de clair-obscur et de perspective aërienne, qu'on seroit tenté de croire que ce Tableau est aussi du tems de Duguesclin, ou du moins que l'Artiste a plus étudié les statues gothiques du musée des Petits-Augustins que les figures antiques du musée Napoléon.

Sans doute que le sujet, que les armures de fer prêtaient beaucoup à cette âpreté, et semblaient l'autoriser ; mais alors il fallait jeter plus de mouvement dans la scène, et pour établir un contraste, profiter du costume des figures qui n'étaient pas armées. Cependant le page qui occupe un coin du Tableau est aussi droit et aussi roide que les autres ; ses manches retombent également droites, roides et parallèles.

La capitulation étant signée, il était possible et même vraisemblable que tous les personnages ne fussent pas armés [illegible] pied en cap ; d'ailleurs ces armures semblent être de verre noirci : en géneral, le ton est sombre et dur.

Il y a cependant du mérite dans ce Tableau, et l'on voit que l'Artiste n'est pas sans talent. Le Chevalier qui dépose les clefs sur le lit de mort de Duguesclin, est beaucoup mieux que les autres personnages ; cependant ses bras et ses jambes sont encore droits, roides et parallèles ; sa tête est d'un beau caractère et bien peinte.

M. Brenet avait déjà traité ce sujet, il est exécuté en tapisserie des Gobelins ; nous en parlerons à l'article de cette manufacture. Sachons gré à M. Vafflard d'avoir marché sur ses traces, d'avoir puisé son sujet dans les fastes honorables de la Nation, et de ne pas se traîner sur les traces de ceux qui ont épuisé l'histoire des Grecs et des Romains.

La nôtre est bien plus féconde. Oui, notre histoire est aujourd'hui, ainsi que notre Monarque, hors de pair; et c'est là, comme auprès de lui, que se trouve tout ce qu'il y a de grand, tout ce qui peut inspirer le génie.

N°. 415. *La France appuyée par la Religion, consacrant à Notre-Dame de Gloire des Drapeaux pris sur l'ennemi.* Tableau de M. Perrin.

N. B. Ce Tableau doit être placé au maître-autel de la Chapelle de S. M. l'Empereur, aux Thuileries.

Ce Tableau n'est pas précisément mauvais, mais il est faible, et c'est sa destination qui nous oblige d'être sévères en qualité d'amis des Arts et d'enthousiastes de la gloire de notre nation. En effet, cette composition ne doit-elle pas figurer dans un des lieux les plus fréquentés non-seulement des Français, mais encore des étrangers qui veulent contempler notre auguste Empereur? La Cour, les Ministres, les Ambassadeurs, en allant à la messe du Château, ne jetteront-ils pas les yeux sur ce Tableau? Et que pourront-ils alors penser de l'état des Arts en France? Ne croiront-ils pas avec une espèce de raison que l'on a choisi l'un des premiers Artistes français pour exécuter ce sujet; et, en effet, n'était-ce pas aux Maîtres de l'Ecole, tels que MM. David, Vincent, Regnault, ou à ceux de leurs Elèves qui marchent sur leurs traces, à MM. Girodet, Gérard, Le Thiers, Meynier, etc. qu'il appartenait de faire un tel Ouvrage? Les Spectateurs ne pourront s'empêcher de croire, à la vue de ce Tableau, que la peinture est toujours ce qu'elle était il y a cinquante ans; ils s'imagineront que tout ce qu'ils ont entendu dire de nos grands Artistes et de leurs immortels chef-d'œuvres, n'est qu'illusion et prévention nationale.

En effet, ce Tableau est si loin du style actuel et de la vigueur de l'Ecole, que la première pensée qu'excitera son aspect, sera celle-ci: L'Artiste, étranger sans doute aux progrès de l'Art, aura composé son Tableau, d'après quelques réminiscences des anciennes machines académiques; et voici comment on pourrait motiver ce jugement. D'abord la pensée générale est commune. En effet, on a vu beaucoup de sujets pareils et surtout des *ex voto* ainsi composés. Le style est nul; où est cette dignité, ce grandiose, et surtout ce caractère héroïque qui convient à la France actuelle. Cette figure, ainsi que celle de la religion, est présentée de profil selon les us et la manière mesquine des plus mauvais maîtres; cela dispense de peindre des physionomies, et de leur donner de l'expression. Je me figure la religion sous l'aspect d'une Matrone austère, imposante; c'était une belle occasion de lui donner les traits de la sagesse, et d'imiter la Minerve antique; mais ici elle ressemble à une jeune et douillette nonain : Son voile lui paraît apparemment trop pesant, car sa tête en fléchit. La Vierge est mieux, elle est gracieusement ajustée; mais elle n'est que jolie. Cependant, le caractère presque idéal de cette tête, le type, le galbe de sa beauté, sont donnés, sont consacrés pour ainsi dire; il suffit de copier les grands maîtres d'Italie; les Anges sont communs, on les a vus par-tout, et ils rappellent particulièrement ceux des Tableaux de Le Brun. On en pourrait dire autant des autres figures. Ces défauts ne sont pas rachetés par un beau Coloris; il est gris, sans effet; le dessin est faible en général, l'exécution manque de vigeur.

Conclusion : C'est un ouvrage médiocre.

Si ce Tableau n'eût été qu'un de ceux donnés pour occuper les Artistes, pour exercer leur talent, et qui sont souvent relégués au fond d'un Muséum éloigné de la capitale, ou même cachés dans un garde-meuble; fidèles à nos principes, nous nous serions moins étendus sur ces défauts; mais la place que ce Tableau doit occuper nous avertissait d'être sévères : Nous nous sommes proposés d'ailleurs de constater la marche et les progrès de l'Art, et ici, non-seulement il y a absence de talent, mais encore on retrouve une pratique routinière d'exécution, et une espèce de reflet de l'ancien système Académique. Pour peindre ainsi, il suffit d'avoir vu des Tableaux et de copier des Estampes; mais aujourd'hui la méditation et l'observation de la nature ont ouvert aux grands Artistes d'autres routes.

N°. 1. *Un Tableau de Famille.* Tableau de M. Ansiaux, Elève de M. Vincent.

Sous le seul rapport de la composition, la manière dont M. Ansiaux traite les Portraits, ajoute un nouveau degré d'intérêt à celui que les familles ou les propriétaires y attachent par le sentiment et l'amitié; mais il faudrait que le Portrait fût parfaitement peint pour acquérir, comme Tableau de genre, un nouveau mérite auprès des personnes désintéressées. Le Tableau de M. Ansiaux agreablement composé, manque sous le rapport d'exécution, du charme qui règne ordinairement dans ses ouvrages : Il me suffira de rappeler le Portrait de mademoiselle Mézerai, dont l'éclat rivalisait alors avec celui de son modèle.

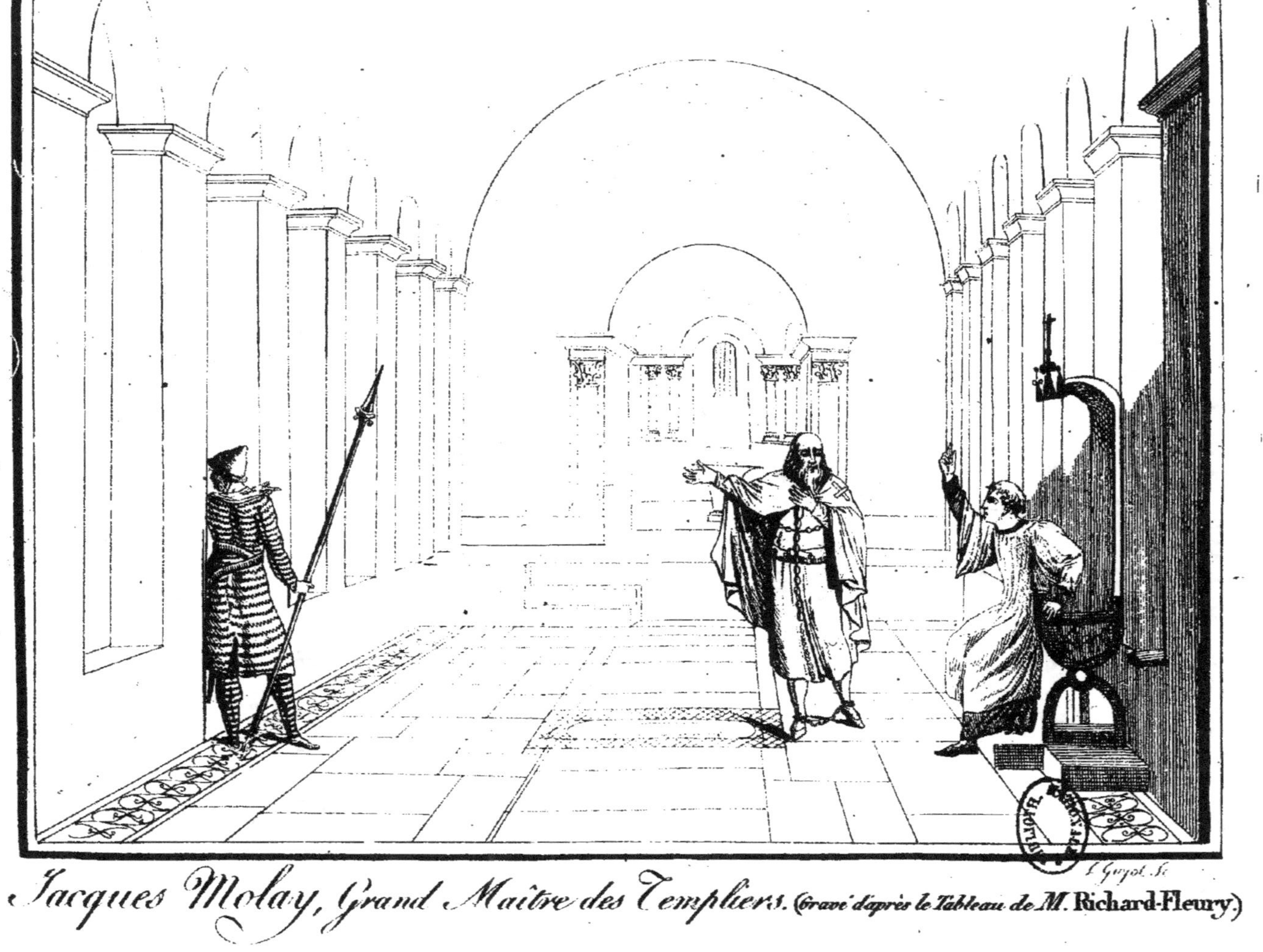

Jacques Molay, Grand Maître des Templiers. (Gravé d'après le Tableau de M. Richard-Fleury.)

No. 432. *Jacques Molay, grand Maître des Templiers.* Tableau de 15 po. 6 lig. sur 1 pied 8 p., par M. Richard, Elève de M. David.

Explication du sujet donnée par l'Auteur.

« Le Grand-Maître allant à la mort, reçoit les « dernières exhortations d'un confesseur ».

Ce sujet est un de ceux qui appartiennent à la justice et à la morale des siècles; déjà les lettres ont vengé noblement un Ordre illustre, victime de la scélératesse et de la calomnie conjurées. La Peinture éternise à son tour le triomphe de Jacques Molay. Il existe déjà ce triomphe, et dans l'histoire et sur notre théâtre, ces deux sources éternelles de véritable instruction. Les belles scènes de M. Raynouard, et le Tableau de M. Richard, survivent déjà aux injures du feuilleton. Cependant, rappelons pour quelques personnes, et sur-tout pour celles qui puisent leur opinion dans un journal, rappelons, dis-je, quelques détails, ou plutôt présentons leur des pièces irrésistibles. Nous aurions pu les puiser dans plusieurs ouvrages allemands, et dans les recherches estimables de MM. Gudin et Grouvelle. Nous nous bornerons à celles qui ont été présentées par l'auteur tragique dans sa Préface. La probité de M. Raynouard et ses lumières de

Jurisconsulte, ne sont pas moins recommandables que son talent en Poésie. Cette discussion n'est point étrangère à un ouvrage sur les Arts, puisque leurs succès dépendent toujours de la générosité de leur direction. Le Peintre, comme l'Historien, doit se consacrer à l'éloge de la vertu, et sur-tout de la vertu malheureuse. Nous allons donc prouver pour son honneur et celui des Arts, que le Peintre a rempli cette double tâche.

Deux pièces irrésistibles prouvent l'innocence des Templiers; la première c'est leur serment, et la seconde leur défense énergique et simple.

Tel était leur serment :

« Je jure de consacrer mes discours, mes « forces et ma vie à la défense des mystères de « la foi, et à celle de l'unité de Dieu, etc. Je pro- « mets aussi d'être soumis et obéissant au Grand- « Maître de l'Ordre... Toutes les fois qu'il en « sera besoin, je passerai les mers pour aller « combattre, je donnerai secours contre les Rois « et Princes infidèles, et en présence de trois « ennemis je ne fuirai point, mais quoique seul « je les combattrai, si ce sont des infidèles (1) ».

---

1) *Juroque me verbis, armis, viribus et vitâ, defensurum mysteria fidei........ etc.* (Henriquez, Privilegia ordinis Cistercensis.)

Telle fut leur défense :

« Les formes légales, disaient-ils, ont été vio-
« lées envers nous.

« On nous a arrêtés sans procédure préalable.

« Nous avons été saisis comme des brebis qu'on
« mène à la boucherie.

« Dépossédés tout-à-coup de nos biens, nous
« avons été jetés dans des prisons affreuses.

« On nous a fait subir les épreuves cruelles de
« divers genres de tourmens.

« Un très-grand nombre de Chevaliers sont
« morts dans les tortures, ou des suites de ces
« tortures.

« Plusieurs ont été forcés de porter contre eux-
« mêmes un faux témoignage, qui, arraché par
« la douleur, n'a pu nuire ni à eux ni à l'ordre.

« Pour obtenir des aveux mensongers on leur
« présentait des lettres du Roi qui annonçaient
« que l'Ordre entier était condamné sans retour,
« et qu'il promettait la vie, la liberté, la for-
« tune aux Chevaliers assez lâches pour déposer
« contre l'ordre.

« Tous ces faits sont si publics et si notoires,
« qu'il n'y a ni moyen, ni prétexte de les désa-
« vouer.

« Quant aux chefs d'accusation que la bulle
« du Pape proclame contre nous, ce ne sont que
« faussetés, déraisons et turpitudes. La bulle
« ne contient que des mensonges détestables,
« horribles et iniques.

« Notre Ordre est pur et sans tache; il n'a ja-« mais été coupable des crimes qu'on lui impute, « et ceux qui ont dit ou qui disent le contraire « sont eux-mêmes faux chrétiens et hérétiques.

« Notre croyance est celle de toute l'Eglise; « nous faisons vœu de pauvreté, d'obéissance, « de chasteté et de dévouement militaire pour « la défense de la religion contre les infidèles.

« Nous sommes prêts à soutenir et à prouver « notre innocence de cœur, de bouche et de « fait, et par tous les moyens possibles.

« Nous demandons à comparaître en personne « dans un concile général.

« Que ceux des Chevaliers qui ont quitté l'ha-« bit religieux, abjuré l'Ordre, après avoir dé-« posé contre lui, soient gardés fidèlement sous « la main de l'Eglise, jusqu'à ce qu'on décide « s'ils ont porté un témoignage vrai ou faux.

« Quand on interroge des accusés, qu'il n'y « ait aucun Laïque, ni personne qui les puisse « intimider.

« Les Chevaliers sont frappés d'une telle ter-« reur, qu'il faut bien moins s'étonner s'ils font « de faux aveux, qu'admirer le courage de ceux « qui soutiennent la vérité, malgré leur péril et « leurs justes craintes.

« Et n'est-il pas étonnant qu'on ajoute plus « de foi aux mensonges de ceux qui, pour sau-« ver leur vie corporelle, cèdent à l'épreuve des « tourmens, aux séductions des promesses, qu'à

« ceux qui, pour la défense de la vérité, sont « morts avec la palme du martyre, et à cette « saine et majeure partie des Chevaliers qui « survivent, et par le seul besoin de satisfaire « à leur conscience, ont souffert et souffrent « encore chaque jour (1) ».

Il reste à présenter le portrait moral de Jacques Molay; il est de la même main.

« Jacques de Molay était né en Bourgogne, de « la famille des sires de Longvic et de Raon; « Molay était une terre du doyenné de Neublaut « au diocèse de Besançon.

« Reçu chevalier vers l'an 1265, il s'était fait « connaître à la cour de France, où il fut tou- « jours traité avec distinction. Il avait eu l'hon- « neur de tenir sur les fonts de baptême Robert, « quatrième fils de Philippe-le-Bel.

« Jacques de Molay était absent quand il fut « élu Grand-Maître à l'unanimité (1).

« Appelé en France par le Pape, Jacques de « Molay arriva avec un cortége de soixante Che- « valiers; il fut bien accueilli par le Pape.

---

(1) M. Raynouard, des Templiers, pag. XLVI XLIX.

(1) *Por conformidade de votos sahio eleito Jacobo de Molay, etc.* (Fereira memorias e noticias historicas da celebre ordem militar dos Templorios; Lisboa, 1735, T. 1. du sup. 688.)

« Ayant appris que les ennemis de l'Ordre ré-
« pandaient sourdement quelques calomnies, le
« Grand-Maître retourna auprès du Pape, et de-
« manda lui-même que la conduite de l'Ordre et
« des Chevaliers fût examinée.

« Cette confiance était permise à sa vertu. Il
« paraît que le Grand-Maître jouissait d'une
« grande réputation de probité et de bonnes
« mœurs.

« L'amitié et les distinctions honorables qu'il
« avait obtenues de Philippe-le-Bel, les égards
« du Pape, l'attestation du roi d'Angleterre ne
« laissent aucun doute à ce sujet.

« J'invoquerais encore le témoignage même
« de ses persécuteurs. On ne lui a jamais im-
« puté aucun de ces crimes honteux, aucune
« de ces dissolutions infâmes qu'on supposait
« être autorisées par les statuts de l'Ordre.

« Cet hommage tacite de ses ennemis est aussi
« honorable qu'authentique.

« Ce chef respectable d'un ordre proscrit fut
« jeté inopinément dans les fers avec les cent
« trente-neuf Chevaliers qui l'entouraient à Paris.
« L'épreuve des tortures, les menaces de l'Inqui-
« siteur, la certitude que les Chevaliers seraient
« condamnés à mort, et que l'Ordre serait dé-
« truit si on ne cédait pas momentanément aux
« projets du Roi; le desir, peut-être pardonnable
« d'épargner le sang des victimes, l'espoir de
« s'entendre avec le Pape et d'appaiser le Roi,

« purent le faire condescendre à un aveu mo« mentané qui portait avec lui-même sa rétrac« tation, tant il était invraisemblable par son « absurdité et par son ridicule.

« J'admets donc, puisque je le trouve écrit « dans l'interrogatoire de l'inquisiteur, et dans « quelques historiens, que le Grand-Maître avait « d'abord répondu que, lors de sa réception, il « promit d'observer les règles et les statuts de « l'Ordre; qu'ensuite on lui présenta une croix « où était la figure du Christ; qu'on lui ordonna « de le renier, et qu'il renia malgré lui; et enfin, « qu'invité à cracher dessus, il avait craché à « terre, et une seule fois.

« Dès que le Grand-Maître connut que l'aveu « qu'on avait exigé de lui, loin d'amener un ar« rangement en faveur de l'ordre, pouvait servir « de prétexte à de nouvelles injustices et à de « cruelles diffamations, il se hâta de donner « l'exemple de la rétractation.

« Oui, cette rétractation du Grand-Maître dé« vança celle de tout autre Chevalier. Ce fut de « la part du chef de l'Ordre un rappel courageux « aux principes de l'honneur et de la vérité.

« Elle fut peut-être plus utile à la cause du « malheur et de la vertu, que ne l'auraient été « ses dénégations continuelles.

« Elle rassura la contenance des Chevaliers « qui n'avaient jamais fait d'aveux, et sur-tout « elle apprit aux faibles qui, en cédant aux tour-

« mens, à la crainte, à la séduction, étaient dé« chus de l'honneur, qu'ils pouvaient encore « retourner à leur devoir.

« Ainsi, l'exemple et le signal du Grand« Maître préparèrent la vertu stoïque et chré« tienne de tant de victimes, qui retractèrent « ensuite leurs aveux, et périrent glorieusement « pour les avoir rétractés.

« Si Jacques de Molay tomba dans une première « erreur, cette erreur devint donc pour lui« même, et pour de dignes Chevaliers, le sujet « d'une gloire nouvelle.

Si non errasset, fecerat ille minus.

« Sans cette erreur peut-être il paraîtrait moins grand (1) ».

Enfin, on oppose à tous leurs calomniateurs le suffrage du grand Arnault. « Un petit nombre « aimèrent mieux être brûlés que d'avoir leur « pardon, en reconnaissant ce qu'ils disaient « être faux; LE BON SENS a fait juger que dix « hommes qui meurent pouvant ne pas mourir « en avouant les crimes dont on les accuse, sont « plus croyables que cent qui les avouent, et « qui par cet aveu rachètent leur vie (2) ».

(1) *Ibid.* pag. 94 et suiv.

(2) Apologie pour les Catholiques, 1681. Tom, pag. 360.

Je crois à des témoins qui se font égorger (1).

Il est tems de revenir au Tableau de M. Richard.

Cette composition rappelle et sent le Peintre d'histoire, c'est une des meilleures de cet Artiste, la tête, l'attitude du Grand-Maître respirent le calme et la dignité d'une conscience pure. Il paraît grand sans effort, et magnanime avec simplicité. Le Prêtre ressemble bien à un enthousiaste livré à des passions ou à des suggestions étrangères. Son geste interroge et semble dire : *Votre grace est le prix d'un aveu;* tandis qu'un seul regard du Grand-Maître a répondu pour lui : *L'honneur m'est plus cher que la vie.* Au même instant il marche à la mort ou plutôt à l'immortalité.

Le soldat, qui n'aurait pu supporter ce spectacle, est tourné vers la porte extérieure, comme si un tumulte s'y élevait; c'est une idée heureuse et juste. Tel est le mérite de la pensée générale; passons à celui des détails de l'exécution. Quelle étendue il y a dans ce Tableau, comme on y marche bien, comme on sent la profondeur de la petite rotonde au bout de laquelle s'ouvre un percé presque magique; comme l'Artiste sait

(1) Racine, le fils.

bien appeler toutes les ressources de son Art au profit de la plus complète illusion; mais pourquoi un anachronisme? La scène se passe dans le quatorzième siècle, où l'on ne connaissait plus que l'architecture gothique ou moresque, le fond qui est d'un gothique du onzième Siècle pouvait exister alors; mais on n'employait pas pour ces édifices, dans le quatorzième Siècle, l'ordre Toscan; cependant, c'est celui des arcades du devant, je crois en deviner la cause. M. Richard aura vu cette salle dont une partie avait été sans doute rebâtie depuis peu, et dont l'aspect et l'effet pittoresque du fond l'auront séduit, il les aura rendus comme il les voyait, et n'aura pensé à y placer la scène du Grand-Maître des Templiers qu'après coup.

A cela près il a bien rendu cette idée; ne cessons de répéter que les figures sont belles, bien dessinées, et la pantomime d'une expression forte et vraie. J'aurais desiré seulement que l'Artiste eût donné au principal personnage une taille un peu plus élevée, qu'il semble avoir à tort, réservée pour le prêtre. Peut-être est-ce l'effet du grand developpement du costume. Au surplus, l'expression de ces figures, leur touche fine et spirituelle, le précieux des détails, la beauté de l'ensemble, l'intérêt vif et profond de la scène, tout concourt à faire de ce Tableau un chef-d'œuvre.

NOTICE

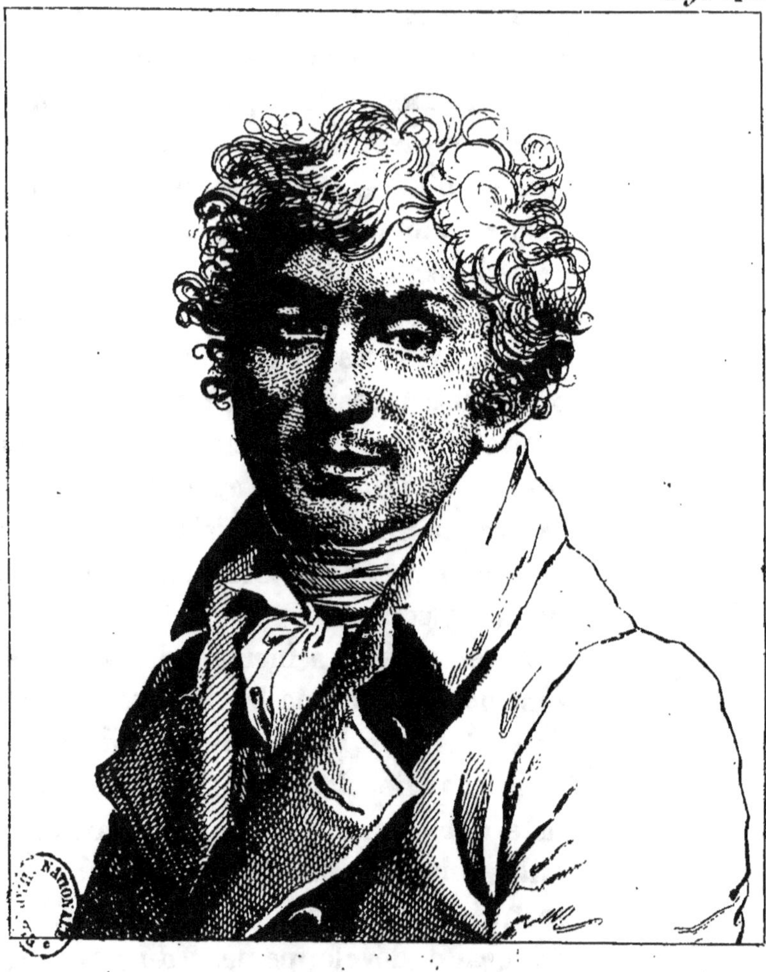

Jean Baptiste Regnault,
né à Paris le 17 Octobre 1754

NOTICE

Historique et inédite sur M. Regnault. (*Pl.* XI.)

M. Jean-Baptiste Regnault est né à Paris, le 17 octobre 1754; son père était lié d'affaires avec un amateur éclairé, qui cherchait tous les moyens d'encourager les talens, et se nommait M. de M... Un jour qu'il mena son fils avec lui, M. de M... fut frappé de l'attention avec laquelle cet enfant regardait les estampes de son cabinet; il lui fit quelques questions, et les réponses du jeune Regnault (il avait alors 7 à 8 ans) décelèrent le goût le plus vif pour le dessin. M. M... lui représenta que les Arts menaient rarement à la fortune, et même à l'aisance; que personne n'était plus malheureux qu'un Peintre médiocre, et que pour réussir, il ne suffisait pas de dispositions presque toujours illusoires; que cet Art exigeait un travail sans relâche, des connaissances profondes, qui ne garantissaient pas toujours le succès.

Le résultat de cette conversation fut que l'enfant persista dans sa passion, et que M. M... y donna les mains, en lui prêtant des dessins que celui-ci copia avec beaucoup d'exactitude et de persévérance (1).

(1) Presque tous les Artistes ont ainsi commencé.

Sur ces entrefaites, le père du jeune Artiste fut appelé en Amérique par des affaires d'intérêt, et il y mena toute sa famille. Le jeune homme fut loin de trouver dans ces climats ce qui pouvait satisfaire ou alimenter son goût pour les Arts; bientôt emporté par la vivacité de son caractère, par l'inexpérience de l'âge et par l'exemple, il voulut voyager, il s'embarqua.

Ceux qui connaissent les ports de mer savent que la plupart des jeunes gens qui les habitent commencent ainsi. Les récits brillans et souvent romanesques des voyageurs, les fortunes prodigieuses de ceux qui reviennent des Iles, enfin le desir de la nouveauté, tout engage les fils de famille à se faire marins, et une fois ce premier pas fait, ils ne songent plus à s'ouvrir une autre carrière.

Telle ne fut pas, heureusement pour les Arts, la suite des destinées de M. Regnault; il était déjà resté à bord 5 à 6 ans, il avait fait plusieurs voyages de long cours, lorsqu'il perdit son père, dont l'épouse revint en Europe, et débarqua au Hâvre; elle avait perdu trois enfans; un seul lui restait, c'était M. Regnault. Au moment où elle faisait toutes les démarches pour savoir ce qu'il était devenu, le hasard ou le bonheur fit que le bruit en vint aux oreilles du Capitaine qui commandait le bâtiment sur lequel était M. Regnault. Ce Capitaine, bon et sensible comme le sont tous les marins Français, s'empressa de remettre un fils entre les bras de sa mère.

Arrivé à Paris, on pressa M. Regnault de se décider pour un état ; il embrassa celui de la Peinture, dont le goût l'avait suivi au sein des voyages et des périls. Il fut revoir M. de M..., qui le fit entrer chez M. Bardin, Artiste plein de talent, et qui partait alors pour Rome. Il servit au jeune Regnault de maître, ou plutôt de père. C'est un éloge qui est souvent sorti de la bouche même de son fils adoptif; nous saisissons cette occasion de rendre justice à cet autre Patriarche de la Peinture qui, avec moins d'éclat, mais non moins de caractère, ouvrit en France, ainsi que M. Vien, les routes du beau, du simple et du vrai. Sa direction fut beaucoup moins remarquée, parce que M. Vien l'emportait sous le rapport du Coloris : celui des Tableaux de M. Bardin n'était point séduisant, et se trouvait d'ailleurs comme écrasé et anéanti par le tapage des enluminures et le ton des décorations qui excitaient alors le brouhaha dans l'Ecole. Cependant, les vrais connaisseurs, et même le public, rendaient justice à M. Bardin. Lorsqu'on fit au Colysée les premières expositions de Tableaux, on y distingua ceux de l'Artiste dont nous venons de parler. On peut à cet égard consulter les Notices du tems, et particulièrement les Mémoires secrets de Bachaumont. Nous ajouterons que M. Bardin qui réunit une grande simplicité de mœurs au talent le plus recommandable, serait plus connu aujourd'hui s'il avait songé davantage à fatiguer la renommée, à en occuper toutes les avenues; s'il avait enfin commenté ce vers d'un satyrique :

Travaillez vos succès bien plus que vos ouvrages.

Mais uniquement occupé de son Art et d'une famille qui l'adore, il a subi sa destinée sans se plaindre, et l'aveugle destinée, après l'avoir rendu long-tems victime de M. Pierre, a fini par le reléguer à Orléans, où il dirige les Ecoles publiques de dessin (1).

A l'Ecole de M. Bardin à Rome, le jeune Regnault cultiva, non-seulement toutes les parties de son Art avec un grand succès, mais encore il perfectionna son éducation négligée, interrompue par ses voyages et par les habitudes de la mer.

M. Bardin a contribué à conserver la simplicité et la pureté du style antique : modeste, n'adoptant aucun système dans l'Académie, il n'a pu faire beaucoup de bruit dans un tems où tout ce qui était pur, tranquille et vrai, était regardé comme absence de talent; cependant il a fait de bons ouvrages, et n'eût-il que la gloire d'avoir produit un Elève tel que M. Regnault, son nom serait à jamais cher aux amis des Arts.

---

(1) Il a été à Orléans le Fondateur de l'Ecole de Dessin, comme M. Bachelier à Paris : il l'a même pendant long-tems soutenue à ses frais. Il fut depuis appointé par la Commune, mais l'année dernière on a réduit ses honoraires à la moitié.

Deux causes influèrent puissamment sur les progrès rapides de M. Regnault ; d'abord, les leçons d'un tel maître, et ensuite l'aspect des chefs-d'œuvre des Arts au milieu de la terre classique ; rare avantage, et tellement inappréciable qu'il est ordinairement la récompense des longs travaux : M. Regnault fut assez favorisé pour en jouir, dès son entrée même dans la carrière.

Ainsi, tandis que les autres n'allaient s'abreuver aux sources du beau, qu'après avoir sucé le poison de la manière académique, il fut assez heureux pour n'être pas réduit à le dégorger, et il fut nourri d'abord du lait de l'antiquité.

Il commença donc par dessiner à l'Académie de Rome avec beaucoup de vérité et de pureté : les contours de ses figures, loin d'être heurtés, étaient coulans ; en général toute sa manière avait de la correction et du charme. Après avoir gagné avec une supériorité marquée les médailles à Rome, il revint avec un talent déjà formé, et conquit facilement toutes les médailles de Paris. Il mit au prix à 21 ans. Le sujet était *Diogène dans son tonneau*, et qui répond à Alexandre : *Retire-toi de devant mon Soleil*. M. Regnault remporta le grand prix avec un avantage décidé sur ses camarades.

En revenant pour la seconde fois de Rome, où il avait terminé le tems de son pensionnat, il arriva à M. Regnault, à Marseille, une aventure dont le résultat prouve combien il était attaché à son Art.

Pendant son séjour dans cette ville, où il s'arrêta long-tems, il se lia avec un riche négociant qui aimait beaucoup les Arts(1). La fille de celui-ci avait pris du goût pour l'Artiste. Le père, dans un moment d'épanchement, lui proposa la main de la jeune personne; elle était fille unique, et apportait en dot une fortune immense. Une seule condition était jointe au contrat, il fallait que le gendre se fixât à Marseille, parce que ce bon père ne pouvait se priver de voir sa fille.

M. Regnault, qui n'avait que la passion de son Art, et qui brûlait du desir de le perfectionner au sein de la capitale, rejeta ces offres brillantes et renonça à la fortune pour se livrer tout entier à la Peinture.

Il s'établit à Paris, et il y vécut long-tems dans un état voisin de la nécessité. Pour s'en affranchir, il employait le peu d'instans de loisir que lui laissaient ses études, à répandre sur la toile tous les jeux, tous les caprices d'une imagination badine et voluptueuse. Ces sujets sont connus et recherchés des amateurs. Son talent lui ouvrit enfin les portes de l'académie en 1782; il fut agréé sur son Tableau de *Persée et Andromède*; ce Tableau se recommandait par un grand goût de dessin; le Persée sur-tout était une figure

---

(1) De toutes les villes de Commerce, Marseille est peut-être la seule où le gout des Arts soit aussi général que vif.

magnifique, mais le ton général tirait trop sur le rose; d'après l'observation qu'on en fit à M. Regnault, il répondit que s'il l'avait fait ainsi c'était pour satisfaire au *goût de l'Académie.* M. Regnault a depuis *coupé ce Tableau*, les bandes servent d'études à ses Elèves, et les fragmens qui en restent font regretter qu'il ait été détruit.

M. Regnault fut reçu en 1783, sur le Tableau de *l'Education d'Achille par le centaure Chiron.* Il est généralement connu, la composition en est simple, et le dessin pur; le corps du jeune Achille est véritablement héroïque, l'exécution en est aussi recommandable que la vérité du Coloris: disons cependant qu'il n'y a de véritablement beau que le Torse et le bras gauche d'Achille. Il attira, il fixa tous les regards dès qu'il fut exposé au Salon. M. Berwick l'a gravé avec un rare burin.

Nous avons oublié de dire que pendant son séjour à Rome M. Regnault y avait fait entr'autres Tableaux un *Baptême de Jésus-Christ par Saint-Jean;* Raphaël Mengs (1) fut si étonné du style, du dessin et de la couleur de cet ouvrage, qu'il le prit pour celui d'un maître Italien, et s'écria: *Questo è di scôla nostra.*

Depuis sa réception, M. Regnault a fait une

---

(1) Artiste trop prôné par Winkelmann, et au-dessous de sa réputation.

Descente de Croix pour la chapelle de Fontainebleau : Elle est au Musée de Versailles.

C'est un des plus beaux Tableaux de M. Regnault; le Christ sur-tout est remarquable; le torse, les rotules, les jambes, et cette figure se soutiendraient à côté des plus savantes académies des Carraches; la Vierge n'est pas moins séduisante, la beauté de la Madeleine est bien inférieure, il règne dans ce Tableau une teinte mystérieuse, une harmonie suave; l'exécution en est si vigoureuse, qu'il approche d'un Tableau de grand Peintre d'Italie. Un des Elèves de M. Regnault, et qui croyait ce Tableau d'un ancien maître, eut le plaisir d'apprendre qu'il était du sien. Les Elèves même de David en font le plus grand cas.

Il serait difficile de donner la nomenclature complète des ouvrages de cet Artiste laborieux; sa modestie s'est constamment refusée à toutes les instances que nous avons faites pour l'obtenir de lui-même. Nous nous contenterons donc de rappeler, quoique sommairement, quelques-unes de ses principales productions, nous citerons la *Mòrt de Priam;* l'ordonnance en est imposante, il y a de l'intérêt et du mouvement; les figures, sur-tout celles en avant, sont groupées aveo Art, tous les Personnages sont caractérisés, on reconnaît la tête vénérable de Priam, la douleur majestueuse d'Hécube, la fougue de Pyrrhus, mais une de ses jambes paraît trop écartée. Polyxène, par le double intérêt de sa beauté et de ses malheurs, semble être le premier Personnage de cette grande scène.

Le Tableau d'*Iphigénie en Tauride* réunit au mérite de la composition celui de l'expression. On admire les deux héros de l'Amitié, Oreste et Pylade, mais la pose d'Iphigénie n'est pas aussi heureuse que le reste, et la couleur générale du Tableau est un peu grise.

La Liberté ou la Mort, est une composition absurde quant à la pensée, froidement parallélique quant à l'exécution. Le génie était une magnifique Académie, la plus belle qui soit sortie des pinceaux de M. Regnault. La figure de de la Femme celle d'une Vierge, et la Mort le plus hideux des spectres, mais peint avec le plus grand style. Ce sujet ressemblait à une page du Dante, mais du Dante lorsqu'il est bizarre. Je préfère la composition du *Déluge*, ce Tableau est d'un prodigieux effet.

Un homme, autour duquel tout est submergé, veut sauver son père et son épouse; celle-ci élève entre ses bras son enfant dont les cris mêlés aux siens implorent le plus prompt secours. Ce malheureux se voit placé dans l'horrible alternative, pour sauver l'un ou l'autre, de perdre son père ou de sacrifier son épouse et son fils.

Cette situation est du plus grand intérêt dramatique; le dessin et le Coloris y répondent, tout est fini, et traité cependant d'une touche large; l'enfant et la tête de la mère sont de la plus haute expression; l'anatomie du principal personnage, est bien accusée, la jambe est supérieurement dessinée, le ton général est extrêmement harmonieux, beaucoup d'Artistes regardent ce Tableau comme le chef-d'œuvre de M. Regnault, et le préfèrent à son Tableau d'*Achille élevé par le Centaure*.

Rappellons quelques autres Tableaux.

Hercule délivrant Alceste.

Hercule développant ces muscles vigoureux dont l'énergie le fait reconnaître, soutient Alceste d'un bras, et de l'autre porte sa massue; il est fier de son action, tandis que la belle tête d'Alceste exprime le bonheur et le desir de revoir encore son cher Admete. Ils sont déjà sortis: sous la voûte d'un rocher on découvre la barque de Caron, le Styx, la profondeur des Enfers; il en résulte un effet de lumière très-piquant. Ils sont nus tous deux, comme il convient au séjour des ombres, ce qui a donné à l'Artiste le moyen de faire ressortir son talent pour le dessin, qui exprime dans l'un la force, et dans l'autre la grace.

La Mort de Cléopâtre.

Ce joli Tableau de chevalet est un des meilleurs de M. Regnault; style, dessin, couleur, tout y charme; ce contraste d'images sombres, cet aspect de la mort, ce dévouement des Esclaves de Cléopâtre, tout porte à l'ame une impression profonde.

Socrate et Alcibiade.

Ce Tableau charmant rappelle toutes les graces d'Alcibiade; il les rappelle trop, peut-être, car la pose est un peu manièrée. Cette figure a d'ailleurs quelque chose de la beauté des figures antiques; la couleur générale du Tableau est vive, brillante et harmonieuse.

Les trois Graces.

Elles sont grandes comme nature; à leur pose aimable, à leurs traits, au ton frais qui les colore, et aux charmes du Pinceau qu'elles ont inspiré, il est impossible de les méconnaître.

Mars désarmé par Vénus.

Sujet traité souvent, et dans lequel, malgré le charme du Pinceau, M. Regnault n'a pas fait oublier ses prédécesseurs. L'architecture était du plus mauvais goût.

La Mort du général Desaix.

Ici la scène est moins étendue que dans le Tableau de M. Broc; tout l'intérêt est concentré sur deux personnages. La noblesse de Desaix mourant, la haute expression de douleur répandue sur la figure de son aide-de-camp, le jeune Le Brun; l'empressement de celui-ci à secourir son général, tout inspire le plus vif intérêt. Le cheval est magnifique et aussi bien dessiné que les figures, le ton général du Coloris, quoiqu'un peu noir, est de la plus grande vigueur, ainsi que l'exécution.

Hâtons-nous d'arriver au Tableau qui recommande le nom de M. Regnault à la postérité : C'est la *Marche triomphale de l'Empereur Napoléon vers le Temple de l'Immortalité*, exécuté pour un des plus grands plafonds du Palais du Sénat.

L'Empereur assis sur un char, et vêtu des ornemens impériaux, vient de passer sous un arc triomphal ; Mars est assis à sa droite, le héros s'appuye sur l'épée du Dieu, sa main gauche est posée sur les tables de la loi, et de ce côté on voit Minerve appuyée sur son égide, sa lance à la main ; elle est assise dans une attitude calme et rêveuse : au-dessus du char plane la renommée, elle publie les hauts faits de Napoléon, et pose sur la tête du héros la Couronne de l'Immortalité. Cependant, l'Aigle des Césars s'élève au plus haut des Cieux, la Tolérance est debout devant le Triomphateur ; une flamme céleste brille sur le front de la douce Divinité, ses yeux tournés vers le Ciel semblent le remercier d'être entendue. Elle réunit les emblêmes des Religions diverses, tels que le Soleil, le Feu, le Serpent et le Triangle de Jéhova. Près d'elle on apperçoit la Justice appuyée sur un faisceau ; la Balance est dans ses mains. Près du Quadrige la Paix conduit l'Abondance et la Richesse, caractérisées par deux enfans, dont l'un tient la corne d'Amalthée, et l'autre sous la figure de Plutus, étale l'or et les pierreries. Derrière ce groupe, le génie de la Légion d'Honneur est monté sur un Lion, symbole de la Force.

Sur le premier plan, l'Agriculture couronnée d'épis supporte une corne d'abondance; le Dieu du Commerce sous les traits de Mercure, est debout derrière elle; près d'eux les Arts sont représentés par une femme assise sur un chapiteau, une palette et des pinceaux à la main. Différens génies, l'un couronné de lauriers, l'autre soulevant une ancre, un troisième méditant sur un problême de Géométrie; enfin une lyre, un globe céleste, indiquent la Poésie, la Marine, la Géométrie, l'Astronomie et la Musique.

Nous ne pouvons nous empêcher de trouver un peu de confusion dans ces objets, et sur-tout dans la pensée qui les a rapprochés, mais tel est l'écueil du genre allégorique : C'est en vain qu'un Poète a dit :

L'allégorie habite un palais diaphane;

Ce Palais sera toujours enveloppé de brouillards.

Telle est la moitié de la scène exposée sur le premier plan; on voit ensuite la Muse de l'histoire Clio, elle trace sur un bouclier les fastes de Napoléon; à ses pieds sont épars des volumes entassés, sur lesquels sont décrites les actions glorieuses de ce Héros; mais le Tems, qui seul a droit de les consacrer, s'empare du bouclier; idée véritablement poétique, et qui fait regretter que le Peintre en ait été aussi avare.

En arrière, Hercule armé de sa massue terrasse les monstres, l'Ignorance, le Fanatisme, l'Anarchie, et tient enchaînés la Discorde et le Léopard furieux, qui vomissent le sang et la flamme.

La Victoire vole et précède en distribuant des palmes et des couronnes; elle indique et désigne par son mouvement le Temple de l'Immortalité comme le but de ses courses triomphales; des Guerriers portent les drapeaux des Nations des diverses contrées, et ferment le cortège.

Sur l'avant dernier plan à droite, s'élève un Temple circulaire et d'ordre Corinthien; il domine sur un vaste Cirque d'ordre Ionique, et qui occupe le fond du Tableau. Ce Temple est celui de l'Immortalité; sa voûte touche à celle du Ciel. A l'entrée du Parvis et sur les marches, apparaît la France, devant laquelle marche son génie; il porte la couronne et le sceptre de Charlemagne, et s'empresse de les offrir à Napoléon; il lui désigne en même tems un trône rayonnant de gloire, qui s'élève au milieu du Temple, et sur lequel on lit: NAPOLÉON. Autour du cortège et sur le passage du Triomphateur, des Vierges sèment des fleurs, brûlent des parfums. L'Artiste a voulu exprimer ainsi l'allégresse et le bonheur public. Une foule immense occupe le Stylobate du Temple, remplit le fond du Tableau, et semble faire retentir l'air de ses acclamations.

Cette grande et magnifique scène se développe sur un Théâtre d'environ 30 pieds de large sur 16 de hauteur. Ce Tableau occupe tout un côté du vestibule qui précède la salle où le Sénat tient ses séances; c'est, non-seulement le plus grand ouvrage de l'Artiste, c'est encore la plus vaste machine que l'on ait exécutée depuis les fameuses batailles d'Alexandre si admirablement peintes par Le Brun, et que nos Artistes devraient sans cesse consulter, sur-tout aujourd'hui. Nous nous sommes déjà expliqués sur l'allégorie : Tranchons le mot, et disons que l'allégorie en Peinture est une espèce d'écriture hiéroglyphique, presque toujours vague et obscure.

Et d'abord, comment exprimer des êtres abstraits, c'est-à-dire, des fantômes métaphysiques? Ils disparaissent dès qu'on leur donne un corps. Les fictions sont bien loin d'être aussi heureuses en Peinture qu'en Poésie; et pourquoi? C'est que la Poésie développe successivement l'action pour laquelle le Peintre n'a qu'un instant. En effet, il n'a qu'un mot à dire, et il est difficile que ce mot soit toujours clair, et fût-il clair, en définitif ce mot ne peut tenir lieu d'une phrase complète.

Ajoutons que le Peintre, pour exprimer les êtres, ne dispose que des moyens physiques, c'est-à-dire, des lignes et des surfaces, tandis que le Poète trouve toujours sous ses mains toute l'étendue de la nature, soit physique soit morale.

Le mérite de la Poésie est donc infiniment rare dans ce Tableau, comme il l'est d'ailleurs dans toutes les Peintures allégoriques. Il reste à l'examiner sous le rapport pittoresque. On remarque d'abord que la grande multitude des figures n'introduit pas trop de confusion dans le Tableau; l'ordonnance en est grande et imposante, malgré la multiplicité des lignes; tous les plans sont nets et sentis, et la perspective juste, se dessine, s'enfonce, et fuit avec une illusion qui approche de la vérité; les masses de lumière et d'ombre sont distribuées et prononcées avec art et fermeté; le clair obscur est entendu avec une grande intelligence; enfin, l'air circule entre les figures, de manière que l'œil embrasse bien distinctement tous les groupes, et tourne à l'entour.

Le dessin est pur, les contours doux et coulans, les airs de têtes agréables, les femmes respirent la grace et l'élégance; on remarque sur-tout les figures de la Victoire et de la Renommée. L'attitude du Vainqueur est héroïque; sa pose est différente de celle des anciens Triomphateurs; ils étaient debout, il est assis. Ceux qui auraient voulu qu'on le représentât à la manière des Anciens, se fondaient d'abord sur l'autorité de l'usage, et ensuite sur le caractère d'un vainqueur qui n'a jamais pris pour lui-même le repos. Ceux qui ont décidé de la pose adoptée, ont voulu sans doute marquer par là que le

Triomphateur actuel n'avait rien de commun avec ceux de l'antiquité, comme leur étant supérieur.

Si on considère le Coloris, on est séduit par la fraîcheur des carnations, par le ton brillant des draperies et des accessoires. L'Artiste a d'ailleurs imprimé à l'exécution générale cette fermeté qui semble particulière à son talent; on connaît sa prodigieuse facilité : il a mis très-peu de tems à cet ouvrage immense.

En général, M. Regnault, comme Peintre, n'a suivi aucune manière: il obéit à la seule impulsion de son génie, dont l'inspiration est aussi diverse que facile et prompte. Il traite chaque sujet avec le style qui lui convient.

La pureté du dessin et le charme du pinceau, s'unissent chez lui à une grande vigueur d'exécution : aucun Artiste n'a peut-être mieux peint un Torse.

Sa manière de dessiner sur le papier est large et ferme. M. Regnault copie Michel-Ange avec une rare perfection, et ce mérite est d'autant plus remarquable que le naturel et la grace dominent dans ses ouvrages.

Le caractère de cet Artiste n'est pas moins recommandable que son talent.

M. Regnault est d'une société douce, aimable, gaie; son commerce est agréable, et son ame est ferme : excellent père de famille, il fait le bonheur d'une femme charmante et vertueuse dont il a eu plusieurs enfans; l'un d'eux sert déjà comme officier avec distinction, les autres promettent aussi des talens, l'un d'eux est, malgré sa jeunesse, excellent musicien, et donne l'espérance d'être célèbre dans cet Art. Leur mère est Artiste et peint le Portrait à l'huile; elle reçoit dans son atelier de jeunes demoiselles, dont quelques-unes sont déjà aussi célèbres que les Elèves de M. Regnault : il suffira de citer Mesdemoiselles Lorimier, madame Auzou, madame Romany. Voyez ci-après les articles qui les concernent.

L'atelier de M. Regnault est un des plus considérables et des plus célèbres : on peut s'en convaincre par le mérite de ses élèves. Au premier rang brille ce jeune Guérin, qui débuta dans la carrière par un chef-d'œuvre; il suffit de nommer son Tableau de *Marcus Sextus.* Nous avons admiré, quoiqu'il soit inférieur au premier, le Tableau de *Phèdre et Hippolite;* c'est pour nous une raison de plus de gémir sur le repos d'un Pinceau jeune, habile, et duquel on attend de grandes choses : M. Guérin n'a point exposé au Salon, cette année.

Distinguons encore M. Crespin qui, brûlant comme Vernet, son modèle, des doubles feux du génie et du courage, a fait plusieurs campagnes sur mer pour apprendre à représenter sous leur véritable aspect, le calme, les tempêtes et tous les détails de l'Art nautique.

Pourrais-je oublier M. Lefebvre, l'un de nos meilleurs Peintres de Portraits, dont le pinceau est si moëlleux, dont la couleur a tant de charmes? M. Menjaud, auquel nous devons un des plus agréables Tableaux exposés au Salon; *Le Roi Candaule et Gygès* (Voyez cet article). MM. Le Mire, Bourdon, Vautier, Henri, Lafitte, qui figurent également avec honneur dans l'exposition actuelle. (Voyez leurs articles.) Enfin, M. Boisselier qui a gagné le grand prix cette année, et M. Blondel qui l'a obtenu l'année dernière.

SUITE DU SALON DE 1806.

N°. 362. *Jeanne de Navarre*. Tableau de mademoiselle Lorimier (Henriette), Elève de M. Regnault. (*Pl.* XII.)

Explication du sujet donnée par l'Auteur.

« Jeanne de Navarre conduit son fils Arthur
« au tombeau qu'elle a fait élever à la mémoire
« de son époux Jean IV, Duc de Bretagne, sur-
« nommé *le Conquérant*, mort en 1399, et l'en-
« tretient des vertus et des malheurs de son
« père. »

Non satis est pulchra esse poemata, dulcia sunto.

Horat.

Le secret dans tous les Arts est de parler au cœur : voilà pourquoi les scènes même les plus communes d'un Drame nous émeuvent ; mais le véritable intérêt se puise toujours au sein de la famille. Montrez-moi donc des mères, des pères, des époux, des enfans ; qui ne serait alors touché de leurs malheurs ? il devient en quelque sorte le nôtre, par la réflexion et par un juste retour sur nous-mêmes.

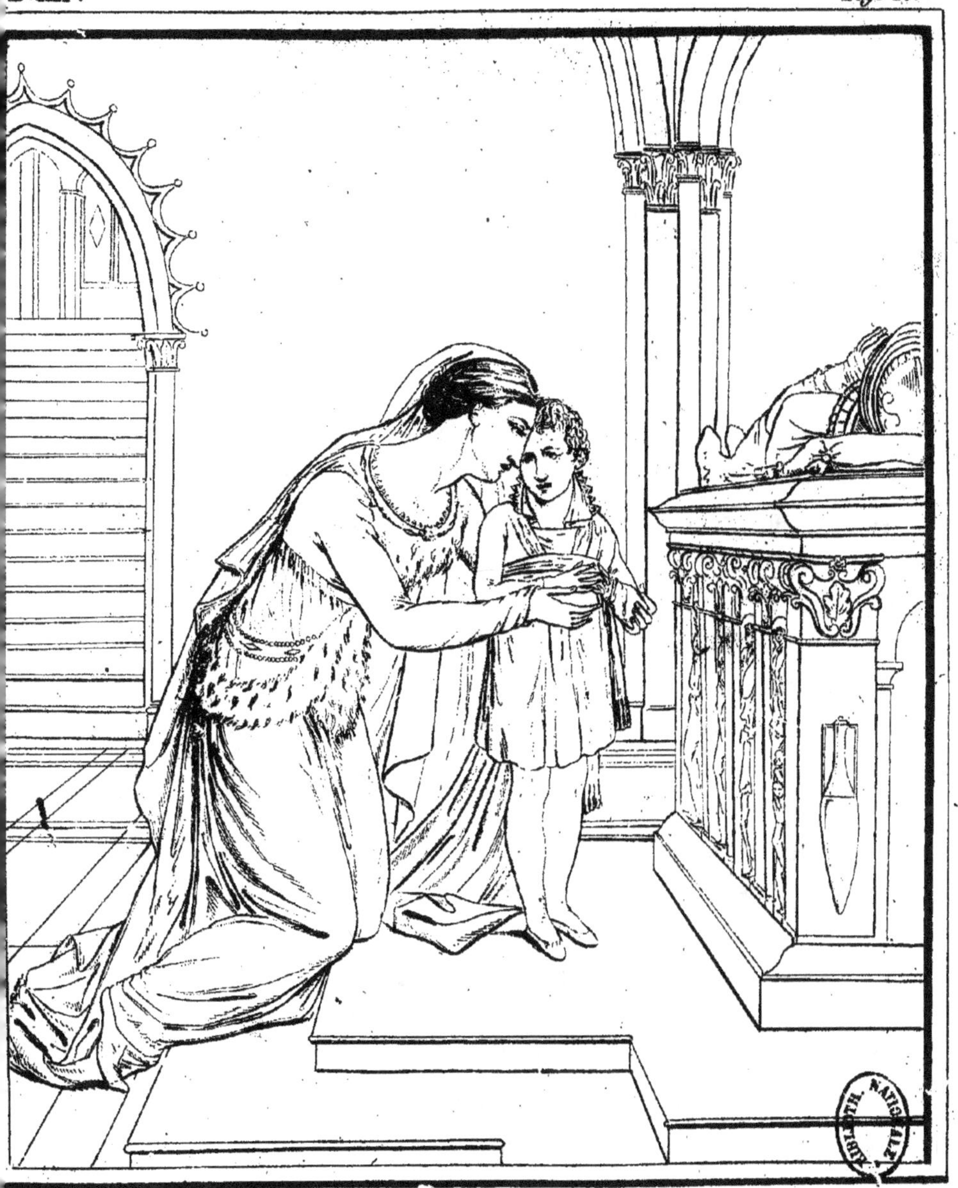

Guyot. sc. Mlle Lorimier pincta

Jeanne de Navarre. (Gravé d'après le Tableau de Mlle Lorimier.)

Qui ne doit en naissant, tribut à la douleur!

Qui de nous n'a pas à gémir sur des pertes particulières! Telle est la source du charme mélancolique qui nous saisit à la vue de ces représentations dont l'objet semble être de nous avertir des infortunes que nous avons éprouvées ou qui nous attendent.

Que si les Personnages sont d'une condition élevée, il me semble que l'impression, comme tombant de plus haut, retentit plus profondément dans notre cœur : ces réflexions s'appliquent naturellement au Genre adopté par mademoiselle Lorimier, et pour lequel elle paraît avoir une vocation particulière.

Cette jeune Artiste se complaît dans les sujets où la grace est unie au sentiment. Je me ressouviens de ce charmant Tableau, où l'on voyait une jeune Mère s'affliger de ce qu'elle ne pouvait allaiter son Enfant, et de ce qu'une Chèvre remplissait sa place : aujourd'hui, dans un Tableau plus attendrissant et dans un style plus héroïque, mademoiselle Lorimier nous retrace encore une Mère affligée et s'occupant de son Fils. Cette Mère sensible déplore la perte d'un époux vertueux et chéri, et déjà l'éducation de son fils fait ses plus chères délices et son unique consolation ; elle lui retrace, avec sensibilité, les malheurs et les vertus de son illustre père, et voit, avec une douce satisfaction, le jeune enfant l'écouter avec intérêt et joindre ses petites mains pour prier le ciel de lui être propice.

Cette scène mélancolique et sentimentale se passe devant le tombeau de l'époux de Jeanne; elle est éclairée par un jour doux et tranquille, et l'auteur l'a rendue avec tout le charme, avec toutes les graces que son sexe, et particulièrement les Françaises, savent mettre dans les Ouvrages où elle ne sortent point de leur caractère. En Angleterre, on eût traité tout autrement un tel sujet; on en aurait fait une scène de cimetière, exprimée par des gestes forcés et mêlée d'épisodes dégoûtans, qui auraient produit ou la terreur ou le dégoût. Cependant, il faut en convenir, il y avait entre ces deux manières un terme mitoyen. Pourquoi prodiguer les *lumières les plus roses et les plus blanches?* pourquoi cet éclat général? Une teinte mystérieuse sans être sépulcrale, en un mot, ce jour livide, cette espèce de crépuscule qui règne en plein jour dans les Eglises gothiques, ne convenait-il pas mieux à la scène? et des vêtemens plus sombres n'auraient-ils pas été davantage en harmonie avec ces regrets, avec ces souvenirs mélancoliques? Avertissons mademoiselle Lorimier de se tenir en garde contre le Système qui entraîne aujourd'hui quelques Elèves de l'Ecole Française, et qui séduit le Public et sur-tout les Femmes; je veux dire cette manie d'éviter un ton trop prononcé, d'affadir presque le Pinceau, et de ne rechercher que le brillant du Coloris. Cet abus a écarté de la route du vrai, une Artiste estimable, madame Chaudet (1). Il faut ne songer qu'à son Art, ou plutôt qu'à la nature : les jugemens des connaisseurs sont avant celui du public ; ils contribuent souvent à le rectifier : malheur à quiconque ne caresse que le goût de la multitude. On commence par corrompre son talent, on finit par perdre sa réputation.

Le talent de mademoiselle Lorimier paraît s'être affermi ; la composition générale du Tableau est simple et pathétique ; la physionomie de la mère est pleine d'expression ; la douleur de l'enfant est ingénieuse ; toute la pantomime est sentimentale et gracieuse ; le dessin est plus correct que celui des premiers Tableaux de mademoiselle Lorimier. Cependant, les extrémités inférieures du principal Personnage paraissent trop longues, l'enfant ressemble trop à une ombre heureuse, à un fantôme des Champs-Elisées ; peut-être que l'exécution générale est un peu molle et le ton factice ; l'alignement du cadre écrase trop les figures ; elles gagneraient beaucoup, si on pouvait les apercevoir à travers tout le développement de l'Architecture. Celle du tombeau n'est pas exacte : il présénte la confusion des deux styles grec et gothique ; il suffit,

(1) Voyez ci-après l'article qui concerne madame Chaudet.

pour s'en convaincre, de considérer le profil des moulures, les figures et les lacrymatoires.

Une faute plus grave est celle contre le costume : celui des personnages nous a paru postérieur, d'un siècle, à l'action ; il est vrai qu'il est beaucoup plus pittoresque. Le charme de l'ensemble, l'Art avec lequel sont peints les détails et sur-tout les étoffes, la suavité du pinceau, tout promet une Artiste du premier rang dans ce Genre que mademoiselle Lorimier a créé, à moins que par un abus auquel cette manière touche de près, la grace de cet aimable talent ne dégénère un jour en afféterie et en mollesse.

Nº. 65. *La Mort du Général Desaix.* Tableau de M. Broc, Elève de M. David. (*Pl.* XIII.)

L'Auteur n'a point donné l'Explication particulière du sujet de son Tableau.

Ce Tableau, quoique faiblement peint, frappe et saisit les regards, tant est grande l'influence du sujet. On se dit : *c'est la Bataille de Marengo.* En voici le plus douloureux épisode. Le brave Desaix succombe au moment du combat et du triomphe. Il n'est plus, celui dont l'Europe et les déserts de l'Arabie admirèrent les vertus mo-

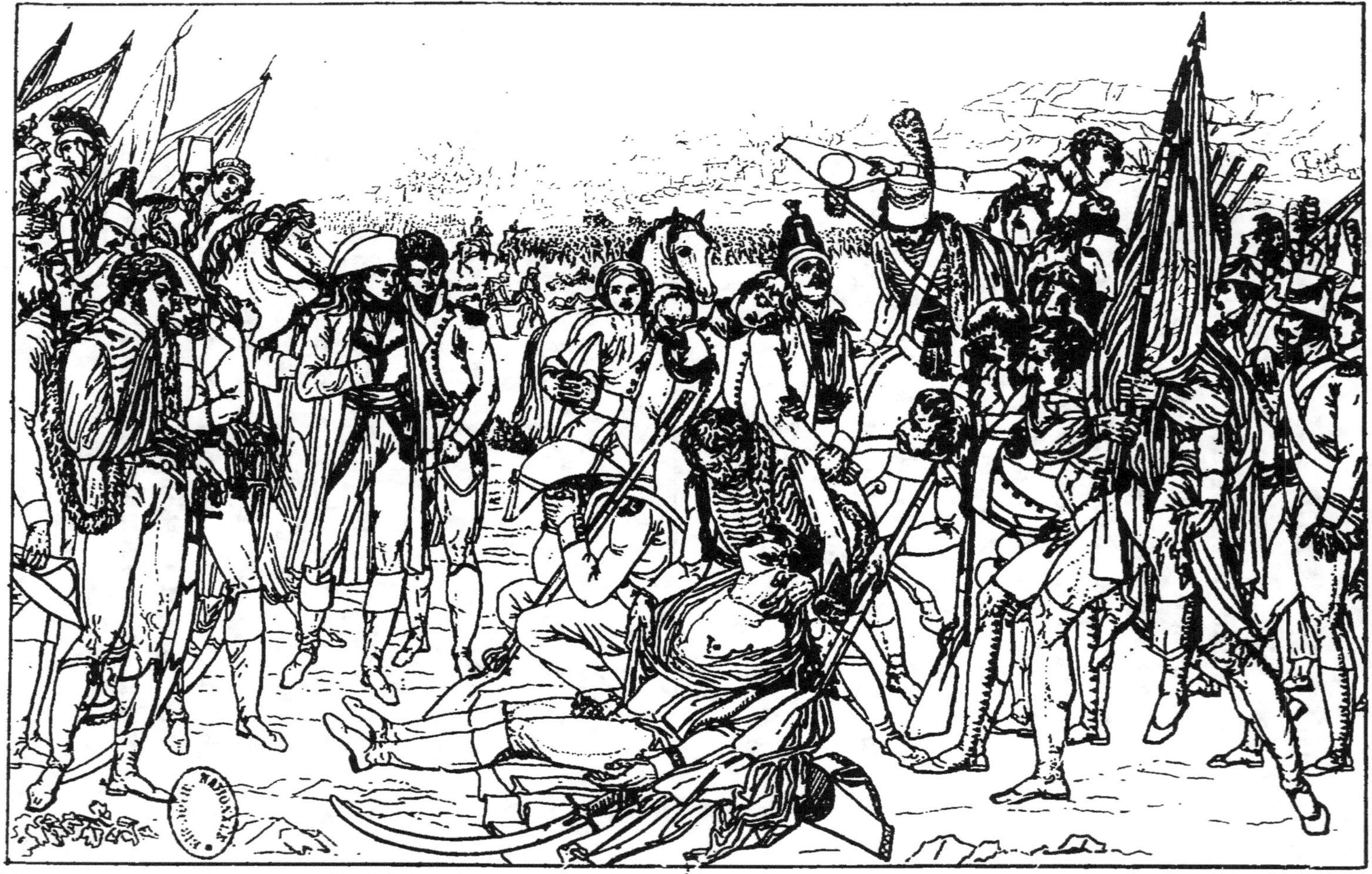

Mort du Général Désaix à la Bataille de Marengo

rales et héroïques! Les Arabes l'appelaient le *Soudan juste;* et les braves le nommaient *Brave.* Il semblait né pour rappeler, au sein de la corruption des tems modernes, toute la loyauté, toute la simplicité des Preux antiques. Il tombe, mais la Victoire console ses derniers regards, et il emporte la satisfaction d'être plaint et regretté d'un Héros.

Tel est le sentiment que le Peintre a exprimé. La douleur de cette grande perte est universelle; Officiers, Soldats, tous la partagent, tous laissent échapper des larmes généreuses; et ces fiers courages, insensibles pour eux-mêmes, s'attendrissent sur le sort de ce guerrier, expirant, comme Achille, sur une moisson de lauriers.

Il faut savoir gré à l'Artiste d'avoir nuancé l'expression de cette douleur; elle est plus vive dans les conditions communes: des soldats, des enfans pleurent leur père; des officiers, ses camarades, ses amis éprouvent un abattement qui participe moins du désespoir: leurs yeux sont accoutumés, depuis long-tems, à mesurer les profondeurs de la tombe: les rangs les plus éloignés de la scène expriment une curiosité vive; les principaux Personnages de ces derniers groupes interrogent ou répondent.

Au centre du Tableau, le Héros vainqueur songe à venger cette illustre victime et à couvrir sa tombe de lauriers; bientôt, par ses soins, elle s'élèvera sur les hauteurs du Saint-Bernard.

Cette attitude calme et généreuse convient au Général en chef, en un mot, à l'homme dont les regards planent sur les destinées ; et c'eût été ne pas connaître son caractère, que de le représenter autrement.

Il ne manque à ce Tableau, dont la composion me paraît bien entendue, et la pantomime très-juste, que d'être mieux peint ; la touche en est lourde et la couleur peu harmonieuse ; il y a quelques incorrections dans le dessin ; les figures, sur le dernier plan, ne reculent pas ; la poitrine, où le général Desaix a reçu une large blessure, est boursoufflée et verte comme serait celle d'un cadavre de plusieurs jours, et c'est l'instant où ce guerrier expire.

J'ai relevé le mérite de l'ensemble et les défauts des détails, cependant, même dans ces derniers, plusieurs parties sont dignes du Sujet.

N°. 211. *Portrait en pied de M. Dugrand dans le rôle du Bourru Bienfaisant.* Tableau de 2 pieds sur 1 pied 8 p., par M. Garnerey, élève de M. David.

Cet Artiste sait allier assez heureusement le

genre flamand au style français. Il excelle dans les accessoires, et sous ce rapport, son Tableau me paraît appartenir au Genre plutôt qu'au Portrait. C'est celui d'un Acteur plein de chaleur et de vérité. Nous l'avons vu rappeler, sans caricature, Préville dans le rôle du *Bourru bienfaisant*. M. Dugrand manque au Théâtre Français, où il rendrait les plus grands services, dans une espèce de rôles, où l'on ne remarque plus que des vides. Il y a une grande vigueur dans l'effet général de ce Tableau, la couleur a de la transparence; la tête est bien modelée, les étoffes sont vraies et brillantes, mais le rouge domine trop; le fond est d'un ton gris, trop crud, et par conséquent il manque d'air.

Le tapis et les accessoires rappellent la vérité de ceux des Peintres Hollandais.

N°. 203. *Ossian*. Tableau de 4 pieds 6 p. sur 6 pieds 2 p., par M. FORBIN.

Explication du sujet donnée par l'Auteur.

« *Ossian* a survécu à tous les siens; errant dans les
« déserts de la Calédonie, il a gravi, au moment
« de la fonte des neiges, l'une des sommités du
« Cromla, il revoit les ruines du palais de Selma,

« le Laura se précipitant dans le lac Lennau, et « les bruyères désertes qui furent le Théâtre des « exploits de ses pères. A son émotion a succédé « une rêverie profonde, pendant laquelle il croit « voir passer au milieu des orages qui grondent « sur sa tête, l'ombre de *Fingal* son père, appuyée « sur son frère et sur Moïna. Une jeune fille « porte en triomphe derrière eux le fruit de leur « chasse aérienne, et leurs chiens les suivent en « aboyant ».

Ce Tableau est plus extraordinaire que beau. Ce sujet appartient en Peinture à MM. Girodet et Gérard, comme en poésie à MM. Chénier, Baour et Ducis. Toutes les imitations d'Ossian que l'on comparera aux leurs paraîtront faibles. Ici le ton général est d'une grande monotonie. Contribue-t-il dans ce sujet mélancolique et sombre à augmenter ou à diminuer l'effet? Je n'ose prononcer.

Ces sortes de sujets n'ont-ils pas égaré plusieurs Artistes, et ceux-ci ne doivent-ils pas se méfier de leurs prestiges? Sont-ils bien du ressort de la Peinture? Un écrivain, un poëte, peuvent s'égarer dans les espaces imaginaires des êtres abstraits, des rêves, des ombres, des chimères, et même de la métaphysique; mais un Peintre ne peut guères représenter que des objets pris dans la nature, et pouvant frapper les regards, en prenant des formes et des couleurs, etc.; son Art est essentiellement un Art d'imitation: Or, dans tout ce qui a pu s'imiter, ce Tableau n'est pas sans mérite, il est bien composé, et l'Artiste a donné une vaste étendue au lieu de la scène. Tout ce qui est d'après la Nature est rendu; la mer, les vapeurs, et sur-tout les rochers et cette mousse transparente qui les couvre, sont bien accusés, les lointains sont vaporeux et fuyent : mais le ciel est lourd et les nuages paraissent gauchement déchirés. Quant à ces figures fantastiques, il n'y a point d'objet de comparaison pour les juger.

No. 125. Un Tableau. — *Portraits des Enfans de M...., jouant avec un Chien dans un jardin.* Par M. Danloux.

No. 126. *Portrait de Madame la Princesse de Santa-Croce.* Par le même.

Il semble que le climat nébuleux de l'Angleterre que les brouillards de la Tamise soient funestes aux Arts d'imitation, particulièrement à celui de la Peinture. M. Danloux n'est par le seul qui ait fait cette fatale expérience. C'est ainsi que madame LeBrun a vu s'éteindre le feu de son Pinceau au milieu des glaces de Pétersboug : voilà pourquoi Voltaire écrivait :

« O vous, messieurs les beaux esprits,
« Faites tous vos vers à Paris,
« Et n'allez point en Allemagne ».

M. Danloux, avant de partir de Paris s'était annoncé de manière à donner les plus hautes espérances; il traitait, avec un égal succès, le Portrait et l'Histoire : malheureusement le Portrait de madame la Princesse de Santa-Croce n'est pas fait pour donner une idée du talent de l'Artiste. Le Dessin, sur-tout celui des mains, est incorrect; elles sont trop petites. Les draperies n'accusent pas bien le nu; les plis n'en sont pas heureux. Ou la figure du fond de la galerie est trop petite, ou le ton n'est pas assez prononcé pour l'éloignement de la perspective.

Le ton général est faux; les ombres sont grises; les clairs, plâtrés, sur-haussés de couleur de rose; cela rappelle les beaux tems de Boucher, l'époque où l'enluminure tenait lieu d'effet. Les gens du monde, qui ne se connaissent pas en Peinture, et sur-tout les Femmes, aiment ces couleurs factices; mais un Artiste doit-il pousser la complaisance jusqu'à sacrifier la vérité, son talent, sa réputation, et même son intérêt ; car l'Imitation exacte de la nature finit par triompher des Systèmes, et l'on préférera toujours une figure animée, non seulement par l'expression, mais encore par ce ton de vie qui résulte de la manière de traiter les chairs ; on voit alors le sang circuler sous la peau. Quelle différence entre ces physionomies et ces poupées coloriées, c'est-à-dire, tels ou tels Portraits modernes.

Le portrait des enfans de M. . . . . . , jouant avec un chien dans un jardin, est mieux, la composition en est animée, mais le ton généralement encore gris et froid ; le plan des figures n'y est pas assez décidé ; l'Architecture est mesquine et ne produit aucun effet. Le Chien a l'air vivant. Ici, M. Danloux a sans doute mieux réussi, parce qu'il a copié la nature, et parce que le modèle n'a pu lui demander de l'embellir.

No. 100. *Portrait de la Princesse Lètitia, fille de S. A. I. la Princesse Caroline, Grande Duchesse de Clèves et de Berg.* Tableau de sur par madame Chaudet.

No. 101. *Portrait du Jeune Oscar, fils du Maréchal Bernadotte, Prince de Ponte-Corvo*, par la même.

N°. 102. *Portrait de madame Augustin*, par la même.

N°. 103. *Une Femme ayant attaché son Enfant sur son dos, est prête à s'échapper de sa Prison*, par la même.

N°. 104. *Portrait de Mademoiselle* ***, par la même.

Le plus grand service que de vrais amis puissent rendre à un Artiste qui s'est déjà distingué, c'est de l'avertir franchement lorsqu'il prend une mauvaise manière et une fausse route. Madame Chaudet s'égare de plus en plus; chaque exposition le prouve. Comment les Artistes habiles qui l'entourent ne l'en ont-ils pas fait apercevoir? aimerait-elle mieux plaire au vulgaire des amateurs, à ces gens du monde que séduit toujours l'éclat du fard, et qui ne voyent dans la Nature que la couleur des roses?

Renoncerait-elle à l'avantage de se perfectionner dans son Art, et d'y soutenir la réputation qu'elle y avait méritée?

Lorsque madame Chaudet exposa au Salon avec tant de succès, l'on admirait dans ses Tableaux, la naïveté des Sujets et la fraîcheur d'un Coloris déjà brillant, mais qui n'avait pas cessé d'être vrai: alors, madame Chaudet était sur la ligne qui sépare la fraîcheur d'avec le factice, le blafâtre et le fade ; aurait-elle franchi cette ligne ? Nous nous ressouvenons encore de cette image charmante et naïve *d'un enfant qui apprenoit à lire à un petit chien*, Tableau qu'un homme d'esprit avoit si bien caractérisé en disant : c'est du La Fontaine (1). *Le portrait brillant de madame Gérard* n'était que trop séduisant. On distingua ensuite quelques Tableaux de ce genre, mais déjà inférieurs aux premiers ; cependant on y retrouvait tout le talent de madame Chaudet. Ses Tableaux, cette année, ne soutiendraient pas la comparaison.

Nous ne nous appesantirons pas sur tous les défauts, nous nous contenterons de relever les plus graves : par exemple, n'est-ce pas une inconvenance, n'est-ce pas une invraisemblance que de faire porter par un enfant le buste en or d'un Héros ? D'abord les images des grands hommes sont sacrées et ne doivent pas servir de jouet, et puis il serait physiquement impossible à un enfant de cet âge de porter un buste de métal aussi gros que lui : ajoutons que cet enfant est enfermé et comme barricadé dans les accessoires.

Quant à la couleur, elle est rose, crue, absolument factice ; il semble que l'Artiste ait craint d'y mettre des Ombres ; les jambes et les pieds ont l'air de vapeurs dont les contours s'évaporent

(1) M. Charles, Professeur de Physique.

et se perdent avec le fond; les accessoires sont mieux peints, parce qu'ils sont faits d'après nature et sans esprit de système.

Le N°. 101 est encore plus faible ; le tout est fade et gris : un accessoire paraît bien, c'est la plume.

Le N°. 103 est sans effet : on a remarqué, avec raison, que la grille avait l'air d'entrer dans le corps de la femme. Les ombres ne sont point prononcées ; les parties éloignées, sans dégradation de teinte, ne fuyant pas, tout se tient, rien ne recule, n'avance, ni ne tourne ; d'ailleurs, la figure de l'enfant n'est pas d'un beau caractère. Madame Chaudet, épouse d'un Sculpteur distingué, doit connaître les jolis enfans du Flamand; qu'elle leur compare celui-ci. La tête de la femme ressemble à une antique connue, mais du moins elle a du style : la couleur de ce Tableau n'est pas plus vraie que celle des autres ; il y a peu d'harmonie, et les tons blafâtres, roses, gris, et mêmes rougeâtres y dominent trop, il y a de ce dernier jusques dans les yeux. Enfin, le fond manque d'air et les figures ne s'en détachent pas. Les autres Portraits ne sont pas plus heureux. Nous appelons de madame Chaudet à elle-même ; qu'elle compare ses dernières productions aux premières, et qu'elle prononce, ou plutôt qu'elle écoute les grands Maîtres dont la voix se fait entendre dans cette galerie où ils sont rassemblés. Contemplez, dans le Muséum, ces deux enfans placés chacun près de leurs parens ; ils vivent : on reconnait Vandick ou plutôt la nature. Fidèle à son sublime talent, Vandick peignait les premiers personnages de son siècle sans les flatter, sans ployer son caractère au goût du public : il savait que c'est aux artistes à former ce goût ; il peignait donc ce qu'il voyait, ce qu'il sentait. La Nature qu'il avait prise pour modèle vous le propose à son tour.»

Quittez donc ce Coloris rose, plâtré, factice. L'auteur de cet article se rappelle avoir vu, dans votre cabinet, un beau Tableau du *Tintoret*, que vous avez étudié sans cesse à l'époque de vos succès : auriez-vous cessé de le consulter?

N°. 555. *Portrait du général Bache*. Tableau de M. Vien fils.

Ce Portrait, grand comme nature, et vu presqu'entièrement, est posé simplement, avec beaucoup de naturel ; il est assez bien dessiné, le raccourci des cuisses est senti ; la couleur est vraie et harmonieuse : la tête pourrait être d'un ton plus chaud ; mais c'est le Portrait d'un vieillard, et elle peut être ainsi, d'autant qu'elle paraît ressemblante. Ce Portrait fait honneur au talent de M. Vien fils.

N°. 381. *Le Roi Candaule.* Tableau de M. Menjaud, pensionnaire de l'Ecole de Rome, élève de M. Regnault. (*Pl.* XIV).

Explication donnée par l'Auteur.

« Candaule, roi de Lydie, était tellement épris « de sa femme, qu'il ne cessait d'en vanter les « charmes devant ses courtisans. Il eut même « l'imprudence de promettre à Gygès, l'un « d'eux, de le rendre juge de la beauté de la « Reine. En effet, il l'introduisit en secret dans « son appartement, pendant qu'elle était en- « dormie ».

Homme simple et divin, ô La Fontaine ! je crois que si tu avais eu le bonheur de voir représenter aussi naïvement sur la toile l'objet charmant qui t'inspira un de tes plus aimables Contes, tu n'aurais jamais pris le cilice ; tu serais revenu à Vénus, tu aurais composé de nouvelles hymnes pour le bréviaire de Gnide.

La grace de tes récits a passé dans le Tableau, il est peint d'après tes vers.

Force gens ont été l'instrument de leur mal :
Candaule en est un témoignage.
Ce Roi fut en sottise un très-grand personnage ;
Il fit pour Gygès, son vassal,
Une galanterie imprudente et peu sage.

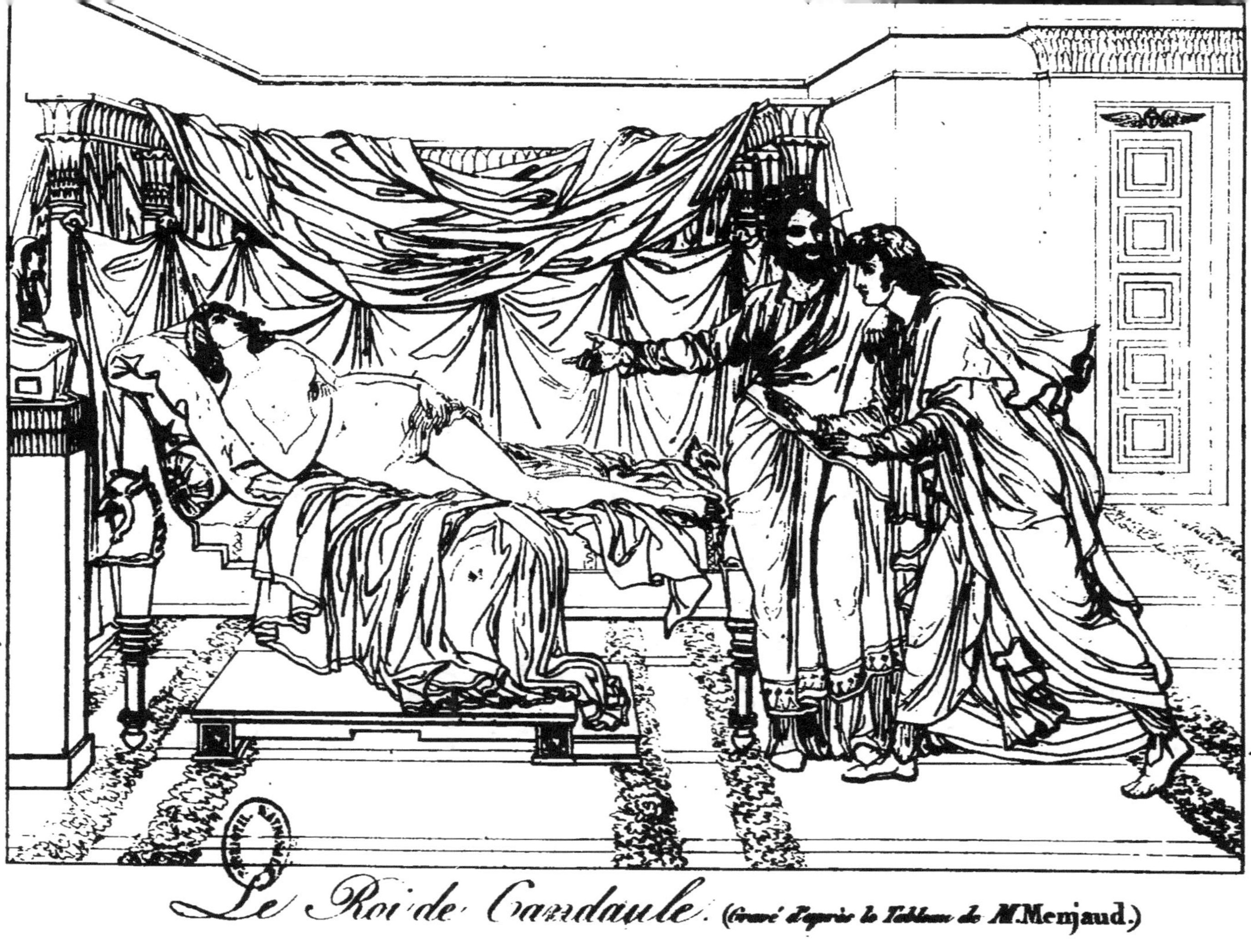

Le Roi de Candaule. (Gravé d'après le Tableau de M. Menjaud.)

Vous voyez, lui dit-il, le visage charmant,
Et les traits délicats dont la Reine est pourvue;
Je vous jure ma foi que l'accompagnement
Est d'un tout autre prix et passe infiniment.
Ce n'est rien qui ne l'a vue
Toute nue.
Je vous la veux montrer sans qu'elle en sache rien,
Car j'en sais un très-bon moyen,
Mais à condition, vous m'entendez fort bien,
Sans que j'en dise davantage :
Gygès, il vous faut être sage;
Point de ridicule desir :
Je ne prendrais pas de plaisir
Aux vœux impertinens qu'une amour sotte et vaine
Vous ferait faire pour la Reine.
Proposez-vous de voir tout ce corps si charmant
Comme un beau marbre seulement.
Je veux que vous disiez que l'art, que la pensée,
Que même le souhait ne peut aller plus loin.

. . . .

Vous êtes connaisseur, venez être témoin
De ma félicité suprême.
Ils vont : Gygès admire. Admirer, c'est trop peu :
Son étonnement est extrême.

Tel est le moment saisi par le Peintre : Chaque Personnage est parfaitement caractérisé dans son attitude. Etendue sur un lit voluptueux, la Reine, sans voile, y développe tous ses charmes; le plus doux des songes berce son sommeil, l'attente ou le souvenir du plaisir semble l'occuper; une de ses mains pose avec expression sur son cœur.

La vanité plus que le bonheur du roi Candaule éclate sur sa physionomie ; il regarde plutôt Gygès que sa femme. Il est vrai que sans le bras qui s'appuie sur son épaule, et sans les regards interrogateurs qui l'épient, Gygès en trois pas.... Mais n'anticipons point sur les événemens.

Ces têtes sont remarquables par leur expression, et cependant chacun peut dire : Je les ai vues quelque part. Celle de Gygès rappelle par la beauté du Galbe celle d'un jeune homme qu'on voit dans l'*Ecole d'Athènes* par Raphaël. La tête de Candaule est celle du *Jupiter antique*; et je crois que la tête de la Reine se retrouve dans un Tableau de l'*Albane*, celui des *Elémens*.

Cependant on a dit de Candaule : « Cette « tête peut servir d'*étude* aux Artistes qui vou« draient peindre quelqu'un des confrères de « Vulcain : c'est véritablement là une physio« nomie à *caractère* ». Nous croyons que l'auteur de cette observation s'est trompé, quoiqu'il s'agisse,

> D'un époux du grand catalogue,
> Dignité peu briguée et qui fleurit pourtant.

Le bon La Fontaine s'explique mieux :

> Il était mari, c'est son mal.

Revenons au Tableau. Ces trois têtes sont parfaites; celle du Roi a de la noblesse, celle de la Reine a de la grace et de la volupté, elle est digne du Corrége; le jeune homme admire bien, ou plutôt il adore; il est à peine sorti de l'adolescence, et il est vraisemblable par ce mot du roi Candaule : *Vous êtes connaisseur*, qu'il avait pris un confident plus âgé. Ce jeune homme est maigre; cela contribue à l'élégance, mais nuit au dessin : les cuisses de la Reine sont aussi un peu maigres, ses mains trop petites; l'extrémité des pieds paraît trop rose, comme la main du Roi trop brune. Le lit est beaucoup trop petit.

Le ton local est extrêmement harmonieux, l'exécution infiniment soignée; mais dans les détails elle l'est trop.

La draperie jaune fait très-bien, mais le tapis détruit en partie l'effet principal : ce n'est toujours qu'aux dépens de la nature vivante, si difficile à rendre, que l'on s'attache trop minutieusement à la nature inanimée. Les fruits, les fleurs de ce tapis ont un air de relief; l'Artiste n'a pas su faire des sacrifices pour donner plus de valeur à ses personnages; c'est un défaut très-capital. Cette draperie rose qui coupe la ligne blanche de la première draperie, détruit le charme et l'effet de la principale figure, elle éteint le brillant des chairs. Et comment? par une fausse recherche de tons éclatans, car tout brille avec une sorte d'affectation dans ce Tableau; figures, meubles, accessoires, chaque partie est également éclairée.

N'est-ce pas une espèce de contre-sens ? une scène de volupté appelle le demi-jour. Tous les Poètes érotiques ont célébré le demi-jour; le demi-jour est le fard de la pudeur et le voile transparent de la beauté.

No. 58. *Héloïse et Abailard.* Tableau de M. Bourdon, élève de M. Regnault.

Voici encore un Tableau qui prouve que ce n'est qu'après un mûr examen que les Artistes se doivent déterminer sur le choix d'un sujet. M. Bourdon n'en pouvait guères choisir un plus ingrat pour son art.

Les noms d'Héloïse et d'Abailard ont sans doute séduit son imagination; mais le prestige a disparu sur le Tableau, où l'on ne voit plus ni la tendre et sensible Héloïse, ni le célèbre Abailard, mais des Religieux et des Moines noirs, rangés de l'un et de l'autre côté. L'action qui pouvait avoir de l'intérêt et du charme sous la plume de plusieurs Ecrivains, parce qu'elle avait l'avantage de se développer, n'en a aucun en Peinture; ce n'est qu'une visite monastique. Les bâtimens et les murs du fond, le rendent froid et monotone, et leur teinte, en se rapprochant trop de celle des figures, nuit à leur coloris et à leur effet.

L'expression d'Abailard est tellement indifférente, glacée, insignifiante, que l'on n'y reconnaît guères cet homme de génie qui honora son siècle par ses talens supérieurs et ses connaissances infinies. Malgré l'aventure cruelle qui éteignit en lui le flambeau de l'amour, ce n'était pas sans surprise ni sans émotion qu'il devait revoir l'objet cher et funeste de ses amours et de ses malheurs.

L'Héloïse est un peu plus animée, et son air est gracieux ; mais que son expression est encore froide et tranquille ! Est-ce bien là Héloïse ? pourrait-on y reconnaître cette amante, cette épouse tendre et malheureuse consumée de tous les feux du plus violent amour, malgré les austérités du cloître ? Y reconnaîtrait-on l'auteur de ces lettres brûlantes d'amour et de desirs, et qui s'écriait :

Viens donc cher Abailard, seul flambeau de ma vie.
Que ta présence encor ne me soit point ravie;
C'est le dernier des biens dont je veuille jouir !
Viens, nous pourrons encor connaître le plaisir,
Le chercher dans nos yeux, le trouver dans nos ames !
Je brûle... de l'Amour je sens toutes les flammes !
Laisse-moi m'appuyer sur ton sein amoureux,
Me pâmer sur ta bouche, y respirer nos feux ;
Quels momens, *Abailard!* les sens-tu ? quelle joie ?
O douce volupté.... plaisirs.... où je me noye !
Serre-moi dans tes bras ! presse-moi sur ton cœur.
Nous nous trompons tous deux ; mais quelle douce erreur !
Je ne me souviens plus de ton destin funeste,
Couvre-moi de baisers... Je rêverai le reste.

. . . .

M. Bourdon a échoué dans le choix d'un sujet presqu'impossible à peindre. Il a du moins fait preuve de talent dans le dessin de ses figures ainsi que dans la manière habile dont il a drapé et peint tous ces vêtemens noirs.

Vêtemens noirs, cela me rappelle une anecdote concernant Jouvenet, et qui trouvera ici son application.

Les Moines de l'abbaye de Saint-Martin se mettaient en frais pour la décoration de leur église. Le Procureur fut trouver le célèbre Jouvenet, et lui proposa l'entreprise de quatre grands Tableaux qui devaient parer la nef. Jouvenet accepta la proposition et le programme des sujets; ils étaient tous tirés de l'histoire monacale. L'Artiste se met à l'ouvrage; mais il n'était pas à moitié des esquisses, qu'ennuyé de ne peindre que des robes noires, encore des robes noires, toujours des robes noires, il abandonna tout, et fut, dans son dépit, trouver le Procureur de la communauté, auquel il déclara (ce furent ses propres termes) qu'il ne pouvait se charger de peindre une suite de *sacs à charbon;* mais que si on voulait le laisser libre, il choisirait quelques grandes et dramatiques compositions, soit dans l'ancien, soit dans le nouveau Testament, et que l'on ne perdrait point au change. Après quelques débats, l'Artiste continuant de se montrer inflexible, les Moines consentirent à sa propo-

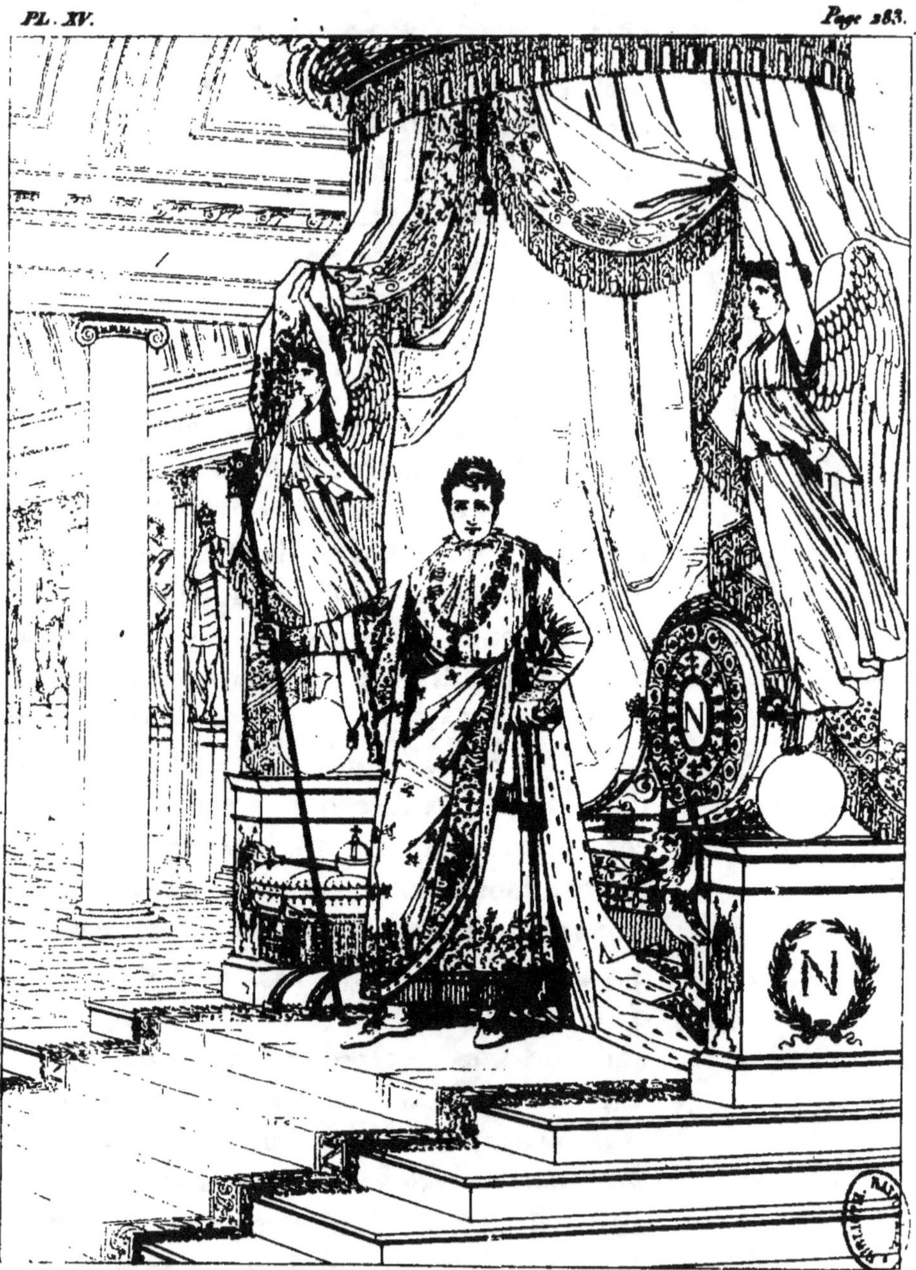

Portrait en Pied de S. M. l'Empereur. (Gravé d'après le Tableau de M. Robert Lefévre)

sition. L'on dut à cette circonstance les plus beaux Tableaux de Jouvenet : l'Artiste, le Public et même les Moines furent satisfaits.

A *l'applicazione* : plaignons l'Artiste qui, sans y être contraint, s'est engouffré dans les sacs à charbon.

N°. 442. *Portrait en pied de S. M. l'Empereur et Roi.* Tableau de M. Robert Lefevre. (*Pl.* XV).

Explication donnée par l'Auteur

« Sa Majesté est représentée sur son trône, et « revêtue des ornemens impériaux, telle qu'elle « était le jour de son Sacre. Le trône est placé « près d'une longue galerie où l'on aperçoit les « statues de Charlemagne, Alexandre, Jules-« César, Scipion l'Africain, etc. »

Ce Tableau est destiné à orner la salle des Séances du Sénat Conservateur.

N°. 443. *Portrait d'une dame avec son fils.* Tableau par le même.

N°. 444. *Portrait de M. Bouilly, littérateur, composant* l'Abbé de l'Epée. Tableau par le même.

Le Portrait de S. M. l'Empereur est un Tableau bien composé, l'attitude a de la noblesse et de la majesté ; cependant cette pose a quelque chose d'apprêté, et celle du Monarque est simple en nature, comme celle de tous les grands Hommes. L'Artiste a senti que les Ornemens Impériaux exigent, par leur richesse, un grand développement.

Le local est vaste ; le grand style de l'Architecture est convenablement employé : l'Artiste a eu le bon esprit d'en écarter tous meubles ou ornemens mesquins, qui, en rappelant un appartement moderne, auraient pu faire disparaître la beauté imposante de cette Galerie à perte de vue. C'est éviter très-heureusement un défaut dans lequel sont tombés les grands Maîtres et même Vandick, en peignant des Souverains ; ils ont, d'une manière très-inconvenante, placé des Sceptres et des Couronnes sur des tables, des plians, etc., peu dignes de porter de tels ornemens.

Le Trône est d'une belle forme ; il est riche et majestueux ; toutes les étoffes, les ornemens, les velours du tapis, sont peints à faire illusion ; l'Architecture y est bien en perspective ; en général, elle est dans tout ce Tableau plus exacte que l'on n'avait droit de l'exiger d'un Peintre de portraits. Nous avons connu un très-grand Peintre d'histoire, qui est obligé de faire mettre ses tableaux en perspective.

Malheureusement l'objet principal, la Tête de Napoléon, n'a pas ce mérite de ressemblance qui caractérise ordinairement le talent de M. Robert Lefevre ; il n'a pas été plus heureux ici que tant d'autres qui ont entrepris le Portrait du Héros. Serait-ce la difficulté de faire passer sur le marbre ou sur la toile cette flamme du Génie qui électrise les traits d'un grand Homme, et qui donne tant d'ame, de mobilité, d'expression ou de profondeur à ses regards et à sa physionomie? M. Lefevre n'a pas rendu ce caractère Héroïque : le ton nuit encore à la ressemblance, car il est pâle et inanimé. Nous l'avons déja indiqué ; le meilleur Portrait de l'Empereur, et dont celui-ci, par ses accessoires, offre quelque réminiscence, c'est le Portrait composé par M. Gérard, et que l'on voit au Salon des Affaires étrangères.

M. Robert Lefevre a été plus heureux dans les autres Portraits : on a remarqué celui d'une Dame avec son Fils, sous le n.° 443 ; il est composé simplement ; la ressemblance est si parfaite, que j'ai reconnu aussitôt Madame Le Vacher. Les chairs, sur-tout les mains, rappellent la couleur de Vandick ; la tête et la poitrine sont beaucoup moins bien que les mains ; les demi-teintes sont d'un gris cendré : je ne retrouve pas ici le brillant accoutumé du coloris de M. Robert Lefevre. La carnation de l'enfant, d'un ton différent, est vraie et agréable ; les étoffes sont à toucher, et la teinte locale très-harmonieuse.

Le Portrait de M. Bouilly est peint ainsi que

les suivans, d'une manière large, avec fermeté, la ressemblance en est parfaite.

N°. 347. *La Mort d'Annibal.* Tableau de M. LEMIRE le jeune, Elève de M. REGNAULT.

Explication du sujet donnée par l'Auteur.

« Annibal s'était retiré chez Prusias, Roi de » Bythinie. Les Romains le firent demander à ce » Prince, qui ne voulut pas le livrer, mais qui » permit à leurs envoyés de s'en saisir. *L'Esclave* » *d'Annibal lui ayant appris qu'une multitude* » *d'hommes armés était répandue autour du Pa-* » *lais et en occupait toutes les issues, ce grand* » *Homme comprit que c'était à lui qu'on en vou-* » *lait, et qu'il ne devait pas chercher à prolonger* » *sa vie plus long-tems. Ne voulant pas la laisser* » *au pouvoir de ses ennemis, et se souvenant de* » *son ancienne gloire, il prit le poison qu'il avait* » *toujours sur lui* ». (Corn. Nepos).

La pose d'Annibal est noble et majestueuse; la tête est fort bien peinte. Le Personnage secondaire, l'Esclave, paraît négligé; d'abord son action manque de chaleur et de clarté; cet Esclave est écrasé sous le poids des draperies dont il est enveloppé depuis les pieds jusqu'à la tête, ce qui

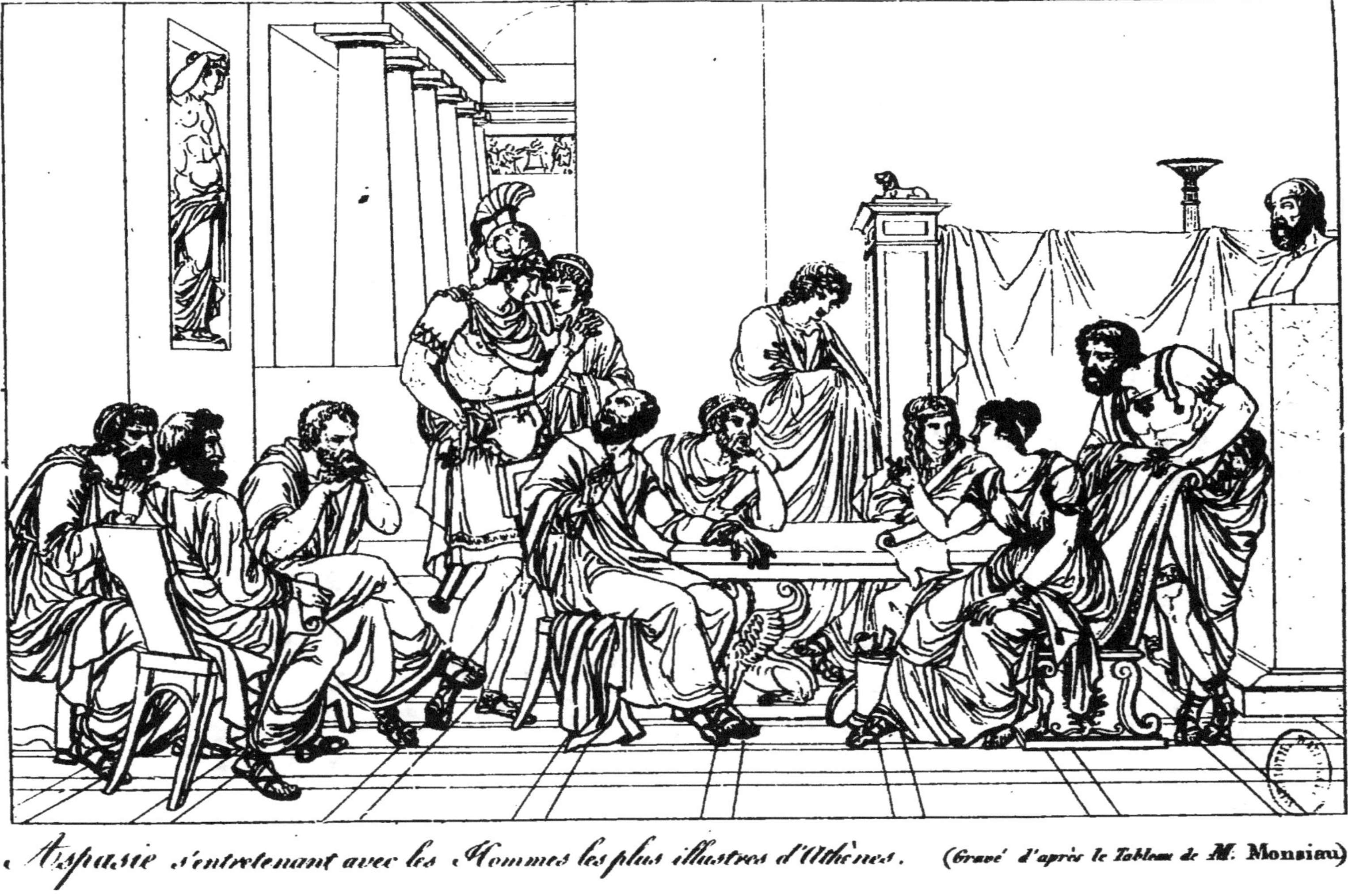

Aspasie s'entretenant avec les Hommes les plus illustres d'Athènes. (Gravé d'après le Tableau de M. Monsiau)

l'a fait comparer à une vieille femme : les plis que forment ces draperies sont d'ailleurs trop maigres. Les Esclaves, chez les Peuples anciens, et sur-tout en Orient, n'étaient pas ainsi enveloppés. Le défaut de draper à trop petits plis se retrouve jusques dans les vêtemens de l'Annibal. Ils sont mieux ajustés que ceux de l'Esclave. Il n'y a peut-être pas assez d'air dans le fond, mais le ton est d'une bonne couleur, et l'effet général harmonieux : en un mot, le mérite de la composition, le dessin des figures, la fermeté de la touche, tout concourt dans ce Tableau a donner une idée avantageuse du talent de M. Lemire le jeune, Elève distingué de M. Regnault.

No. 391. *Aspasie s'entretenant avec les Hommes les plus illustres d'Athènes.* Tableau de M. Monsiau. (*Pl.* XVI).

Explication du sujet donnée par l'Auteur.

« On sait que les Grecs furent moins étonnés » de la beauté de cette femme, que de son élo» quence et des agrémens de son esprit. Les » Guerriers, les Philosophes, les Gens de Lettres » et les Artistes les plus distingués se réunis» saient chez elle pour la voir et pour jouir du » plaisir qu'ils éprouvaient à l'entendre parler. » Les personnes qui l'environnent, sont : Péri-

» clès, Socrate, Alcibiade, Platon, Xénophon, » Sophocle, Phidias, Euripide, Parrhasius et » Isocrate ».

N°. 392. *Le Poussin reconduisant le Cardinal Massimi.* Tableau par le même.

Explication du sujet, donnée par l'Auteur.

« Ce Peintre célèbre vivait fort simplement, « sans avoir de domestiques pour le servir; « ce que lui reprochant le cardinal Massimi, « qu'il reconduisait une lampe à la main, il lui « répondit : *Et moi, monseigneur, je vous plains « bien davantage, d'en avoir tant* ».

Le premier de ces sujets est froid et comporte peu d'intérêt; M. Monsiau, après avoir obtenu un si brillant succès dans son tableau de *la Lecture du Tartuffe chez Ninon*, a été séduit par l'idée de rassembler dans un même cadre tout ce que le siècle de Périclès avait d'hommes illustres; mais son premier sujet avait un grand avantage sur celui-ci : d'abord, il existe une action dans celui de Molière chez Ninon : on se rappelle toutes les tracasseries que lui suscitèrent les hypocrites qu'il allait *jouer*. Le souvenir de leurs intrigues, de leurs machinations, nous est en quelque sorte présent par les intrigues et les machinations des Tartuffes de nos jours : et l'on aime à voir tout ce qu'il y avait de plus illustre alors dans les armes et dans les lettres, se réunir pour entendre la lecture du Chef-d'œuvre qu'on voulait anéantir, et auquel l'antiquité même n'a rien à comparer. Tous ces Hommes illustres rassemblés, sont bien d'un autre intérêt pour nous, que les Alcibiade et les Aspasie; ce sont, en quelque sorte, nos pères, dans tout ce qu'il y a de beau et de grand; on connaît leurs physionomies, leur caractère, tout ce qu'ils ont dit, fait ou écrit: on retrouve avec transport les portraits et, pour ainsi dire, la présence des Corneille, de Molière, de La Bruyère, de La Rochefoucauld, de Racine, du grand Condé, etc. C'était une bonne fortune pour M. Monsiaux, que d'avoir trouvé ce sujet; il lui dut et son inspiration et ses succès.

Ici le motif n'est pas aussi heureux; nous l'avons dit, il n'y a pas d'action: sur quel sujet s'exerce l'esprit et l'éloquence d'Aspasie? il n'y aurait eu d'intérêt national que pour des Grecs: celui des portraits s'y retrouve à peine pour nous; autant vaudrait consulter des médailles. Sans doute les noms des Périclès, des Socrate, des Alcibiade, des Platon, etc., rappellent de grands souvenirs; mais ils nous frappent, surtout lorsqu'on peut lier à ces noms de hautes actions et des faits mémorables. Quel intérêt peut-on prendre à les voir froidement converser? Si on les entendoit, du moins!...

Le choix du sujet mis à part, car nous le croyons rebelle et inaccessible à la Peinture, la composition en est sage. Les têtes ont une ressemblance de tradition, le costume est exact; cependant les figures n'ont ni le caractère, ni le style antiques. Aspasie a l'air plutôt d'une jolie Française que d'une beauté Grecque, et quoiqu'elle ait, selon Platon, prononcé, comme Périclès, un Eloge des Guerriers morts pour la défense de leur pays; en un mot, quoiqu'elle soit aussi célèbre dans les Fastes de l'Eloquence, que dans les Annales de la Volupté, c'est toujours une supposition étrange, et particulièrement dans nos mœurs, que le spectacle des plus beaux Génies de la Grèce mis à l'école d'une courtisane.

Du moins, si on retrouvait sous d'autres rapports la beauté et la mollesse de quelques-uns de ces Personnages! Mais ce n'est pas là cet Alcibiade qui se fit peindre sous la figure d'un amour, lançant la foudre, et qui, aux armées, faisait porter devant lui ce singulier étendard, cet Alcibiade que le peuple d'Athènes, enchanté, avait surnommé le plus beau des Grecs, et dont ceux-ci couraient en foule admirer et presque adorer l'image, lorsqu'il se fit peindre enlacé dans les bras de la Courtisane Nééra.

Ce n'est pas là non plus ce Xénophon, dont les graces pudiques et la beauté virginale formaient, avec celles d'Alcibiade, un contraste qu'il eût été piquant et moral de saisir.

Ce n'est pas là ce Périclès des lèvres duquel s'échappaient les foudres de l'Eloquence.

Ce n'est pas là ce Platon de la bouche duquel s'écoulaient, comme de celle du vieux Nestor, des fleuves de miel.

Il n'y a pas là de modèles ni pour Phidias ni pour Parrhasius.

Je suis étonné d'y trouver Isocrate, dont la timidité fuyait les regards; et Euripide, si connu par sa haine contre les femmes, me semble un peu déplacé dans un Gynécée.

Le dessin est assez correct : le coloris est factice, enviné. En général, les accessoires et l'exécution ne sont pas sans mérite et sans agrément, c'est ce qui nous a déterminé à faire graver ce Tableau.

No. 392. Quand on peint un trait de la vie d'un grand Homme, tel que le Poussin, et qu'on connaît l'élévation de son âme; quand sur-tout l'action que l'on trace sur la toile, doit justement exprimer la répartie sublime qui caractérise la fierté et l'indépendance de ses sentimens; ce n'est pas dans la posture humble d'un Sacristain ou d'un Marguillier reconduisant un Cardinal, qu'il faut le représenter : et si cet homme était d'une taille avantageuse, d'une démarche noble et aisée, le contre-sens deviendrait encore plus sensible, en un mot, la figure qui tient ainsi cette lumière, ressemble plus à un Sganarelle ou au George-Dandin de Molière, qu'au Poussin, qui, par sa figure, son caractère et son esprit, devait rappeler un de ces grands Hommes de l'antiquité, si bien dessinés par Plutarque. Je crois que l'Artiste a échoué, parce qu'il a voulu franchir les limites de son Art. La Peinture peut rendre l'action, mais non pas les paroles des Personnages. Je défie tous les Peintres du monde d'exprimer jamais le *qu'il mourût* du vieil Horace (1).

Les Peintres qui ont voulu nous faire entendre des concerts, sont tombés dans la même erreur : tous les personnages ont la bouche ouverte sans rien dire; c'est avec plus de bonhomie qu'autrefois nos pères, et depuis les faiseurs de caricatures, ont fait sortir de ces bouches ouvertes de larges rouleaux sur lesquels on écrit du moins la phrase principale de leur conversation.

Revenons au Tableau : l'effet de lumière est assez vigoureux, mais en produit un désagréable sur la figure du Cardinal qu'il éclaire en dessous, ce qui empêche de faire sentir le col qui se confond avec le menton. La Couleur est ici meilleure, et l'effet général harmonieux.

---

(1) Dans un Ballet assez ridicule des Horaces, le *Qu'il mourut* étoit grotesquement exprimé par un grand coup de pied du danseur.

N°. 330. *Les Reproches d'Hector à Pâris.* Tableau de M. Le Boulanger, élève de M. Chaudet.

On pourrait faire quelques reproches à l'Artiste de reproduire un sujet traité avec tant de supériorité par M. Vien, d'autant plus qu'il était difficile de faire mieux, et que d'ailleurs il y a dans les poses des figures quelque réminiscence du Tableau des *Amours de Pâris et d'Hélène*, par M. David.

En général, la composition de ce nouveau Tableau est froide; les figures manquent d'expression; le *Pâris* est long et maigre. Ce défaut est sur-tout remarquable dans les cuisses.

En recherchant le style dans le dessin, on tombe dans la roideur et la sécheresse. Que les formes de Pâris sont loin de rappeler ici celles du Juge de la beauté, de l'amant d'OEnone, de l'époux d'Hélène, enfin du plus voluptueux des Phrygiens!

La tête cependant est assez belle; celle d'Hector manque de noblesse; une de ses jambes est courte. La Cythariste paraît jolie; le dessin de la main et du bras laisse à desirer. La gorge d'Hélène est un peu basse, et cependant sa rare beauté était célèbre dans l'antiquité: ce fut sur le modèle de cette gorge que la coupe antique fut moulée. La tête est belle, expressive;

toutes les draperies, à l'exception de celle du lit, ne sont pas heureusement agencées.

Concluons. Ce Tableau n'est pas sans mérite du côté du style et du dessin ; mais il manque absolument de Coloris ; toutes les carnations tirent sur le bistre. Il n'y a pas de vigueur dans les ombres, et par conséquent point d'effet.

Trop d'Artistes affectent aujourd'hui de négliger le Coloris et l'effet : il faut leur rappeler que non-seulement le Coloris semble donner la vie aux représentations étalées sur la toile, mais encore que sa magie peut en quelque sorte faire disparaître les fautes, les erreurs. Dans un art d'illusions tel que la Peinture, c'est le Coloris qui produit la plus forte de toutes ; c'est le Coloris qui donne tant de charmes à ces Tableaux flamands, si trivials d'ailleurs et si mal dessinés : le Coloris est à la Peinture ce que le Style est aux Belles-Lettres : c'est à l'absence du Coloris dans ce Tableau que nous attribuons le froid accueil qu'il a reçu du public. Nous conseillons à M. Le Boulanger de s'attacher plus particulièrement à cette partie indispensable de son Art ; qu'il unisse le talent du Coloriste à celui de Dessinateur, il sera sûr alors d'obtenir des succès.

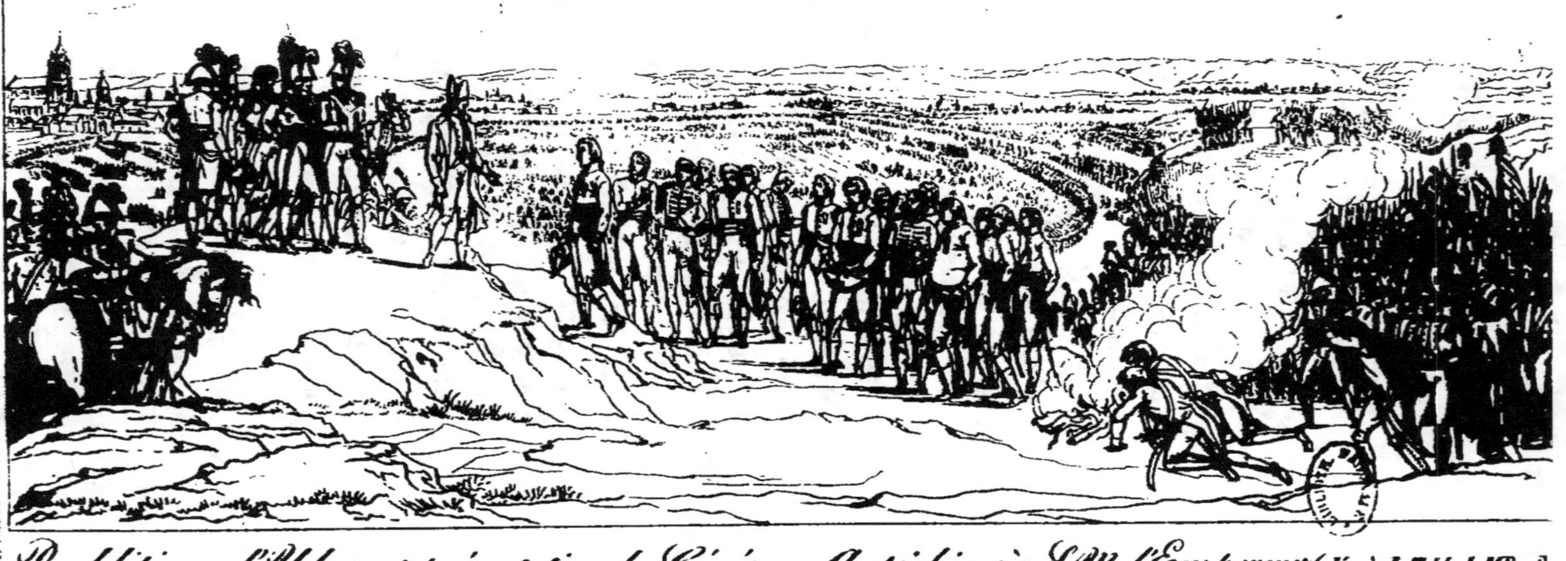

Reddition d'Ulm, et présentation des Généraux Autrichiens à S. M. l'Empereur. (d'après le Tabl. de M. Berth

N°. 31. *La Reddition d'Ulm et la Présentation des Généraux Autrichiens à S. M. l'Empereur.* Tableau de M. Berthon, élève de M. David. (*Pl.* XVII).

Boileau, qu'il faut toujours consulter en matière de goût, et que les Peintres devraient lire sans cesse (1), avait bien senti qu'aucun des Arts ne pouvait suivre la marche rapide des Conquérans. Il s'écriait sur un Roi beaucoup trop vanté, et dont les conquêtes, si on les oppose à celles de notre invincible Monarque, ressemblent aux pas d'un Lilliputien, comparés à ceux d'un Géant; Boileau, dis-je, s'écriait :

> Grand Roi, cesse de vaincre, ou je cesse d'écrire.

Les Peintres dont l'Art, sous le seul rapport matériel et technique, exige encore plus de tems que l'Art si difficile des vers, se sont empressés de traduire sur la toile en Historiens dévoués et fidèles, il est vrai, mais non pas toujours éloquens, les faits héroïques du Conquérant immortel que l'Allemagne appella l'Homme des destinées, et que la France appelle l'Homme des siècles.

---

(1) Nous connaissons un Sculpteur qui doit à ses méditations sur l'art poétique de Boileau, une partie des succ qu'il a obtenus.

Nous applaudissons à l'intention de l'Artiste ; nous lui devons une de nos plus vives jouissances, le plaisir de contempler les lieux qui furent le théâtre de la première scène du grand Drame politique dont le dénouement vient d'étonner l'Europe ; mais le talent de M. Berthon nous impose la loi de lui dire qu'il n'a pas mis assez de tems à ce grand Ouvrage ; cela excuse et motive une partie des défauts que nous allons relever.

Et d'abord, comme ce Tableau n'a rien de séduisant au premier aspect, parce que le ton en est gris, triste, morne et froid, et que les figures sont traitées avec trop de simplicité ; comme, d'ailleurs, la touche générale est lourde, son premier tort est de ne pas attirer l'œil.

Hâtons-nous d'ajouter cependant que ce Tableau a été beaucoup trop décrié, parce qu'on n'a pas assez senti en quoi consistait son mérite. D'un autre côté, dans un article de la Gazette de France (1), il a été loué avec exagération ; etau lieu de passer sous silence quelques défauts assez saillans, on lui en a fait un avantage.

En effet, le ton local est épais, le ciel mal peint ; le paysage et tout le fond lâché et d'un même ton, n'est pas rendu avec esprit, et sur-

(1) Gazette du 3 Novembre.

tout n'est pas touché avec finesse. L'on n'y distingue pas plus l'armée autrichienne défilant devant les Français, que ces derniers, car ils sont tous de la même teinte sourde et grisâtre. Le Peintre aurait dû, puisqu'il dessinait une partie de la Ville, prendre son point de vue de manière à en développer davantage l'aspect : cela était nécessaire pour la plus grande intelligence du trait historique.

Les Soldats qui bivouaquent n'indiquent pas assez un corps d'armée, à l'exception de deux qu'on aperçoit sur le devant dans l'action de souffler du feu. Cet effet est accusé avec justesse; tout le reste est voilé, ou plutôt enveloppé dans la fumée qui semble ne s'être élevée ici que pour épargner à l'Artiste le travail de montrer tous les objets.

Il est vrai que l'action principale en ressort mieux; cependant, comme il avait pris un grand cadre pour la représenter, il fallait ou que les épisodes qui s'y lient fussent intéressans et plus achevés, ou que l'action fût resserrée dans de plus petites dimensions, ou enfin il fallait donner plus d'étendue, de grandeur à ces figures; car, à quoi bon remplir toute une grande toile d'objets ou mal rendus, ou indiqués à-peu-près comme dans une esquisse?

Le sujet est d'ailleurs composé avec une simplicité naïve qui paraît celle de la vérité même; cependant on y desire plus de dignité historique.

La contenance, l'expression des vaincus sont vraies, et l'Artiste a varié leurs attitudes autant que l'action le permettait; ces têtes ont le mérite de la ressemblance. En général, il n'y a pas assez de noblesse et de style héroïque dans la représentation des Guerriers français; cependant la plupart de ces physionomies sont Héroïques en nature; le Peintre pouvait les faire valoir sans parer l'Histoire d'agrémens étrangers, le Tableau de M. Vernet le prouve; il a donné de la noblesse à toutes ses figures, les coursiers même semblent participer à l'air martial des Vainqueurs. Il n'y a dans le Tableau de M. Berthon qu'un seul cheval, et ce cheval est mal dessiné, mal peint; enfin les figures sont lourdement touchées, et la lumière qui éclaire une partie des physionomies est d'un effet maigre et monotone.

Les plans coupés ne sont pas sentis: le groupe en avant, et qui pouvait être intéressant par les costumes, par les ornemens riches et pittoresques des Mamelucks, etc. n'est pas plus terminé que le reste; de sorte que si l'on mettait cette Production à côté de l'Esquisse de M. Vernet, on prendroit, sans balancer, ce Tableau pour une Esquisse; et l'Esquisse pour un Tableau.

N°. 30. *Un des Portraits indiqués sous ce N°.* Tableau par le même.

M. Berthon a mieux réussi dans les Portraits. Un des Portraits sous le N°. 30 est fait largement; il y a de la vie: la couleur en est belle, franche et transparente; enfin on y reconnaît un Elève de David. Cependant le linge pourrait être rendu avec plus de soin et de finesse, quoiqu'avec le faire large du reste.

N°. 29. *Portrait de femme en pied.* Tableau par le même.

Alarmée de l'orage qu'annonce le vent qui s'élève, une jeune et jolie femme monte les dégrés d'un édifice gothique où elle se réfugie; le coup de vent qui soulève et son voile et la gaze de son sein, imprime le mouvement le plus pittoresque à tout son ajustement. Près de l'édifice se prolongent un canal et un parc; les arbres semblent se courber et frémir comme à l'approche d'une tempête. On se rappelle aussitôt le vers de Virgile :

. . . . . *Et nemorum increbrescere murmur.*

Il n'y a qu'une seule figure, et le Peintre a su donner de l'intérêt à sa composition. La tête de la femme est agréable et bien coloriée, mais les cheveux sont lourds. La cuisse et la jambe droite qui pose sur la marche, sont totalement perdues sous la robe qui cependant accuse les autres formes. Un pli mal-adroit qui vient en avant achève d'en faire perdre la trace. Le ton général est un peu gris et terne.

C'est bien là un édifice gothique ; la perspective est habilement entendue, et les derniers plans fuient. Le percé des vitraux est heureux et piquant ; en général ce Portrait fait honneur au talent de M. Berthon.

N°. 386. *Thésée et Pirithoüs purgeant la terre des Brigands, délivrant deux Femmes des mains de ces Ravisseurs.* Tableau de madame MONGEZ (née Le Vol.), Elève de MM. REGNAULT et DAVID.

L'Auteur n'a pas donné d'autre Explication du sujet.

Si le talent de madame Mongez était moins prononcé, la galanterie, les égards dus à son sexe auraient désarmé notre sévérité ; mais comme cette Dame est, par sa supériorité même dans les arts, au-dessus de l'indulgence, ce triste apanage de la faiblesse, nous indiquerons, sans hésiter, les défauts d'un Tableau dont nous révèlerons les beautés avec la même impartialité.

C'était déjà une entreprise hardie qu'un Tableau aussi vaste.

Il y a long-tems qu'on l'a dit : on ne connaît point de femme qui ait réussi à faire soit une Tragédie, soit un grand Tableau d'histoire. Madame Mongez

Aura du moins l'honneur de l'avoir entrepris,

et l'on pourra dire d'elle :

. . . . *Magnis tamen excidit ausis.*

On s'aperçoit d'abord que l'Artiste n'a pas assez fait d'études préliminaires, ne s'est point préparé au grand art de la composition par ces exercices nécessaires que présentent l'atelier, l'observation du modèle et les esquisses multipliées; ce sont pourtant les seuls moyens, pour un artiste, d'arriver à développer ses pensées sur la toile, à disposer les groupes et les figures, à leur donner le caractère et l'expression convenables, à leur imprimer une action vraie, à la soutenir par un ton harmonieux, à se ménager les effets de la lumière et ceux du clair obscur, enfin, à joindre à la chaleur de la composition la justesse de la pensée : ce dernier mérite n'est pas assez marqué dans le Tableau que nous examinons, et que recommandent d'ailleurs plusieurs belles parties d'exécution. D'abord, l'unité d'action, ce premier principe de succès dans tous les Arts, ne s'y trouve point. Ce sont deux scènes séparées. La physionomie et le caractère des Personnages ne sont pas assez distincts : Les brigands semblent avoir été jettés dans le même moule, à l'exception d'un seul ; cependant, son expression est encore ambiguë ; il a l'air de sourire, apparemment c'est de voir la manière gauche dont Pirithoüs enlève de cheval la femme ou plutôt la proie qu'il vient de lui arracher. S'il faut en croire la fable, ce héros était plus adroit à enlever des beautés qu'à les secourir ; ajoutons d'ailleurs, que la pose est fausse ou du moins manièrée.

Les autres figures, ont l'air d'avoir été peintes d'après la bosse, et en général, tiennent au fond ; il n'y a pas assez d'air dans ce Tableau ; l'écart des jambes du Pirithoüs est exagéré. Les deux autres Personnages ont l'air d'avoir été tirés d'un bas-relief, représentant des Bacchanales ; et puisque Thesée délivre cette femme des mains du ravisseur, on ne sait trop pourquoi il continue à le poursuivre en le frappant, plutôt que de secourir l'infortunée qui est évanouie dans ses bras. Le cheval blanc est tellement court, que ses cuisses toucheraient à ses épaules.

L'Artiste, par un excès de bienséance, s'est donné beaucoup de peine pour placer ses personnages dans une attitude qui dissimule les caractères de leur sexe : félicitons-la d'une pudeur qui ne s'est exercée d'ailleurs qu'aux dépens des Personnages, car leur pose s'en ressent et a l'air forcé ; des draperies, d'autres incidens auraient pu y suppléer. Abordons franchement la question : Quand on marche sur les traces des hommes dans un art tel que la peinture, et surtout le peintre historique, ou il faut s'élever au-dessus de toute les petites considérations qui peuvent gêner le talent et nuire à l'Ouvrage, ou bien il faut abandonner ces grands sujets à notre sexe, ou se contenter des sujets gracieux et tendres, ou enfin peindre le portrait et le paysage. Revenons : le fond n'est pas heureux, et ce grand arbre dont on ne voit que le tronc forme une ligne désagréable. Les draperies laissent beaucoup à desirer ; dès le Salon précédent, on avait averti madame Mongez de ce défaut : au reste, le dessin de ce Tableau est d'un grand Style ; l'exécution est ferme et soignée ; les têtes de femmes sont presque belles, enfin, le ton général est harmonieux. On a admiré la tête du brigand vers la droite, remarquable par une vigueur et une fermeté qui accusent le plus mâle pinceau.

Il reste à faire quelques observations sur le Sujet même.

L'histoire nous fournit des sujets qui appartiennent à tel peuple et à telle époque ; d'autres appartiennent à tous les hommes et à toutes les époques. Il n'y aurait rien d'étonnant que les Artistes Grecs eussent célébré l'action courageuse de Thésée, enlevant des Femmes des mains de leurs Ravisseurs ; c'était pour le héros d'Athènes une bonne occasion ; il n'était pas homme à la laisser pour une autre. Dans des pays où l'on enlève les Femmes, il faut honorer ceux qui ont le courage de les défendre. Mais à Paris, de quoi peut servir l'exemple de Thésée ? nous ne sommes pas réduits à la nécessité d'employer la violence. Madame Mongez aurait pu faire servir son beau talent à nous donner quelque leçon plus utile, à tracer quelque trait de vertu plus nécessaire à l'époque où nous vivons.

Quand on traite des Sujets Grecs, on s'inspire avec raison des productions de ce Peuple : l'on ne saurait mieux faire. Les deux Collections d'Hamilton sont des Sources abondantes pour qui sait y puiser, mais cela n'est pas facile. Il faut considérer qu'une grande partie de ces Dessins datent de l'enfance de l'Art, ce qu'il faut savoir distinguer. Il ne faut sur-tout jamais oublier que presque toutes les Peintures que l'on voit sur les Vases antiques sont d'après Nature ; voilà d'où leur vient cet air de Vérité, cette Simplicité qui nous enchantent : mais ce sont des Scènes calmes : pour les Scènes violentes, où les Passions sont en mouvement, on en rencontre rarement qui puissent servir de modèle : ici l'Enfance de l'Art se fait sentir tout entière. Ces occasions où les Passions agitent les Hommes sont rares, difficiles à saisir par leur rapidité : il faut par conséquent les observer soi-même, ou courir le risque de ne donner que des Figures insignitantes, des Scènes sans intérêt, des Tableaux dont on ne devinerait jamais le Sujet, si le Livret du Salon ne disait pas ce que l'Auteur a voulu faire.

N° 252. *Bataille des Pyramides.* Tableau de M. Hennequin (de Lyon).

Explication du Sujet, donnée par l'Auteur,

« Ce Tableau représente la double action où « deux colonnes de Mamelouks font chacune « une sortie; l'une sur les divisions du général « Dessaix et Reynier; l'autre sur celles com- « mandées par les généraux Marmont et Ram- « pon. Ce sont ces deux divisions qui se voient « sur le devant du tableau. Les trois autres « sont dans l'éloignement, et sur une légere « hauteur, vis-à-vis les trois pyramides de Sa- « karak.

« Le général en chef a donné ses ordres; « déjà l'armée, impatiente, veut en venir aux « mains, aussitôt elle est rangée en bataille. « Le signal est donné, le combat s'engage, et « le carnage est affreux.

« La valeur et la témérité des Mamelouks leur « fait affronter le peril et la mort, les divisions « se précipitent avec impétuosité, et ne laissent

« pas aux Mamelouks le tems de charger leurs « canons; les retranchemens sont enlevés à la « baïonnette, quelques pièces démasquées achè« vent de porter le désordre et la confusion; « toute retraite leur est coupée, aucun ne « veut se rendre, ils sont tous passés au fil de « l'épée ou noyés dans le Nil.

« Tout fuit: quelques-uns se précipitent sur « les baïonnettes des Français; un d'eux, ren« versé par son cheval effrayé, voit ses habits « enflammés; ce brave fut entièrement consu« mé par le feu qui prit à ses vêtemens.

« Presqu'au même moment, s'engage le com« bat avec les trois autres divisions, même « succès; l'ennemi fut culbuté et mis en « déroute. Murat-Bey, qui avant de sortir du « Caire avait fait mettre le feu à son vaisseau, « donne l'ordre de la retraite, et les restes de « cette armée s'enfuirent jusques dans la haute « Egypte.

« Peu de français périrent dans cette mémo« rable bataille: tous restèrent dans leurs rangs. « L'artiste n'a pas dû en représenter se battant « corps à corps avec des mameloucks. »

L'importance du Sujet nous faisait une loi de donner une des premières places à ce Tableau; il semblait l'exiger, et par ses Dimensions, et par la Célébrité de l'Artiste, et par la manière dont il est exposé dans un des endroits les plus apparens du Salon ; cependant, nous prenons la plume à regret, et nous aurions préféré garder ici le Silence : notre Critique doit être d'autant plus sévère, qu'il s'agit à-la-fois d'une des plus belles Pages de notre Histoire et d'un Artiste avantageusement connu. Il a souvent montré du Talent et de la Vigueur ; il pourra faire beaucoup mieux qu'il n'a fait cette fois, lorsqu'il mettra le tems nécessaire pour achever des Compositions d'une aussi grande importance.

Il est facile d'apercevoir que dans ce Tableau, non seulement l'Artiste ne s'est pas donné le tems de l'exécuter, mais qu'il n'a pas même pris celui de penser et d'en faire le Plan, les Esquisses, les Etudes ; car la Composition est manquée entièrement. Le Programme écrit est très-beau ; je ne l'ai pas retrouvé sur la Toile. Où sont ces deux Divisions des Généraux Rampon et Marmont, *sur le devant du Tableau?* On ne voit sur le devant que des Mamelucks renversés çà et là ; ils tombent l'un sur l'autre, on ne sait pourquoi ni comment, et enfin, après avoir cherché longtems, on aperçoit, à travers des éclaircis de fumée, quelques bouts de têtes et de Fusils que je suppose appartenir aux deux Divisions Françaises. Quant aux autres, elles sont sur des plans si éloignés qu'il est presqu'impossible de les apercevoir.

Est-ce ainsi que l'on doit représenter les Vainqueurs ? Devait-on ramener toute l'attention et tout l'intérêt sur les Vaincus ? Sans doute l'Artiste ne devait pas représenter les Français *se battant corps à corps* avec leurs Ennemis, puisque l'action ne s'est pas passée ainsi ; néanmoins, il aurait pu introduire quelqu'Episode heureux sans nuire à la Vérité. M. Le Jeune a représenté cette même Action ainsi que la Fusillade, et a su cependant développer l'Armée victorieuse ; en nous retraçant son Ordre admirable, il nous a montré aussi le tumulte, l'effroi, la rage et le désespoir des Barbares livrés à tous les transports d'un Courage aveugle et féroce : au contraire, dans le Tableau de M. Hennequin, on ne distingue ni Lignes, ni Plans, ni Groupes ; la Perspective n'y est pas juste ; aucun Episode, aucun Accident qui repose la vue : je ne parlerai pas de ce coin qui étale un Spectacle d'horreur, des Blessures hideuses, des Membres sanglans, des Troncs mutilés et palpitans. Pourquoi ces os de morts que l'Artiste affecte toujours de placer sur le devant de ses Tableaux ? Ces détails forment contre-sens avec le moment de l'Action ; il faut laisser ces moyens dégoûtans, ces Scènes de fossoyeurs, au Theâtre Anglais ; c'est là qu'elles trouvent naturellement leur place. Mais chez une Nation à laquelle son Goût sûr et délicat assure la supériorité dans les Arts, il faudrait cacher ces Objets hideux et repoussans, ou les dissimuler s'ils étaient nécessaires au Sujet.

L'exécution et le Dessin ne sont pas plus heureux ; nous n'en releverons pas les fautes nombreuses, nous nous contenterons de remarquer que les contorsions forcées de quelques-unes des principales figures de Mameluks, sont exagérées ; c'est en vain que nous avons cherché quelques Détails bien faits, et qu'on avait lieu d'attendre du Talent de M. Hennequin. Je n'ai rien remarqué, ni têtes, ni extrémités. Dans son Tableau de la Bataille de Quiberon, exposé au Salon dernier, on voyait du moins des mains et des pieds très-bien peints ; ici, les draperies même ne sont aucunement ajustées ni étudiées ; les armures, les autres détails ne sont guère mieux traités ; on ne sait pourquoi il a commis de nombreux Anachronismes ; en donnant à des Musulmans des casques tels qu'en portaient à-peu-près les Perses de Darius, ou des Armes dont on ne se sert plus depuis les Croisades, car, à quelques Masses d'armes et quelques Lances près, le grand nombre des Orientaux, toujours, à la vérité, en arrière de la perfection et des connaissances, se servent cependant de nos anciennes Armes à feu, et M. Gros les a très-bien rendues. Les chevaux ne sont pas mieux traités que le reste. La distribution des Lumières, l'Harmonie, les Couleurs ne jettent point sur l'Ouvrage ce Coloris enchanteur dont la Magie, chez Rubens, fait oublier les nombreux écarts du Peintre. C'est ainsi que le Style de madame de Genlis donne de l'intérêt à ses Romans où tout se trouve, excepté la vraisemblance, la raison et le bon sens.

Ici, le Ton général du Tableau est faux; ces Tons violâtres, et encore seulement dans les lointains, ne sont produits, en nos Climats, que par l'effet des vapeurs qui voilent une partie de la lumière du Soleil; mais dans celui de l'Egypte, son Eclat est dans toute sa force et dans toute sa pureté; les Lumières y sont vives et brillantes; c'est ce que M. Le Jeune a fort bien fait sentir et encore mieux exprimé.

Le Talent de l'Artiste perce à travers les défauts de ce Tableau, mais il pouvait faire beaucoup mieux; il a eu tort de se presser quoique Molière ait dit :

. . . . Le tems ne fait rien à l'affaire,

Nous estimons que *le tems seul garantit les succès.* Le tems enseigna aux Artistes anciens et à quelques-uns de ceux de nos jours, comment on faisait des Chef-d'œuvres: mais citons à M. Hennequin des exemples plus récens, et qu'il s'instruise auprès de ses rivaux.

C'est *avec le secours du tems* que MM. Thevenin, Le Jeune, Gros, Vernet sont parvenus à faire de bons Ouvrages. M. Thevenin, pour tracer le Passage du Saint-Bernard, a médité *longtems* son Sujet: il a arrêté ensuite, avec la plus exacte précision, l'Ordonnance et le Dessin de son Tableau ; et de plus, il est allé en faire les études sur les lieux même. M. Gros, en répandant sur son Tableau cette variété, cette fougue qui est pour ainsi dire la surabondance de la sève d'un beau Talent, a pu lâcher quelques parties ; mais avec quel soin, avec quelle perfection, il en a exécuté les Parties principales ! avec quelle attention il a étudié les Physionomies des Nations diverses ! avec quelle vérité il a rendu les Portraits historiques ! *Que de tems* il lui a fallu pour parvenir à ce caractère énergique de vérité ! *Que de tems* n'a-t-il pas fallu à M. Le Jeune pour tracer ces Lignes avec tant de précision ; pour disposer avec tant d'ordre celui de la Bataille ; pour exécuter avec tant de justesse une quantité innombrables de Figures, et jusqu'aux Détails et aux Plantes qui, en faisant connaître le Climat, déterminent le lieu de la Scène ! *Que de tems* n'a-t-il pas fallu à M. Vernet pour terminer même son Esquisse ! cette Esquisse est déjà elle-même un superbe Tableau ; les Figures et les Chevaux sont admirables. *Que de tems* enfin n'a-t-il pas fallu à M. Vincent pour faire le Plan, les Etudes et le Dessin arrêté d'un Tableau qui représentait cette même Bataille des Pyramides ? Et ce beau Dessin fera toujours regretter que le Tableau n'ait pas été terminé (1) : *S'il faut le tems à tout*, c'est

(1) Voyez la Notice historique sur M. Vincent, pag. 97.

sur-tout dans les Arts libéraux, dont les travaux ne se commandent pas comme ceux des Manufactures.

Il résulte de cette précipitation que M. Hennequin n'a fait ni un Tableau ni une Esquisse ; cependant, il peut, il doit se distinguer ; mais il faut qu'il laisse mûrir plus long-tems la pensée de ses Ouvrages, pourvu qu'il ne prenne pas une Fougue sans frein et sans raison, pour du Génie et de l'Inspiration ; pourvu qu'il raisonne de sang-froid : il y a tant d'Artistes glacés qui auraient besoin de se monter la tête ; il n'a besoin que de calmer la sienne.

N°. 338. *Bataille des Pyramides, le 2 thermidor an* 6 (2 *juillet* 1798). Tableau de M. LE JEUNE, chef de bataillon au corps impérial du Génie, Elève de M. VALENCIENNES.

Explication du sujet donnée par l'Auteur.

« La vue est prise au soleil couchant, sur la « rive gauche du Nil, à la gauche de l'armée « française.

« Au fond de la plaine que le Nil inonde tous « les ans, s'élèvent les pyramides en avant du « désert d'Arabie.

« Les bataillons carrés du fond sont celui du

« général Regnier, à droite; celui du général « Desaix, plus à gauche, et celui du général « Dugua au milieu du Tableau; les Mamelouks « et les Arabes sont en désordre au milieu de « ces bataillons.

« Un peu plus bas, des Arabes assassinent un « Aide-de-camp qui a tenté de traverser l'espace « d'un carré à l'autre pour aller porter des « ordres.

« Vers la gauche est le village d'Embabé, au « moment de l'assaut; les Mamelouks et Fellahs « qui s'y trouvent, cherchent en foule leur salut « dans des barques qui s'engloutissent sous leur « poids.

« A droite, sur le devant, est la division du « général Bon; le Général en chef, le général « Alexandre Berthier, l'Etat-major, la cavalerie « trop peu nombreuse pour agir contre celle « des Arabes, et les équipages, sont enfermés « dans le bataillon carré. L'artillerie et les pe- « lotons de grenadiers sont aux angles.

« A la gauche, une cinquantaine de Mame- « louks sortis d'Embabé sont mitraillés et forcés « à se précipiter dans le Nil.

« Un Turc qui a vu son fils tomber mort à « ses côtés, croyant que les Français sont comme « les Orientaux, dans l'usage de trancher la tête « à leurs ennemis morts ou blessés, et ne vou- « lant pas laisser le corps de son fils exposé à « cette mutilation honteuse, l'a enlevé de dessus

« le champ de bataille, et se précipite avec lui « dans le Nil.

« Un Turc ne pouvant reconduire sur l'autre « rive une djerme (chaloupe canonnière) dont « l'équipage est tué, y met le feu et s'enfuit.

« Les arbres et les plantes du pays sont le ci-« tronnier, le palmier, le sycomore, le figuier, « le banannier, le melon, etc. »

N°. 339. *Quatre Dessins au lavis, sous le même* N°. par le même.

Explication du sujet donnée par l'Auteur.

« Vue de l'aile gauche de la bataille d'Auster-« litz, au soleil levant, champ de bataille du « prince Murat et de M. le maréchal Lasnes. « Toutes les hauteurs, à perte de vue, sont « couronnées par l'armée russe.

« Vue du centre de la bataille d'Austerlitz, à « midi. Charge des gardes impériales française « et russe. Champ de bataille de M. le maréchal « Bernadotte.

« Vue de l'aile droite de la bataille d'Auster-« litz, au soleil couchant. Les Russes sont forcés « à fuir sur les glaces qui s'entr'ouvrent et les « engloutissent. Champ de bataille de MM. les « maréchaux Soult et Davoust.

« Vue de la ville d'Ulm, à l'instant où trente

« mille Autrichiens défilent sous les yeux de l'Em-
« pereur, et mettent bas les armes.

« L'infanterie française est sur les hauteurs « qui forment l'amphithéâtre. L'Empereur est « sur le rocher, accompagné du maréchal Ney « et du général Mack. L'armée prisonnière passe « à ses pieds, et la cavalerie française est en « bataille dans la plaine ».

M. Lejeune, comme Peintre de batailles, mérite une place à part. Il a créé son genre, il a résolu un problême fort difficile, celui de combiner le développement exact et géométrique des points et des lignes d'une bataille, en un mot, la vérité de l'action avec toute la magie des effets pittoresques. Il fallait en quelque sorte reculer les bornes de la Peinture, il fallait être à-la-fois homme de l'Art et homme de guerre. Jusqu'ici ceux qui avaient tracé des plans de bataille, ou l'avaient fait à la manière des Géomètres, et alors il y avait de l'exactitude sans illusion, ou avaient composé en Peintres, et il y avait de l'illusion sans exactitude.

La manière de M. Lejeune fera donc époque sous un double rapport. D'abord elle ouvre, avec une nouvelle route, une nouvelle source de jouissances. Pour la première fois, d'heureux citadins pourront jouir du spectacle d'une bataille sans en courir le danger, ou plutôt des enfans, des familles s'enflammeront à la vue des actions de leurs pères et de leurs proches ; ils en suivront de l'œil, pour ainsi dire, tous les pas.

L'Art de M. Le Jeune a dû naître et se perfectionner dans le Siècle Militaire. Il en résulte qu'on ne peut se lasser d'admirer ce beau Tableau : tout y est juste, tout y est vrai ; on assiste à l'Action. Il était difficile de représenter avec vérité cette Bataille prodigieuse, et dont les Scènes sont aussi nombreuses que variées. Pour obtenir plus d'espace, l'Artiste a pris son point de vue de fort haut, de manière que d'un regard on embrasse tout l'ensemble : il ne lui échappe pas un Episode, pas un Détail ; tout s'y trouve, et s'y trouve sans confusion ; le Peintre habile s'est rendu un compte exact de tout ; il a parfaitement calculé ses Lignes, ses Plans, son Ordonnance, sa Composition ; et par-tout une netteté admirable.

Que dirai-je de la Science de la perspective ? elle est telle qu'on devait l'attendre d'un des meilleurs Elèves de M. Valenciennes (1). M. Le

---

(3) Nous remarquerons, en passant, que M. Lejeune, rend un juste hommage à M. Valenciennes, en l'indiquant pour son maître, tandis que d'autres Elèves, avec moins de talent, ont beaucoup plus de vanité et dédaignent de nommer ceux, aux leçons desquels ils doivent une partie de leurs talens ; les anciens, plus ingénieux et plus sensibles que nous, ne manquaient point à couronner les sources.

Jeune a saisi le point de vue le plus avantageux pour le développement de l'Action ; il dessine la position des Vainqueurs et des Vaincus. La vérité avec laquelle il a rendu, pour ainsi dire, le *Portrait* de la Bataille, fait autant d'honneur à son courageux sang-froid, comme Guerrier, qu'à son talent d'Observateur, comme Peintre ; car assurément, on voit qu'il n'a rien imaginé ; tout, dans ce Tableau, porte le cachet de la vérité, et quand elle est aussi brillante, le devoir du Peintre, comme celui de l'Historien est d'être fidèle. Ils auront, chacun, rempli leur tâche s'ils sont vrais, clairs, intéressans, si les faits sont bien à leur place, s'ils sont présentés sous un jour favorable, et si leur enchaînement se développe sans fatiguer l'attention, et sur-tout si les transitions sont amenées naturellement et d'une manière ingénieuse. Cette exactitude est Dessin dans l'Historien, et véracité dans le Peintre ; mais il reste au premier le charme de la Diction, comme à l'autre la magie du Coloris pour complèter l'impression qu'ils produisent sur nos ames. M. Le Jeune avait déjà rempli la première de ces rares Conditions, nous venons de le prouver, il n'a pas été moins heureux lorsqu'il s'est agi d'embellir son Tableau d'un Coloris vrai, vigoureux et enchanteur.

Le Ton général est brûlant ; en effet, cette Bataille se livre sous un Ciel de feu ; tous les objets y sont vivement éclairés, et comme les

Lumières sont éclatantes, les Ombres sont fermes.

A gauche, les Turcs maltraités fuient du village d'Embabé, pris d'assaut par les Français : leur tumulte, leur désespoir sont Peints avec les Couleurs les plus énergiques, et exprimés par la Pantomime la plus effrayante et la plus décidée. Les Plans les plus éloignés sont également bien sentis ; on distingue la marche des Bataillons carrés malgré la petitesse des Figures, et cet effet tient à ce qu'on découvre tout dans ce Tableau comme si on était sur un banc élevé d'où l'on apercevrait une étendue immense. On croit voir le Panorama de la Bataille.

Il semble que cet Arabe qu'on aperçoit au milieu est gigantesque et son Action surnaturelle. On ne peut se lasser d'admirer le côté où se voyent les développemens des Divisions Françaises, et sur-tout de celle commandée par le Général Bon. On distingue et même on reconnaît les Chefs de l'Etat-Major. Quel talent sur-tout n'a-t-il pas fallu pour rendre avec tant de précision, avec tant de vérité, cette multitude de Soldats qui sont tous bien dessinés, quoique dans une attitude et avec une expression différentes !

Nous avons entendu quelques-uns de ces Hommes prévenus, dont le Siècle abonde, quelques-uns de ces Critiques, dont la bonne-foi égale celle des Rédacteurs du Feuilletonier : il ne manquaient pas de dire que les Guerriers Français paraissaient trop tranquilles, de manière qu'on croyait voir une Revue plutôt qu'une Bataille, les Grenadiers, ajoutaient-ils, n'ont pas l'air d'assister à une fusillade très-vive, ils trouvaient enfin qu'il n'était pas naturel que ceux qui les suivraient de très-près, fussent en repos sur leurs Armes, à s'occuper d'actions calmes et indifférentes, comme celle de caresser un Chien, d'ôter une Casquette, etc. La réponse est facile : la supériorité de notre Tactique tient à cela même. Le plus grand obstacle que le Français avait eu jusqu'ici à vaincre, était sa propre impétuosité ; il semblait ignorer ce Courage calme et presque indifférent qui est le propre et le comble de l'Héroïsme : il ne faut pas cesser de le répéter, c'est au Génie qui les conduit à la Victoire que nos Guerriers doivent cette assurance froide et cette espèce d'impassibilité au milieu des extrêmes périls.

Si le plaisir que me fait éprouver l'aspect de ce Tableau me permettait de critiquer, je dirais que la Touche est ici un peu lourde ; mais combien cela est racheté par la finesse et par la vérité de celle qui représente les Bataillons au-dessus de l'Etat-Major.

Le Ciel est beau, la Lumière est bien distribuée, et le peu de Paysage qu'offre ce Pays aride, est accusé d'une manière juste, sur-tout les plantes qui sont sur le devant. M. Le Jeune, a senti le premier combien les plantes et la végétation d'un climat aidaient à le faire reconnaître; il s'est emparé habilement de ce moyen ingénieux; rien n'est négligé: tout, jusqu'aux Détails et aux Accessoires est parfaitement rendu, et il y a dans cette Peinture une telle vérité, qu'on s'y promène : on va, on vient, on y distingue aisément tous les Objets, et les Scènes et les Épisodes que promet un long Programme; enfin ce Tableau inspire un intérêt si profond, qu'après être resté long-tems à le contempler, à en suivre l'Ordonnance, à en examiner tous les Détails, on y revient encore, et l'on est surpris de retrouver des Episodes qui avaient échappé à l'attention, et sur-tout des Beautés nouvelles et imprévues.

M. Le Jeune avait déjà exposé des Tableaux qui l'avaient fait connaître comme un des meilleurs Peintres de Batailles; celui-ci le place, à juste titre, au rang des plus habiles et sur-tout des plus vrais; d'autres Peintres, sont quelquefois Poëtes, mais plus souvent inexacts. M. Le Jeune et M. Thevenin se sont montrés Historiens fidèles; ils ont conservé intact ce Charme si puissant de la vérité qui donne aujourd'hui tant de charme à leurs Ouvrages et qui leur assure, pour la suite des tems, un Prix inestimable.

Le même mérite se trouve, à ce qu'on nous assure, dans les Dessins au lavis par le même Artiste; nous regrettons de ne les avoir point vus.

N°. 180. *Vue du Château de Pau, où naquit Henri IV*. Tableau de M. Duperreux.

Explication du sujet donnée par l'Auteur.

« Après la Bataille de Coutras, Henri IV, alors « Roi de Navarre, retourne à Pau pour mettre « ses Etats en sûreté. Il est accompagné du « Comte de Soissons et de six cents chevaux. Ca-« therine d'Albret, sa sœur, et Corisandre, « veuve du Comte de Grammont, vont à sa ren-« contre dans le Parc. Le Roi de Navarre leur « annonce sa Victoire, en leur montrant les « Drapeaux qu'il vient de conquérir sur l'Ar-« mée du Duc de Joyeuse. »

Les Figures sont de M. Demarne.

N°. 181. *Vue du Lac de Como, prise au-dessus du Palais Odescalchi*, par le même.

N°. 182. *Vue de l'Isola de Pescatori, l'une des Iles Boromées, sur le Lac Majeur*, par le même.

Elle est prise de l'Isola Bella.

N°. 183. *Vue de la Pliniana, Maison de Pline le jeune, sur les bords du Lac de Como*, par le même.

Explication du sujet donnée par l'Auteur.

« Une lettre de Pline à Romanus, établit si « parfaitement la position de cette Maison de « campagne, qu'on ne peut douter qu'elle ne « soit en effet celle de Pline ; aussi les Voyageurs « la visitent-ils avec l'intérêt qu'inspirent les « traces et les souvenirs d'un des plus grands « Orateurs de l'antiquité. »

M. Valencienne, à l'exemple du Poussin, enrichit ses Paysages de Personnages et de scènes antiques; c'est ainsi qu'il aggrandit, pour ainsi dire, son Théâtre, qu'il y sème le mouvement, la vie et l'intérêt.

M. Duperreux, par un système plus heureux encore, choisit ses acteurs dans l'Histoire de son Pays, et nous présente à-la-fois les plus sublimes et les plus touchans. Il rappelle un Héros dont le courage, la bonté ont laissé dans tous les cœurs Français, des impressions aussi profondes que durables.

Le Château qui fut le berceau de Henri IV, dont l'Artiste a retracé la Vue pittoresque, frappe d'abord par sa situation à pic, ainsi que par la vérité et la finesse avec lesquelles il est rendu, sur-tout par la simplicité de son architecture ; elle paraît être du tems de François Ier. Voilà donc le toit modeste où naquit ce grand Roi. On peut remarquer, en passant, que sa jeunesse comme celle des Héros fut laborieuse ; ainsi les plus grands Princes ne sont point sortis du sein des Palais somptueux. Tous ceux qui ont gouverné la France avec gloire, ou qui ont fait le bonheur des Peuples avaient été éprouvés par l'adversité ou par des travaux et des périls sans nombre ; tels ont été Charlemagne, Philippe - Auguste, Louis IX, et sur-tout Charles V, et enfin Henri IV; il serait facile de pousser plus loin la nomenclature, mais revenons à notre sujet.

Aux pieds du Château s'étend la vue d'un Paysage riant, riche, varié ; le pont, dans le lointain, l'enfoncement de cette agréable vallée, tout est d'un ton brillant, fin et léger ; les plans intermédiaires sont heureusement coupés et variés par ces masses d'arbres qui s'étendent en avenues ; cependant ils paraissent un peu lourds de touche ; mais les devans sont fermes, vigoureux de lumière et d'effet ! Que cet arbre surtout est beau et bien feuillé ! Malgré la beauté et la richesse du sol, on voit que ce n'est pas un Paysage ajusté, composé pour ainsi dire de Centons ; c'est un bel et naïf aspect, bien saisi par l'Artiste; sa mémoire l'a fidèlement recueilli, l'a transmis sur la toile ; c'est la nature en un mot, et la nature dans tout son éclat.

A ce ciel pur et sans nuage, au ton chaud et lumineux qui colore si richement les montagnes, les arbres et tous les objets, on reconnaît le climat, on sent, on respire pour ainsi dire l'air de nos belles contrées méridionales; la lumière du Soleil se répand par torrens sur toutes les parties de ce beau Paysage, elle brille sur les murs de ce Château, couronne les Rochers et les Montagnes, inonde les Vallées, perce à travers ces feuillages, et forme sur le devant du Tableau les accidens les plus riches, les plus pittoresques.

Finissons par féliciter l'Artiste de sa modestie; elle a tourné à son avantage; il a eu le bon esprit de faire faire les Figures à M. Demarne, et son Tableau acquiert un nouveau prix. Ainsi Schneider et Rubens, le Teniers, Wouvermans et plusieurs autres Peintres de l'Ecole Flamande, enrichissaient de leurs compositions les Paysages de leurs rivaux. Au reste, rien de plus intéressant et de mieux composé que le Sujet : le bon Henri a cette expression franche et gaie qui le caractérise; peut-être est-il un peu vieux; les Femmes ont l'air noble; leur Costume est exact, ainsi que celui des Guerriers qui portent les Drapeaux, et la joie des Paysans, qui accourent pour voir Henri, a toute la vivacité, la naïveté et la franchise Béarnaises, enfin, il n'y a rien de plus fin et de plus spirituellement touché que cette Cavalerie qui avance en ordre dans le lointain, et dont on distingue bien le développement malgré la petitesse des Figures ; elles sont dignes du crayon spirituel du graveur Lorrain, qui fut le premier en ce genre, ou plutôt elles sont dignes du pinceau de M. Demarne.

La vue du Tableau, sous le No. 181, est séduisante et d'un ton frais ; les Fabriques sont jolies et touchées avec finesse ; les plans du devant sont si bien indiqués, que l'on y marche ; le ton en est chaud et vigoureux ; les effets de lumière sont sentis ; l'arbre, à droite, forme un repoussoir énergique, mais il n'est pas d'une forme aussi heureuse que celui du côté opposé ; dont le feuillé est heureusement varié et touché ; tout le ton général est argentin, mais la limpidité d'une eau calme se confond avec l'azur d'un ciel trop nu ; le fond et le lointain sont un peu violâtres. Le Tableau sous le No. 182, est le plus faible de M. Duperreux ; il est d'un ton si pâle, qu'on le prendrait pour une gouache. Toutes les Montagnes du fond sont absolument lilas ; cependant le ton de la fabrique est fin. Le suivant est beaucoup mieux ; le ton est chaud et vigoureux, le ciel léger, cependant, les Montagnes ne s'enfoncent pas assez dans le lointain ; l'eau est vraie et transparente, et les arbres d'un côté bien feuillés, tandis que les autres, sur le devant, sont lourds de touche et de teinte ; la fabrique est très-pittoresque. Quel intérêt d'ailleurs, quelle piquante curiosité ne doit-elle pas inspirer la vue de cette maison, encore assez bien conservée, dans laquelle Pline a tracé le Panégyrique de Trajan, et ces lettres qui seraient les premières des Latins, si nous n'avions pas celles de Cicéron. C'est toujours par de grands souvenirs que M. Duperreux anime ses ouvrages, les Figures qu'on apperçoit dans la demi-teinte ajoutent encore à la vie et au mouvement de ce Tableau.

Nos. 285 à 296. *Dessins de* M. Lafitte, Pensionnaire de l'Ecole de Rome, Elève de M. Regnault.

(*Notes données par l'Auteur sur ces numéros.*)

« Repos d'une Bacchante. » *Figure d'étude.* (1)

« Portrait de Femme. »

« Etude de Paysage. »

« Tête d'Étude. »

« La Bataille de Rivoli. »

« Feu tiré le 16 Décembre 1804, sur la Place « de l'Hôtel de Ville, au Couronnement de l'Em- « pereur. »

« Vulcain, Mars et Vénus. » *Frise.*

« Mort d'Albert Mermet, lieutenant-colonel « au régiment de l'Ile-de-France. Son Fils Porte- « Drapeau dans le même Régiment, l'ayant vu

---

(1) Elle n'a pas été exposée au Salon.

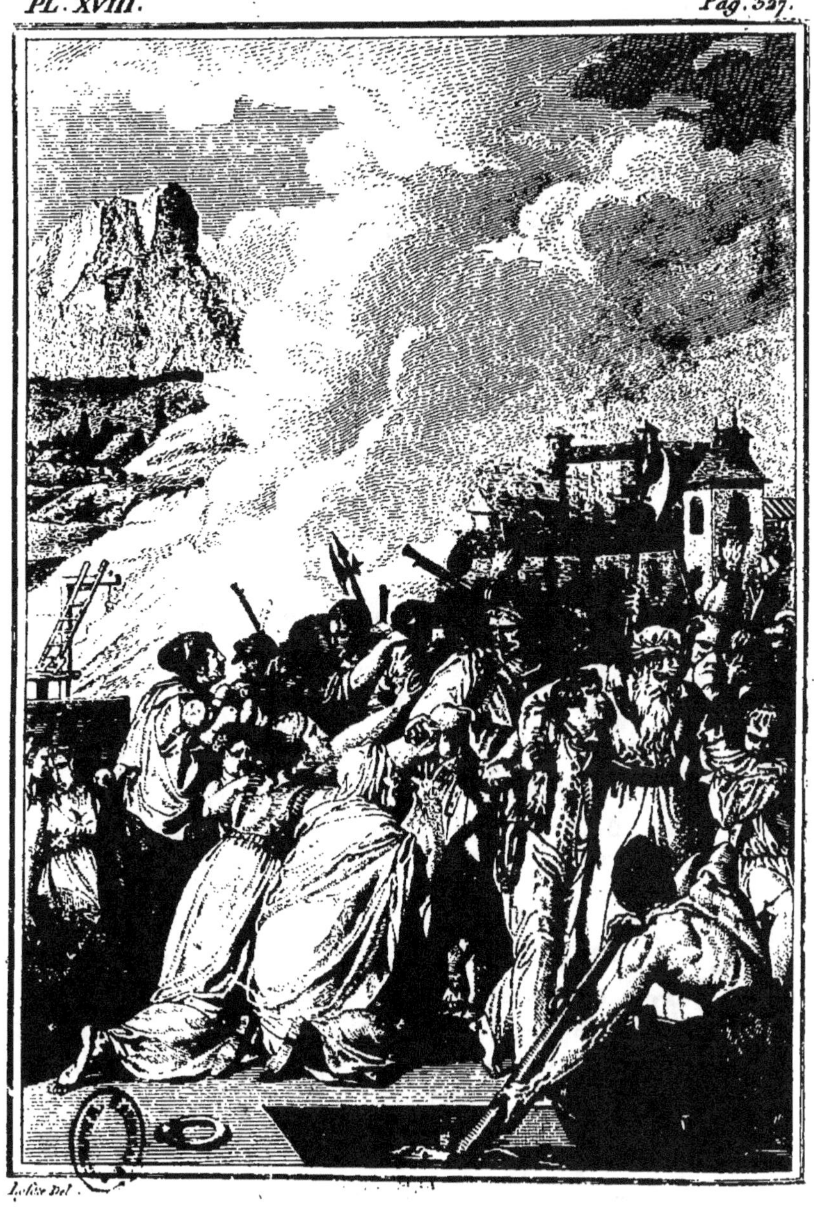

Lesueur Del.

Massacre, proscription de cent mille Familles Protestantes.

« tomber, accourt pout le secourir et le venger.
« Il reçoit le coup mortel sur le corps de son
« valeureux Père. »

« Portrait de M. Bernardin-de-Pierre. »

« Premier sujet de Paul et Virginie. »

« Dessins pour une œuvre nouvelle. Dans ces « dessins se trouvent compris celui du *Massacre « et proscriptions de cent mille familles protes- « tantes.* (*Planche XVIII.*) »

« Un Cadre renfermant plusieurs Dessins pour « les Fastes de la Nation Française. »

Presque tous ces Dessins ont été ou doivent être gravés pour enrichir des OEuvres littéraires.

Commençons par remarquer, pour l'honneur des Arts et du Commerce national, que ce n'est qu'en France qu'on sait exécuter de pareilles choses et les porter à leur perfection. Cette supériorité de la Gravure concourt avec celle de nos Papeteries et de notre Typographie à assurer aux Libraires Français un avantage décidé sur ceux du reste de l'Europe.

M. Moreau, le Dessinateur, est le premier qui, dans cet Art, si difficile, de réduire à de petites dimensions les plus vastes compositions Historiques, en un mot, dans le genre des Gravures pour la Librairie, ait effacé tous ceux qui l'avaient précédé, les Eisen, les Gravelot, les Cochin, dont le Dessin, d'ailleurs, était si maniéré et si incorrect. Ce qui caractérisa le Talent de M. Moreau, ce fut l'Art presque magique de resserrer les plus grands Sujets dans le plus petit espace, et enfin la perfection avec laquelle il savait en établir la perspective; mais M. Moreau n'est que Dessinateur, ses Dessins ont contracté quelque chose de la froideur de la Gravure.

En sa qualité de Peintre, M. Lafitte a mis dans toutes ses compositions beaucoup plus de mouvement, de chaleur, et sur-tout de Style et d'effet que M. Moreau dans les siennes, sans cesser de rivaliser avec lui d'esprit, de netteté et de précision.

Ils ont employé l'un et l'autre la *Sepia*, au lieu de l'encre de la Chine, procédé moins froid, et dont M. Girodet s'est servi avec tant de succès pour les magnifiques Dessins dont il a orné la belle Edition de Racine par Didot.

Nous devons regretter que la Gravure des Dessins de M. Lafitte annoncés pour une OEuvre nouvelle (1), sous le N°. 293, n'ait pas été terminée; on jugerait mieux du rare mérite de la composition. M. Lafitte, dans ces trois Dessins, nous a paru supérieur à lui-même; il les a traités en Peintre d'Histoire: comme il n'en a pas donné

(1) Les Antenors modernes ou Voyages de Christine et de Casimir, en France, sous le règne de Louis XIV, 3 vol. in-8, qui viennent de paraître chez F. Buisson, Libraire, rue Git-le-Cœur, n°. 10. Les trois belles planches qui accompagnent cet Ouvrage sont gravées à l'eau forte.

l'explication détaillée, nous allons suppléer à son silence.

Le premier représente l'assassinat de Monaldeschi, dans la galerie des Cerfs, à Fontainebleau, par les ordres de Christine dont il était l'Ecuyer et l'Amant.

Le Dessinateur a représenté l'instant où le père Le Bel, que Christine avait appelé pour recevoir la confession de Monaldeschi, se jette aux pieds de la Reine pour en obtenir la grace de cet infortuné : l'impitoyable Christine rejette sa prière, et donne le signal du meurtre. Le comte de Sentinelli et deux assassins frappent Monaldeschi.

Ce Drame est développé d'une manière effrayante. Que la tête du Pontife est vénérable! sa main même supplie; toute son attitude est pleine d'expression.

La Tête de Christine a un grand mérite : d'abord le Peintre a essayé de la rendre fidèle, et ensuite il lui a donné le terrible caractère de la situation, sans rien ôter à la ressemblance qu'il a tâché de lui donner.

Le groupe qui égorge Monaldeschi fait frémir, et l'attitude des Personnages est fidèlement retracée d'après la Relation historique; l'Architecture seule n'est pas celle du tems, ni du lieu de la Scène.

Au bas du second de ces Dessins, on lit : *l'Abstinence des Plaisirs me paroît un grand péché.* La Scène représente un soupé dans la maison de

Ninon, à Senlis; elle pince le Luth et chante des Couplets de Charleval. On distingue parmi les convives, Gourville, Saint-Pavin, Saint-Evremont, Christine et l'épouse de Scaron.

Toutes ces Figures sont des Portraits. La pose de Ninon est pleine de volupté; la douce ivresse des convives est heureusement nuancée : sachons gré à l'Artiste d'avoir saisi et exprimé d'une manière délicate l'ivresse de la bonne compagnie.

Le Costume n'est peut-être pas assez fidèle; mais avec quel plaisir on retrouve parmi ces différens attributs, tous ceux des Arts et du Plaisir! On sourit en lisant l'inscription des deux billets épars au milieu des livres et des crayons; sur l'un on lit : *à la belle gardeuse de cassette*; et sur l'autre, *à la Châtre*.

Le troisième de ces Dessins forme, avec la Scène voluptueuse qui précède, le plus terrible des contrastes; on lit au bas : *Proscription et massacre de cent mille Familles Protestantes*.

On voit, sur le premier plan, des Femmes, des Vieillards, des Enfans, traînés aux galères par d'impitoyables satellites.

Sur le second plan sont déployés les plus horribles instrumens de supplice.

L'incendie des Chaumières termine le fond du Tableau.

Pour bien saisir le Sujet, il faut avoir sous les yeux le texte même de l'Ouvrage qui lui a donné lieu, et dans lequel on rapporte, d'après l'histoire du tems, les horreurs inouies dont les aveugles partisans de ce qu'ils appellent le *grand siècle*, se gardent bien de parler.

Tel était l'accomplissement de la menace que le Clergé avait faite aux Protestans : *Vous devez vous attendre*, leur disait-il, *à des malheurs incomparablement plus épouvantables et plus funestes que tous ceux que vous ont attirés jusqu'à-présent votre révolte et votre schisme.*

L'Édit de Révocation fut rédigé en douze articles, qui conspiraient tous, non pas à la conversion, mais à la destruction des Protestans, par la démolition de leurs Temples, par la proscription de leurs Ministres, par la privation des exercices de piété, selon leur liturgie, par l'interdiction de leurs assemblées, par l'enlèvement de leurs enfans qu'on leur défendait d'élever dans une Religion qu'ils croyaient la véritable.

Le dernier article promettait encore quelque espèce de tolérance, mais c'était un leurre pour les empêcher de fuir la persécution, et la tolérance, toute dure qu'elle était, paraissait encore trop douce; elle a duré à peine quinze jours.

De-là tant de supplices qui ont fait frémir la nature, et dont nous reprenons la description.

On battait ces malheureux à coup de bâton : meurtris et rompus, on les traînait aux Eglises où leur simple présence forcée était comptée pour une abjuration. Tantôt on les empêchait de fermer l'œil durant l'espace de sept ou huit jours ; les Satellites se relevaient pour les garder à vue jour et nuit, pour les tenir éveillés, soit en leur jettant des aiguiéres d'eau sur le visage, soit en les tourmentant en mille manières, soit en leur tenant sur la tête des chaudières renversées, sur lesquelles ils fesaient un continuel charivari, jusqu'à ce que ces malheureux eussent perdu le sens.

Si on en trouvait de malades et retenus au lit par des fièvres ardentes, on avait la cruauté d'assembler une douzaine de tambours et de faire battre la caisse à l'entour de leurs lits.

On attachait les Pères et les Maris aux colonnes des lits, et à leurs yeux, on forçait leurs Femmes et leurs Filles ; et ces horribles excès restaient impunis ! A d'autres, on arrachait les ongles des mains et des pieds ; on enflait les Hommes et les Femmes avec des soufflets, jusqu'à les faire crever.

Si, après ces horribles traitemens, il y en avait encore qui refusassent d'abjurer, on les plongeait dans les plus horribles cachots, où de nouvelles inhumanités les attendaient.

Cependant, on démolissait leurs maisons, on désolait leurs héritages, on coupait leurs bois, et on se saisissait de leurs Femmes et de leurs Enfans que l'on jettait dans des couvens. Si quelques-uns, pour garantir leur conscience, et pour échapper à la tyrannie de ces furieux, échappaient par la fuite, on les poursuivait dans les champs et dans les bois ; on tirait sur eux comme sur des bêtes sauvages ; les Prévôts battaient pour cela les chemins, et les Magistrats des lieux avaient ordre de les arrêter sans distinction. On les ramenait d'où ils étaient partis, et ils étaient suppliciés ou mis aux galères. Il ne faut pas, au reste, se figurer que cet outrage ne tombât que sur le Peuple; il atteignait les Nobles, les Gentils-Hommes, et les Seigneurs de la plus haute qualité.

Mais ce qu'il y eut de remarquable, c'est qu'outre les Commandans et autres Officiers de guerre qui marchaient à la tête de ces Légions, on y voyait presque par-tout les Evêques et les Intendans, avec une troupe de Missionnaires et d'Ecclésiastiques. Les Intendans donnaient les ordres de presser les conversions, et pour réprimer la pitié et la commisération naturelle, lorsqu'il arrivait quelquefois, quoique fort rarement, qu'elle trouvât place dans le cœur des dragons et de leurs commandans. Les Missionnaires et les Ecclésiastiques y étaient pour animer de plus en plus les gens de guerre à une exécution si agréable à l'Eglise et si glorieuse à Dieu et à sa Majesté. Quant aux Evêques, ils y étaient pour recevoir les abjurations, et pour avoir une inspection générale et sévère, afin que tout s'y passât conformément aux intentions du Clergé.

La persécution alla si loin, qu'on voulut

obliger quelques Etats voisins à ne recevoir plus de réfugiés, et à renvoyer ceux qu'ils avaient reçus. On entreprit même d'en enlever quelques-uns dans les Pays étrangers.

Le détail de ces persécutions inouies a inspiré à l'un des Ministres les plus éloquens qui aient monté dans la Chaire chrétienne, sans en excepter Bossuet, cette interpellation à l'Eternel, interpellation aussi sublime qu'extraordinaire.

« Mon Peuple, dit le Très-Haut, mon Peuple,
« que t'ai-je fait? — Ah Seigneur! que de choses
« tu nous a faites! Chemins de Sion couverts
« de deuil, Portes de Jérusalem désolées, Sacri-
« ficateurs gémissans, Vierges plaintives, Sanc-
« tuaires abattus, Déserts peuplés de fugitifs,
« Membres du Christ errans à la face de l'Uni-
« vers, Enfans arrachés à leurs Pères, Prisons
« remplies de Confesseurs; Galères regorgeant
« de Martyrs, Sang de nos compatriotes répandu
« comme l'eau; Cadavres vénérables, puisque
« vous servîtes de témoins à la Religion, mais
« jetés à la voirie et donnés aux bêtes des champs
« et aux oiseaux des Cieux pour pâture; Mâ-
« sures de nos Temples, Poudre, Cendres, Tristes
« restes des Maisons consacrées à notre Dieu;
« Feux, Roues, Gibets, Supplices inouis jus-
« qu'à notre Siècle, répondez ici, et déposez
« contre l'Eternel. »

Le Peintre a senti qu'il devait voiler une partie de ces horreurs ; mais il les fait pressentir. Quel Tableau que celui de cette Femme évanouie aux pieds d'un Echafaud où s'élèvent le Gibet et la Roue ! Quel Spectacle que celui de ces Enfans qui soulèvent et partagent les chaînes d'un Père vénérable ! Que ces Femmes agenouillées et portant leurs Fils à la mamelle sont intéressantes ! Que ces Satellites qui les repoussent respirent bien le Fanatisme ! Que ces deux Mains élevées d'une manière si pittoresque et si expressive vers le Ciel, lui reprochent éloquemment les Fers dont elles sont chargées !

Cet Incendie qui dévore le fond met le comble à la terreur.

Le mérite de l'Artiste consiste ici à avoir rassemblé, sans confusion, dans un Cadre de quatre pouces, plus de vingt-cinq Figures, d'avoir varié leurs attitudes, saisi et fait contraster leur caractère, et sur-tout d'avoir bien concentré tout l'intérêt sur un Vieillard, des Enfans et des Femmes, ces êtres que leur faiblesse aurait dû rendre sacrés, s'ils ne l'avaient déjà été par le malheur.

N°. 256. *Le Tombeau Américain*, par M. HERSENT, élève de M. REGNAULT.

Explication du sujet donnée par l'Auteur.

« Une femme dont l'enfant est mort, l'expose

» sur des lianes pour le faire sécher, et conserver par ce moyen les restes inanimés de ses plus tendres affections. Dans la main droite est encore la planche garnie de mousse, sur laquelle il était emmailloté. »

Quel plaisir peut donc trouver un Peintre à représenter des personnages couleur de cuivre? ces sujets sont d'un effet au moins désagréable : tel est celui que produit l'uniformité générale de la teinte de la figure principale; rien de plus touchant que cette coutume qui a été célébrée en beaux vers. Pourquoi la poésie nous a-t-elle émus? pourquoi la peinture produit-elle sur nous si peu d'impression? serait-ce parce que la douleur de cette femme est plutôt celle d'une indifférente Européenne que celle d'une mère dont l'expression devrait avoir celle que doit mettre dans sa douleur l'énergie qui caractérise les actions, les passions, et enfin tous les sentimens des sauvages.

PL. XIX. Page 337.

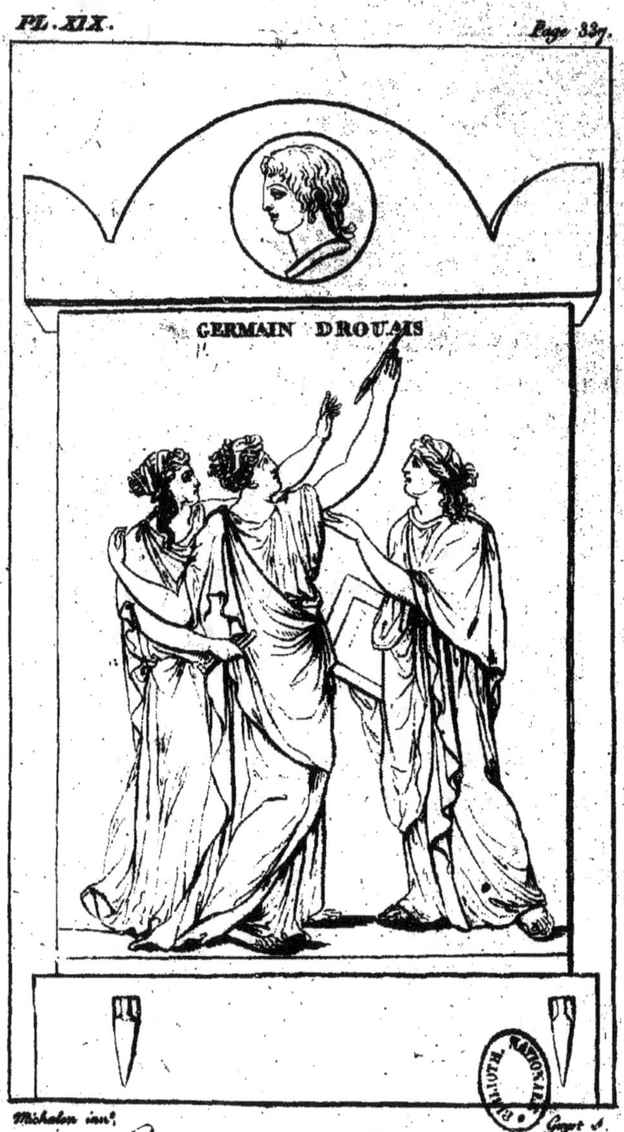

Michalon inv. Guyot s.

Germain Drouais.

NOTICE

Historique sur M. DROUAIS, *Elève de l'Académie Royale de Peinture.* (*Pl. XIX.*)

Germain-Jean Drouais, fils et petit fils de deux Peintres, membre de l'Académie royale de Peinture, était né le 25 Novembre 1763. Son père, François-Hubert Drouais, a obtenu de la réputation dans le genre du Portrait. Jamais il n'y eut de vocation plus impérieuse que celle qui appelait le jeune Drouais à la Peinture ; il mania le crayon dès son enfance, et ses premiers essais furent étonnans.

« Si je ne craignais pas, disait un jour son « père, l'aveuglement de la prévention pater- « nelle, je prédirais que cet Enfant deviendra « un Raphaël ; à dix ans, il fait avec une faci- « lité et une intelligence incroyables, ce que je « ne faisais qu'avec peine à dix-huit. »

Son père le confia aux soins de M. Brenet, de l'Académie royale de Peinture. La docilité de ce jeune homme, son ardeur pour l'étude et les leçons d'un habile Maître lui firent faire des progrès rapides.

De cette Ecole, il passa à celle de M. David, Artiste qui rapportait alors de Rome ce sentiment du vrai, du grand, du simple, qu'il avait puisé dans l'étude de l'Antique et des

Grands-Maîtres, ce sentiment qui respire dans les belles compositions de *Bélisaire*, du *Serment des Horaces*, de la *Mort de Socrate*, Ouvrages qui suffiraient pour faire la réputation d'un Peintre, mais qu'on ne devait regarder que comme le présage de la gloire de leur auteur.

L'instinct avait donné au jeune Drouais l'enthousiasme de son Art, et des idées de perfection que l'exemple et les leçons de son Maître exaltèrent encore en les dirigeant ; tout annonça bientôt qu'il était fait pour les plus brillans succès ; lui seul se défiait de ses forces et restait mécontent de ses essais, quand ses maîtres même y applaudissaient.

Il concourut aux prix de l'Académie en 1783. On sait que les Elèves qui concourent, travaillent dans des loges séparées, sans pouvoir communiquer à personne leur ouvrage. Il venait parler à M. David de son travail, tour-à-tour satisfait ou mécontent de ce qu'il avait fait. Son Maître cherchait à ranimer sa confiance. Le terme du Concours était près d'expirer, lorsque Drouais arrive un jour chez M. David, et lui apporte un fragment de son Tableau que dans un mouvement de découragement, il avait coupé par la moitié : le Maître juge par ce fragment du mérite de la composition. « Malheureux, lui « dit-il, qu'avez-vous fait ? Vous cédez le Prix « à un autre. — Vous êtes donc content de moi, « lui répondit le jeune homme ? — Très-content,

« — Eh bien ! j'ai le Prix ; c'est le seul que j'am-
« bitionne ; celui de l'Académie tombera sur un
« autre à qui il sera peut-être plus nécessaire
« qu'à moi ; l'année prochaine j'espère le mériter
« par un meilleur Ouvrage. »

(Cette année il n'y eut pas de Prix.)

Ce présage ne fut pas vain. L'année suivante on proposa pour sujet du Prix, *la Cananéenne aux pieds de Jésus-Christ* (1). Le jeune Drouais saisit avec vivacité les expressions et les positions convenables à l'ensemble du sujet ; il donna du mouvement, de la vie à ses Figures ; il eut l'Art de lier au style le plus sévère et à la correction la plus exacte, cette grace qui séduit, et qui distingue ordinairement l'Ecole française ; enfin, ô merveille ! le Tableau qu'il exposa est un des plus beaux qui aient paru depuis Le Sueur et le Poussin. Il étonna toute l'Académie et obtint le premier Prix d'une voix unanime. Jamais aucun élève n'avait annoncé une telle manière de conception et de talent. L'admiration fut universelle ; celle de ses camarades et de ses rivaux se manifesta d'une manière aussi touchante que nouvelle ; ils le couronnèrent de lauriers, et malgré sa résistance le portèrent en triomphe chez M. David, et ensuite chez sa Mère. Com-

(1) Ce Tableau, maintenant exposé dans le Muséum de l'Ecole Française à Versailles, y tient le premier rang.

ment a-t-on pu blâmer, dans ce tems, le mouvement d'enthousiasme d'une jeunesse ardente, mais juste, qui ne consultait que cet amour vif et pur de l'Art, que n'ont encore corrompus ni les tristes sentimens de l'envie, ni les vils calculs de l'intérêt (1).

Le jeune Drouais partit pour Rome l'année suivante, et M. David voulut l'accompagner. Je ne puis faire un plus bel éloge de l'Elève qu'en rapportant ce que le Maître a écrit depuis à ce sujet. « Je pris le parti de l'accompagner « autant par attachement pour mon Art que « pour sa personne; je ne pouvais plus me passer « de lui; je profitais moi-même à lui donner « des leçons, et les questions qu'il me fesait, « seront des leçons pour ma vie : j'ai perdu mon « émulation. »

Drouais étant arrivé à Rome, toutes les merveilles des Arts dont il se vit entouré, attirèrent d'abord ses regards; mais bientôt il ne vit plus que l'Antique et Raphaël. Raphaël surtout l'enivrait d'admiration et l'absorba tout entier. Voulant se rendre compte du fruit de ses travaux, il peignit la Figure d'étude que les Elèves sont obligés d'envoyer à l'Académie pour faire juger de leurs progrès. Cette Figure était

(1) Cet honneur commença pour M. Vincent. (Vid. la Notice qui le concerne.)

un Gladiateur vaincu et blessé, dans les yeux duquel on voyait encore briller le desir de la vengeance.

Il se levait tous les jours à quatre heures du matin et travaillait jusqu'à la fin du jour, quelquefois sans avoir pris aucune nourriture, d'ordinaire, n'ayant mangé qu'un morceau de pain jusqu'à la nuit. Pour retenir son modèle près de lui, il lui donnait le dîner que lui apportait le cuisinier de l'Académie.

M. David avait beau lui représenter que cet excès de travail altérait sa santé et nuirait même à son talent : que l'esprit, comme le corps, avait besoin de repos pour mieux employer ses forces ; toutes les remontrances étaient inutiles : *Vaincre ou Mourir*, était sa réponse constante, *il faut que je sois Peintre ou rien.*

M. David, après une année de séjour à Rome, quitta avec regret son Elève, et revint à Paris.

Le jeune Drouais prenant un essor encore plus hardi, fit seul et sans conseil le Tableau de *Marius*, qu'il ne produisit qu'avec timidité à l'exposition publique de Rome. Cet Ouvrage y eut le plus grand succès, et fut également applaudi des Artistes et des Amateurs. Tout Paris s'empressa d'aller voir ce Tableau. On y a admiré la hardiesse de la composition, le bon goût et la science du Dessin, la vérité et l'harmonie de la couleur en général, sur-tout la forte et belle expression de la Tête de *Marius*, et l'effet brillant de cette Figure principale qui, en appelant fortement l'attention, semble être le foyer de la lumière qui éclaire toute la composition ; on pourrait sans doute modifier ces éloges par des critiques très-fondées, mais les défauts ne prouvent que l'imperfection de tout ouvrage humain, et les beautés de celui-ci annonçaient dans un si jeune Artiste des idées grandes, un esprit vigoureux et sage, et un talent dont il était difficile de fixer les bornes.

Il fit ensuite une Académie représentant *Philoctète exhalant ses imprécations contre les Dieux.* Cette Figure est, dit on, un Chef-d'œuvre ; mais elle lui coûta la vie. L'ardeur qu'il mit à la peindre acheva d'enflammer son sang. Il méditait déjà une composition plus considérable que toutes celles qu'il avait faites ; c'était *C. Gracchus sortant de sa Maison accompagné de ses amis, pour aller appaiser la sédition où il périt.* Ce Tableau avait 16 pieds de large sur 11 de haut ; toute ses études en étaient faites, et les Figures étaient déjà tracées sur la toile ; mais une fièvre inflammatoire saisit le jeune Artiste au milieu de son travail ; la petite vérole s'y joignit, et il succomba au bout de quelques jours à la violence du mal.

M. Ménageot, directeur de l'Académie de France, si bien fait pour sentir le prix et le mérite de tant de talens, lui prodigua, pendant sa maladie, les soins les plus assidus et les plus tendres ; ses camarades le gardèrent, le soignèrent avec un zèle extraordinaire, le pleurèrent comme leur ami, leur frère et leur modèle. Ils lui élevèrent, dans l'Eglise Sainte Marie, *in Via Lata*, un monument qui représente, dans un Bas-Relief, la Peinture, la Sculpture et l'Architecture s'empressant à l'envi de tracer, sur une Pyramide, le nom de celui dont les talens excitaient leur admiration, et dont la perte était l'objet de leur douleur. On voit dans un médaillon placé au-dessus du Bas-Relief, le portrait de M. Drouais.

Ce mausolée fut mis au concours. Claude Michallon (1), aussi Pensionnaire de l'Académie, obtint le Prix sur ses compétiteurs et l'exécuta.

---

(1) Claude Michallon, Sculpteur, pensionnaire du Gouvernement français, né à Lyon, a remporté le prix de l'Académie, l'année qui a suivi le succès de Drouais; il travaillait tous les jours à perfectionner un art qu'il aimait passionnément. Son goût décidé pour l'étude de l'antiquité s'est manifesté avec succès dans toutes ses productions. Il a su distinguer dans les chef-d'œuvres des anciens ce qui pouvait s'adapter à son génie, et s'est, par ce moyen intelligent, formé le goût et le style, ce que l'on peut aisément vérifier sur les monumens qu'il a laissés.

Michallon fait pour honorer l'Ecole française, est mort misérablement à Paris le troisième jour complémentaire de l'an 7, des suites d'une chute qu'il fit par imprudence en travaillant au Théâtre de la République. Il était âgé de 48 ans, avait remporté des prix dans les concours publics institués par les comités de Gouvernement.

Non seulement ce Sculpteur se cottisa comme les autres pour l'achat des matériaux, marbres, bronzes, etc., mais il ne voulut aucun paiement pour l'exécution du Bas-Relief qu'il fit en marbre blanc, et que les Artistes considèrent comme une des belles productions de l'Ecole Française. C'est le même Bas-Relief que l'on voit ici en bronze, qui a été fondu sur le modèle qu'il avait fait à Rome pour l'exécution de son marbre, et dont il a fait hommage au Musée des Monumens Français.

Cet hommage si honorable rendu à un Artiste de vingt-quatre ans par ses camarades et ses concurrens est sans exemple; mais il est inspiré par une réunion de talens et de qualités aimables, qui étaient peut-être aussi sans exemple.

Ce jeune Artiste avait reçu de la Nature tous les dons qui plaisent, avec toutes les qualités qu'on estime. Il était grand et bien fait, ses traits avaient de la régularité, de la noblesse et de la douceur, et sa constitution était saine et robuste. Possesseur, depuis la mort de son Père, de plus de 20,000 liv. de rentes, il ne mettait aucun prix, ni aux agrémens de la figure, ni aux avantages de la fortune. Il avait une jolie voix et un goût naturel pour la Musique. On lui conseillait de l'apprendre. *Non*, disait-il, *je veux être Peintre, et je n'ai pas trop de toute ma vie pour le devenir.*

Il ne connaissait aucun goût de vanité, de

fantaisie ou de dissipation ; jamais ses amis ni ses parens qui cherchaient à le distraire, ne purent l'engager à aller dans ces assemblées d'innocens plaisirs, qu'il est si naturel d'aimer et de rechercher dans la jeunesse. Il craignait de perdre quelques heures pour le travail. On le détermina cependant un jour à aller dans le monde ; il céda aux instances qu'on lui fit, consentit à s'habiller et à se faire coiffer avec plus d'élégance que de coutume. Quand sa toilette fut achevée, il se regarda au miroir ; et tout-à-coup, honteux de tant de recherches pour un genre de dissipation dont il craignait les suites, il prit tranquillement des ciseaux, et coupa les quatre boucles de ses faces que le perruquier avait frisées avec tant d'Art, reprit son habit simple et uni, et dit : *à présent, j'espère qu'on ne me parlera plus d'amusement et de société, et qu'on me laissera travailler.*

M. Percier, son ami, architecte aujourd'hui de S. M. l'Empereur, l'invitait à prendre du repos, et lui fesait de vifs reproches sur sa trop grande application au travail : *mon ami*, lui répondit Drouais, *un Peintre se doit tout entier à la Gloire, c'est sa Maîtresse.*

Cette ardeur de travail et cette force de volonté, il les portait sur tout ce qu'il entreprenait ; il y joignait une extrême facilité pour tout apprendre. On lui fit sentir la nécessité d'étudier le latin ; et quoiqu'il n'y pût donner que peu d'heures par semaine, en moins de trois ans, il fut en état d'expliquer Tacite.

Il lui restait une Mère digne de l'être, et qu'il aimait avec une tendresse qui ne s'est jamais démentie. Rien n'égalait aussi l'attachement qu'il avait pour M. David. C'était tout à-la-fois le respect pour un grand Talent qu'il admirait, la plus vive reconnaissance pour un Maître dont les leçons lui étaient si utiles, et le retour qu'il devait à la tendresse d'un ami. Il était adoré de tous ses camarades, parce qu'ils le trouvèrent toujours simple, franc et généreux; qu'il louait avec transport tout ce qu'ils fesaient de bien, et repoussait avec la modestie la plus vraie, tout ce qui pouvait marquer sa supériorité sur les autres.

Quel ami des Arts, quelle ame sensible pourra voir sans attendrissement tant de qualités aimables enlevées, par une fatalité si inattendue, à des parens, à des amis dont elles eussent fait le bonheur! Un talent si rare perdu pour l'Art dont il eût maintenu la splendeur, et pour notre Ecole dont il eût fait l'ornement.

M. David, son Maître, le regrette encore; il conserve, dans son habitation, un petit mausolée qu'il visite tous les matins à son lever, et sur lequel il a déposé, dans un Vase de marbre, la correspondance qu'il a entretenue avec son Elève pendant son séjour à Rome.

Comment ne pas mêler quelques regrets à

ceux de M. David, qui, en perdant un jeune homme aimable que son cœur avait adopté, perd en même tems un Elève qui eût honoré son école, et qui ne pouvait obtenir de la gloire qu'il n'en réjaillît une partie sur celle de son Maître !

J'ai dit que M. Drouais avait *une Mère digne de l'être :* qui peut penser, sans être ému jusqu'aux larmes, aux déchiremens de ce cœur maternel ! Cette Mère avait perdu un mari jeune encore, qu'elle chérissait ; elle avait une Fille douée d'une rare beauté, d'une bonté et d'une vertu plus rare encore, qu'une mort imprévue moissonna à seize ans : il lui restait un Fils en qui elle avait placé toutes ses affections et toutes ses espérances ; elle le perd ! Ce serait bien mal connaître la Nature humaine que de croire qu'il y ait dans la vie quelque compensation pour une si grande perte ; qu'il y ait dans les paroles quelque consolation pour une douleur aussi légitime. Le seul adoucissement qu'elle puisse espérer à son malheur, est dans le souvenir même de l'objet qui le cause. Ses amis pourraient peut-être, d'après un philosophe éloquent de l'antiquité, dire à cette Mère désolée : « N'est-« ce donc rien que d'avoir donné le jour à un « Fils si digne d'être regretté ? N'y a-t-il pas « encore quelques charmes dans l'image de ces « triomphes si flatteurs dont vous avez été té-« moin ? Votre ame ne s'émeut-elle pas encore

« avec quelque douceur au souvenir de la tendresse qu'il vous a montrée, du bonheur qu'il « vous a donné pendant quinze ans? Voudriez-« vous enfin n'avoir pas eu un tel Fils? »

Je terminerai cette Notice en disant que les faits qu'elle renferme, je les tiens de M. David, lui-même, et d'un homme sage et éclairé, ami de la famille de M. Drouais, qui avait veillé sur sa jeunesse et ses travaux avec la sollicitude d'un père, et qui le pleure comme un Fils d'adoption (1).

---

(1) Extrait des Notices publiées par M. Suard et par M. Le Noir.

SUITE DU SALON DE 1806.

N°. 549. *Esquisse de la Bataille de Marengo*, par M. Carle VERNET, Peintre du dépôt de la Guerre.

Explication du sujet donnée par l'Auteur.

« Cette esquisse représente le moment où la
« Division Boudet, commandée par le général
« Desaix, attaque en tête une colonne de 8,000
« Grenadiers hongrois, pendant que la cava-
« lerie, commandée par le général Kellermann,
« la prend par le flanc et la traverse. Elle met
« bas les armes.

« Ce Tableau est l'esquisse de celui que l'Au-
« teur exécute dans la proportion de 30 pieds,
« mais qu'il n'a pu achever pour l'ouverture du
« salon. »

Quel Tableau nous promet une pareille esquisse ! Elle est déjà elle-même au rang des plus belles productions que le Salon étale. D'abord elle obtient cette place par le mérite de la pensée qui est le premier de tous. L'œil suit la bataille dans tout son développement ; l'action frappe, saisit, attache par son exactitude et sa clarté ; les plans sont décidés et sentis ; les épisodes différens se rattachent bien à l'action principale et y jettent le plus grand intérêt ; le regard plonge, pour ainsi dire, au fond du sujet, il suit, il contemple, il admire l'ardeur des Soldats français, le courage tranquille des Officiers et la présence d'esprit des Généraux. Avec quelle vérité l'Artiste a représenté ce vieux Général autrichien qui rend son épée ; que cette douleur noble, froide et concentrée est convenablement exprimée! que le contraste du caractère de ces deux autres prisonniers est parfaitement saisi ; l'un jure et semble, en levant les yeux au Ciel, accuser toute la Nature de sa défaite ; on voit que ce vieux militaire est plus sensible à la perte de son drapeau qu'à celle de sa liberté ; d'un autre côté, la résignation de ce jeuue homme, sa douleur muette, son extrême abattement semblent annoncer non seulement sa défaite, mais celle de tout son parti.

Plus loin, un jeune officier rend avec douleur son épée à un Général français ; près de là, des chasseurs portent un ennemi blessé et lui offrent les secours qui sont en leur pouvoir ; et ce jeune Conscrit, avec quelle joie mêlée de fierté il porte deux drapeaux, trophées de son courage.

Voilà ce qui s'appèle composer comme un Poëte, sans cesser cependant d'être Historien.

La partie du Tableau la plus frappante, la

mieux arrêtée est celle du groupe où se voit le Premier Consul entouré de ses Généraux : il court par-tout où sa présence est nécessaire. Tous les mouvemens des Hommes et des Chevaux sont pleins d'ardeur et de vérité ; l'on peut reconnaître tous les différens personnages. Le paysage est vaste et riche, le site est exact, le ton général est frais, harmonieux, et cependant un peu gris : le ciel est orageux, la pluie tombe, et cet accident heureusement ménagé en produit d'autres sur la toile. On pourrait néanmoins desirer que les effets de lumière et le clair obscur fussent mieux entendus, que les plans fussent plus reculés : les défauts de l'Esquisse disparaîtront sans doute dans le Tableau : d'ailleurs, la touche est légère, fine et spirituelle ; tout est dessiné avec cette vigueur, avec cette perfection que l'on retrouve dans toutes les Figures tracées par M. Vernet, il excelle à peindre les Chevaux : quelle fierté il sait donner à ces nobles animaux ! comme il saisit et dessine leur attitude et leurs mouvemens ! quelle vérité à-la-fois, quelle énergie dans son trait. Que le talent de l'Artiste se soutienne et s'enflamme par ses progrès même, que cette noble pensée le soutienne, qu'il se dise : la France, au-dessus de toutes les Nations par la gloire de ses armes et par sa science dans l'Art de la Guerre, pourra donc s'énorgueillir de ses Artistes ; ils sauront faire revivre sur la toile ses triomphes; oui: notre patrie n'ayant plus rien à envier aux autres nations dans ce genre, donnera des rivaux aux Vandenvelde (1), aux Vandermeulen (2) et aux Wouvermans (3), mais nous l'emporterons, j'ose le sentir et l'assurer; nous l'emporterons par la correction et la noblesse du style.

N°. 550. *Une Marche de Mameloucks*, par le même.

Le Dessin de la Marche des Mameloucks est composé pittoresquement; il est digne de ceux qui ont fait à M. Vernet tant d'honneur en ce genre. Le Dessin des chevaux offre toujours cette perfection qui semble le partage exclusif de cet Artiste. Les Arts s'énorgueilliront de cette famille: M. Vernet le Père, comme Peintre de marine, n'a point d'égal; son Fils paraît obtenir le même rang comme peintre de bataille, et les enfans de celui-ci annoncent déjà les

---

(1) Flamand qui peignit avec feu et beaucoup d'intelligence, des batailles dans le commencement du 17e. siècle.

(2) On connaît les paysages, les chasses, les chevaux, et sur-tout les batailles de Louis XIV, exécutées par ce Peintre Flamand.

(3) Qui n'a pas admiré les chef-d'œuvres de ce grand maître Hollandais, et son fini précieux dans toutes les parties de la Peinture qu'il a traitées.

dispositions les plus brillantes, et promettent de marcher sur les traces de leur père et de leur aïeul.

N°. 496. *Passage de l'Armée Française sur le Mont St.-Bernard, commandée par Sa Majesté l'Empereur, le 28 Floréal an 8 de la République.* Par M. Thevenin.

Explication du sujet donnée par l'Auteur.

« L'armée est en marche, et monte à l'Hos»pice du St.-Bernard; une pièce de canon en»caissée dans un tronc d'arbre, est traînée par » des Soldats; l'Empereur au milieu du Tableau, » entouré de l'Etat-Major, des Généraux Duroc, » Bessières, etc., les encourage par sa présence » et ses paroles; il leur montre le haut du pas» sage comme le but de leurs travaux et le che» min de la gloire. Près le canon, le Général » Marmont, commandant en chef l'artillerie, » donne des ordres aux canonniers, qui, avec » des leviers, dirigent les mouvemens de la » pièce; le Prince Eugene Bauharnais est sur le » devant, à la tête d'un détachement des guides; » des officiers du douzième Régiment de Hus» sards sont près de lui; deux chevaux apparte-

» nant à l'Empereur occupent le devant du Ta-
» bleau; devant eux une forge de campagne, en
» partie démontée, est portée par deux mulets;
» l'un est tombé; son conducteur le détèle,
» des soldats et des ouvriers soulèvent les bran-
» cards pour l'aider à se relever; derrière eux
» on aperçoit un affût d'une pièce de quatre,
» porté par huit paysans; un caisson, une boîte
» à gargousses, une roue de rechange, diffé-
» rentes parties d'affût également portées sur les
» épaules; dans le coin du Tableau une vivan-
» dière avec deux enfans fatigués, saisis de
» froid, sont secourus par un Religieux et un
» serviteur de l'Hospice; un des chiens du Cou-
» vent, guide des voyageurs dans ce désert,
» semble être attentif à cette scène.

» Au-dessus de ce groupe un mulet porte une
» paire de roues d'artillerie; des soldats, un
» cheval, des mulets chargés de bagages arrivent
» sur un pont sous lequel se précipite un tor-
» rent qui coule ensuite sous la neige; le Maré-
» chal Berthier faisant fonction de Général en
» chef, arrêté par la file de soldats qui tirent la
» pièce de canon, admire l'ensemble de cette
» marche extraordinaire; à la gauche de l'Em-
» pereur, le Prince Murat donne des ordres à
» un grenadier de la garde, dont un détache-
» ment file par derrière. On aperçoit plus loin
» deux petites cabanes, dont l'une sert d'abri
» aux voyageurs surpris par la tourmente; l'autre

» sert de sépulture à ceux qui périssent sur la » montagne. L'armée marchant sur une seule » ligne, ou se divisant, lorsque le sol le permet, » occupe le haut du Tableau, et après diffé- » rentes sinuosités arrive enfin à l'Hospice.

» L'auteur ayant dessiné d'après nature les » différens points de vue qui forment l'ensemble » de ce Tableau, a peint cette montagne avec » la plus grande exactitude; il a représenté le » tiers supérieur de la Vallée qui conduit à l'Hos- » pice du Mont St.-Bernard, du côté du Valais, » environ une lieue d'étendue. »

N. B. Ce Tableau appartient au Gouvernement.

Le récit des Alpes franchies par les armées de César et d'Annibal avait été pendant long-tems regardé comme problématique; ce prodige renouvelé de nos jours, et surpassé, pourrait paraître également incroyable à la postérité; mais l'Histoire sera là pour l'attester; la Peinture y joindra son témoignage. Nos descendans prendront ces travaux prodigieux pour ceux d'une race de Géans. Ils se diront : Comment une armée, au milieu du froid le plus cuisant et qui engourdit toutes les facultés, a-t-elle gravi ces rochers de glaces, ces monts blanchis par d'éternels hivers? comment a-t-elle pu traverser ces torrens de neiges fondues qui s'ouvrent à tous momens, de tous côtés, de nouvelles routes?

comment a-t-elle pu de ces hauteurs descendre dans ces gorges resserrées, où d'un côté des murs immenses de roches côtoyent un sentier étroit et glissant, tandis que l'autre rive de ce chemin est bordée par un vaste abime, où mugissent des torrens qui roulent des débris : la mort est sous les pieds, elle plane sur les têtes; la terrible avalanche peut se détacher, s'étendre, et tout engloutir sous un océan de neige : il suffit d'un froissement, d'un cri, d'un bruit.

Eh bien! un Héros, au-dessus de tous ceux de l'antiquité par l'étendue de ses plans, par la profondeur de ses combinaisons, ose tenter ce passage, affronter tous ces périls; ses compagnons d'armes, électrisés par son Génie, échauffés par son courage, le suivent gaîment; ils ont surmonté tous les obstacles : sous un tel chef, rien n'est impossible à des Français; non-seulement ils traversent tous ces précipices, mais ils traînent encore sur ces montagnes des pièces de canon, les caissons, les munitions, enfin tout l'attirail de la guerre.

Ne sont-ce pas ces mêmes Français qui, dans un climat opposé, ont bravé les ardeurs insupportables d'un ciel de feu, qui ont enduré la soif et la faim dans les déserts arides et brûlans de la Syrie et de l'Egypte, qui ont affronté ce vent homicide du Sud-Est, dont le souffle tue sur l'heure. Le Français n'était connu autrefois que par son caractère bouillant et par une valeur impétueuse ; il sait de plus aujourd'hui développer un courage calme et impassible : c'est ce qu'attestera à jamais le passage héroïque du St.-Bernard, où il a fallu a force de patience, triompher de tous les genres d'obstacles, des élémens conjurés, et, pour ainsi dire, de la nature elle-même.

La représentation exacte de cette grande scène était en peinture une chose aussi neuve et presque aussi hardie que l'entreprise elle même. Félicitons M. Thevenin de l'avoir tentée, et sur-tout d'avoir réussi.

Et d'abord malgré la grandeur du Tableau, comment développer, comment indiquer seulement la scène? comment étaler, et sans confusion, l'immensité de cette multitude de personnages, comment en combiner les proportions avec celle des objets environnans ; et quel module choisir pour qu'ils ne paraissent ni trop grands ni trop petits, de manière enfin qu'ils aient assez de développement pour que l'on saisisse leurs différentes expressions, que l'on suive leurs travaux jusque dans les plus petits détails, et qu'on lise pour ainsi dire, écrite sur la toile, toute l'histoire de ce passage à jamais célèbre? L'artiste a donné à ses figures les proportions de demi-nature, et le calcul de ces proportions est heureux. Mais il fallait encore éviter deux écueils : l'artiste courait risque où de ne pas assez faire sentir la marche de l'armée sur ces montagnes, ou de lui donner l'air d'une procession.

M. Thevenin a su combiner son plan de manière que l'œil suit facilement la marche de l'armée jusqu'au sommet de la montagne; cependant il a mis une telle diversité dans l'action des différens personnages qu'il a évité la monotonie. Il a su tirer parti et des différens costumes et des différens travaux, et des accidens qui résultent des périls même de la route. En voici un qui prend la couverture de son cheval pour s'envelopper, et cette figure est très-pittoresque, et l'une des plus belles du Tableau; un autre est en habit fourré; un autre ajuste et replie autour de lui son manteau. Le sujet principal est enrichi d'épisodes variés, mais si bien liés entre eux, qu'ils concourent tous à l'unité de l'action.

Le premier Consul est mis en évidence d'une manière ingénieuse, isolé sur un plateau, il est dans la position de voir tout, de commander tout; le groupe placé derrière lui intéresse par la variété et par l'action des personnages.

Après le Héros que l'œil cherche et découvre le premier vers le centre, si les regards se portent sur le devant du Tableau, on est frappé d'un spectacle attendrissant. Une femme a été assez amante pour suivre son époux dans cette route pénible; mais ses forces ont trahi son courage. Avec quel intérêt on voit un groupe bienfaisant l'entourer, s'empresser de la secourir ; on y distingue un bon Hermite, on y admire l'"expression d'un enfant ; enfin celle même de l'animal utile dressé pour sauver les voyageurs égarés.

M. Thevenin a fait aussi voir qu'il s'était occupé de toutes les parties de son art ; car les chevaux sont très-bien de couleur et de dessin ; l'artiste les à saisis et représentés dans toutes les positions ; les uns sont dociles à la main qui les conduit ; d'autres regimbent à la vue du péril, ou glissent et gisent sur la glace. Le site est parfaitement rendu ; l'on y reconnaît bien la Vallée au-dessous du Mont St.-Bernard, du côté du Valais, et les deux petits bâtimens inhabités qui couronnent les deux sommets de ces montagnes de neiges ; il est aisé de voir que l'Artiste, pour ne rien donner au hasard, a été sur les lieux dessiner le théâtre de l'action, faire ses Esquisses, et étudier les différens costumes et les mœurs des habitans qui se sont mêlés avec les Soldats.

Il a donc fait, pour ainsi dire, *le Portrait* de ces lieux célèbres, et la Postérité pourra juger de la vérité de l'action par celle de la Peinture. Au surplus, ses lignes sont claires, et il n'y a point de confusion ; l'œil voit, distingue et suit toute la marche, sans peine et sans fatigue ; la neige, l'eau des torrens, tous les divers accessoires sont fidèlement rendus et la perspective est bien arrêtée ; la lumière y est heureusement distribuée, et malgré la blancheur de ces masses énormes qu'il fallait représenter, il y a beaucoup d'harmonie dans le Tableau; la couleur en est franche, cependant il s'y trouve quelquefois des tons lourds : quant à l'exécution, elle mérite les plus grands éloges; on en jugerait mieux en voyant le Tableau de plus près; il perd aussi par l'espace qui dévore la grandeur des Figures, car ceux qui ont pu le voir dans l'atelier de l'Artiste assurent que les Figures y faisaient bien plus d'effet que dans le Salon. Du reste, ce Tableau est un de ceux qui satisfont le mieux aux conditions du Programme. Celui-ci était extrêmement difficile à remplir : ici, nul moyen d'en imposer aux spectateurs par une ou deux situations brillantes comme dans les Peintures de Batailles. Il fallait uniquement se montrer exact et vrai, et c'est ce qu'à fait M. Thevenin.

N°. 505. *Sujet tiré de l'Episode de Réné, dans le génie du Christianisme*, par M. Turpin.

Explication du sujet donnée par l'Auteur.

« Après une longue suite de peines, Réné
« va s'expatrier. Sa sœur s'est retirée dans un
« Monastère au bord de la Mer. Réné erre sans
« cesse sur ces grèves solitaires, à la clarté de
« la Lune; le vaisseau va faire voile, une barque
« va conduire Réné; il contemple pour la der-

« nière fois les murs qui renferment l'objet de « ses affections et la cause de ses malheurs (1). »

La composition de ce Tableau a quelque chose de poétique et de solennel qui attache, et inspire une secrète terreur ; le style est romantique et l'effet mystérieux : la Lune perce à travers les Nuages, et ses rayons d'argent se reflètent et vacillent sur les flots d'une Mer tumultueuse dont ils éclairent les abîmes.

La barque est près du rivage ; plus loin, un vaisseau est le jouet des vagues. Réné est assis au bas d'un rocher, ses habits en désordre, ses cheveux hérissés, révèlent ses regrets, sa douleur et les pensées orageuses dont il est tourmenté.

Le Monastère est habité par l'objet cher et funeste de ses affections ; Réné en contemple les murs pour la dernière fois : ils s'élèvent sur la pointe du rocher ; leur architecture est moresque et déliée ; leurs hautes tours se perdent dans les airs, et l'on aperçoit la lueur des lampes sacrées à travers les vitraux : leurs feux colorés ajoutent encore à l'intérêt en rappelant que cet intérieur est habité par de tristes victimes.... Ils produisent un effet singulier par leur opposition

(1) On nous assure que M. de Châteaubriant a connu Réné, intimement.

avec la pâle clarté de la lune, tandis que la tranquillité majestueuse de l'édifice semble contraster aussi avec le tumulte des vagues qui se brisent avec furie contre le rocher.

Dans le fond un lointain riche et varié borne agréablement l'horison.

Depuis l'inimitable Vernet, on n'avait pas fait un aussi beau Tableau en ce genre. Les effets du clair de Lune sur la Mer sont rendus avec une grande vérité; les plans sont sentis; l'architecture est peinte avec exactitude et finesse, la perspective, soit linéaire, soit aérienne est exacte; les effets de la lune, de la lumière et du clair obscur sont heureusement rendus: enfin, le mérite de l'exécution répond parfaitement à celui de la composition, dont le caractère, grand et mélancolique, donne un invincible charme au Tableau.

N°. 255. *Atala s'empoisonne dans les Bras de Chactas son Amant*, par M. Hersent, élève de M. Regnault.

Ce Tableau ressemble au poëme: il annonce de la prétention et du talent. Mais une pensée fausse, exagérée, contre la Nature, la saine morale et la religion, ne peut produire un bon Tableau.

Si la Peinture, ainsi que l'Eloquence et la Poésie doit toujours présenter des sujets instructifs, nous le demandons à l'Auteur du Tableau comme à celui du Poème, quelle est l'instruction qui résulte du spectacle d'un Suicide.

Au surplus, comme si le Peintre eût voulu faire prendre le change, ou voiler l'horreur de cette situation, elle est fort équivoque. En effet, ou l'attitude n'est pas juste, ou le danger n'est rien moins que pressant. On est loin d'imaginer qu'Atala s'empoisonne.

La crainte ne peut exister en voyant la manière dont elle est représentée ici ; elle est à genoux, à la vérité, entre les jambes de son amant : et celui-ci qui est assis assez tranquillement, paraît plus occupé du mauvais tems et du soin de la garantir de la pluie, avec son manteau, entortillé, on ne sait trop comment, que de vouloir satisfaire ses desirs.

La couleur rouge du sauvage est trop égale, il ressemble plutôt à une Figure bronzée qu'à un être animé. La carnation des hommes de couleur, présente des teintes différentes dans les endroits où la peau est fine. Le Dessin paraît contourné dans quelques parties : tels paraissent être les bras, tandis que les cuisses sont peut-être trop roides.

La tête d'Atala est aimable ; ses pieds sont heureusement peints ; le ton de la couleur est frais et séduisant ; en général il y a du mérite à Dessiner et à Peindre ainsi : il ne manque à l'Auteur que de mieux choisir ses sujets, et de méditer plus longtems sur la composition. On se demande, à l'aspect du Tableau, pourquoi l'amant prend aussi peu de part à l'action, et pourquoi l'amante est aussi indécise. Il faut véritablement une confiance profonde et dans l'ignorance et dans la vertu d'Atala, pour ne pas s'en défier.

On se demande encore pourquoi tout étant mouillé par l'orage, les draperies ne le sont pas, et pourquoi les jambes et les pieds des acteurs ne se ressentent pas de la fatigue d'une route aussi pénible, sur un théâtre aussi glissant.

N°. 15. *Un Tableau d'Oiseaux*, par Baraband.

> Deux Coqs vivaient en paix : une Poule survint,
> Et voilà la guerre allumée.
> Amour, tu perdis Troye ! . . . . . .
>
> La Fontaine.

N°. 16. *Six Cadres contenant des Oiseaux peints sur vélin.*

Il est impossible de mieux peindre des Oiseaux que cet Artiste. Le combat de ces deux Coqs pour la Poule est rendu avec la dernière perfection. Le feu qui brille dans leurs yeux, l'éclat des Couleurs, l'éclat soyeux, l'iris des plumes, tout est d'une vérité naïve, et d'un fini précieux, sur-tout pour l'œil du naturaliste; l'Art de l'imitation ne peut guère aller plus loin; mais un véritable connaisseur y desirerait quelque chose, et voudrait sur-tout retrouver ici la science des reliefs, qui ne s'acquiert que par des études préliminaires que l'Artiste semble avoir négligées. Il ne connaît que cette manière sèche et précieuse de peindre un animal poil à poil, un Oiseau plume à plume: par conséquent nulle connaissance de l'effet, nul plan, nulle perspective, cependant l'exécution est naïve et vraie, mais elle manque de vigueur.

Au reste, rien de mieux imité, de plus joli, de plus éclatant, de plus riche en Coloris que tous ces Oiseaux peints sur vélin; nous n'avons plus rien à envier aux Anglais et aux Hollandais en ce genre. M. Baraband les a surpassés, car, avec autant d'exactitude et de patience, il a mis un peu plus d'art qu'eux dans ses ouvrages; ils sont moins secs, et tournent un peu mieux: il a su contenter les Naturalistes qui veulent que les détails les plus minutieux soient rendus. Il ne reste plus qu'à satisfaire entièrement les Artistes qui exigent de l'effet et de l'illusion. C'est le premier besoin de la Peinture.

N°. 20. *Deux jeunes Enfans*, par Mme. BENOIST, (née La Ville le Roux), Elève de M. DAVID.

Explication donnée par l'Auteur.

« Ces Enfans viennent de se baigner et re-
« gardent un nid d'oiseaux que l'un d'eux a
« trouvé. »

Le talent seul de madame Benoist, et le mérite de ses Portraits suffisent pour exciter l'intérêt le plus vif; mais lorsqu'on vient à se rappeler que nouvelle Emilie (1) d'un des successeurs de Dorat, de l'aimable Demoustier, qui composa pour elle ses Lettres sur la Mythologie, et qui fut moissonné, comme Jean second, avant le tems, une piquante curiosité se mêle à l'intérêt; il redouble, lorsqu'on apprend qu'elle a depuis lié son sort à celui d'un homme de lettres, connu par des traductions utiles, par des travaux administratifs, et enfin, qu'elle est une des Elèves les plus estimées de M. David.

Cette dernière circonstance motivera notre sévérité : on n'a droit de demander beaucoup qu'à ceux de qui on attend beaucoup.

---

(1) On sait que Voltaire avait donné le nom d'Emilie à l'illustre madame Du Châtelet.

Il faut être juste, et commencer par féliciter madame Benoist de l'extrême variété de son Pinceau, et de sa flexibilité. Autant il est aimable dans les Sujets gracieux, autant il paraît énergique dans les autres.

Le Tableau de ces deux jeunes Enfans est composé avec une vérité naïve ; la tête de celui qui tient le nid est parfait de couleur et d'exécution.

Il faut louer également l'idée et la composition qui ressemble à une charmante Idylle. La totalité des masses d'ombre, des demi-teintes, des clairs, a, je ne sais quoi de doux et de suave comme le sujet. Les Figures et les chairs sont gracieuses, à l'exception des mains de la petite fille. Les draperies sont moëlleuses ; tout est heureusement fondu ; tout, jusqu'au passage où le ciel est aërien, présente sinon la science, du moins le charme de l'art.

N°. 21. *Le Sommeil de l'Enfance, et celui de la Vieillesse*, par la même.

Ce Tableau est composé avec simplicité ; la tête de la Vieille ne serait pas mieux ajustée par un Peintre d'histoire ; elle est fort belle, et peinte avec vérité, avec franchise. L'Enfant est joli ; il est d'un ton assez fin, mais violâtre ; les murs et le fond sont de ce même ton et manquent d'air, en sorte que la Figure ne tourne pas.

Le reste nous a paru médiocre sous le rapport du Pinceau et de la Couleur.

N°. 22. *Portrait d'une Dame*, par la même.

Ce portrait est posé avec aisance et ajusté avec goût ; on y desire cependant quelque chose de cette grace qui caractérise le sexe du modèle et de l'Artiste ; les deux mains sont mal dessinées et trop petites ; du reste, le Pinceau a très-bien rendu la tête, sur-tout les yeux et les joues du modèle ; on y reconnaît le faire de l'école de David.

Quel dommage que le surplus ne soit pas aussi bien, on y retrouve l'Elève. Le dessin est assez correct, mais la couleur est noire, la main droite ne s'emmanche pas avec le bras, le ton n'est plus en harmonie avec le reste, la couleur de cette main présente même des teintes entièrement crues, l'outremer y abonde sans être fondu, enfin le schal, quoique assez bien ajusté et largement drapé, est lourd de touche.

N°. 23. *Portrait d'Homme*, par la même.

C'est ici que l'Artiste a montré une fermeté rare de pinceau, les masses les mieux prononcées, la couleur la plus vigoureuse.

On reconnaît dans ce Portrait l'auteur ingénieux

nieux du *Mariage secret*, à qui les Muses font un secret reproche de les avoir abandonnées pour les affaires. Il est d'une ressemblance frappante, posé avec beaucoup de naturel; la main qui tient le rouleau, quoique bien peinte, laisse quelque chose à desirer; l'effet et le dessin de ce doigt qui est en l'air ne sont pas heureux; l'autre est traitée parfaitement; des parties générales du vêtement ne sont pas assez senties, d'autres sont peintes largement et avec vérité. La draperie bleue de la chaise est trop brillante: en satisfaisant l'œil, elle nuit à l'harmonie. Le reste est bien dessiné, et ce Portrait, sur-tout la tête, fait un honneur infini au talent incroyable de madame Benoist; car cette tête est d'un si beau ton, si bien peinte, avec une telle vigueur, sur-tout le nez et le bas du visage; les plans y sont accusés avec une telle précision, avec une telle fermeté, enfin, il y a une si grande franchise d'exécution, que si ce Tableau était anonyme, on ne balancerait pas à l'attribuer à l'un des plus forts élèves de David. Félicitons madame Benoist d'un talent aussi prononcé.

N°. 379. *Supercherie de Vénus*, par M. MENAGEOT, Professeur des Académies de Peinture et de Sculpture, ancien Directeur de l'Académie de France à Rome, Membre de la Légion d'Honneur.

Explication du sujet, donnée par l'Auteur.

« Vénus avait dérobé à Diane le petit Adonis,
« que cette Déesse faisait élever parmi ses Nym-
« phes. Un jour qu'elle revenait de la chasse,
« elle aperçut Vénus au coin d'un bois, et alla
« lui demander cet Enfant. Vénus l'apercevant
« de loin, et ne voulant pas le lui rendre, ima-
« gina de lui faire croître des ailes, de lui don-
« ner en tout la ressemblance de l'Amour; et lui
« présentant ensemble ces deux Enfans, elle lui
« dit de choisir : Diane effrayée, dans la crainte
« de perdre l'Amour, lui laissa le petit Adonis. »

N°. 380. *L'Envie veut arracher les ailes de la Renommée*, par le même.

Explication donnée par l'Auteur.

« L'Envie, sur un rocher, à la porte de son
« antre, entourée de serpens et de plantes vé-
« néneuses, fait d'inutiles efforts pour arracher

« les ailes de la Renommée, qui vole au temple
« de la gloire. »

Ces Tableaux appartiennent à l'Auteur.

Le premier de ces Tableaux est composé d'après une idée anacréontique, la composition en devait donc être gracieuse. Le Tableau est agréable et d'un Dessin assez correct ; mais il manque de style, on y désire, et la vérité et la pureté du goût actuel.

M. Ménageot, si avantageusement connu par son beau Tableau de Léonard de Vinci expirant dans les bras de François Ier., avait une grande réputation à soutenir. Ici, la pose de Diane manque de noblesse, la tête n'a point ce caractère de fierté si bien exprimé dans l'antique ; Vénus, elle-même n'est que jolie ; elle n'a pas assez, si l'on peut s'exprimer ainsi, de *Vénusté* ; le beau Galbe de la mère des Amours est tellement connu qu'il est impossible de s'en écarter, autrement on ne fait pas Vénus ressemblante.

Le Sujet recommandait des teintes brillantes et gracieuses ; cependant les tons rosés y sont trop généralement prodigués, de sorte que plus de sévérité dans le style et dans la couleur seraient à desirer dans ce Tableau.

Malgré ces défauts, il attire, par quelques détails, sur-tout par le charme et la grace des

Enfans qui sont si bien peints, que le spectateur hésite, comme Diane, à prononcer entre-eux.

L'Allégorie du Tableau, sous le n°. 380, est poétique, et quoique le Dessin manque de style, en général, il y a quelques parties très-bien peintes, telles que la tête de l'Envie, que cependant un Artiste avait mieux exprimée lorsqu'il traça sur la toile ces deux beaux vers de Voltaire;

On voit la sombre envie, à l'œil timide et louche,
Verser sur des lauriers les poisons de sa bouche.

Ici la tête, les bras, les mains annoncent d'ailleurs toute la bassesse de cette horrible passion. On desireroit plus d'agilité dans la Renommée.

Nous l'avouerons : c'est toujours avec un sentiment pénible que nous nous expliquons sur les défauts de ces hommes qui, après avoir paru comme des Maîtres, semblent rentrer, comme des élèves, dans l'arène.

M. Ménageot avait d'abord parcouru la carrière à grands pas, et semble ensuite s'être arrêté. Deux causes y ont principalement contribué : d'abord la jalousie de ses rivaux qui, à force d'intrigues, est parvenue à l'écarter et à verser dans son ame sensible le découragement. Ensuite, disons-le, trop de confiance dans ses propres forces, ce qui l'a empêché de se tenir au niveau des connaissances nouvelles. Il a cru qu'alors qu'il était stationnaire, rien ne marchait autour de lui; erreur commune et fatale, car dans la lice

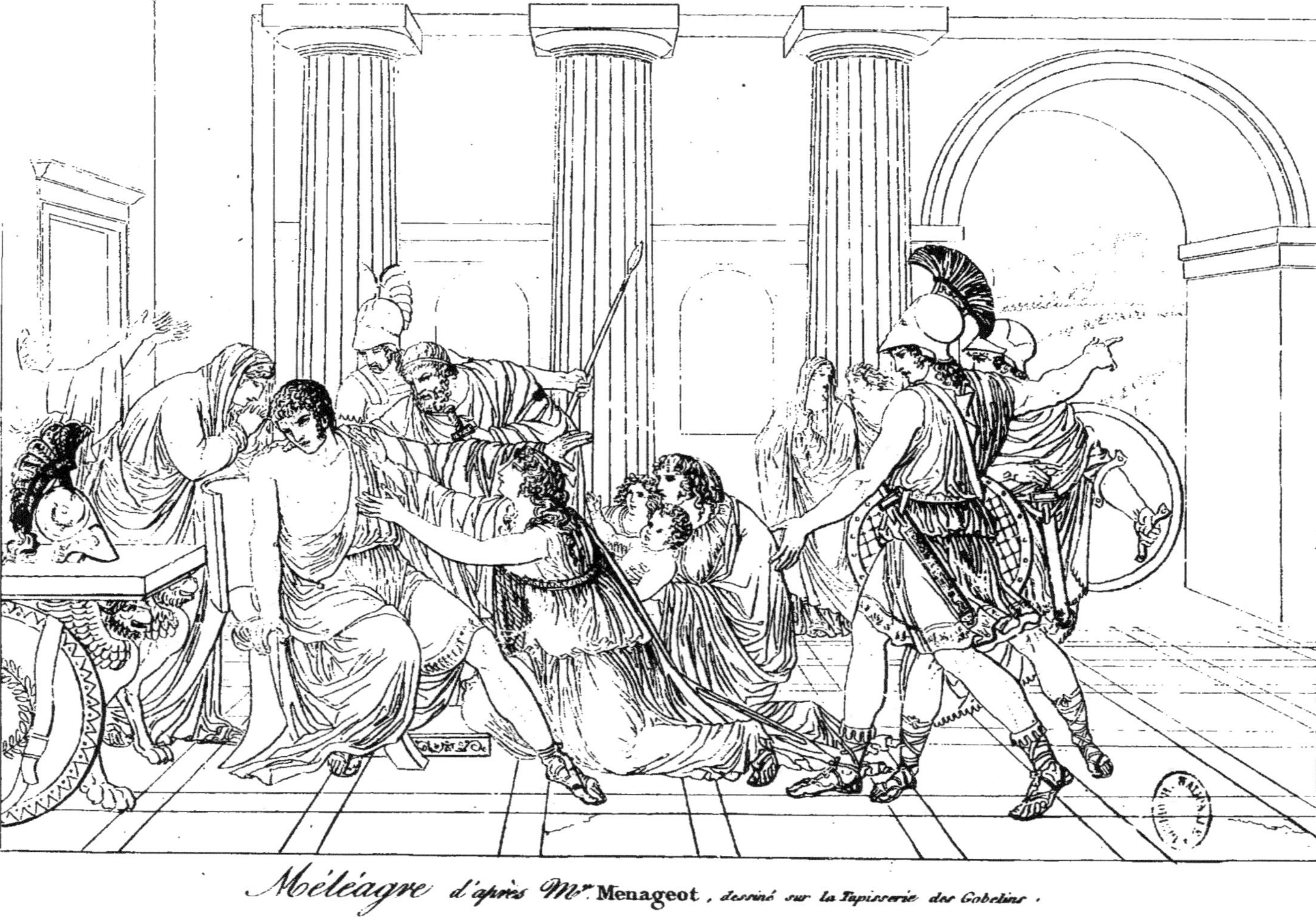

Méléagre d'après Mr. Menageot, dessiné sur la Tapisserie des Gobelins.

des Arts, quiconque ne fait pas chaque jour de nouveaux progrès, s'éclipse et tombe : c'est le résultat du mouvement et des révolutions dans les choses humaines.

Pour justifier et pour adoucir à-la-fois la sévérité de cet article, nous rappellerons avec les justes éloges qui lui sont dus, le Tableau de Méléagre (Voy. *Pl.* XXVIII.) par M. Ménageot, l'un des plus recommandables de l'École française, et qui forme l'heureux pendant de celui de Le Brun.

On ne sait par quelle fatalité il fit aussi peu de sensation au Salon où il fut exposé. Cependant c'était un des plus beaux de l'exposition. C'est en quelque sorte pour réparer cet injuste oubli du public, que nous l'avons fait graver.

Voici le sujet :

« Méléagre outré de ce que sa mère, dans son « désespoir, avait imploré les Dieux contre lui, « refuse aux sollicitations de sa famille de pren-« dre les armes contre les Curètes, qui sont « prêts à mettre le feu à la ville ».

La composition de ce Tableau est sage, les figures, grandes comme nature, sont bien groupées, d'une expression noble et touchante ; les têtes d'un beau caractère ; les nuds sont heureusement peints, sur-tout les bras et les jambes d'un jeune guerrier, dont la tête est trop effeminée pour le reste du corps. Les draperies sont pittoresquement ajustées et l'architecture m'a semblé d'un style pur. La couleur est franche, brillante et très-harmonieuse.

Pour être parfait, il ne manque à ce bel ouvrage qu'un accent plus antique et plus sévère ; car son exécution laisse peu à desirer, et sous ce rapport il est peut-être au-dessus du *Léonard de Vinci ;* mais ce dernier sujet a l'avantage d'avoir un caractère décidé. Tous deux assurent pour toujours à M. Ménageot un rang distingué parmi les Peintres d'Histoire.

N°. 358. *Portrait d'une dame à son piano,* par Mlle. LETHIERS (Eugénie), élève de son père.

Cet heureux début promet un grand talent, et déjà l'élève fait honneur à celui de son maître. Le portrait ressemblant de cette belle personne est posé naturellement, avec grace, avec noblesse ; les accessoires sont bien faits ; le schall est drapé avec art sur le bout du Piano, enfin pour apprécier le mérite de cette première production, il suffit de dire qu'elle s'est soutenue à côté d'un voisin rédoutable, je veux dire le tableau de M. Robert-Lefevre.

N°. 8. *Un Cadre renfermant:*

1°. *Le Portrait de S. M. l'Empereur, peint sur émail;*

2°. *Le Portrait de S. M. le Roi de Hollande; et plusieurs autres Miniatures*; par M. AUGUSTIN.

On connaît le talent miraculeux de cet Artiste ; il s'est surpassé dans le Portrait de l'Empereur ; quoique le ton de carnation soit un peu inanimé, ce qui résulte vraisemblablement de la cuisson, le Portrait étant en émail ; rien de plus fini, de plus vigoureux : il a de plus le mérite d'être un des Portraits les plus ressemblans.

Le Portrait de Sa Majesté le Roi de Hollande,

quoique saisi du côté le plus difficile, peint également sur émail, paraît avoir réussi au feu. Les teintes ont le ton de la miniature. Il est peint largement, et paraît l'être d'après nature.

Ces deux enfans sont peut-être plus brillans que la nature elle-même : hâtons-nous d'avertir cet habile artiste et de l'inviter à ne point sacrifier au mauvais goût du siècle, à ne point céder à l'aveugle amour-propre des parens toujours prêts à s'écrier comme le hibou de la fable :

Mes petits sont mignons. . . . .

LA FONTAINE.

En général les Portraits de femmes et d'enfans sont toujours flattés, cependant malheur à l'artiste qui méconnaît cette loi suprême du goût :

Rien n'est beau que le vrai.

BOILEAU.

J'ai distingué le Portrait d'une dame en robe de crêpe noir : il est admirable ; la pose est gracieuse, les chairs ont de la vie et un Coloris inimitable ; le ton général est presque divin, et les accessoires sont du fini le plus précieux. Ce simple buste me paraît égaler en mérite les grandes miniatures du même artiste.

Terminons par des réflexions générales. Il n'y a mérite si éminent qui n'ait un côté faible. Ce côté faible est pour M. Augustin la partie du

Dessin. Rarement l'ensemble de ses figures répond à la perfection du fini.

On regrette que M. Augustin n'ait pas exposé de grandes Têtes ni de Portraits avec les mains. De ceux que l'on voit à l'exposition actuelle, deux sont sur émail et quatre en miniature : ils ont tant d'éclat et de fini, qu'au premier regard on les croit tous peints sur émail.

Cela me conduit naturellement à des réflexions sur le genre si hasardeux de la Peinture sur émail.

Ce genre si dispendieux d'ailleurs, que la mode avait fixé et multiplié en France à l'époque du règne de Louis XIII, fut très-cultivé sous Louis XIV, et mourut, ainsi que tous les arts, sous Louis XV.

Un seul Artiste, sous Louis XVI, avait ressuscité l'Art de peindre sur émail : il se nommait Touron, et ses essais furent des coups de maître. (Il ne faut pas en juger sur une Bacchante peinte en émail, d'après un Tableau de madame Le Brun, et qu'on voit dans le cadre des Petitot : c'est le plus médiocre des ouvrages de Touron). Une injustice qu'il essuya de la part d'un des premiers Princes du sang (c'était le Comte d'Artois), précipita au tombeau cet Artiste infortuné : il mourut de chagrin à la fleur de l'âge, en perdant à-la-fois sa gloire et sa fortune.

Si quelqu'un peut espérer de le remplacer dans ce siècle, je ne connais qu'un homme qui puisse succéder en ce genre à Touron et à Petitot, c'est l'auteur du Portrait du Sculpteur Calamard, Portrait que l'on admira au salon, il y a quatre ans, et la plus belle Tête en miniature qui ait jamais été peinte.

Il faut traiter la miniature ainsi que MM. Augustin et Isabey, pour donner quelque consistance à cette manière de peindre, la plus facile de toutes, comme le prouve cette quantité de miniatures insipides qui couvrent toutes les boiseries de la galerie d'Apollon.

L'émail, par ses difficultés même, doit offrir je ne sais quel attrait à de véritables Artistes, car la difficulté est la dixième des Muses.

Mais, disons-le, répétons-le aux Grands, le genre de la Peinture sur Email invoque la plus vaste prodigalité d'encouragement. Il faut des milliers d'essais, et souvent infructueux, avant de réussir. Combien de calculs trompés relativement à l'intensité des teintes, à l'altération combinée qu'elles doivent subir; enfin, relativement aux degrés de la cuisson trop souvent infidèle et perfide!

Ajoutons encore que la Peinture sur émail a une rivale très-dangereuse et très-protégée; savoir, la Peinture sur porcelaine, qui est cependant si inférieure, mais que le luxe alimente et alimentera sans cesse.

Il faudrait donc, pour soutenir la Peinture en émail, dont je prévois la chute à cause de l'étendue des sacrifices qu'elle exige ; il faudrait, dis-je, et la magnificence d'un grand Souverain et l'influence de la mode.

Revenons à M. Augustin : il excelle, comme tous les grands Peintres de Portraits, à peindre les hommes, parce qu'il a la liberté de les peindre comme ils sont. En est-il ainsi des Portraits de femmes ? Je le demande à quiconque est chargé d'en faire.

No. 33. *Un grand Paysage (Vue de la petite ville de* Felellino ; *les figures représentent Cicéron à son retour d'exil, accueilli par les habitans des villes où il passe)*, par M. Bertin.

Félicitons encore M. Valencienne d'avoir formé un Elève tel que M. Bertin; celui-ci vient de s'élever au rang des premiers Peintres de Paysage par ce Tableau. On y admire la richesse de la Composition, le choix magnifique des fabriques et le grandiose du Paysage. Les figures sont bien groupées et d'un bon style, mais d'un Dessin faible, et d'une exécution qui l'est encore davantage. On voit cependant que M. Bertin a étudié Le Poussin pour le style des figures, comme Vanden Velde pour le moëlleux du ton, et sur-tout de la touche.

Les sites sont riches sans être embarrassés,

L'air y abonde. Les devans, quoique formant repoussoir, ne sont pas noirs, et ce mérite en est un fort rare.

Quoique cette Composition soit idéale, il semble qu'on la connaisse, et on se propose d'y retourner.

La perspective est exacte, les lignes belles, les arbres parfaitement groupés et d'une heureuse forme, quoique trop égale peut-être; le ton général est riche et harmonieux, les lumières bien distribuées; peut-être que le lointain ne fuit pas assez, et que les plans du milieu tiennent aussi trop à ceux qui sont en devant; la touche qui est ferme, spirituelle, légère et vraie, fait d'ailleurs distinguer les différentes sortes d'arbres; les divers amphithéâtres, ornés de riches fabriques, donnent à ce beau paysage quelques traits de la physionomie des compositions du Poussin. Les devans et les terrasses ne sont pas moins pittoresques; les eaux sont vraies et transparentes, et, jusqu'aux gazons, tout est rendu avec la plus exacte vérité; c'est un de ces tableaux auxquels on ne peut se lasser de revenir; et les Artistes et les connaisseurs y découvrent chaque fois de nouvelles beautés.

No. 425. *Rollon et Poppa*, par M. Ponce Camus, grand Tableau historique.

Explication du sujet donnée par l'Auteur.

« Poppa, épouse de Rollon, se voua à une » mort certaine pour sauver les jours de son » époux.

» Rollon, premier duc de Normandie, était » payen. Blessé dans une bataille par un fer em- » poisonné, les médecins déclarèrent que la » blessure serait mortelle si quelqu'un ne con- » sentait à employer la succion. Ce bon prince » rejeta un moyen qui compromettait une au- » tre existence que la sienne. De retour dans » son palais, il se résigna à la mort. Accablé de » fatigue, et n'ayant pris aucun repos depuis le » combat, il s'endormit : un songe sembla lui » présager les approches de la mort : ce premier » sommeil fut profond. Poppa, sa généreuse » épouse, saisit cet instant, se dévoue, sans » craindre de faire passer dans ses veines le poi- » son destructeur. Elle fut surprise par l'un des » principaux officiers de sa maison, qui lui fit » prodiguer de suite, mais inutilement, tous les » secours de l'art. »

On chercherait en vain, parmi les peuples anciens, un plus beau trait de dévouement. C'est ainsi que notre Histoire est remplie d'actions magnanimes dans tous les genres, et qui ne le cèdent en rien à celle d'aucune nation du monde. Il ne s'agit que de lire cette Histoire, que de fouiller cette mine riche et féconde. Malheureusement on connaît mieux les plus petites particularités concernant les Grecs et les Romains, des événemens, passés il y a des milliers d'années, que des faits honorables pour nous, et qui sont bien plus rapprochés des tems où nous vivons.

Par exemple, ce trait sublime qui appartient au dixième siècle, est peu connu, et l'on doit louer l'érudition de l'Artiste de l'avoir en quelque sorte exhumé. Cela nous met sur la voie d'un article du Publiciste, dans ses premiers examens du Salon; il reproche aux Artistes d'avoir choisi des traits d'histoire presque inconnus, ou des pensées trop difficiles à expliquer. Nous répondrons au premier article, que si les faits sont beaux, honorables, portant un grand caractère de vertu, de morale, de philosophie, le peintre d'histoire aura rempli son but; et bien mieux encore, si le trait est resté enseveli dans la poussière des Annales, car il aura proclamé et ajouté un fait de plus aux fastes honorables du genre humain : il y en a tant sur lesquels il faut gémir ou tirer un voile. Au surplus, faut-il que les Artistes choisissent des sujets rebattus, devenus triviaux à force d'avoir été retournés sous toutes les faces? Doivent-ils se mettre au niveau et à la portée des amateurs peu éclairés, et n'est-ce pas plutôt à ceux-ci de s'instruire?

Outre le mérite que M. Camus a eu de chercher de pareils sujets, il a encore celui de les prendre dans des tems reculés, qu'aucun Artiste n'avait encore retracés; car dans le petit nombre de Tableaux tirés de notre Histoire, on n'était guère remonté au-delà de Saint-Louis; cependant les siècles de Charlemagne et de ses premiers successeurs, ont pour la Peinture l'avantage du costume, qui, tenant encore des Romains et des Gaulois, par leurs développemens et leurs grands plis, prêtent bien plus à l'Art, que ces tems chevaleresques, où la plupart des hommes et des chevaux bardés de fer, fatiguent et embarrassent le pinceau, par la dureté et la roideur qui en résultent.

M. Ponce Camus travaille beaucoup; il avait exposé un grand Tableau au Salon dernier, dont le sujet était la fille de Charlemagne, portant son amant pour dérober l'empreinte de ses traces sur la neige en sortant de chez elle. Le Tableau qu'il vient d'exposer cette année est aussi d'une dimension majeure, et les figures sont grandes comme nature.

La Composition est sage et bien entendue; la manière dont il a tracé le songe de Rollon est ingénieuse, et les expressions de son épouse et de l'officier sont énergiques et vraies.

Quel dommage que l'exécution soit un peu

faible, et que le Dessin pêche par quelques endroits contre la correction. L'épouse de Rollon paraît petite; mais vraisemblablement c'est un artifice heureux que l'Artiste aura imaginé pour faire ressortir davantage la taille presque gigantesque de cet homme du nord; la couleur est un peu rouge, l'effet n'est pas assez vigoureux; les costumes et les accessoires sont bien ceux du tems; cependant la table tient plus au style de ces meubles *modernes*, que l'on appelle *antiques*, qu'à ceux du dixième siècle. La figure de Poppa est fort bien peinte; la tête est belle, et semble animée de l'amour qu'elle a pour son époux.

En général, on voit que ce Tableau n'est pas d'un talent fait, et dont l'on n'a plus rien à attendre; on reconnaît l'heureux essai d'un jeune homme dont le génie laisse échapper de belles choses à travers quelques imperfections, et donne l'espérance d'en présenter d'achevées, lorsque des travaux, que les circonstances nécessitent trop souvent, ne le détourneront pas trop des études spéciales de son Art.

N°. 506. *Vue du Temple de Minerve à Athènes.*

N°. 507. *Vue d'une Maison de campagne.*

N°. 508. *Paysage pastoral.*

On reconnaît le talent de M. Turpin dans ces

Ruines, dans ces Paysages, comme dans un autre tableau exposé depuis, et long-tems après l'ouverture du Salon.

En général, les vues y sont bien prises, et du côté le plus propre à faire voir l'ensemble et l'étendue des monumens. Les sites sont exacts, les figures croquées avec esprit; le ton est chaud et vrai; mais les tons de l'Architecture sont un peu monotones et jaunâtres : le tems imprime aux anciennes Ruines des teintes plus nuancées et plus vigoureuses : ces accidens auraient donné un nouveau charme et une variété piquante au Coloris de ces Tableaux.

Du style dans les Compositions et dans les petites Figures; une couleur vive et harmonieuse, un effet de Soleil piquant, joints à une touche fine et spirituelle, font un fort joli Tableau du Paysage pastoral par le même Artiste.

Nos. 389 et 390. *Robinson.* Deux Tableaux, par M. Mongin.

Explication des sujets donnée par l'Auteur.

« Robinson effrayé d'avoir aperçu sur les « bords de la mer des traces humaines, se sauve « vers le centre de son île.

» Robinson, vainqueur dans le combat qu'il « a livré aux Antropophages, ramène le mal- « heureux

« malheureux qu'il a délivré, et qu'il nomme « *Vendredi* ».

De ces deux Tableaux de M. Mongin, pris dans le Roman de Robinson, l'un représente cet Anglais solitaire, fuyant à l'aspect de la trace du pied d'un Sauvage imprimée dans le sable. Voilà un Drame exécuté avec une seule figure. Il est rempli d'intérêt, par la manière dont il est conçu et exécuté.

L'autre nous offre la Scène de la nouvelle Société formée entre Robinson et Vendredi. L'artiste a choisi l'instant où ce Sauvage reçoit de son libérateur l'hospitalité. Ces deux Tableaux sont composés avec beaucoup d'art; il paraît que cet Artiste est du petit nombre de ceux qui se donnent la peine de faire des recherches. Toutes les productions appartiennent au climat où se passe la Scène. Un sentiment poétique lui a fait donner, à son premier Tableau, un ton vigoureux, même un peu rembruni; moyen hardi de faire passer dans l'ame des Spectateurs l'effroi dont Robinson est saisi. Le second a un ton plus clair, plus riant; il convient à la Scène qu'il a représentée. Le danger n'existe plus: Vendredi est en sûreté, et Robinson a acquis un Compagnon dont il avait un besoin si grand. Cette dernière composition est traitée avec autant de soin que l'autre: même recherche pour le costume. Les armes qui sont dans la caverne, sont du tems supposé où Robinson vivait. La pose du Sauvage contraste avec celle de l'Européen. On pourroit cependant trouver à redire sur la sécheresse et la roideur du dessin qui tiennent à la pratique, et ne s'approchent pas assez de la nature; mais nous ferons une remarque à l'avantage de l'Artiste, c'est que la Gravure, faite d'après ce second Tableau, a subi des corrections très-avantageuses. Cela nous prouve que M. Mongin médite long-tems ses sujets, et ne craint pas de corriger, quand il a trouvé mieux.

On peut, on doit dire aux Artistes ce que Boileau dit aux Poètes :

Ajoutez quelquefois et souvent effacez.

Nous avons aussi distingué une Vue de l'Underwal en Suisse. Cette Gouache est exécutée avec une grande vigueur et une précision caractéristique.

Je reviens aux deux tableaux de M. Mongin. Ils nous rappellent les époques des découvertes. Les Scènes nombreuses et intéressantes qui se sont passées dans un nouveau Monde, c'est une mine féconde que les Artistes Français négligent d'exploiter; ainsi, M. Crepin, dans un beau Tableau de Marine, nous a représenté le Naufrage de deux Canots de la Peyrousse. Des Scènes d'un autre intérêt pourraient également occuper les pinceaux des Artistes habiles et penseurs.

Le contraste des Européens et des Américains forme d'abord un grand intérêt. Ces Navigateurs, d'une audace que rien n'égale, qui bravent tous les dangers, qui ne connaissent aucun obstacle, ont changé la situation, les rapports de tous les Habitans du Globe, ont créé des Etats puissans, en ont anéanti d'autres; et quoi, les Grecs ont représenté mille et mille fois les Argonautes, ces hommes qui n'étaient, à travers les fables dont le génie de cette Nation les a enveloppés, que des Aventuriers qui ouvrirent des communications entre leur Nation et d'autres Peuples; et nous, nous laisserions dans l'oubli des entreprises qui appartiennent à l'Histoire, non-seulement sous le rapport d'intérêt commercial, mais encore sous le rapport des suites qu'elles ont eues, et sur-tout sous celui de la Morale et de l'Humanité!

Voulez-vous peindre l'action la plus infâme que l'intérêt puisse faire commettre? tracez cet Anglais qui vend sa maîtresse à la Barbade.

Comme Historien, vous êtes destiné à rappeler les fautes, pour les faire éviter : c'est ainsi que la funeste confiance des Compagnons de la Peyrouse les livra à des hommes féroces; montrez-nous le malheureux Lamanon, enveloppé dans le massacre, etc., ou plutôt laissez reposer notre imagination fatiguée, épouvantée de tant de malheurs. Les Tableaux les plus gracieux s'offrent en foule à votre pinceau : qu'ils étalent à nos regards les beautés naïves de cette Isle heureuse, qui ne reconnut long tems d'autres

Lois que celles de la Nature. Les Poëtes nous transportent, par la pensée, dans l'île d'Otaïti, c'est aux Peintres qu'il appartient de nous la montrer.

N°. 487. *Rhadamiste et Zénobie.* Tableau de M. TAILLASSON, Élève de M. VIEN.

Explication du Sujet, donnée par l'Auteur.

« Rhadamiste, en qualité d'Ambassadeur ro-
« main, vient à la Cour de Pharasmane son père,
« dont il n'est pas reconnu; il y retrouve son
« épouse Zénobie, qui consent à le suivre. Zé-
« nobie était à la Cour de Pharasmane, sous le
« nom d'Isménie; le Roi en était amoureux. Au
« 5e. acte, on vient annoncer que l'Ambassadeur
« romain part et enlève Isménie; le Roi furieux,
« s'arme et court pour les arrêter; il blesse mor-
« tellement Rhadamiste. Le moment du Tableau
« est la dernière scène, où Rhadamiste mourant
« est porté devant Pharasmane, qui se livre au
« désespoir en reconnoissant son fils ».

RHADAMISTE.

. . . .

Enfin, lorsque je perds une épouse si chère,
Heureux, quoiqu'en mourant, de retrouver mon père;
Votre cœur s'attendrit, je vois couler vos pleurs.

Ce Tableau est composé avec sagesse, la Pantomime y est bien juste, et l'on reconnaît facilement la dernière scène du Chef-d'œuvre de Crébillon. Cependant l'on y pourrait désirer plus de chaleur, sur-tout dans l'expression de Pharasmane, qui doit avoir la plus grande énergie pour rendre la pensée du Poète.

. . . Ah! quel sang ai-je donc répandu?
Malheureux que je suis! puis-je le méconnaître?
Au trouble que je sens, quel autre pourrait-ce être?...
Mais hélas! si c'est lui, quel crime ai-je commis!
Nature! ah venge-toi! c'est le sang de mon fils.

L'expression de Rhadamiste et de Zénobie est beaucoup mieux sentie. On lit cette expression dans leurs traits et dans leur attitude.

Toutes les Figures de ce Tableau ont un beau caractère; elles sont dessinées purement, drapées avec noblesse, et le Costume y est observé avec soin; mais le Coloris est gris et terne, il n'y a ni air, ni lumière; les Figures tiennent au fond. Ce défaut est en général celui de tous les Tableaux de M. Taillasson.

Non omnia possumus omnes.

Virg.

Il doit suffire à cet Artiste estimable de posséder les grandes parties de l'Art, l'Invention, le Dessin et l'Expression.

N°. 511. *Une Forêt solitaire, Paysage.* Tableau de M. Valenciennes, Élève de M. Doyen, Membre de la Légion d'Honneur, de l'ancienne Académie de Peinture, etc.

N°. 512. *Une Fontaine d'Eau minérale, Paysage.* Par le même. (*Pl.* XX.)

N°. 513. *Une jeune Fille dans une forêt, appercevant son nom écrit sur un arbre.* Par le même.

N°. 514. *Plusieurs Paysages.* Par le même.

M. Valenciennes, né penseur, Artiste instruit, et porté par son caractère à peindre les beautés majestueuses, naïves et enchanteresses de la Campagne, a senti que ces beautés muettes seraient froides en Peinture, si elles n'étaient animées par la présence des êtres vivans; il a observé ensuite que les scènes champêtres, communes chez quelques Paysagistes, à force d'être répétées, avaient vu se faner une partie de leurs charmes, et se flétrir en quelque sorte l'intérêt qu'elles inspirent. L'Artiste à donc remonté aux tems antiques, comme à une source d'émotions d'autant plus imposantes, qu'elles sont plus reculées. Il a embelli ses Paysages de grands souvenirs; il a créé en quelque sorte un nouveau

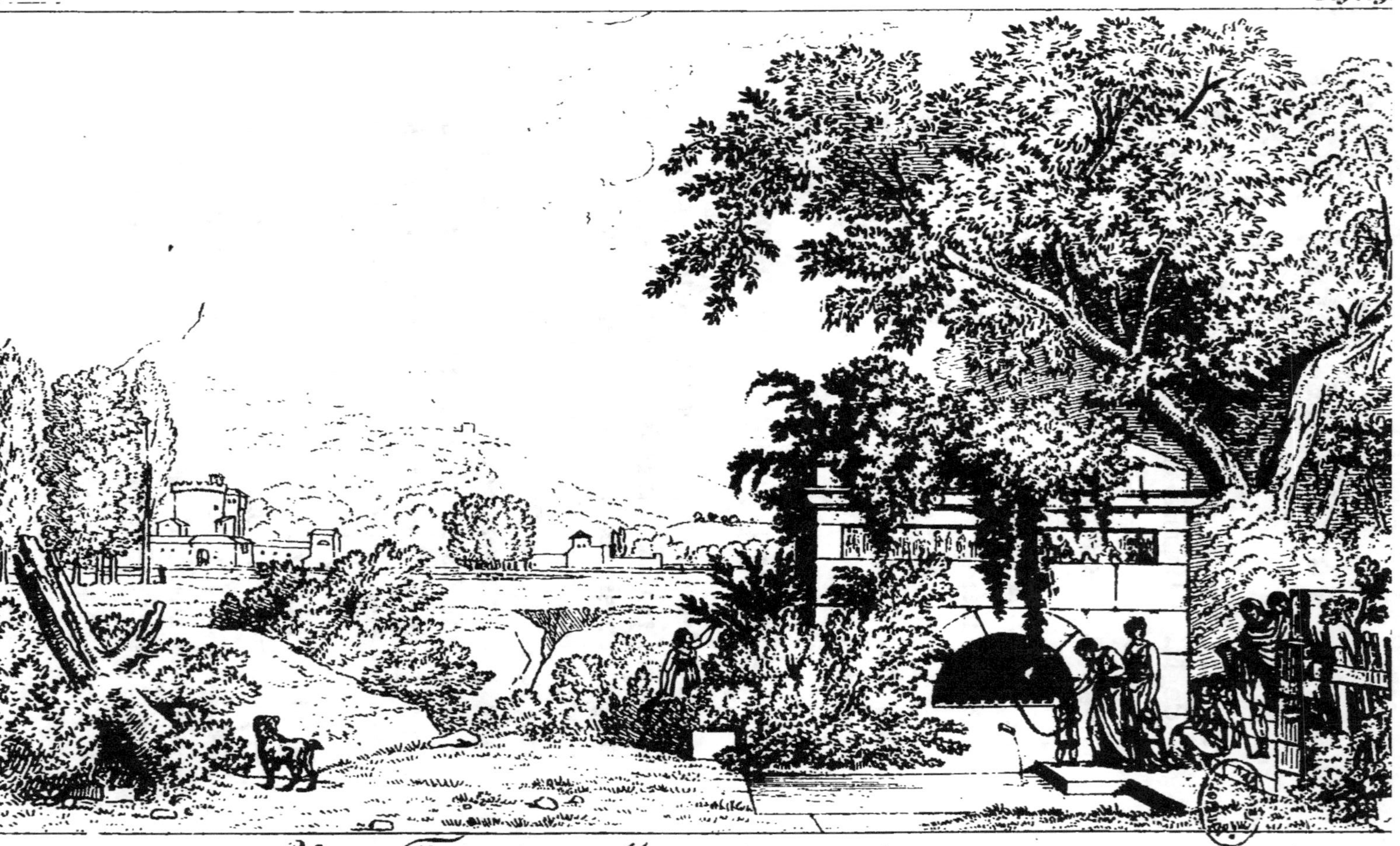

Une Fontaine Minerale. (d'après le Tableau de M. Valenciennes.)

genre : car le *style héroïque*, dans le Paysage, semblait avoir été abandonné depuis Le Poussin, par le désespoir sans doute de marcher sur ses traces.

Sans chercher sa manière, dans un style moins sévère, et d'une manière moins vaste, M. Valenciennes a orné ses Paysages de traits historiques, propres à y répandre la vie et l'intérêt.

Lorsque les premiers Ouvrages de cet artiste parurent, ils firent la plus vive impression, et l'Académie s'empressa de rendre à ses talens la justice qu'ils méritaient. Depuis ce tems, M. Valenciennes n'a cessé de multiplier ses créations et de se surpasser lui-même.

Cette année, M. Valenciennes embellit ses Paysages de scènes plus rapprochées de nous ; mais on y reconnaît toujours la noblesse de son style, la beauté de ses fabriques, la richesse de ses Compositions et sur-tout le Dessin et l'élégance de ses Figures.

Le n°. 511 représente une Forêt. Dans le fond, on voit deux Hommes, dont l'un est âgé, et qui conversent sous des chênes ; en avant est un étang bordé de saules et de peupliers ; un pêcheur y est occupé, et cet étang est enrichi d'une quantité de grands arbres d'une forme magnifique et variée d'une multitude de plantes aquatiques très-bien imitées.

L'eau en est transparente, et la touche spirituelle.

Le n°. 512 nous offre une Fontaine d'Eau minérale ; on y voit un bas-relief, autour duquel croissent des fleurs et des plantes odoriférantes. Des Femmes, des Veillards et des enfans viennent pour boire de ses eaux ; on y remarque un Enfant qui se saisit de la tasse. Ce charmant Paysage est vigoureusement touché et plaît davantage que ceux sous le n°. 514. En général on y reconnaît le même talent que M. Valenciennes met dans toutes ses productions, la belle combinaison des lignes, la science de la perspective (1), sa touche spirituelle et légère, quoiqu'un peu trop égale, car son feuillé est toujours le même. Ici on distingue un ton plus chaud, plus vrai, et des effets de lumière plus variés et plus frappans que dans beaucoup de ses Tableaux.

Les lointains sont riches et fuyent bien.

Le n°. 513 représente une jeune Fille dans une Forêt. O moment d'amour-propre et d'amour ! Elle reconnaît son nom écrit sur un arbre ! Ce Tableau fait le plus grand plaisir, parce qu'il réunit le mérite d'une belle entente de lumière à tous les mérites qui assurent à M. Valencienne un rang si distingué parmi les Paysagistes.

On y admire la naïveté de l'action, et sur-tout la manière ingénieuse dont elle est éclairée, les

---

(1) Tous les Artistes connaissent les élémens de *Perspective pratique* à leur usage, suivis de réflexions sur la Peinture et particulièrement sur le Paysage.

accidens divers produits par la lumière qui perce à travers les arbres, et le ton brillant que répand sur tout le Paysage l'éclat d'un beau jour d'été.

N°. 427. *Le Songe d'Alcyone.* Tableau de M. Prot, Élève de M. David.

(*L'Auteur n'a pas donné d'autre explication.*)

Nous allons y suppléer par les vers d'Ovide: nous les tirons de l'élégante traduction de M. de Saint-Ange (1).

Morphée au même instant, d'une aile taciturne,
Fend les airs endormis dans un calme nocturne.
O Reine infortunée! arrivé dans la nuit,
En l'alcove où tu dors il se glisse sans bruit;
Et dépouillant sa forme et son plumage sombre,
Prend les traits de Céyx, ou plutôt de son ombre.
Nu, livide, tout pâle, il s'offre à tes regards:
L'onde a mouillé sa barbe et ses cheveux épars,
Et te baignant des pleurs que son visage épanche,
Le fantôme s'approche, et sur ton lit se penche.
« Chère épouse, dit-il, d'une lugubre voix,
« Hélas! méconnais-tu l'époux que tu revois?
« Ouvre les yeux, regarde et reconnais mon ombre.
« Tes prières, tes vœux, tes offrandes sans nombre,
« N'ont pu fléchir le Ciel qui m'a privé du jour.
« Cesse de t'abuser de l'espoir du retour;

---

(1) Liv. XI, ch. XIV, pag. 545.

« L'orage m'a surpris, et dans les flots d'Egée,
« Les vents ont englouti ma poupe submergée ;
« En vain je t'appelai ; ton nom, ton nom si doux,
« N'a pu du flot barbare appaiser le courroux.
« Non, tu n'en peux douter, une fausse nouvelle
« N'abuse point tes sens dans un songe infidèle.
« Tu me vois, tu m'entends ; lève-toi, prends le deuil,
« Tes regrets descendront dans la demeure sombre,
« Un seul de tes soupirs consolera mon ombre. »
Ainsi parle Morphée, et ses tons gémissans
De la voix de Céyx imitent les accens.
Aux gestes de Céyx ses gestes sont semblables,
Alcyone croit voir des larmes véritables ;
Elle pleure, s'écrie et s'agite en dormant ;
Elle lui tend les bras et les tend vainement.

Tel est le sujet que le Peintre sensible et pénétré a su exprimer sur la toile d'une manière neuve et vraie.

Le rayon pâle et blafard d'une lune orageuse perce dans l'appartement et frappe sur le fantôme de Ceyx, qu'il éclaire. L'attitude d'Alcyone fait voir que ce songe affreux la tourmente. L'Artiste aurait dû faire voir davantage le bras droit, au lieu de la main et d'un bout de l'avant-bras, dont on perd la continuité. Le sein gauche ne présente pas, à beaucoup près, la saillie du sein droit vu de profil ; il y a généralement de la roideur dans le dessin.

Ce sont de légères taches réparées par de grandes beautés d'effet, de couleur, de dessin et d'exécution. Le style est pur et sévère, la lumière distribuée avec art, les draperies et les accessoires d'un coloris vigoureux et vrai; jamais on n'a mieux imité celui que donne un clair de lune; enfin, malgré un fini précieux et beaucoup de fermeté dans l'exécution, il y règne une teinte harmonieuse et mélancolique qui convient parfaitement à cette scène.

Le même artiste a exposé un dessin fait à après un marbre, et représentant une Léda; sans être correct de trait, il est fait avec beaucoup de soin et de longanimité, et a dû faire perdre beaucoup de tems à M. Prot. Quand on a son talent en peinture, c'est s'égarer et se tromper soi-même que de l'employer à faire des Dessins pointillés si léchés et si froids, qui prouvent encore moins d'art que de patience.

N°. 231. *Un intérieur du Colisée*, par M. GRANET, *à Rome.*

N°. 232. *Intérieur de l'Eglise souterraine de* San-Martino in Monte, par le même.

Explication donnée par l'Auteur.

« Cette église, jadis les Bains de Titus, servit « de retraite aux premiers Chrétiens. Le Pape « Saint Silvestre y présida un Concile; elle sert « maintenant de sépulture, et récemment le Car- « dinal Thomasi y a été inhumé. »

N°. 233. *Vue d'une des Prisons de Rome*, par le même.

« Une Femme présente une requête au Geolier, « pour voir un moment son Époux. »

N°. 234. *Intérieur de la maison de Michel-Ange, près du Capitole, à Rome*; par le même.

N°. 235. *Henri IV égaré, entre dans une Forge et reçoit à boire du Forgeron*, par le même.

On s'aperçoit que M. Granet travaille à Rome. C'est sous le ciel brûlant d'Italie qu'il a puisé ce ton vigoureux et chaud de ses Tableaux, la vérité des sites et la sévérité du style.

La vue d'une des Prisons de Rome, sous le n°. 233, se fait remarquer par ces différentes beautés. Le style des Figures est grand, leur costume juste, la teinte locale très-harmonieuse; le ton est riche, fin et transparent : on y reconnaît celui des murailles vieilles et dégradées. L'effet de la lumière qui frappe sur les figures est heureux; mais pourquoi ne frappe-t-il que sur les figures? Le guichet a l'air d'un portail, la perspective est exacte, les plans sont bien disposés; enfin ce Tableau, dont la vue pittoresque et sombre est adroitement choisie et dont les figures sont adaptées au site, est parfaitement composé, et, à notre avis, le meilleur des Tableaux de cet

Artiste. Il est beau de touche, de ton et d'effet.

N°. 234. *Intérieur de la maison de Michel-Ange.* L'habitation d'un grand homme est en quelque sorte un temple. On salue avec un saint respect la maison de Paysan que le célèbre Pétrarque habitait à Vaucluse, le tertre où Henri IV s'asseyait à La Flèche ; en remontant plus haut, le chêne de Vincennes, sous lequel Saint Louis rendait la justice, et plus près de nous les ombrages de Saint-Gratien, où rêvait Catinat, et pour l'étranger, la chaumière de Napoléon dans les champs d'Austerlitz. On aime à retrouver les lieux situés, bâtis et décorés tels que le génie les habitait il y a trois siècles.

Déjà sous ce rapport comme sous celui de son talent, le Tableau de M. Granet ne peut manquer de plaire ; le ton en est vrai et harmonieux, et la perspective aussi juste que dans tous ses Tableaux. Le Paysage que l'on voit à travers une porte est d'un effet très-piquant ; il est, ainsi que tous les objets qu'il rassemble, touché avec finesse ; la lumière de ce percé frappe sur l'homme qui est au coin de cette porte, d'une manière vraie et brillante. Cette figure est d'un bon effet et a du style, mais celle qui paraît sur l'escalier n'est pas aussi heureuse. En général, cette vue est bien entendue, pittoresque et intéressante ; mais son exécution présente plutôt une esquisse faite avec esprit et facilité, qu'un Tableau achevé.

N°. 235. Il y a une telle vigueur dans ce Tableau, qu'il en est même noir et dur de ton. Les accidens de lumière y sont aussi trop multipliés, de sorte qu'ils scintillent et détruisent l'effet. La toile de ce Tableau n'est pas aussi bien creusée que dans les autres, et on n'y sent pas de même les plans.

Il ne saute pas assez aux yeux que c'est une forge ; cet effet de feu qui enrichit le Tableau aurait pu être ménagé de manière à ce que la partie la plus éclairée du Soleil parût moins noire. Les figures ne sont pas dessinées ni touchées avec assez de finesse, sur-tout par rapport à une scène où l'on met un Roi comme Henri. D'ailleurs, il ne lui ressemble pas et manque de noblesse, il a l'air d'un Spadassin le jarret tendu, comme un de ces officiers de Taverne Hollandaise, et non du bon Henri. Ce Tableau, quoiqu'assez terminé, nous paraît inférieur aux autres.

Les Nos. 231 et 232, d'une plus grande dimension, sont d'un autre faire : le devant, très-vigoureux, est fort bien peint, ainsi que la terrasse ; la perspective aérienne est heureusement ménagée ; cependant le Colisée paraît un peu lourd de ton, et celui du mur où se trouve le Christ, et que la lumière frappe, est un peu crud. Au reste, les figures conviennent au sujet et sont d'un grand style.

Le No. 232 est bien entendu ; il y a une solennité de composition et même de teinte d'un grand effet, qui inspire le recueillement le plus mélancolique ; mais quoique les vieux monumens interieurs de l'Italie soient revêtus d'une végétation verdâtre, ils ne sont pas tout-à-fait d'un vert aussi décidé ni si poli, et surtout aussi transparent. Si on ne voyait les refends de la pierre, on pourrait croire que ces vieux murs sont revêtus de marbre. Malgré ces légères critiques, c'est un beau Tableau : les figures, comme dans toutes les productions de M. Granet, y ajoutent un grand intérêt dramatique par leur vérité et par leur situation. Elles se promènent bien dans ce souterrain, où la perspective, où l'entente du clair obscur font avancer, font reculer les objets, et creusent la toile à faire illusion ; enfin l'harmonie qui règne dans ce Tableau, achève d'en faire un des meilleurs de M. Granet, si l'on en excepte cependant cette *Vue de Prison* dont nous avons parlé, et dans laquelle l'Artiste a développé un talent énergique et vrai. Nous devons un juste éloge et une part bien large d'encouragement à un Artiste qui se fait un genre à lui, qui crée son talent, ne marche sur les pas de personne et ne suit aucune manière d'École. Il a exposé au Salon de cette année cinq Tableaux, et il est original dans tous ; il n'est faible dans aucun. J'y retrouve le chaleur du brillant soleil de l'Italie.

Le talent de l'Artiste me paraît être dans son midi, c'est-à-dire au plus haut degré. En un mot, il a acquis toute sa maturité. Qu'il ne cherche point à mieux faire, il pourrait déchoir. Combien de talens se sont perdus pour n'avoir pas su s'arrêter !

No. 456. *Portrait de Mademoiselle Vernet.*

N. 457. *Portrait de Mademoiselle* A. P. par Madame Romany, Élève de M. Regnault.

Le premier de ces portraits est gracieux et joli comme son modèle; cependant sa pose est maniérée, et le coloris des chairs un peu lourd de ton. Au reste, les vêtemens sont ajustés avec goût, et les étoffes bien imitées.

Le No. 457 est beaucoup mieux. L'original est séduisant, la copie en est charmante, la tête ressemble ; elle est de la plus aimable expression, d'une couleur vive, brillante et animée : c'est une peinture parfaite. La pose est simple, naturelle et gracieuse; les bras et les mains sont bien dessinés. Cependant le bras qui est en racourci n'est pas heureux : on ne sent pas bien l'emmanchement du poignet. Il en est de même des cuisses; l'une en avant indique le mouvement de marcher, tandis que l'autre est perdue sous la robe, dont les plis, en général, ne sont pas assez indiqués. Le reste de l'ajustement est plein de goût : rien de mieux peint ni de plus artistement arrangé que ce chapeau suspendu à un bout de ruban et retenu avec une gracieuse négligence. Ils sont l'un et l'autre d'une vérité à faire illusion, et peints avec la sûreté et la franchise d'un pinceau habile et exercé. Peut-être y a-t-il un peu de mollesse dans l'exécution générale; peut-être que le ton des bras et des mains tire sur le gris, mais il règne dans ce Portrait délicieux une grace et un charme enchanteurs qui semblent le triple cachet du sexe, du talent de l'artiste, et du modèle.

No. 11. *Départ pour le Duel*, par Madame Auzoux.

Explication du sujet donnée par l'Auteur.

« Un jeune homme obligé de répondre à une « provocation, au moment de son départ, jette « un regard sur sa famille encore endormie. »

Il appartenait sans doute à une personne de ce sexe aimable et sensible, souvent victime de l'absurde préjugé du point d'honneur, d'en peindre les déplorables effets. Quel spectacle plus affligeant que celui de ce jeune homme intéressant qui jette un regard, peut-être le dernier, sur cette épouse adorée, sur ces enfans chéris! Les malheureux dorment du sommeil de l'innocence, tandis qu'un plomb meurtrier, guidé par le hasard, va leur ravir peut-être leur protecteur, leur appui, celui seul dont les talens et les travaux soutenaient leur existence. A son réveil, cette femme si jeune et si belle, au lieu de presser son époux contre son cœur, ne va plus retrouver qu'une solitude affreuse. Abandonnée au milieu de la corruption, en proie au malheur, à la misère, pourra-t-elle résister aux piéges et à l'appât de la séduction? Son enfant languira-t-il dans la pauvreté? Ne croira-t-elle pas encore lui devoir le sacrifice de son honneur?

Mais ce jeune homme, dont la mort va tuer, pour ainsi dire, toute la famille du même coup, est honnête; ce n'est pas lui qui a provoqué le duel. Il a de la vertu et du courage, tandis que le lâche spadassin qui l'a provoqué n'a ni l'un, ni l'autre; mais il a passé sa vie dans des sales d'armes, ou employé son tems à tirer à la cible. Ce jeune père de famille le sait: il sait qu'il marche à une mort certaine, qu'il enfreint les lois de son pays, qui défendent les duels, et celles de la nature, en devenant, en quelque sorte, lui-même, homicide de sa famille. Ils sait tout cela, et le funeste préjugé l'emporte.... C'est ainsi que le cruel et féroce insulaire du Japon doit s'ouvrir le ventre, s'il est offensé, et cela sous peine d'être déshonoré. C'est dans ces pays barbares et lointains que l'on trouve des exemples de cette frénésie; car on les chercherait en vain dans les tems de la grandeur et des vertus guerrières des Grecs et des Romains, et c'est encore une remarque à faire, que depuis que les Français se sont élevés par des faits héroïques et par leur gloire militaire, au-dessus de tous les peuples connus, la fureur des duels a été moins active; elle l'était bien davantage sous Louis XV, lorsqu'ils s'étaient laissé battre partout, et étaient devenus, pour ainsi dire, le jouet des autres nations; ce qui prouve que son origine vient de l'oisiveté des Cours et non du courage, que l'homme vraiment valeureux se dévoue à sa patrie, ou se sacrifie pour son prince, et qu'il cherche l'honneur sur le champ de bataille; le spadassin, au contraire, presque toujours lâche à l'armée, est sûr de son fait en duel. On a vu, dans la guerre de sept ans, un jeune officier qui avait remis à se battre en duel après une action générale (1): son ennemi qui, déjà, le mystifiait, s'y comporta très-mal, et même se cacha. Ils furent pris. L'officier ennemi sachant l'aventure, enchanté du courage avec lequel le premier avait combattu, lui rendit ses armes avec sa liberté, et méprisant la lâcheté de l'autre, cassa son épée devant lui et le fit emmener (2).

Mais on aura beau faire entendre la voix de la raison, et même celle des lois, ce préjugé barbare sera toujours le plus fort, à moins que des

---

(1) C'est ainsi que Mirabeau qui avait fait ses preuves, ajourna ses provocateurs à la fin de la session législative.

(2) Joignez à ces faibles réflexions, celles de J. J. Rousseau, dans la Nouvelle Héloïse.

lois sages ne flétrissent du déshonneur les seuls provocateurs; c'est ainsi qu'un Souverain fit donner un soufflet, par la main du bourreau, à celui qui l'avait donné; et qu'un autre, c'était le célèbre Gustave-Adolphe, fit dresser une potence pour celui des deux champions qui sortirait vainqueur du duel.

Il ne faut pas se lasser de répéter les vérités; elles finissent par se faire entendre. Ainsi il y aurait déjà un grand mérite à madame Auzoux d'avoir traité ce sujet que recommandent si puissamment la Morale et la Philosophie.

Mais ce n'est pas le seul mérite du Tableau: il est bien composé, l'action et la figure du jeune homme sont remplies d'expression : sa tête est belle, en général cette figure est bien peinte; malheureusement ce manteau rouge appelle trop la vue en écrasant le reste et nuit à l'harmonie.

La femme et l'enfant ne sont pas aussi bien; et en général la couleur ne semble pas d'un ton vrai; mais pour en juger, il faudrait que ce Tableau fût mieux exposé; car il perd beaucoup dans la place où il est.

Le Tableau de Picard est très-ressemblant; mais voilà tout : Madame Auzoux n'aurait pas dû l'exposer. Il est malheureux de manquer le portrait de Picard, qui a si bien fait celui de tant d'originaux.

N°. 7. *Portrait en pied de l'Auteur*, par Mlle. AUGER, Élève de M. REGNAULT.

Le modèle est fort joli ; c'est le miroir de l'Artiste : la pose a quelque chose de neuf, sans être recherchée ; il y règne même une négligence qui serait agréable, si la personne ne traçait pas avec la harpe, sur laquelle elle s'appuie, les deux jambes d'un A : cette figure est assez bien dessinée ; les draperies sont ajustées artistement, et la couleur est d'un ton agréable et harmonieux, quoique faible. Les pieds m'ont paru un peu gros, et le tapis est cru de ton et trop en vue d'oiseau ; quant au fauteuil, il est dessiné de manière qu'il serait impossible de s'y asseoir.

N°. 361. *Piété filiale de Simon*. Par M. LORDON, élève de M. LEMIRE.

Voyez pour la description l'article de M. Devosge, qui a traité le même sujet sous le n°. 155.

Ce Tableau est assez bien composé : on y retrouve l'action ; mais l'exécution est faible. Le corps du Vieillard est pauvre de formes, on n'y reconnaît pas celui d'un Héros tel que Miltiade, sa tête quoique vénérable, est trop décrépite ; les autres têtes ne sont pas d'un beau caractère ; cependant la fille à genoux est intéressante. La figure de Cimon est roide et manque d'action. En général, le Dessin péche par le défaut de style, et même de correction : les Draperies sont lourdes. Il y a cependant des parties bien faites, de l'harmonie, une assez bonne couleur quoiqu'un peu noire. Les lumières sont trop éparpillées.

No. 515. *Madame de la Vallière*, par madame VALLAIN (Nanine), élève de MM. DAVID et SUVÉE.

Explication du sujet donnée par l'Auteur.

» Agée de 23 ans, elle se résout à quitter la « Cour pour embrasser la vie monastique ».

Voilà bien ce que dit le catalogue ; mais le sujet représente une femme qui n'est pas jolie, et dans le costume *à-peu-près* du dix-septième siècle : elle tient un médaillon renfermant un portrait d'homme du même tems, mais ne ressemblant guères à Louis XIV ; elle regarde par la fenêtre un couvent. Mais pourquoi tout cela n'explique-t-il pas le sujet sans le livre ? C'est qu'en Peinture, on ne peut guères représenter une *résolution*. Les deux Petits marmots assez laids, en forme d'Amours, n'en disent pas d'avantage. L'exécution ne vaut pas mieux que la composition. Les chairs de la principale figure, sont mal peintes, les bras sont roides ; les mains sèches ; le corps surtout est remarquable par sa largeur, et cela dans un siècle où l'on recherchait les tailles longues. Le Costume est d'ailleurs inexact, et la couleur est fade, grise et rose : la robe est rose, le ciel est un peu rose, les chairs sont roses et tout le reste est gris. Il n'y a de vigoureux qu'un rideau rouge que sa fermeté fait venir en avant tandis qu'il devrait fuir étant en arrière. Le Dessin est passable, mais l'expression de madame de la Vallière est si froide, mais il y a si peu d'effet que c'est un Tableau manqué.

Je ne puis expliquer la chute d'un aussi beau talent que celui de mademoiselle Vallain ; il y a quelques années que pendant le séjour de son maître Suvée à Paris, elle donna les plus hautes espérances.

No. 12. *Un Paysage*. par M. Baclèr d'Albe.

La Scène se passe dans un vaste et grand Paysage, les lignes en sont nettes et précises, les plans bien sentis et les lumières distribuées avec art ; les arbres, sur-tout celui du devant, sont riches de forme et touchés largement et avec esprit ; la Scène est bien composée, et les Figures sont expressives ; et d'un assez bon style, mais il est trop roide, mais le dessin en est incorrect, l'exécution dure et pas assez finie, les tons des chairs sont *de brique* et touchés lourdement : en général le travail de la brosse s'y fait trop sentir (ainsi que dans presque toutes les figures des autres paysages). Elles sont d'ailleurs d'un ton jaune et rouge qui leur ôte tout agrément. Des tons d'un rouge sale et couleur de pierre, dominent aussi dans le ciel, et dans les feuilles des arbres du lointain, ce qui les rend du même ton que les rochers. Celui du grand arbre est meilleur, il est chaud, vigoureux ainsi que les terrasses des premiers plans ; en général les parties du devant sont d'une couleur vive, lumineuse et plus vraie que le reste.

Ce genre de Paysage enrichi de traits de mythologie ou d'histoire est bien choisi, il embellit, anime et agrandit le spectacle de la nature. M. Bacler d'Albe a l'avantage de réunir toutes les parties de l'Art nécessaires pour traiter ce sujet d'une manière satisfaisante. Il faut seulement qu'il y employe tout son talent.

N°. 111. *Combat devant Boulogne.* Par M. CREPIN élève de M. REGNAULT.

Explication du sujet donnée par l'Auteur.

« Cette action s'est passée en rade de Boulogne, « la nuit du 27 au 28 thermidor an 9 entre une « portion de la flotille française, sous les ordres « du contre-amiral *Latouche-Tréville*, et l'expé- « dition anglaise commandée par l'amiral *Nelson*.

« Les ennemis avaient armé une grande quan- « tité de péniches, chaloupes, cutters et de ba- « teaux à obus, sur lesquels ils s'étaient embar- « qués ; ils se portèrent d'abord sur le centre de la « ligne française, où était la canonnière du com- « mandant *Lévrieu*, y lancèrent des bombes, des « obus, des grenades, et tentèrent l'abordage sans « aucun succès ; s'étendant alors sur toute la « droite des français, ils coupèrent les cables de « plusieurs bateaux canonniers, attaquèrent à « plusieurs reprises la canonnière *le Volcan*, à « l'extrémité de la ligne, pendant qu'une de leurs « divisions s'efforçait de se placer entre la ligne et « la terre.

« L'ennemi repoussé de toutes parts a eu huit « de ses bâtimens coulés bas, quatre péniches lui « furent prises, et il perdit beaucoup de monde « dans cette action, qui fut la dernière de la pré- « cédente guerre sur mer ».

N. B. Ce Tableau appartient au Gouvernement.

N°. 112. *Vue de l'entrée du port de Boulogne, et d'une partie de la rade.* Par le même.

Explication du sujet donnée par l'Auteur.

« Le 13 brumaire an 12, au matin, la brume en « s'élevant, laissa apercevoir une division anglaise « composée d'un vaisseau de ligne, un vaisseau « rasé, plusieurs frégates et corvettes, qui s'é- « taient approchés de la ligne d'embossage ; elle « engagea le combat avec les bâtimens de la flo- « tille, immédiatement après que ces derniers « eurent salué l'empereur, qui venait de traver- « ser la plage, et s'occupait en ce moment d'é- « preuves d'armes aux batteries de l'Ouest ; Sa « Majesté envoya l'ordre aux caïques de la gauche « d'avancer sur l'ennemi ; leur feu parut avoir « précipité la retraite des bâtimens ennemis.

« L'auteur du Tableau à été témoin de cette ac- « tion, et la vue en est prise d'après nature ».

N° 113. *Arrivée à Boulogne, de la division de Dunkerque, le 6 vendémiaire l'an 12.* par le même.

Explication du sujet donnée par l'Auteur.

« Cette division de bateaux canonniers ainsi « que celle de Calais, qui l'a précédée a passé le « cap Grinez, malgré le feu de toute la division

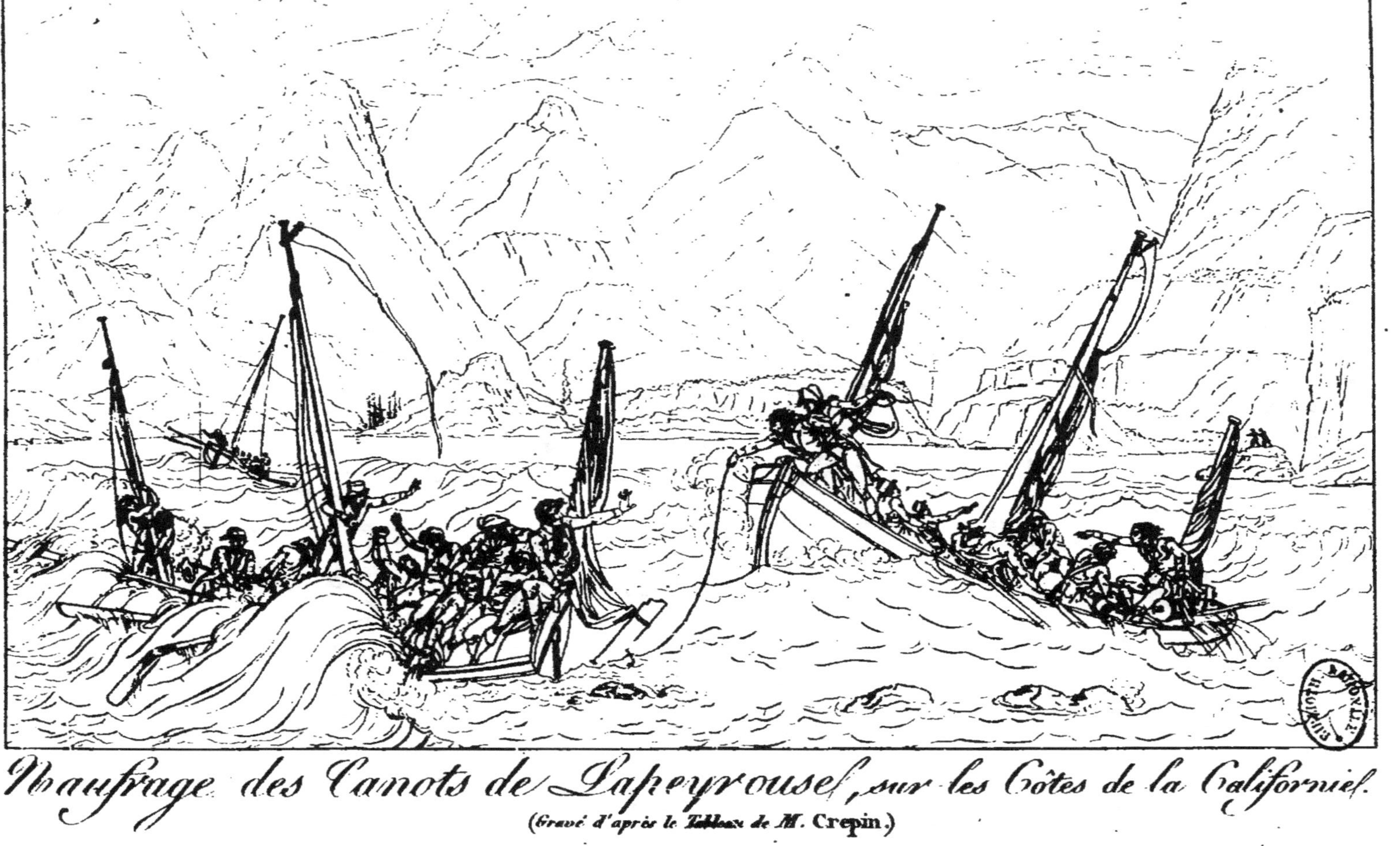

Naufrage des Canots de Lapeyrouse, sur les Côtes de la Californie.

(Gravé d'après le Tableau de M. Crepin.)

« anglaise. En ce moment les ennemis reviennent « du large avec la brise de mer, pour attaquer la » flotille au moment de jeter l'ancre, ils reçoivent « le feu des bateaux déjà mouillés; successivement « celui des autres bateaux, à mesure qu'ils mouil- « lent en rade ».

N°. 114. *Explosion de plusieurs brûlots*. Esquisse par le même.

Explication du sujet donnée par l'Auteur.

« Ce fut la nuit du 10 au 11 vendémiaire an 13, « que les ennemis envoyèrent ces brûlots sur la « ligne d'embossage mouillée devant Boulogne. « L'Artiste a donné dans cette esquisse une idée « des divers manœuvres que firent les bâtimens « français, pour les éviter et les détourner des « batimens de la flotille ».

N°. 115. *Paysage sur le bord de la mer. Soleil couchant*. Par le même.

(Ces quatre derniers Tableaux appartiennent à l'Auteur.)

N°. 116. *Naufrage des canots de La Peyrouse au Port-Français, sur les côtes de la Californie*. Par le même. (*Pl.* XXI.)

Explication du sujet donnée par l'Auteur.

« Ces trois canots, dont le plus éloigné n'a point

« péri, étaient chargés d'aller placer des sondes « sur le plan de la baie, qui avait été dressé. Le « canot de M. *Descures*, qui était de l'avant, fut « emporté par la rapidité du courant, dans les » brisans qui sont à l'entrée de la baie; l'autre ca- « not, où étaient MM. *de Laborde*, s'aperce- « vant que celui de leur commandant, M. *Des-* « *cures*, était en danger, vole à son secours, se « jette dans les mêmes brisans, et victimes de leur « générosité, ses amis périrent comme lui.

« Le Mont Beau-Tems qu'on aperçoit sur la « gauche, et la chaîne de montagnes qui bordent « l'horison, sont peints d'après les dessins de « relèvement faits sur les lieux; l'intérieur de la « baie est levé sur le plan qui en a été apporté.

(*Atlas du Voyage de Lapeyrouse*).

N°. 117. *Combat du 29 vendémiaire an 14.* par le même.

Explication du sujet donnée par l'Auteur.

« Le vaisseau français *le Redoutable*, de 74 « canons, commandé par M. *Lucas*, combat « contre les vaisseaux anglais *le Victori* et *le Té-* « *méraire*, de 110 canons. *Nelson* qui montait le « vaisseau *le Victory*, y fut tué par la mousque- « terie du vaisseau *le Redoutable*. (L'auteur a « fait campagne sur ce vaisseau) ».

Cette exquisse appartient à l'Auteur.

Le talent de M. Crépin était déjà connu avantageusement : l'on se souvient de ce beau Tableau d'un combat naval des Français contre les Anglais, et que son pinceau retraça avec tant de vigueur et de vérité (1). Mais comme cet artiste n'a cessé de travailler, et toujours d'après nature, les ouvrages qu'il a exposés au Salon cette année, mettent le sceau à sa réputation. Nous n'entreprendrons pas de décrire toutes les beautés qui se trouvent dans chacun de ses nombreux tableaux. Nous dirons, que ses compositions sont nettes, bien entendues; que dans ses combats il a su mettre toute la chaleur nécessaire, sans qu'il y ait de confusion pour l'œil qui suit bien les objets ; que les détails y sont exacts et remplis de vérité; la touche vigoureuse et spirituelle, le ton fin, les figures bien dessinées et remplies d'expression, les ciels légers de ton et les eaux transparentes.

Quant aux actions, elles sont rendues avec une si grande vérité, qu'il semble qu'on les ait sous les yeux. On assiste au combat devant Boulogne : voilà l'entrée de ce port ; voilà une partie de la rade.

L'explosion de plusieurs brûlots est très-vigoureuse : l'Artiste y a mis tout l'effet possible : combien il a fallu de talent pour rendre ces feux

(1) Ce Tableau est exposé dans une des Galeries du Sénat, et se soutient à côté de ceux de Vernet.

brûlans dans l'onde et ces flots qui les reflètent, de manière que tous les personnages se détachent comme des ombres sur ces abîmes enflammés ; cependant il est quelques effets, tels que ceux des incendies, et sur-tout sur mer, qu'il est impossible à la Peinture de rendre d'une manière entièrement satisfaisante, et qui ne font jamais illusion : le feu et la lumière sont des objets qui, transportés sur la toile et avec tout le talent possible, ne laissent guère voir que du cinabre ou vermillon, à côté du noir, malgré tous les effets ménagés et tous les sacrifices possibles, ensorte qu'il serait peut-être prudent de renoncer à en exprimer l'image.

Mais le plus beau Tableau de M. Crépin, et même l'un de ceux qui attirent le plus les yeux des Amateurs et des Artistes, c'est le *Naufrage des Canots de M. de la Peyrouse*. C'est là, c'est dans cet événement déplorable qu'il a déployé tout son génie et toutes les ressources de son Art. La Scène est représentée avec une touchante simplicité, et cependant avec une énergie qui inspire à-la-fois la terreur et la pitié. Là, point de figures ni d'accessoires inutiles : tout l'intérêt du Drame est dans la vérité de l'Action. L'Expression de tous les Personnages, retrace avec force leur horrible situation : tous les mouvemens de leur ame à la vue de ces vagues furieuses qui vont les engloutir, ce regard, dans lequel se lit déjà la certitude du Naufrage, le courage des uns, la fermeté de M. Descures, le noble dévouement de MM. de la Borde, excitent la plus vive pitié et la plus profonde terreur. Oh ! comme on voudrait les sauver ! Eh quel est l'individu, quel qu'il soit, sur qui ce Tableau déchirant n'ait pas produit les plus vives émotions, qui n'ait desiré le revoir plusieurs fois, ou qui ne soit demeuré triste et pensif, les larmes dans les yeux, à rêver au sort cruel de ces Illustres Naufragés. Voilà comme avec la nature et la vérité simple, mais rendues avec justesse, on produit cet effet si desiré que l'on perd souvent, quand on veut trop faire et qu'on dépasse le but. Ces montagnes et les sites, âpres et sauvages, qui servent de fond, sont adaptés à cette Scène terrible et parfaitement peints. Ces monts neigeux, ce paysage sont pittoresques ; la distribution de la lumière est bien entendue, le ciel est transparent, les eaux sont d'une vérité parfaite, le ton paraît argentin, la touche légère et spirituelle, et le dessin est plus correct qu'aucun de ceux qui ont précédé M. Crépin dans ce genre. Enfin, ce Tableau promet qu'il sera le digne successeur de Vernet, et qu'aucune des Nations étrangères ne pourra pas plus lui donner un rival, qu'elle n'en ont donné à cet homme célèbre.

N°. 13. *Vue de la Rade de Toulon*, par M. BALZAC.

N. B. Cette vue est prise du Lazareth, et au moment du départ de l'expédition d'Egypte, le 26 Floréal an 6.

C'est la première page, pour ainsi dire, d'une histoire à jamais mémorable ; l'auteur, attaché à l'héroïque expédition d'Egypte, peut dire avec orgueil : *Et quorum pars ipse fui*. VIRG.

De-là cette vérité et cette exactitude qui caractérisent son Dessin. On voit qu'il a tenu le Crayon avec autant d'inspiration que de fermeté, et qu'il n'est pas moins bon Français qu'Artiste habile.

Puisse son exemple être suivi ! Puissent dorénavant, le Crayon, le Pinceau et les Ciseaux, ne chercher leurs sujets que dans les merveilles de nos jours. Ils n'éprouveront que l'embarras du choix.

J'aurais desiré, dans ce Dessin capital, un peu plus de couleur et d'effet. Il semble n'avoir été fait que pour être lavé, et avoir été rehaussé ensuite de Couleur, ce qui lui ôte de la suavité, et lui donne peut-être un peu de lourdeur.

N°. 60. *Vue de la Ville de Gênes*, par M. Bourjot.
Dessin à la Sépia.

Ce qui frappe, d'abord c'est l'étendue de ce Dessin, et ensuite son exactitude : elle brille, cette exactitude, jusques dans les détails du lointain qui sont nets, quoique multipliés : la Perspective en est également bien entendue ; mais l'air y manque : les plans ne fuient pas assez. Les Figures, quoique spirituellement touchées, sont trop grandes : car les soldats qu'on voit devant la porte, ne pourraient pas tenir dans la guérite placée sur le rempart. On croirait que ces Figures, dont la disproportion avec l'ensemble est sensible, sont d'une autre main.

N°. 184. *Borée enlevant Orythie.*

N°. 185. *Apollon et les Muses.* Dessin par M. Duvivier.

Les Dessins de M. Duvivier lui font plus d'honneur que son Tableau de Borée. Ce dernier sujet avait été traité par M. Vincent (1) avec tant de supériorité, qu'il y avait au moins de l'imprudence à le refaire.

Dans ses Dessins, M. Duvivier cherche l'antique, on le sent, et il le rencontre sans le copier : presque toutes ses Figures sont d'une belle forme, et ses draperies d'un bon style.

N°. 262. *Portrait de Souwsouw, Acteur Russe*, par M. Hippolite, Elève de M. Regnault.

Les Artistes ont distingué ce Portrait, peint à l'effet, et d'une manière large.

---

(1) Voyez la notice historique qui le concerne.

N°. 225. *Portrait de M. le Docteur T***, donnant une leçon à son fils*, par M. Girodet.

N°. 226. *Portrait de M. D. P.*, par le même.

N°. 227. *Portrait de Madame B****, par le même.

Ce n'est pas sans perdre quelque chose, que M. Girodet est descendu des hauteurs de la Peinture historique au Portrait. Cela s'explique par l'énergie même du talent de l'auteur : il ne peut échouer que dans des sujets au-dessous de lui. Je me rappelle un mot charmant de Montaigne, et qui reçoit ici son application ; il dit avec force dans son vieux style : « *J'ai le pied ferme à mont, mais je choppe volontiers en plaine* ».

Quiconque a reçu de la Nature un génie élevé, a de la peine à l'abaisser. Dans un Tableau d'histoire, le Peintre, semblable au Poète, est soutenu par le sentiment de l'inspiration. Un portrait, au contraire, ne lui présente qu'une imitation froide : plus l'Artiste aura de feu dans l'esprit, plus il se trouvera alors glacé ; à moins que la beauté du modèle, ou des actions éclatantes, ou des circonstances extraordinaires, ne répandent par la magie des idées accessoires, et par le charme des souvenirs, un grand intérêt sur ce genre qui, par lui-même, n'intéresse ordinairement que la reconnaissance ou l'amitié.

J'ai été conduit à ces réflexions, en examinant, avec toute l'attention dont j'étais capable, le portrait exposé sous le n°. 225. Je n'y reconnaissais plus le talent de l'Artiste à qui l'on doit le grand drame du Déluge, et j'ai cherché à me rendre compte de cette absence. En effet, les têtes ne tournent pas, la main gauche du docteur est mieux, mais celle-là exceptée, toutes les mains sont médiocres. La couleur du vêtement de l'enfant tient au fond du Tableau : les accessoires sont négligés.

L'on aperçoit enfin le talent de l'auteur dans le portrait de M. D. P. Le Buste est superbe, la Couleur ravissante, quoique le fond soit un peu crud.

Je donne la palme au Portrait de madame B*** (exposé sous le n°. 227) : il est d'une exécution supérieure, admirable, mais le noir y domine trop; il a gagné jusqu'au ton des chairs.

Loin de nous la pensée d'affliger, par cette sévérité, un grand Artiste que nous estimons : on remarque à peine les bévues des hommes médiocres ; mais il faut relever les moindres fautes d'un talent supérieur, parce qu'il doit, en tout, servir d'exemple.

N°. 280. *Paysage. Vue prise dans la Forêt de Fontainebleau.* Gouache. Par M. Knip.

Ce Paysage se recommande par la vérité d'imitation : c'est la Nature. Nul système. Le ton un peu trop égal tire au noir.

N°. 277. *Sa Majesté l'Impératrice, entourée des enfans dont elle a secouru les Mères*, par M. Lafond jeune, Elève de M. Regnault.

Le charme d'un pareil Tableau dispense presque du talent de l'Expression : une pareille scène frappe encore plus le cœur que les yeux. Eh ! quel plus ravissant spectacle que celui de la bonté suprême unie à la suprême puissance. C'est à ces traits qu'on reconnaît les Dieux (1).

D'autres remarqueront les fautes de l'Artiste, trouveront que la Couleur locale est d'un ton gris violacé, que peu de

---

(1) En effet, dit un Ancien, Dieu n'est très-bon que parce qu'il est très-puissant, et il n'est très-puissant que parce qu'il est très-bon.

mains sont bien peintes ; je ne puis critiquer, je sens que je dois de la reconnaissance à l'Auteur pour avoir su présenter cette grande leçon de bienfaisance et d'humanité.

N°. 258. *Une Femme implorant la commisération publique*, par M. Hilaire Ledru.

Explication du sujet donnée par l'Auteur.

« Loin de sa famille, cette jeune mère n'a dans ce moment, « pour toute ressource, que ses chants de douleur et la pitié « des passans ».

Cet Artiste paraît se destiner à peindre la *Scène sentimentale*; j'applaudis à sa direction. Il manque un Sterne à la Peinture.

Mais il ne suffit pas de composer avec intelligence, ou plutôt avec son cœur; il ne suffit pas en un mot d'écrire son sujet avec naturel, avec simplicité; il ne suffit pas même de bien dessiner : il faut encore être Coloriste, il faut plaire aux yeux, c'est le premier devoir, si ce n'est le premier mérite d'un Peintre.

M. Hilaire Ledru aura plus de peine à réussir qu'un autre dans la partie du Coloris, et cela tient à ce qu'il a trop long-tems sacrifié à la mode, à cette manie fatale des *Dessins pointillés* ; ses yeux ne voient plus que *des Peintures au crayon* (ce mot rend ma pensée), et c'est ce qui arrivera à tous ceux qui auront suivi trop long-tems cette méthode funeste (1). Le ton des chairs est ici rouge, violâtre : en général il n'y a pas d'air dans ce Tableau, le raccourci de la main droite est manqué ; l'effet juste en eût été admirable. Il y a d'ailleurs des détails charmans, et la composition est intéressante.

---

(1) Voyez l'article qui concerne M. Henry.

N°. 263. Plusieurs Portraits (grande miniature), sous le même Numéro.

M. Talma, *Artiste au Théâtre Français*,
M. Carre, *Docteur en Médecine*,
Mademoiselle Duchesnois, *dans le rôle de Didon*,
M. . . . .

Par M. Hollier, Elève de MM. Isabey et David.

Le talent de cet Artiste, qui marche avec succès sur les traces d'un grand Maître, nous recommande d'être sévères. Il lui manque de savoir faire les mains : celle de Talma est mauvaise, et c'est ici un tort remarquable, car l'expressi d'un grand acteur, et sur-tout en Peinture, consiste principalement dans son geste. Je crois d'ailleurs que l'oreille n'est pas sur la ligne. La pose roide de mademoiselle Duchesnois est loin de convenir à cette actrice, dont l'expression vraie, tendre, naturelle et sentimentale, est quelquefois sublime. Une grosse tête ronde sur un corps robuste, ne représente nullement la délicatesse de mademoiselle Duchesnois. La jambe et la cuisse ne sont pas bien dessinées ; mais il y a bien peu de Peintres en miniature qui dessinent correctement.

N°. 67. *Trait de Bienfaisance d'une jeune Fille*, par M. Brocas, Elève de M. Regnault.

Explication du sujet donnée par l'Auteur.

« Le jeune conducteur d'un pauvre aveugle ayant été blessé « au bras, une jeune fille vient le panser, et lui prodigue tous « les secours dus au malheur ».

Sujet plein d'intérêt, d'une heureuse pensée, d'une composition non moins heureuse. Le jeune homme est peint avec sentiment : les deux autres figures sont moins bien. L'exécution laisse beaucoup à desirer ; mais à travers tous ces défauts, j'aperçois le germe d'un beau talent que l'étude doit cultiver et développer. Cet Artiste est jeune, il peut, il doit étudier encore. Qu'il ne se hâte point de produire, qu'il attende l'instant de la maturité, il en recueillera les fruits.

N°. 75. *L'Accordée d'un Mariage*, par M. BRUN, Elève de M. VINCENT.

Ce petit Tableau a de l'effet, et il l'obtient sous trois rapports. On y distingue la Composition, la Couleur et la Touche. Cette dernière rappelle un peu celle de feu l'Epicié (1); mais elle est soutenue par une couleur brillante.

Pour mieux juger du talent de cet Artiste, qui paraît avoir reçu de la Nature des moyens qu'il a perfectionnés par le travail, il faudrait le voir se développer sur une toile moins étroite.

N°s. 83—85. *Portraits*, par Mademoiselle CAPET, Elève de feue Madame VINCENT.

Cette Artiste est la seule qui rappelle éminemment le faire du maître qui la dirigea. Mademoiselle Capet peint avec le plus rare talent, et l'huile et la miniature. Le portrait en buste de M. G... est d'une vérité qui ne laisse rien à desirer. Ce Portrait est entouré des ouvrages des meilleurs Artistes, et non-seulement il soutient la concurrence, mais encore il s'y trouve en quelque sorte hors de pair, et cela par l'harmonie du ton, par le caractère de vérité. Il n'y a là ni système, ni manière d'école, c'est la Nature, et la Nature aimable.

---

(1) Son nom prêta au ridicule et quelquefois son talent y prêta davantage.

Dans les Miniatures, le ton est prononcé, les masses sont justes, mais il n'y a peut-être pas assez de fini. Le ton y passe trop subitement du clair à l'ombre, sans être dégradé par l'harmonie intermédiaire des demi-teintes, qui font le charme et la difficulté de la Peinture.

N°. 128. *Une Glaneuse.*

N°. 129. *Une Cuisinière*, par Madame DAVIN-MIRVAULT.

Je ne puis juger ces Tableaux avec sévérité, lorsque je considère le point d'où l'Artiste est partie, et lorsqu'en mesurant ses progrès je calcule ceux qu'elle fera encore.

Naguères madame Davin peignait la miniature ; c'est depuis très-peu d'années qu'elle s'est livrée à la Peinture à l'huile : elle a marché si rapidement dans ses études, qu'elle a obtenu l'un des Tableaux destinés à la grande galerie du Palais impérial (c'était le portrait d'un maréchal de France), et pour son coup d'essai, elle a passablement réussi. Cet encouragement l'a enhardie, et nous a valu ces deux nouveaux Tableaux : ils prouvent d'abord que madame Davin est née Coloriste, et ensuite qu'il lui reste beaucoup à acquérir encore.

---

*N°. 54. *Portrait en pied de madame de ****; par BOUCHET, *pensionnaire de l'Ecole de France, élève de* DAVID.

Nous devons rappeler le début de cet Artiste : à son retour de Rome, il donnait aux autres une leçon qu'il peut prendre aujourd'hui pour lui-même. Il avait fait alors le Portrait de madame Saint-Aubin, et son pinceau avait été assez heureux que de retracer une partie des graces qui aractérisent la physionomie et le jeu de cette actrice.

Soit l'effet de l'inspiration, soit l'effet du charme attaché à toutes les premières compositions des Artistes, celle-ci faisait concevoir du talent de M. Bouchet, les plus hautes et les plus justes espérances.

Ce Portrait fut suivi du Tableau héroïque d'Arria et Pétus; il faut avouer que de l'Opéra comique passer à l'Histoire romaine, c'était franchir un grand espace. Ce Tableau parut faible, il devait l'être.

La nature fertile en esprits excellens,
Sait entre les auteurs partager les talens.

BOILEAU.

La grace exclut la force.

Cette année, par un heureux retour, M. Bouchet est revenu au Portrait avec succès sans doute, quoique celui-ci n'égale pas le premier. Il s'y trouve une intention d'effet qui frappe, attire, séduit, mais qui n'est pas entièrement justifiée par l'exécution.

Une dame d'une physionomie aimable, vêtue d'une robe de velours noir (la robe de velours noir semble aujourd'hui être une grande parure obligée, sur-tout pour le Salon d'exposition) semble affecter une négligence gracieuse qui paraît peu d'accord avec un costume aussi majestueux; elle tourne le dos à un balcon sur lequel elle s'appuie; une de ses mains à laissé couler jusqu'à terre la Guitare qu'elle venait de faire soupirer et dont les sons mélancoliques l'ont plongée dans une rêverie que fait naître toujours la plaintive Romance.

Le Dessin paraît correct, la touche en est moelleuse, mais on regrette que l'Auteur n'ait pas eu assez de moyens ou plutôt assez de hardiesse pour faire détacher la figure et les accessoires en vigueur, sur le fond d'un ciel très-clair.

Mais cette magie n'appartient qu'à quelques pinceaux véritablement enchanteurs, tels que celui de M. Robert Lefebvre, ou plutôt de M. Gérard.

N°. 89. *Le Feu d'artifice ordonné par la ville de Paris, à l'occasion du Couronnement de l'Empereur.*

Il y a une espèce de fatalité attachée aux grands sujets; les Artistes, à moins qu'ils ne soient de la première force, restent au-dessous du motif de leur composition.

C'était une idée heureuse, que de transporter sur la toile ces feux de la joie publique, à l'une des époques les plus mémorables de notre histoire. Mais d'abord, il est très-difficile, matériellement parlant, d'exprimer dans un Tableau l'effet de la flamme; et tous ceux qui l'ont entrepris ont constamment échoué. Des teintes rougeâtres et sanglantes, ou blafardes et crues ne peuvent rendre et l'éclat et le ton transparent et chaud des jets de la lumière.

Ensuite il fallait profiter de ces divers accidens, pour motiver la disposition et le contraste varié et pittoresque des différens groupes, pour imprimer enfin à toute la scène un véritable mouvement dramatique.

Sachons gré à M. Cazin de l'avoir tenté; mais pourquoi nos premiers Artistes ne s'emparent-ils pas exclusivement des grands sujets nationaux. Ne nous lassons pas de répéter ce cri jusqu'à ce qu'il soit entendu; que le pinceau, qu'on me pardonne cette expression, que le pinceau cesse en quelque sorte d'être grec et romain pour devenir français.

N°. 94. *Un Tableau de Famille; un aveugle entouré de ses Enfans, est consolé de la perte de la vue par les jouissances des quatre autres sens.*

N°. 95. *Portrait de madame F***. tenant sa fille sur ses genoux;* par madame Charpentier.

Je remarque de l'inégalité dans le talent de madame

Charpentier, dont les Tableaux avaient mérité d'être distingués aux Salons précédens.

Cependant, l'idée très-heureuse du premier Tableau fait honneur au cœur comme au talent de l'Artiste; à la vérité de la composition et des expressions, on voit que c'est un Tableau de famille, dont tous les enfans emploient leurs facultés pour rendre au bonheur leur père aveugle; ainsi, tandis qu'un d'eux lui présente des fruits savoureux, un autre le caresse, celle-ci lui présente des fleurs dont le parfum l'embaume, pendant qu'une jeune personne, l'aînée de tous, en s'accompagnant d'une guitare, lui fait entendre les accens d'une voix chérie; mais l'exécution ne répond pas tout-à-fait à la composition, et le ton de couleur est gris et froid. Les étoffes et les accessoires sont faits avec soin et bien rendus.

N°. *L'Amour conduit par la Folie*; par M. Lafitte.

N. B. Les figures de ce Tableau sont grandes comme nature.

Tout le monde connaît cet apologue charmant: on est d'abord tenté d'en attribuer l'invention au génie grec, on croit ensuite que c'est du Lafontaine. Il est l'ouvrage d'une femme, d'une française, également illustre par ses vers, ses amours et ses exploits guerriers, *Louise Labbé*. Nous regrettons de ne pas avoir ses vers sous la main ou dans la mémoire; mais ce Tableau en reproduit l'image, ou plutôt il y a du souvenir dans cette peinture. La Folie, légère, vagabonde, entraîne au hasard l'Amour qui s'avance à tâtons, la flèche dans une main et le bandeau sur les yeux. Les deux attitudes sont expressives et caractéristiques, mais le dessein offre des incorrections. La partie supérieure de la figure de la Folie est bien saisie, mais la partie inférieure est médiocre; cette tête est d'ailleurs bien faite, mais les traits ne m'ont pas paru assez gais. L'amour n'a point les graces de son âge, il n'a pas non plus la beauté de sa nature. Ses formes sont indigentes, il s'appuie sur des jambes maigres, et sur des pieds trop grands; cependant il y a du charme dans ce Tableau, et j'y trouve un reflet de la grace originale.

N°. 463. *Une marine.* — *Naufrage*, par M. SAUTOIRE-VARENNE.

C'est une esquisse charmante; le premier plan est établi aussi heureusement que les figures; la touche en est extrêmement spirituelle; le ciel et le fond sont un peu lourds, mais c'est là l'écueil des Peintres de paysage et même de ceux d'histoire.

Les talens de cet Artiste me paraissent dignes d'une toile plus vaste.

N°. 41. *Un paysage*; par M. JOSEPH-BIDAULT.

Ce beau paysage, comme tous ceux de cet Artiste, se reconnaît aisément à la fidélité avec laquelle il rend le vague aérien de la nature : aussi voit-on qu'il ne fait pas ses paysages à la ville et dans une chambre, mais qu'il les peint à la campagne; c'est ce qui donne un si grand air de vérité aux sites qu'il représente. Les détails de ce paysage sont peut-être rendus avec trop de soin et d'exactitude, cela leur donne de la sécheresse, outre que plusieurs doivent se perdre à certaine distance, mais son feuillé est large et touché, les fabriques sont bien éclairées, et le ton est brillant et argentin.

N°. 269. *Le Kanguroos.*

N°. 270. *Un cadre renfermant la Panthère, le Tigre royal, l'Hamadras et la Hyène.*

N°. 271. *Un autre renfermant le Daim, le Bélier et la Brebis de Barbarie, le Renard et le Polatouches*, par M. Huet fils, élève de son frère.

Le premier mérite de ces sortes de Portraits, c'est la vérité; elle est ici frappante, et cet éloge doit suffire.

N°. 354. *Cadre renfermant des animaux de diverses parties des régions australes.*

N°. 355. *Tableau comparé des peuples de la terre de Diémen, de la nouvelle Hollande et de Timor*, par M. Lesueur.

Les voyages sont une mine féconde pour les Artistes. Tous les sujets, à l'exception de ceux de notre histoire, sont à-peu-près épuisés. Ceux-ci ont le double mérite d'aiguillonner la curiosité et l'intérêt; ils se recommandent d'ailleurs par la nouveauté.

Je suis toujours prêt à remercier le voyageur ou le romancier même qui me transporte dans un monde nouveau; mais combien d'objets que le simple récit rend imparfaitement ! C'est ici que triomphe le Dessin; il devient alors le complément de l'écriture. L'œil saisit d'un regard ce que vingt pages de description n'auraient pu expliquer à l'esprit; l'imagination s'enrichit de ces Peintures comme d'une découverte.

Nous ne saurions trop recommander aux Artistes d'exploiter les filons de cette mine. L'art est peut-être moins brillant alors, mais il est plus utile, et sur-tout il concourt à multiplier les connaissances humaines, en augmentant à-la-fois les produits de l'industrie et ceux du commerce.

Cet intérêt général qu'on aime à retrouver ici, est encore

soutenu par l'intérêt spécial; c'est une des découvertes les plus récentes que celle de la terre de Diémen, de la Nouvelle-Hollande, et du Timor.

Grace à la magie du Pinceau fidèle, j'y suis transporté en un instant sans sortir de Paris. Je ne sais si ce plaisir m'a fait illusion sur le mérite réel de ce Tableau; je l'ai considéré, moins sous le rapport de l'art, que sous celui de mes jouissances : n'ayant aucun terme de comparaison sous les yeux, j'aime à le croire exact, et ce serait m'affliger que de me prouver le contraire.

N°. 517. *Un paysage représentant une chasse de Diane*, par M. Vallin.

M. Vallin pourrait tenir le premier rang parmi les Peintres de ce genre, s'il avait fait moins de Tableaux. Celui-ci mérite d'être distingué. Le lointain est d'un effet riche et romantique; le Ciel est véritablement digne du paysage, digne de la Déesse qui l'a quitté; ce Ciel ressemble à celui d'un clair de lune; est-ce un défaut; est-ce une beauté? tel qu'il est, ce Ciel, et l'on sait combien cet objet est difficile à rendre fidèlement en Peinture, est véritablement magnifique, ou plutôt inspiratif. Le devant du Tableau est factice, on desirerait dans les figures plus de correction; tout cela semble fait de pratique: On y sent trop le métier.

Si M. Vallin travaillait moins et étudiait davantage, il serait à-la-fois au-dessus de lui-même et de ses rivaux.

N°. 475. *Vue du village de Saint-Maure en Piémont. — Aquarelle*, par M. Storelli, élève de Palmiérius.

Grande et belle gouache, l'effet de neige est vrai, mais on y trouve la crudité des effets de Vanloo. Le ciel de ce Tableau peut servir à faire reconnaître le mérite de celui dont nous avons parlé dans l'article précédent, car ici on desire la légéreté et l'aérien.

N°. 162. *Le messager, ou l'heureuse nouvelle.*

Un père malade reçoit au milieu de sa famille une lettre de son fils absent.

N°. 163. *Une femme lisant dans la bible.*

N°. 164. *Cuisinière récurant un chaudron*, par M. Drolling.

Nous avons déjà eu l'occasion de nous expliquer avec l'impartialité qui nous caractérise, sur le compte de cet Artiste extrêmement recommandable. Nous l'avons désigné aux suffrages publics comme un des plus heureux imitateurs, ou plutôt comme un des émules les plus distingués des Peintres de genre, flamands et hollandais, desquels personne n'avait encore approché jusqu'ici.

Cet Artiste a un autre mérite qu'il faut également apprécier : il a quelquefois, mais trop rarement, fait sortir la Peinture de genre des bornes étroites qui la resserrent. En un mot, suivant la direction que Hoggarth en Angleterre, et Greuze en France, avaient imprimée au genre en l'élevant jusqu'a là scène sentimentale, M. Drolling a laissé échapper de son Pinceau plusieurs compositions dans lesquelles, indépendamment du fini d'exécution qui ne caractérise que la légéreté de la main de l'*ouvrier*, et sur-tout sa patience, j'admirai le moral et la pensée du drame, talent éminent, et qui seul à notre gré prouve l'*Artiste*.

Si je n'examinais donc ici que le talent de l'Artiste et sa direction, j'aurais seulement à lui reprocher de ne pas se borner à la scène sentimentale, comme dans le Tableau sous le n°. 162, Tableau qui mérite les plus grands éloges sous le rapport et du sujet, et de l'exécution dramatique, et de l'harmonie du ton, et de l'expression des figures.

Quel intérêt peut exciter une Cuisinière récurant un chaudron; il faut le dire, ce sont les détails d'une nature ignoble et triviale, qui ont décrédité auprès de tous les gens de goût et de quiconque veut dans les mœurs, de l'atticisme et de l'élégance, ces représentations dénuées de charme, d'intérêt, et dans lesquelles enfin transpire pour ainsi dire, malgré toute la propreté du Pinceau, je ne sais quelle odeur locale, dont ne s'accomodent point des organes délicats.

Je dois considérer les Peintures de M. Drolling sous un nouvel aspect; en effet, il est attaché aujourd'hui à une manufacture de porcelaine. (Voyez ce que nous avons dit en général des manufactures de porcelaine, article concernant M. Demarne.) Je ne répéterai point ici tout ce que j'ai exprimé de regrets, et j'ose dire d'indignation, en voyant des talens supérieurs conduits, par le défaut d'occupation, et par suite de la superbe ignorance des riches actuels, à accepter une condition aussi déplorable. Mais il faut se rappeler celle de quelques hommes de lettres: la misère fut trop souvent la compagne de la gloire, ou plutôt sa compensation, et pour ne point citer les noms les plus célèbres, que l'Artiste se console en se rappelant que Plaute travaillait dans un moulin.

Applaudissons néanmoins aux efforts et à la constance que M. Dhil a développée pour donner aux manufactures de porcelaine un éclat indépendant de celle de la fabrication, et pour ajouter à leur prix par la valeur de la Peinture. Ce genre n'est point à dédaigner, il ouvre à l'industrie et aux arts de nouveaux débouchés, il donne au luxe un caractère de goût et d'élégance, il agrandit le domaine de l'art. Cette manière de peindre se place précisément entre la Peinture à l'huile et la Peinture sur émail; elle n'a point la vérité de la première, à cause de l'altération que subissent les teintes exposées à l'action du feu, et dont il faut calculer d'une manière qui ne peut jamais être absolument précise, toutes les dégradations. C'est par là que cette espèce de Peinture se rapproche de celle en émail, c'est aussi par-là qu'elle semble l'emporter sur celle-ci : 1°. Les essais en porcelaine sont beaucoup moins dispendieux que sur l'émail ; 2°. ils peuvent être exécutés dans de très-grandes dimensions.

Mais considérée dans ses rapports avec la Peinture à l'huile, celle sur porcelaine est loin de l'égaler, et sur-tout il faut calculer qu'elle demande à l'Artiste dix fois plus de tems.

Au reste, les essais sur porcelaine exposés au Salon, sont de beaucoup inférieurs au Portrait de l'Empereur, qu'on a vu dans la salle d'exposition de l'industrie nationale. Le Portrait sous le numéro 163 est un Tableau plein d'effet, le ton est d'une transparence dont cet Artiste seul semble avoir le secret. Cependant le lointain est touché lourdement, l'air n'y circule pas, et les accessoires d'ailleurs l'emportent sur la figure.

N°. 481. *Un marché de chevaux.*

N°. 482. *Un maréchal.*

N°. 483. *Une auberge.*

N°. 484. *Quartier de vivandiers à l'armée, où les soldats lisent le bulletin de la grande armée.*

N°. 485. *Un marché de chevaux. — Grisaille sur porcelaine.*

N°. 486. *Une marche de bagages.—Idem.*; par M. Swebach.

Une partie des réflexions de l'article précédent peuvent et doivent s'appliquer à celui-ci. M. Swebach est un des Artistes dont la touche est à-la-fois la plus spirituelle et la plus légère.

Il est enrégimenté avec MM. Drolling et Demarne à la manufacture de porcelaine, et il soutient dignement la concurrence de ces deux redoutables rivaux. La composition sous le numero 486 est pleine d'esprit, de goût; rien n'est à-la-fois et plus piquant et plus merveilleux. Mais ici comme

dans

dans tous les autres ouvrages de M. Swebach, la précipitation du Pinceau est trop à découvert. Nous devons lui reprocher cette manière un peu expéditive. Si c'était par besoin il faudrait le plaindre, si c'était par habitude et par intérêt, il faudrait le plaindre encore.

On reconnaît aisément les jolis Tableaux de M. Swebach, aux effets piquans de ses compositions, aux accidens heureux des lumières, à sa touche fine et spirituelle, à son Pinceau ferme et vigoureux, sur-tout à l'élégance et la finesse des chevaux que M. Swebach peint en petit avec une rare perfection. Il s'est plu à peindre un marché de ces animaux ; c'est une de ses plus belles compositions. Le quartier des vivandiers offre un piquant intérêt; cependant on pourrait desirer un ton moins gris, et que la touche de ses feuillés soit moins égale, enfin que plusieurs parties du paysage fussent plus terminées. Malgré ces légers défauts, les ciels sont lumineux et les paysages enrichis de percés et de lointains vaporeux qui fuyent bien; les petites figures qui animent ces charmantes compositions sont remplies d'expression et de vérité. Cependant, les talens de M. Swebach pourraient être plus utilement et plus avantageusement employés dans un tems où les nombreuses victoires de nos guerriers fournissent de si vastes sujets aux Peintres de batailles.

N°. 61. *Un Paysage. — Aristide surnommé le Juste, écrivant son nom sur la coquille que lui présente le paysan;* par M. Bournizien.

Rien de plus précieux que ce petit paysage, il est achevé dans toutes ses parties. La touche est heureuse, le ton local vigoureux, l'ensemble harmonieux, la perspective exacte, l'architecture bien entendue, et les figures sont bien terminées peut-être le ciel est-il trop sale.

Si l'Artiste est capable d'exécuter avec la même vigueur

des Paysages en grand, il peut se promettre les plus grands succès, et notre Ecole un maître de plus.

N°. 409. *Camées héroïques.*

N°. 410. *Portrait de sa Majesté l'Impératrice sacrifiant à la Bienfaisance*; par M. Parent.

L'Artiste paraît avoir été inspiré par son sujet. Ces deux Camées sont la perfection même sous le rapport de la composition et de l'exécution. Ils me rappellent les plus beaux Camées de l'antiquité. Ici, armé du sceptre universel, Napoléon plane sur un aigle qui porte le foudre.

L'attitude et l'expression sont dignes du pinceau grec.

Ces camées en outre imitent la sardoine onyx, à faire illusion.

Mais nous observerons que la jambe de l'Empereur, ainsi que le bras et la main de l'Impératrice, qui se trouvent dans une veine ou tache brune de la pierre, ne sont pas d'un heureux effet. Les anciens qui ont gravé des Camées d'une manière si miraculeuse, et qu'on n'a jamais pu atteindre que de loin dans cet art, avaient le talent de réserver les accidens des pierres, pour en faire les cheveux, les coëffures, les draperies et autres accessoires; ils évitaient soigneusement de faire les chairs de couleurs différentes; on peut s'en convaincre en examinant les plus belles pierres gravées du Cabinet des antiques. Malgré ces observations nous avouerons que ces deux Camées sont au nombre des chef-d'œuvres du Salon; car outre leur exécution parfaite, ils sont composés et dessinés dans le plus beau style, tels enfin qu'on les croirait faits d'après l'antique.

L'image de la Grace embellie par la Bienfaisance, est en regard avec l'image de la Force soutenue par le Génie.

N°. 369. *Le pape Pie VII bénissant les enfans.*

Les fidèles sont assemblés dans son appartement du pavillon de Flore aux Tuileries.

N°. 370. *Les Nymphes de Calipso guidées par l'Amour, allant mettre le feu au vaisseau d'Ulysse.*

N°. 371. *La Chasse de Télémaque dans l'île de Calipso.* — *Dessin.*

N°. 372. *Télémaque allant aux Enfers.* — *Dessin.*

N°. 373. *Naufrage de la Fère.* — *Eau-forte*; par M. MARLET.

Les Dessins mythologiques sont charmans et véritablement inspirés par cette imagination riante qui créa la Fable; mais le Tableau de dévotion n'est que pieux. Cela tient, je crois, à ce que l'Auteur s'est trop pressé de peindre. Il y a toujours loin d'un Dessin, quel qu'il soit, à un Tableau; mais trop souvent on se croit capable d'être Peintre, parce qu'on est élégant Dessinateur. Cependant il y a de la vérité dans les airs de tête de ce Tableau; mais la composition est froide, la touche est lourde.

L'Artiste a imité les grands maîtres dans leur manière d'ombrer et de terminer leurs Dessins.

La malheureuse catastrophe du naufrage de la Fère, est retracée avec une énergie qui oppresse la pensée et qui serre le cœur; mais cette gravure à l'eau-forte est faite d'une manière dure et sèche, il est aisé d'apercevoir que l'Artiste est moins familier avec la pointe qu'avec le crayon.

N°. 476. *Calypso recevant Télémaque et Mentor dans son île.*

N°. 477. *Calypso courant dans la Forêt, etc.*; par M. SULMONT.

Croyez m'en, à moins que d'être Meynier, n'essayez pas

de traduire les Tableaux de ce grand Peintre, qu'on appelait Fénélon.

N°. 440. *Femme brodant. — Tête d'étude.*

N°. 441. *Portrait d'un Enfant dans un Jardin;* par mademoiselle Riviere.

Le Portrait sous le n°. 440 est moëlleusement peint, le ton est vrai, très-vrai; la robe tourne quoique noire. Généralement la touche de ce Tableau est gracieuse, mais les mains, sur-tout la droite, sont un peu rouges.

N°. 51. *Un Dessin;* par M. Bosselman.

Pourquoi ne pas expliquer le sujet de ce Dessin. Il y a de l'effet et de l'expression dans ces figures d'hommes, celle de la femme leur est beaucoup inférieure.

N°. 335. *Un cadre de Miniatures;* par M. Lecourt.

Avant de rendre compte de ces Portraits, il faut présenter quelques réflexions générales. Je dois prévenir que j'ai réuni dans cet article plusieurs expositions de Miniatures, renvoyant le reste à quelques unes de celles dont j'ai rendu compte, articles de mademoiselle Capet, d'Isabey, d'Augustin, etc. En rendant hommage au talent supérieur de ceux-ci, je ne pourrai me défendre d'une juste sévérité à la vue de cette multitude de Miniatures qui tiennent une si grande place dans le Salon. C'est le transformer en un bureau d'adresses; certes, j'aime à considérer comme un Artiste recommandable celui qui excelle dans ce genre, mais comme il est le plus facile de tous, c'est bien à ceux qui s'y montrent médiocres qu'on peut appliquer ce vers de Boileau :

Il n'est pas de degré du médiocre au pire.

Si les Miniatures continuent à pulluler ainsi, ce genre de peinture appartiendra plus au commerce qu'aux arts.

J'ai remarqué d'ailleurs que la plupart des Peintres de Miniature se pressaient beaucoup trop de saisir la palette, tandis qu'ils auraient dû tenir le crayon pendant long temps. Il faut le dire, il est très-rare qu'ils sachent dessiner correctement, et sur-tout les mains. M. Isabey est peut-être le seul qui réunisse la correction du dessin à un fini précieux, sans sécheresse, à un ton vigoureux sans trop d'éclat.

L'exposition de Miniatures sous le N°. 335, mérite d'être distinguée : les têtes d'hommes ont été beaucoup mieux saisies par le Peintre que celles de femme. J'en ai indiqué plus haut la raison : il me suffira de rappeler que jamais un homme, à moins qu'il ne soit un fat, ne desire que son portrait soit flatté.

N°. 200. *Portrait de l'Auteur ;* par M. Fontallard, élève d'Augustin.

J'ai encore distingué cette Miniature ; la tête m'a paru très-bien modelée, la main assez bien, quoiqu'un peu sèche, et sur-tout la couleur générale m'a semblé vraie.

N°. 498. *L'Auteur et son Epouse ;* par M. Thiroust.

Grande et belle Miniature ; le pinceau de l'Artiste m'a paru supérieur dans les parties gouaches. Ce gilet de soie violet est d'une vérité séduisante. Si j'examine les figures, je suis assez satisfait des têtes, mais celle de la femme semble plate, terne et mal posée sur le col. La main gauche est parfaite, mais en général les bras m'ont paru trop longs.

N°. 251. *Portrait de femme ;* par M. Henard.

Cette pose m'a frappé, elle est aimable; ce coloris est vrai; ces mains sont charmantes; ces accessoires sont très-heureusement rendus; mais les cheveux tiennent au fond.

N°. 552. *Portrait de S. Em. le cardinal Maury ;* par M. Vestier.

Ce portrait est d'un ton vrai, d'une manière large, les mains sont savamment peintes.

N'oublions pas que M. Vestier a le premier donné du caractère à un genre qui semblait ne devoir jamais en avoir un, je parle de la Miniature. Il a ouvert la route, mais depuis, la carrière s'est agrandie, de nouveaux talens se sont élevés. Les disciples sont devenus des maîtres à leur tour ; alors on a surpassé M. Vestier lui-même. Les Peintres qui remportent aujourd'hui la palme en ce genre, mettent dans leurs portraits plus d'éclat, plus de vigueur, plus de fini.

N°. 398. *Portrait en Miniature de M. Chenard, artiste de l'Opéra-Comique. — De madame Gavaudan. — De M. Gavaudan. — D'une jeune femme. — De la belle-sœur de l'auteur.*

N°. 399. *Un Cadre de Miniatures ;* par M. Munerет, élève d'Isabey.

L'auteur a particulièrement réussi à rendre ces traits, ces

physionomies d'acteurs qui sont connus et qui méritent de l'être.

J'ai cru reconnaître un acteur moins célèbre que les premiers, et que le public voit avec un grand plaisir, Clozel, dont la belle tête prêtait singulièrement au pinceau ; c'est la plus maltraitée : les mains sont mauvaises, les draperies sont sèches : le portrait de cette femme en velours noir, est une des plus belles Miniatures de l'exposition. La tête est superbe, mais les mains sont faiblement traitées. Si la couleur de M. Muneret était moins grise, je le regarderais en ce genre comme le premier Artiste de la seconde force.

N°. 461. *Un Cadre de Miniatures ;* par M. SAINT, élève de M. REGNAULT.

M. Saint l'emporte, après Augustin, sur tous ses concurrens.

Chacun de ses Portraits mérite des éloges, et ce qui m'en plaît davantage, c'est qu'il a varié dans tous, et le ton et la manière, mérite rare chez les Peintres en miniature, dont tous les Portraits se ressemblent par l'uniformité du ton.

N°. 300. *Un tableau de famille.*

N°. 301. *Un cadre de miniatures, et Camées.*

N°. 302. *Portrait de Mde. Saint-Aubin dans le rôle d'Aline.*

N°. 303. *Portrait de M. Blangini, maître de chapelle du roi de Bavière*, par M. ANTHELME-FRANÇOIS LAGRENÉE, élève de M. VINCENT.

La plupart de ces miniatures sont faites avec finesse et vérité, mais nous ne nous arrêterons pas davantage sur ces productions de M. Lagrenée, qui fait avec plus de succès encore le portrait à l'huile dans un plus grand genre ; nous regrettons que le tems ne lui ait pas permis de finir le Portrait en pied d'une belle femme dans un costume mythologique, ainsi que celui d'un de nos généraux, représenté au moment où il monte à cheval. Ces Portraits auraient figuré avantageusement au Salon; on sait que M. Lagrenée a copié long-tems à l'armée des chevaux d'après nature, et qu'il dessine avec précision ces animaux. On a pu s'en convaincre d'après le beau Dessin représentant un cheval poursuivi par un lion, et qu'il avait exposé il y a deux ans.

N°. 393. *Portrait de l'auteur.—Miniature*, par MONT-VAL, élève de HENNEQUIN.

La représentation muette, mais sensible des objets, la Peinture doit avoir un grand attrait pour ces êtres infortunés auxquels la nature a refusé l'organe de l'ouie et celui de la parole. S'il est vrai qu'elle nous indemnise toujours de la perte d'un sens par la perfection de ceux qui nous restent, les sourds-muets devraient être de très-habiles Peintres; leur vue devrait être très-exercée et très-fine, et cela par la même raison, qui fait que l'ouie et le tact de l'aveugle sont d'une sensibilité si exquise.

Une partie de ces réflexions reçoit une juste application, lorsqu'on considère attentivement ce Portrait. La tête est bien modelée, la couleur en est harmonieuse, le ton suave et vrai; enfin il est impossible de peindre plus moelleusement; mais l'oreille est trop petite, mais le Dessin laisse à desirer.

N°. 38. *Portrait d'homme.—Miniature*, par BESSELIÈVRE.

La vigueur de cette miniature égale presque celle de la Peinture à l'huile; elle n'a que le tort de tirer un peu trop sur le rouge.

N°. 305. *Portrait d'homme.* — *Miniature*; par M. LAMI, élève de M. AUGUSTIN.

C'est ici que j'ai trouvé une couleur juste et vigoureuse.

N°. 539. *Portrait de M. D... donnant une leçon de géographie à son fils*, par M. DE LUBERSAC, Amateur.

Il me semble d'abord qu'on ne doit pas plus distinguer d'amateur en Peinture qu'en Poésie, du moins quant à l'exposition des ouvrages: ils doivent tous être jugés d'après leur mérite intrinséque, et non d'après la qualité des personnes. Encore si l'on ne prenait ce titre d'amateur que pour mendier l'indulgence, on pourrait peut-être faire grace au titre en faveur de la modestie; mais cette vertu est rarement le partage des amateurs; on affecte ce nom pour avertir le public, que ne vivant pas de l'exercice de l'art, on mérite d'être noblement distingué de cette foule roturière qui n'a que du talent. S'il en était ainsi, ce serait de l'arrogance, et le premier catalogue en ferait sans doute justice, en rayant ce titre. Mais il faut avertir messieurs les amateurs que ce titre de *Dilettante* porte malheur. Dès que vous arrivez dans un Salon et qu'on vous y promet une Peinture de *Dilettante*, un concert de *Dilettanti*, un rire involontaire circule, et un mouvement imperceptible fait hausser les épaules.

Mais rendons justice à M. de Lubersac, malgré son titre d'*Amateur*, il en a de meilleurs à l'attention du public. Cet Artiste doit lui plaire par l'extrême propreté de son pinceau, par un fini très-précieux, qui suppose de bons yeux et une grande patience.

Mais combien les personnages laissent à desirer; la perspective est trop prise à vue d'oiseau : dans toutes les parties *gouachées*, l'Artiste affecte la manière Anglaise, qui n'est assurément pas la meilleure, parce qu'elle procède par teinte plate, ce qui empêche les corps de tourner. Pour réussir même médiocrement dans ce genre, il faut avoir dessiné long-tems la figure entière, et d'après nature : c'est à cette étude constante qu'Isabey doit sa supériorité.

N°. 25. *Perspective d'un palais, avec haute et basse galerie.*

N°. 26. *Ruines d'architecture après la pluie*, par Berlot.

Ces Tableaux appartiennent à l'Auteur.

Cette architecture est bien composée et d'un bon style : il y a de la vérité dans l'effet : la perspective est juste, et l'on se promène pour ainsi dire dans les enfoncemens des galeries et des plans du fond, qui sont bien sentis, et dont les teintes sont dégradées avec justesse : mais le ton est monotone.

Sachons gré à un Artiste de ranimer le genre d'architecture en perspective, ce genre, illustré par Panini, et continué par Robert, qui, malgré son talent, ne s'éleva point jusqu'à ce maître inimitable. M. Robert donna cependant un nouvel intérêt à ces perspectives par deux moyens ingénieux ; le premier consistait à réunir, à grouper les ruines de plusieurs monumens célèbres, sans avoir égard à leur siècle et à leur plan. Ce qui formait quelquefois une espèce d'anachronisme local qu'il fallait bien pardonner en raison du charme qui résultait de ses compositions toujours piquantes et spirituelles (1). Le second de ces moyens, qui me paraît plus naturel

---

(1) En effet cet artiste est plein d'esprit. On en jugera par ce seul trait. Il était chargé par l'Impératrice de Russie, de peindre une des principales vues de Rome : ceux qui connaissent cette ville savent bien que rien n'y présente un plus difforme contraste aux yeux de l'artiste, que l'architecture moderne du Boromini, et l'architecture antique ; cette disparate choquait le

et plus aimable encore, ajoutait aux masses de l'architecture celles de la verdure. En un mot l'Artiste habile coupait les lignes régulières et géométriques par les lignes ondoyantes et irrégulières du paysage. Il corrigeait ainsi la froideur de ce genre, il en égayait la sévérité par de rians lointains, il faisait contraster avec l'immobilité de ces monumens, le dramatique et le mouvement des scènes agrestes. Quelquefois des oppositions plus philosophiques encore, appelaient la réflexion, la mélancolie, et faisaient sortir du sein de ces ruines quelques leçons importantes et de haute morale.

Ce genre fut ensuite singulièrement décrédité par feu de Machi. Il renaît enfin sous de plus heureux auspices; car le style de l'architecture, à l'époque où fleurissaient les Panini et les Servandoni, était du plus mauvais goût, dont le règne se prolongea sous Oppenord; son crayon aussi délicat que ridicule, consacra pendant long-temps l'abus des formes tourmentées.

Il faut le dire, l'Artiste qui eût exposé il y a 30 ans un monument d'un style aussi simple et aussi beau que celui dont M. Berlot nous offre le modèle, n'eut recueilli que des huées, tant était profonde alors la dégradation du goût.

Mais cet Artiste a le bonheur de vivre dans un tems où l'Architecture se régénère, où elle est appelée à exécuter de nouvelles merveilles, où elle doit participer en quelque sorte à la grandeur de ce génie qui peuple l'Europe de sa gloire, et nos cités d'une foule de monumens utiles, dont l'éclat doit effacer les monumens fastueux du siècle trop vanté de Louis XIV.

Quelle vaste toile se déroule aujourd'hui aux yeux des Peintres d'Architecture en perspective! le Paris de Napoléon va effacer la Rome des Césars et de Léon X.

Peintre, pour satisfaire à la fois et son goût et la vérité, il imagina de faire une vue d'un quartier de Rome ou s'élève un incendie : la flamme épuratrice brûle tout le Boromini, et ne laisse debout que les chef-d'œuvres de l'antiquité.

N°. 378. *Douze vues de Constantinople*, par M. Melling.

« Ces douze aquarelles font partie d'une collection de 48 « vues prises sur les lieux, et qui représentent dans un ensemble « parfait les sites merveilleux des parages de Constantinople, « depuis l'entrée de l'Hellespont jusqu'à l'embouchure de la mer « Noire. Cette collection sera donnée au public sous le titre de « voyages pittoresque de Constantinople et des rives du Bos- « phore, accompagnés d'un texte historique et descriptif ».

Il faut considérer d'abord ces Dessins comme un Portrait des lieux, ils sont ressemblans. Les sites sont bien choisis, ensuite ces dessins sont destinés à être gravés, et sous ce rapport ils se font distinguer par le précieux et par la netteté. Cette traduction est confiée au burin d'un habile Artiste, à M. Godefroi : graces à leurs efforts réunis il y aura, si cela continue, plus de vues de Constantinople gravées dans quelques années, qu'il n'y en a de Paris (1).

N°. 524. *Un soleil couchant.*

N°. 525. *Un hiver. — Neige.*

N°. 526. *Un hermitage.*

N°. 527. *Une neige au clair de lune.*

N°. 528. *Des baigneuses dans une forêt.*

N°. 529. *Une première neige d'automne*, par M. Vanloo.

Les Tableaux de cet Artiste sont presque tous assez bien

---

(1) J'ai distingué parmi ces aspects une Fontaine, monument de religion en Orient, emblême heureux de la bienfaisance, et dont l'architecture, quoique de mauvais gout et surchargée d'ornemens insignifians, présente une masse imposante, et tellement imposante, qu'il n'y a aucune Fontaine à Paris, qui puisse en égaler et le pittoresque et la masse.

composés, mais sa touche est généralement lourde et monotone. Les arbres, les figures, la terre, les ciels, semblent être faits des mêmes coups de pinceau.

Le genre (si c'en est un) qu'il fait le mieux, et le seul dans lequel il s'est acquis une réputation, est la Peinture des effets de neige : mais qui a vu un de ses Tableaux les a vu tous. Il est vrai qu'ici je lis sur le livret, *la première neige d'automne*. La neige a-t-elle sa primeur ? L'Artiste a voulu essayer de combiner l'effet d'un clair de lune avec celui de la neige dans un même Tableau, il a échoué. Il a été plus heureux dans celui qui offre un Soleil couchant.

J'ai encore distingué son *hermitage*; il est pittoresque, et de loin je l'attribuais au Pinceau de Granet. Cette séduction était opérée par celle du percé et de l'effet de Soleil.

N°. 541. *Vue de l'Abbaye de Saint-Denis du côté des Prés.*

N°. 542. *Vue du Portique de l'Eglise de Nogent-sur-Seine.*

N°. 543. *Vue du Portique du devant du Château d'Anet, prise dans l'intérieur de la Cour*, etc., par M. DAUZELLE, élève de M. ROBERT.

J'ai particulièrement distingué le Monument sous le n°. 543. C'est un charmant Dessin à l'aquarelle. Les vues de l'Abbaye de Saint-Denis et de Nogent sont aussi très-bien dessinées, très-pittoresques. En général, les Monumens sont mieux que le Paysage qui m'a paru trop égal et un peu lâché.

N°. 394. *Deux cadres renfermant* 12 *dessins pour les œuvres de Racine*, 6 *dessins pour les œuvres de Boileau*, 3 *dessins pour les contes d'Hamilton*, le Bélier, Fleur d'épine, *et les quatre* Facardins.

Ces 21 *dessins appartiennent à* M. Renouard *libraire, qui vient de les faire graver pour de nouvelles éditions in-8°. de* Racine, Boileau et Hamilton. — *Cinq dessins pour les Confessions de J.-J. Rousseau.*

N°. 395. *Un portrait.*

N°. 396. *Stratonice, ou la maladie d'Antiochus.*

N°. 397. *Les adieux de Coriolan à sa famille,* par M. MOREAU le jeune, membre de la ci-devant Académie de peinture et de sculpture.

J'aurai un large tribut d'applaudissemens à payer au dessinateur dont le crayon a eu assez d'esprit pour rivaliser avec la plume, et quelle plume encore, celle de nos plus piquans écrivains.

M. Moreau a le mérite rare de saisir parfaitement l'esprit de la situation, et sur-tout celui de l'auteur qu'il traduit. Il se joue, en homme supérieur, des difficultés et des bornes que semblait opposer à son talent l'exiguité du cadre; sa composition est toujours spirituelle, exacte et facile; c'est le premier mérite sous le rapport de celui d'expression, il n'est pas moins remarquable sous le rapport de l'invention; et ici j'observerai qu'il fallait être doué d'une grande flexibilité d'imagination pour suivre dans tous ses caprices, je ne dirai pas celle d'un poète aussi extraordinaire, aussi fécond, aussi Protée que Voltaire, mais encore celle de tous les poètes, et de tous les genres, depuis le plus simple jusqu'au plus sublime. Je l'avouerai, la fécondité du crayon de M. Moreau me paraît s'approcher de très-près de celle d'un excellent littérateur; on peut dire de lui ce que l'on a dit d'un esprit supérieur, il est toujours nouveau, il est toujours le même. Il est un genre que je ne puis nommer d'une manière décente, et dans lequel M. Moreau est inimitable, sous le double rapport de l'inépuisable variété et du charme voluptueux de ses compositions: les amateurs qui ont dans leurs bibliothèques le Lutrin vivant, le Vert-Vert de Gresset, la Pucelle de Voltaire, et ses Contes, ainsi que ceux de La Fontaine, seront absolument de mon avis. Je trouve un style plus noble et non moins séduisant dans les Dessins qu'il a exposés cette année, et qui me rappellent tantôt la grave imagination de Boileau, tantôt l'imagination Socratique de Jean-Jacques, tantôt l'imagination badine d'Hamilton.

N°. 196. *Le Songe d'Oreste ;* par M. Fleury.

Explication donnée par l'Auteur.

« Déchiré de remords après avoir assasiné sa mère, il « se jette sur un lit croyant y trouver le repos ; mais « les furies le poursuivent jusques dans son sommeil : l'une « lui montre Clytemnestre un poignard dans le sein ; l'autre « veut lui faire boire la coupe ensanglantée, et la dernière « l'accuse et le fustige avec des serpens ».

Ce Tableau est composé avec chaleur, la pose d'Oreste est énergique, académique peut-être, son visage n'a pas assez d'expression. Le Spectre de Clitemnestre est imposant : les Groupes des furies sont terribles et cependant sans inspirer une horreur dégoûtante. Ce sujet n'est pas sans mérite pour le dessin et l'exécution ; mais il n'est pas d'un Coloris agréable ni d'un effet juste et vrai.

La lumière d'une Lampe n'éclaire ainsi d'un ton jaunâtre que les parties qui y sont exposées ; le reste étant dans l'ombre, elle ne pent projetter une lumière aussi égale que celle qui éclaire l'Oreste dont le ton est rouge et trop ardent.

N°. 197. *Angélique et Médor, gravant leurs chiffres sur un Arbre ;* par le même.

N°. 198. *Vénus et Adonis dans le temps où il est prêt à partir pour la Chasse*; par le même.

Cet Artiste parait être né pour traiter plutôt les sujets gracieux que les sujets terribles : sa couleur est aimable, quoiqu'un peu grise : on desireroit plus de Correction dans quelques parties du dessin, moins de roideur dans les jambes de ses personnages : en général ces Tableaux paraissent avoir été composés trop vite, et d'idée. Je conseille, et son talent m'invite à le lui dire, je conseille à cet Artiste d'étudier davantage la Nature et l'Antique : il est un de ceux auxquels cette étude est nécessaire, je me hâte d'ajouter, qu'il est un de ceux à qui elle assurerait des succès.

N°. 210. *Une matinée paysage à Gouache.*

N°. 501. *Plusieurs études de Paysages faites à Tivoli*; par M. Thienon.

Toutes ces études annoncent du talent, ces vues pittoresques sont rendues avec beaucoup de vérité, d'esprit et de finesse. Les feuillés sont touchés avec goût et en général le ton en est chaud et Italique. Mais dans toutes ces études les objets se pressent un peu trop les uns sur les autres ; il semble qu'ils soient tous sur le même plan, car ceux en arrière ne fuyent pas, et ne paraissent pas assez sentis.

N.° 207. *Hercule, arrachant Alceste des Enfers*; par M. Franque.

Explication donnée par l'Auteur.

« Arrivée aux portes du jour, elle jette un dernier regard « aux Puissances infernales ».

Ce

Ce Tableau tracé avec une grande énergie, est le produit d'une imagination exaltée, il y a de la poésie dans cette composition. L'Alceste est jolie ; mais peut-être petite pour l'Hercule qui est gigantesque, et dont les formes sont maniérées : Alceste revient du séjour des Ombres et ne devrait pas être plus voilée que l'Hercule. Quant aux effets de feu et de jour, ils sont assez singuliers, car l'Hercule paraît éclairé par les flammes infernales, et Alceste qu'il tient dans ses bras l'est par le jour; en sorte qu'on ne peut trop se rendre compte des jeux de la lumière, non plus que des Images fantastiques des Ombres dont les formes sont difficiles à distinguer.

Ce Tableau, qui n'est pas sans mérite, a dû donner beaucoup de peine à l'Artiste, et cependant il ne produit pas un effet agréable ; il n'est pas d'ailleurs assez terminé. Pourquoi se mettre l'imagination à la torture pour produire des choses plutôt singulières qu'aimables et vraies. Le but dans les Arts doit être d'instruire ou de plaire. Nous croyons que M. Franque en étudiant davantage ses sujets et en maîtrisant son imagination, produira de très-bons ouvrages, sur-tout s'il unit à la chaleur le talent qu'il peut mettre dans ses compositions.

N°. 274. *Visite de S. M. l'Empereur à Jouy*, par M. Isabey, Dessinateur du Cabinet et des cérémonies, élève de David.

Explication du sujet donnée par l'Auteur.

« Le 20 juin 1806, S. M. l'Empereur, accompagné de S. « M. l'Impératrice, et suivi d'une partie de sa Cour, se ren- « dit à Jouy pour y visiter la belle manufacture de toiles « peintes de M. Oberkampf. L'Empereur parcourait les salles « de travail, examinait avec soin les détails, et jugeait d'un « œil exercé les procédés et les résultats. Le créateur de cet

« établissement répondait aux questions de S. M. avec modes-« tie et simplicité.

« Arrivé dans la prairie où l'on fait sécher les toiles, l'Em-« pereur s'arrête tout-à-coup, et regardant M. Oberkampf « avec surprise : *Quoi! lui dit-il, vous n'avez pas la croix de « la légion? Non, Sire, c'était l'honneur que je souhaitais le « plus. Voilà la mienne, continue l'Empereur,* en lui donnant « celle qu'il détacha vivement de sa boutonnière; *j'aime à « récompenser ceux qui servent leur patrie comme vous. C'est « dans vos ateliers,* ajouta-t-il, *qu'on fait bonne et sûre guerre « à l'ennemi! Au moins n'en coûte-t-il pas une goutte de sang « à mon peuple.*

« M. Oberkampf se montra digne par sa reconnaissance de « la récompense qui lui était donnée d'une manière si délicate « et si imprévue. Le fils de M. Oberkampf reçut l'accueil le « plus propre à élever l'ame d'un jeune homme; un Anglais, « prisonnier de guerre, qui s'était rendu utile à l'établisse-« ment, obtint sur-le champ un sauf-conduit qu'il sollicitait « en vain depuis long-tems; une pension assignée sur la cas-« sette récompensa les services et les longs travaux du doyen « des ouvriers.

« Plusieurs scènes pleines d'intérêt et de charme avaient « succédé à la première et à la plus touchante. L'Impératrice « qui les avait contemplées avec une vive émotion, termina « la dernière en faisant les caresses les plus aimables aux « jeunes enfans de M. Oberkampf. Quand l'Empereur quitta « l'établissement, on put s'apercevoir que sa bonté et celle « de l'Impératrice laisseraient des traces durables dans le « cœur des hommes utiles, simples et laborieux dont il avait « daigné animer les travaux et les efforts par son auguste « présence ».

En rendant compte de ce Dessin, on ne peut que répéter les louanges méritées que l'on a données aux productions précédentes de ce célèbre Artiste. Toujours même pureté de trait, même exactitude, même ressemblance, même charme, même finesse. L'opposition de l'air simple et du costume du vieillard fait valoir la richesse des habits de Cour : l'expression de bienveillance de l'Empereur en lui donnant une récompense honorable et méritée, celle de la reconnaissance de cet utile citoyen, de cet estimable manufacturier, sont rendues avec une vérité parfaite. On partage l'émotion que l'on voit sur les visages des enfans qui sont pénétrés des caresses de l'Impératrice, dont les traits respirent la bonté et l'affabilité.

On a reproché à l'Artiste un peu de froideur dans la scène : mais ne sait-on pas que les *Grands* sont dans une respectueuse immobilité devant leur Maître ; d'ailleurs pour donner du mouvement à sa composition, l'Artiste a eu soin d'y faire voir une foule de peuple dont l'amour, au-dessus du respect surmonte les obstacles pour se rapprocher de son Empereur, en écartant la garde, en entrant même par les croisées et les autres issues des ateliers. Cette scène pittoresque, donne à la composition de la chaleur et un intérêt universel.

Malgré la perfection de ses Dessins, on regrette que M. Isabey ait comme abandonné la miniature qu'il avait poussée à un grand degré de perfection, sur-tout par la vigueur du Coloris et de l'effet : car le Dessin ne sera toujours que la partie froide et inanimée de la Peinture.

N°. 547. *Ruines d'un tombeau d'un des Rois de la nation Maure.*

N°. 548. *Ruines d'un édifice public, dans le style de l'architecture du Bas-Empire*, par M. Verchafeld.

Il faut distinguer cette aquarelle faite largement.

Le monument est intéressant par le caractère d'une architecture peu connue.

N°. 106. *Portrait de M. D**., avoué en la Cour d'appel.*

N°. 107. *Portrait de M. B... homme de loi*, par M. Chéry, élève de M. Vien.

Cet Artiste plein de génie et d'érudition, serait un de nos meilleurs Peintres d'histoire, si des circonstances pénibles n'enchaînaient point sa verve et ses pinceaux.

Son talent est réduit au Portrait : il mérite en ce genre des éloges, quoique le noir domine un peu trop dans ses Tableaux. Je l'engage au nom de sa gloire à quitter le Portrait : il doit traiter l'histoire.

Les Artistes qui ont vu la composition de M. Chéry sur la paix d'Amiens, Tableau qui lui a valu le prix du concours, seront tous de mon avis.

Ces Portraits sont du petit nombre de ceux qui soutiennent avec honneur l'exposition publique.

N°. 332. *Vue du lac de Garda*, par M. Le Comte, élève de MM. Regnault et Mongis.

Explication du sujet donnée par l'Auteur.

« Sur le devant on voit la grande route de Peschiera à « Desenzano.

« En l'an 4, S. M. l'Impératrice, au travers des dangers et « des vicissitudes de la guerre, allait à Desenzano lorsque sa « voiture fut arrêtée par des officiers de l'armée, qui l'aver- « tirent que l'ennemi était sur la route, et lui offrirent des « chevaux pour retourner plus promptement à Peschiera; « dans le même instant, des chaloupes canonnières ennemies « tiraient sur sa voiture. »

C'est cette scène aussi intéressante que pleine de mouvement dont l'Artiste a fait le sujet de son Tableau.

La couleur vive et brillante, le ciel lumineux annoncent en même tems la chaleur de la saison et le climat de la belle Italie; les figures sont expressives et dessinées avec esprit, mais elles sont un peu découpées sur le fond, et ne tournent pas assez.

N.° 507. *Vue d'une maison de Campagne*, par M. Turpin, Elève de son Père.

Les divers ouvrages de M. Turpin, éparpillés et mal placés au Salon, ne se sont pas offerts tous ensemble à nos regards; mais à mesure que nous les rencontrons nous nous faisons un devoir de leur rendre la justice qu'ils méritent. Leur auteur se recommande à-la-fois et par le plus rare talent, et par le plus noble caractère.

M. Turpin ne prend pas le titre d'amateur, et certes il a raison; car il peut se classer dans le rang des Artistes distingués. Nous avons parlé de ses autres Tableaux. Le N°. 507 sous le Titre de maison de Campagne, est un délicieux paysage : l'Atmosphère en est printanière, le Site, quoique simple, captive; on ne peut le quitter. Un modeste Château entre le chemin qui y conduit, et une Montagne qui en est près et qui le domine, composent tout le Tableau; mais la verdure en est si fraîche, les arbres si bien feuillés, le lointain si suave et le ton local si argentin, sur-tout celui de la Montagne boisée sur laquelle se détache le Château, que l'on rêve bientôt qu'on habite ces lieux, on oublie enfin que c'est un Tableau.

N°. 489. *Un Hermite prêchant.*
N°. 490. *La grande Chartreuse.*
N°. 491. *Présens de Noce*, par M. Taunay.

Les convives d'une noce, après avoir fait leurs présens

aux mariés, les reconduisent chez eux au son d'une guitare, d'un fifre et d'un tambourin.

N°. 492. *Le départ de l'Enfant prodigue.*

N°. 493. *Sujet de la Jérusalem délivrée*, par le même.

Explication du sujet donnée par l'Auteur.

« Vafrin, Ecuyer de Tancrède, s'introduit sous un déguise-
» ment arabe, dans l'armée d'Egypte, que le Soudan avait
» assemblée pour faire lever le siège de Jérusalem; arrivant
« dans le temps qu'Emiren passait la revue des troupes,
» il est reconnu par Herminie, reine d'Antioche, qui lui
« donne ensuite les renseignemens objet de son voyage ».

M. Taunay est un de ces Artistes qui ont un cachet à eux et dont on reconnaît aisément les Tableaux. En général, ses sujets sont riches et composés avec goût; ses figures spirituelles et bien dessinées, et son coloris harmonieux. Il me paraît inégal cette année. Son Tableau des présens de noce n'est pas assez terminé, les figures sont trop longues, elles sont les unes sur les autres, elles manquent d'air; on ne sait trop où la scène se passe, car les costumes sont à-la-fois Italiens, Espagnols et Français. Le départ de l'Enfant prodigue est un beau Tableau, cependant la figure de devant est un peu sèche et fait un mauvais effet, la Montagne en arrière ne fuit pas et le ton de l'Architecture est lourd.

Le N°. 493 est peint avec finesse; malgré la grande quantité de figures qui remplissent le Tableau, on y distingue bien l'action et les personnages principaux.

Le N°. 490, qui représente la grande Chartreuse (*Pl.* XXII.) est d'un autre genre que les précédens. On saisit tous les détails des bâtimens, et l'on s'égare pour ainsi dire, dans cette vaste retraite. On y pourrait peut-être desirer un peu moins de sécheresse et un ton moins gris dans

Pl. XXII. Page

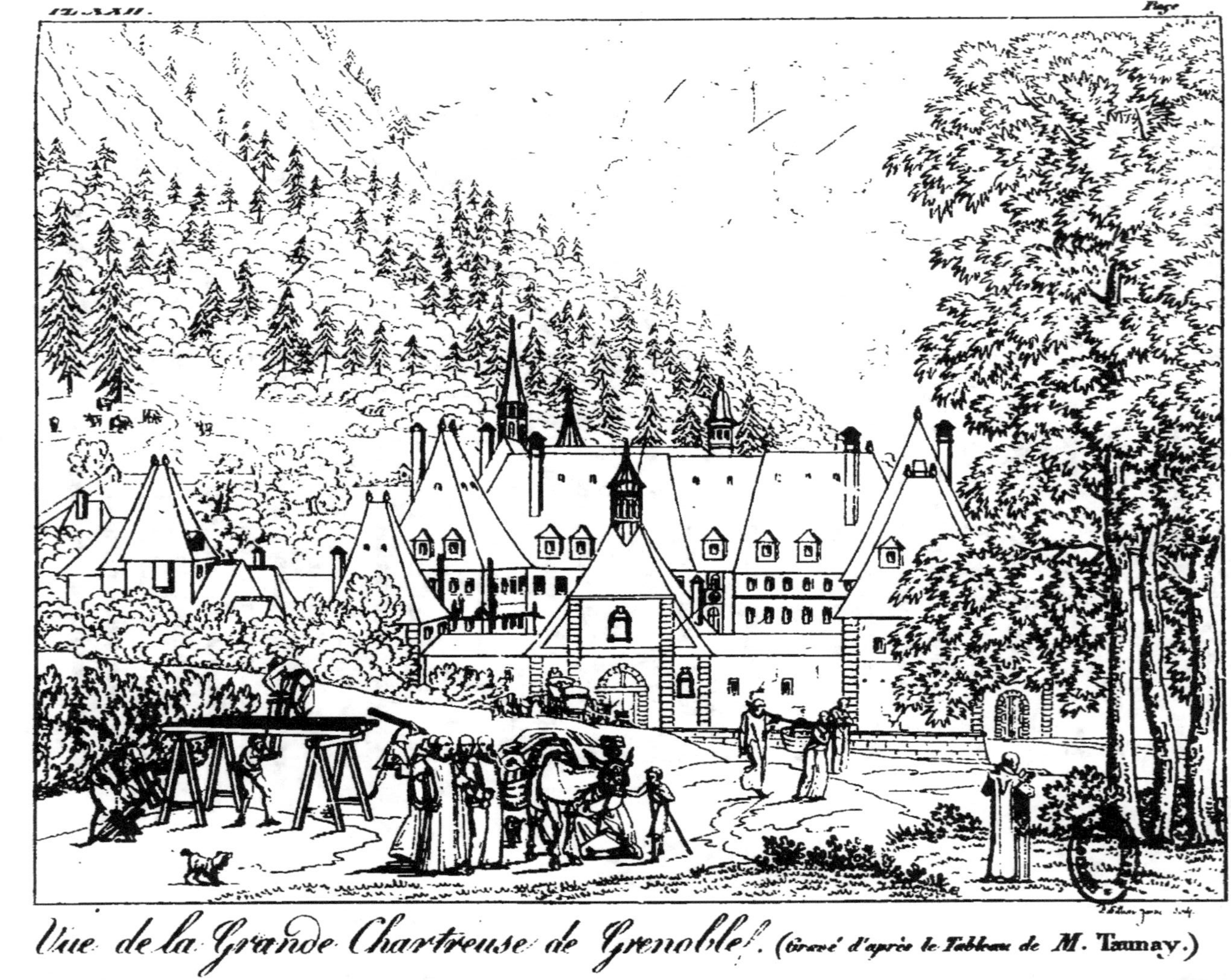

Vue de la Grande Chartreuse de Grenoble. (Gravé d'après le Tableau de M. Taunay.)

certaines parties. Les figures des Religieux sont très-bien peintes. Leurs différentes occupations naturellement exprimées donnent du mouvement et de la vie à ce charmant Tableau : l'arbre qui est sur le devant est d'une belle forme, et le ton local est riche et lumineux ; mais l'Artiste n'aurait-il pas dû prendre son point de vue de manière que l'on pût voir une partie des déserts de cette vaste solitude.

L'hermite prêchant est le plus beau Tableau de M. Taunay, es figures en sont bien composées, bien peintes, d'un bon style : l'Hermite est d'un beau caractère, il a de l'onction ; on croit l'entendre, il agit sur son auditoire : toutes les figures accusent l'attention par leurs attitudes expressives et variées. Enfin ce Tableau est d'une couleur vraie et harmonieuse, d'une touche suave : il doit ajouter encore à la réputation de M. Taunay.

N.º 488. *La mort du Correge*, par M. J. C. Tardieu, Elève de M. Regnault.

Au nom du Corrège, les Images les plus brillantes, celles des Amours et des graces se présentent à la pensée ; malheureusement, le Tableau semble composé dans leur absence.

C'était une idée morale et instructive que de présenter l'état d'indigence, où fut réduit (hélas ! ce n'est que trop souvent la condition du Génie) l'état d'indigence, je le répète, où fut réduit l'Artiste dont les chef-d'œuvres payés un million, après sa mort, méritèrent d'être compris dans les Articles d'un traité de paix et protégèrent en quelque sorte, les états du Souverain qui possédait ces trésors de l'Art.

En général l'exécution du Tableau de M. Tardieu, n'est

pas heureuse, elle est dure et d'une couleur noire et sans transparence, plusieurs parties sont incorrectes de dessin; la figure du Corrège est lourde; ce n'est pas ainsi que l'on succombe à la fatigue, il a l'air d'être aux genoux de sa femme. D'ailleurs le Corrège n'expira pas ainsi subitement; il fut quelque tems malade d'une pleurésie causée par la fatigue, et pour avoir trop bu d'eau-fraîche par la grande chaleur, tous les auteurs sont d'accord sur ce point (1):

M. Tardieu s'est donc écarté de la vérité historique, ce qui n'est pas permis lorsqu'il s'agit du trait principal de la vie d'un grand homme. Le Costume manque aussi d'exactitude c'est plutôt celui des montagnards de la Suisse que des Italiens du 16e. siècle.

Cependant quelques parties bien faites et des détails imitant la nature avec vérité, de la fermeté dans l'exécution, font connaître que l'Artiste n'est pas sans talent et peut faire beaucoup mieux; mais il a besoin d'étudier le Corrège et de sacrifier aux Graces. Nous croyons aussi que ce sujet composé de deux figures et d'un enfant, n'était pas assez capital pour occuper une toile d'une si grande dimension et que dans une plus petite proportion il eût sans doute mieux réussi.

---

(1) L'explication du sujet, que M. Tardieu a prise dans la vie des Peintres de M. de Piles, se termine ainsi. . . . . . . S'étant trop échauffé, il mourut de pleuresie, etc. D'Argenville dit à-peu-près la même chose. Le Vasari, est encore plus précis. (*Vite de' più eccell. Pitt.* Roma. 1759, in-4°. v. 2. p. 31, 32.)

N°. 468. *Une scène pantomine, genre du Théâtre Italien.*

N°. 469. *Portraits d'Enfans mis en action.*

N°. 470. *Une scène de l'Enfance.*

N.° 471. *Un cadre de Miniatures, parmi lesquelles est celui de Mademoiselle Bourgoin, Artiste du Théâtre Français;* par M. SICARDI.

Comme Peintre à l'huile en miniature, et comme dessinateur, on doit distinguer de la foule M. Sicardi, parce qu'il excelle dans les deux genres, et sur-tout parce qu'il y est original; mérite qui devient de plus en plus rare.

On ne saurait avoir plus de *vis comica* dans les charges Italiennes. Son dessin d'espiégleries d'enfans en pénitence est charmant sous tous les rapports.

Cet Artiste gagne toujours en talent, ce qui est digne de remarque, sur-tout à son âge.

N°. 460. *Intérieur d'un Cloître.*

Des Religieuses allant à l'office de la Nuit.

N°. 461. *L'intérieur d'un hospice de Charité;* par M. RUMEAUX, Elève de M. DAVID.

Ces deux Aquarelles sont faites avec esprit et beaucoup d'exactitnde; la perspective y est ménagée avec tant d'Art, que dans de petites dimensions on aperçoit de grands espaces, sur-tout dans l'hospice où l'on voit l'enfilade d'une salle immense avec tous ses lits; le Cloître qui n'est pas moins remarquable par l'effet, est Pittoresque, et il y a dans ces deux vues plus d'effet et de vigueur qu'on ne pourrait attendre de cette manière de peindre, dont les moyens sont très-bornés. Quant aux figures elles ne répondent pas au reste, elles sont lourdes de touche et incorrectes. Il est surprenant qu'un Elève de M. David, s'entende mieux en Architecture et en Perspective qu'à dessiner la figure.

N°. 405. *Portrait de Roustan, Mamelouk de S. M. l'Empereur.*

N°. 408. *Portrait de Madame* ***, par M. PAILLOT, Elève de M. DAVID.

Ces deux Portraits d'une grande vérité sont peints avec franchise et fermeté, celui de Roustan, est d'une assez belle couleur et les étoffes sont très bien faites : il y a de la vie et de l'expression dans la tête : l'autre Portrait est de même bien ajusté, peint avec effet et semble sortir de la Toile : il est d'une couleur harmonieuse et vraie.

N°. 518. *Tableaux de Fleurs ;* par M. VAN DAEL.

N°. 530. *Un Tableau de Fleurs ;* par VAN POL.

N°. 531. *Un Tableau de Fleurs.*

Il représente un vase de marbre rempli de différentes espèces de Roses, et posé sur une table d'albâtre.

N°. 532. *Un Tableau de Fruits.*

Des pêches, du raisin et du blé de Turquie sur une Table de marbre où l'on voit un vase de lave du Vésuve, par M. VAN SPAENDONCK, membre de la ci-devant acad. de Peinture.

Nous croyons devoir ne faire qu'un même article des

ouvrages de trois Artistes d'un grand talent dans le même genre, marchant à-peu-près sur la même ligne (1) : Tous trois imitent la nature avec une vérité parfaite ; l'éclat brillant, la fraîcheur, le coloris des productions de Flore semblent se reproduire dans leurs ouvrages. Ainsi l'on admire la forme, l'exactitude sans sécheresse et la beauté des fleurs, sur-tout de ces roses éblouissantes que peint si bien M. Van Dael, et auxquelles son pinceau, plus libéral que la nature, donne la plus longue existence. On regrette seulement qu'il n'ait pas fait un ouvrage aussi capital que celui qu'il exposa au dernier Salon : en sortant de la monotonie ordinaire à ce genre, il lui avait donné un grand degré d'intérêt par le sujet et la richesse de la Composition.

Dans les Tableaux de M. Van Pol on retrouve toujours la même vigueur, la même vérité de couleurs et en même-tems un moelleux qui ajoute encore à leur beauté. Enfin dans ceux de M. Van Spaendonck on reconnaît celui qui a créé en quelque sorte ce genre aimable parmi nous ; on admire l'art et la patience avec lesquels il imite si parfaitement la nature dans toute sa beauté et dans tous ses détails, la vigueur, la finesse, l'éclat et la transparence de ses tons, ainsi que le charme de ses Compositions et la manière dont il groupe ses fleurs pour les faire valoir les unes par les autres : le duvet velouté de ses fruits, et la richesse de leurs couleurs ne cède en rien à l'éclat et à la variété de ses fleurs.

---

(1) Nous regrettons de ne pas avoir vu exposés des ouvrages de M. Redouté, qui sont de véritables chef-d'œuvres en ce genre.

N° 179. *Trait de générosité française*; par DUNANT, Elève de M. REGNAULT.

Explication du Sujet, donnée par l'Auteur.

« Des Conscrits rejoignant leurs corps, rencontrent en « chemin des prisonniers Autrichiens exténués de fatigue « et de besoin. Ces jeunes gens, touchés d'une situation « aussi déplorable, leur distribuent de l'argent ».

Nous éprouvons une jouissance mêlée d'orgueil national toutes les fois qu'il nous arrive de faire remarquer des sujets qui appartiennent essentiellement à l'humanité et au caractère français.

C'est ce qui nous a déterminés à clorre cette nomenclature de Tableaux, non pas par le meilleur de tous, mais par le plus intéressant peut-être.

Nous sommes tellement familiarisés aujourd'hui, avec les prodiges de la valeur, l'héroïsme est tellement devenu, pour ainsi dire, le tempérament national, que ses plus grandes merveilles ne nous étonnent plus, et nous trouvons tout simple que des Conscrits d'hier rivalisent d'exploits, avec des Guerriers qui depuis 15 ans ont couvert de Trophées les trois parties du monde.

Mais que ces mêmes Conscrits dans l'âge le plus tendre donnent l'exemple de ces vertus qui semblent appartenir à l'âge mur, que par une juste réflexion et par un retour philosophique sur eux-mêmes, sur la condition de l'humanité, ils soulagent les malheurs de leur ennemi même, voilà ce qui arrache les larmes de l'admiration et de la sensibilité.

Nous regrettons de ne pas avoir fait graver ce dessin, et pour terminer nos réfléxions sur la Peinture conformément aux principes que nous avons énoncés, nous dirons que l'on avancerait singulièrement les progrès de l'instruction publique, si l'on apprenait à la généreuse jeunesse qui peuple nos gymnases, les vertus de la Nation qui s'est placée aujourd'hui au premier rang des peuples de l'Europe, c'est-à-dire du monde; il est tems sans doute de substituer aux fables de la Grèce et de Rome, l'histoire Française, et sur-tout celle de notre tems.

P. S. Quelques personnes trouveront sans doute et avec raison cette nomenclature beaucoup trop étendue, quelques autres, ne la trouveront pas assez développée, et elles auront peut-être aussi raison à leur tour. Nous répondrons aux unes, il fallait d'abord, pour être fidèles au plan que nous avions annoncé, faire le relevé de toutes nos richesses dans les arts, et de toutes nos acquisitions nouvelles. C'était une espèce d'inventaire: nous y avons procédé de bonne foi, mais non sans ennui. Nous dirons aux autres: une nomenclature a ses bornes, et d'ailleurs lorsqu'il y a presse, il est difficile de discerner chaque individu dans la foule, et l'on passe souvent à côté de l'homme le plus estimable, à côté de son meilleur ami sans le reconnaître. L'attention se lasse et s'épuise, il faut donc pardonner au rédacteur quelques oublis, il faut l'en remercier, peut-être; il ne s'est pas dissimulé qu'il n'avait blessé que trop d'amour-propres, il a voulu en ménager quelques-uns, du moins par son silence.

FIN DES ARTICLES DE PEINTURE.

NOTICE

INÉDITE *et Historique sur la Vie et les Ouvrages de* M. *Augustin* PAJOU, *Statuaire, Membre de l'Institut de France et de la Légion d'Honneur.*

CET Artiste comme presque tous les hommes fameux n'a dû qu'à lui seul sa célébrité. Il naquit à Paris le 19 Septembre 1730, de parens sans fortune. Son père compagnon sculpteur au faubourg Saint-Antoine, voulut lui faire embrasser la même profession.

Mais le jeune homme que la Nature destinait à être Artiste employait ses heures de repos, à modeler, avec de l'argile, des oiseaux, des poissons et d'autres objets. Il les imita assez bien pour exciter l'étonnement des compagnons, et par suite l'attention du maître chez lequel son père travaillait. Celui-ci s'intéressa tellement au jeune homme, que par son crédit, il le fit recevoir en qualité d'Elève à l'âge de quatorze ans chez M. Lemoine, sculpteur du Roi, maître dont le faux goût égara long-temps et corrompit l'école française. Le jeune Elève fut enchanté de pouvoir se livrer tout entier à l'étude d'un Art qu'il brûlait de professer : aidé par les encouragemens de son maître et sur-tout par sa propre émulation, il fut en état, au bout de quatre années d'études, de se présenter aux concours des grands prix ; il eut l'avantage, sans exemple depuis la fondation de l'Académie, de remporter le 1er. prix *à l'âge de dix-huit ans.*

Dès ce moment le jeune Artiste cessa d'être à la charge de ses Parens qu'il a par la suite aidés de tous ses moyens.

Il résida trois ans à Paris, dans la pension dirigée par M. Carle Vanloo, et quatre années en Italie.

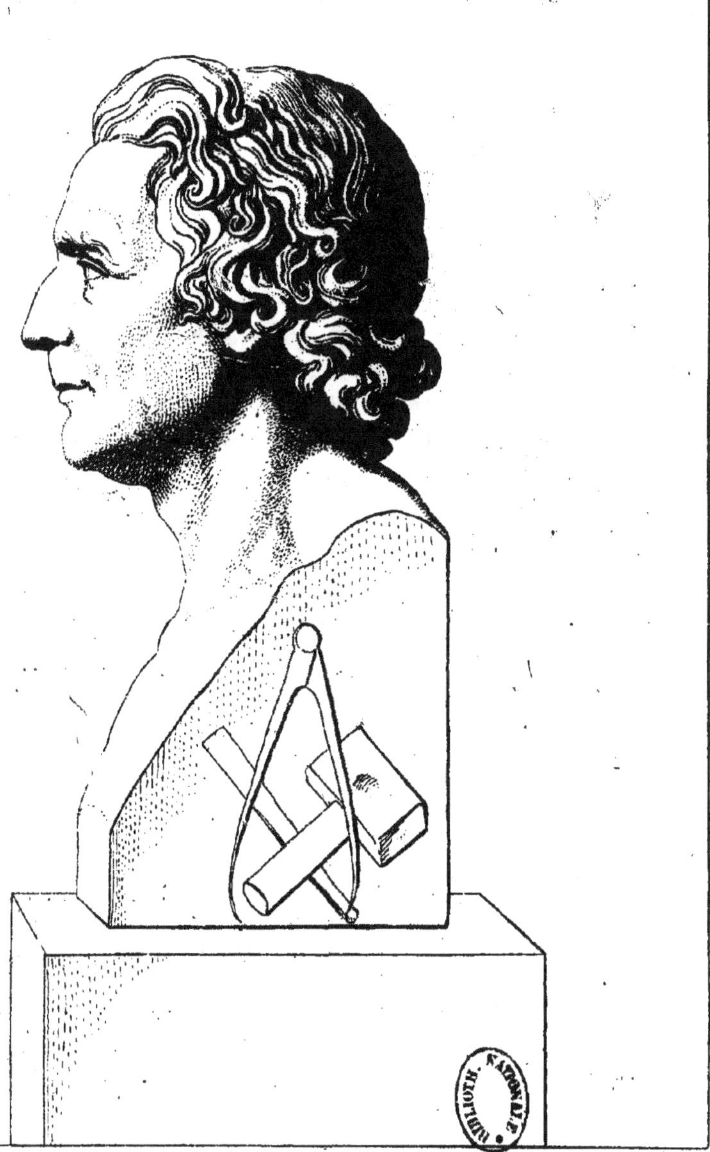

A. Pajou (d'après le Buste de Mr. Roland.)

Il employa ce temps non seulement à l'étude de son Art, mais encore à celle des auteurs anciens : il s'instruisit de l'histoire, de la mythologie, etc. etc. connaissances qu'il jugeait être de nécessité absolue pour l'exercice de son Art ; et que la médiocrité de la fortune de son père ne lui avait pas permis de se procurer.

Il en a retiré cet avantage, que sa conversation extrêmement instructive et intéressante ne peut être comparée qu'à celle des hommes qui ont profité d'une bonne éducation.

A son retour en France, il s'occupa d'un ouvrage pour sa réception à l'Académie : il fit *Pluton qui tient Cerbère enchaîné.* Ce morceau qu'on voit avec intérêt dans la collection de l'Académie, lui valut son admission au nombre des membres de ce corps, *à l'âge de* 30 *ans.*

Il faut observer, que M. Pajou fit la statue de Pluton, à une époque où la sculpture était barbare, maniérée, sans aucune espèce de principes. Cette figure est remplie de vérité : les bras, les jambes sont d'une belle forme. M. Pajou *prouva dès-lors qu'on ne pouvait rien faire qu'en étudiant la Nature*, et il prouva qu'il l'avait étudiée. C'est ce qu'il recommande sans cesse. Ces conseils d'un homme d'esprit qui joignait l'exemple au précepte, contribuèrent puissamment à tirer les Arts de la barbarie, où ils étaient plongés (1) : ces avis il les donnait aux jeunes gens avec une espèce de sévérité : c'était l'accent de la probité qui déteste le mensonge et qui en craint l'effet.

Depuis cette époque il ne cessa point de donner de nouvelles preuves de talent. Il fut chargé par le Roi, de décorer la belle salle d'opéra de Versailles, bâtie pour le mariage du Dauphin (depuis Louis XVI.)

Cette entreprise quoique très-considérable et terminée en

---

(1) Les Sculpteurs Beauvais et sur-tout Julien, influèrent puissamment sur cette révolution. Nous leur consacrerons une notice.

fort peu tems, n'en fut pas moins un dégré de plus qui servit à la réputation de l'Artiste. On voit encore avec plaisir les bas reliefs et les groupes dont-il a peuplé et enrichi cette Salle.

La fermeté de caractère soutint M. Pajou et le fit passer courageusement à travers les deux réputations colossales de Lemoine et de Pigalle. Presque tous les sculpteurs de son temps cherchaient à imiter la manière de Lemoine, comme depuis ils tachèrent d'imiter celle de Pigalle. Un homme ordinaire aurait succombé. Ces deux Artistes jouissaient de la faveur des grands, étaient chargés des plus beaux travaux. Cependant ils ignoraient totalement ce en quoi consiste le talent difficile du Statuaire.

M. Pajou aussi recommandable par sa délicatesse que par ses talens, a eu l'avantage de ne jamais solliciter de travaux et n'a jamais songé à les enlever à ses Confrères. Sa réputation parlait pour lui, il n'a dû qu'à elle, les ouvrages nombreux dont il a été chargé, et les honneurs qu'il a obtenus. On peut citer parmi ces ouvrages, ceux qui ont été faits pour le palais Royal, où il a exécuté les groupes en pierre qui décorent la façade du côté du jardin, les Sculptures du palais Bourbon (1), du palais de Justice à Paris, de l'église de Sainte-Croix d'Orléans, etc. etc.

A l'époque où M. Dangevilliers, directeur des bâtimens du Roi, conçut l'heureuse idée de faire exécuter en marbre les statues des hommes célèbres de la France, M. Pajou

---

(1) Détruits par l'effet de la révolution. C'était Apollon dans son char, traîné par quatre chevaux. Ce monument prouvait encore le talent de l'habile Artiste; quoique très-élevé et très-éloigné de l'œil, il se faisait remarquer par l'élégance de la composition et par un beau style de dessin. Ce qui met le comble aux regrets des amis des Arts, c'est de voir à la place un barbouillage dans un fronton.

fut choisi des premiers, et chargé de la statue de Descartes, ensuite de celles de Bossuet, de Turenne (1), et de Pascal.

C'est ici qu'il faut juger l'Artiste, parce que rien n'est plus difficile à faire qu'une bonne statue; il faut, pour ainsi dire, dans une seule figure, écrire la vie d'un homme.

Cet Art, presqu'inconnu aux modernes, et parfaitement connu des Grecs, ne fut pas ignoré de M. Pajou, à une époque où on ne le soupçonnait pas. Je le répète, faire connaître le caractère d'un homme et ses occupations, représenter son moral et son physique, sa situation et son état, est le but difficile que le statuaire doit atteindre.

Le tems est passé où l'on pouvait se faire une réputation en sculpture, en ignorant, non-seulement les principes, mais encore en n'ayant aucune notion de la science anatomique, ni aucune connaissance du costume.

On veut aujourd'hui, avec raison, que l'on étudie les statues grecques; mais des hommes trop peu faits pour les comprendre, qui ne savent pas et qui ne sauront jamais que les belles STATUES GRECQUES SONT DES IMITATIONS DE LA BELLE NATURE, et que chaque Statue a ses proportions et son caractère particulier, s'imaginent qu'il n'y a qu'à copier.

On ne copie pas plus Phidias qu'Homère. Pour imiter ce dernier il faut être Virgile, c'est-à-dire être déjà Poète. Malheur à celui qui après avoir fermé les yeux devant la nature vient les ouvrir bien grands devant une antique; il n'y verra rien.

Les productions de M. Pajou sont d'un homme qui a profondément médité: elles lui appartiennent.

Ces statues sont autant de chef-d'œuvres : la première n'est restée un peu au-dessous des autres pour le fini, que par l'ex-

(1) La statue du grand Turenne orne présentement la Galerie de l'Empereur, aux Tuilleries; les trois autres sont dans la salle des séances publiques de l'institut, aux Quatre-Nations.

trême dureté du marbre qui, rempli d'émeri, coupait les outils d'acier le mieux trempé.

Mais examinons ces quatre chef-d'œuvres :

Descartes. On peut considérer cette figure comme la première qui, depuis le siècle de Louis XIV, ait le caractère qu'on doit donner à une statue. La pose est simple, elle est vraie; elle est prise dans la nature; la tête est bien celle d'un philosophe, et elle est savamment traitée. L'Artiste qui avait reconnu toute l'ingratitude du costume français, habilla le philosophe d'un manteau (Descartes avait l'habitude d'en porter un), et par ce moyen il évita les angles droits que forment nos ridicules habits.

Bossuet. Le grand caractère de cet Orateur est parfaitement saisi. Il perce, ce caractère, à travers la simplicité apostolique : on lit sur ce front l'ambition unie au génie; son attitude, sa physionomie, annoncent le courage, non celui d'un militaire, mais le courage d'un Ecrivain. Ses yeux respirent la haute confiance que donnent de grands talens et de grands succès. En regardant sa bouche, on voit que c'est celle de l'éloquence.

Turenne. Voyez ce front sillonné, ces yeux creusés par la pensée. Cette tête remarquable est celle de la réflexion. C'est un guerrier qui parle peu, qui médite profondément. La France est sous la protection de son épée : voilà Turenne. Cette figure est parfaitement pensée, parfaitement exécutée. Les mains sont peut-être les plus belles qui existent en Sculpture.

Pascal. Si l'Artiste avait vécu avec les solitaires de Port-Royal, on croirait qu'il a fait cette statue d'après nature, tant le caractère de la vérité y est profondément empreint.

Un des ouvrages qui mit le comble à la gloire de l'Artiste, fut sa statue de Psyché, ordonnée par le Roi, destinée à faire le pendant de celle de *l'Amour, par Bouchardon*, et représentée au moment où elle *vient de perdre l'amour pour avoir voulu le connaître.* La douleur qu'elle ressent, la grace de la jeunesse, et la souplesse des chairs sont si bien exprimées, qu'on oublie en la voyant qu'elle est de marbre.

Cette statue, qu'on admire présentement dans la galerie du Sénat Conservateur, a joui d'une grande célébrité, non-seulement par le mérite de l'exécution, mais encore par une de ces manœuvres de l'envie qui a tourné à sa confusion.

M. d'Angevilliers par une contradiction assez singulière, ayant ordonné cet ouvrage, et l'ayant vu plusieurs fois dans l'atelier de l'Artiste, le fit retirer du Salon où il était exposé en 1789, SOUS PRÉTEXTE DE LA NUDITÉ. Cela avait été imaginé par des confrères de M. Pajou, qui espéraient soustraire son ouvrage à l'admiration publique; mais au contraire cet incident réveilla la curiosité; et les éloges nombreux que reçut notre Artiste, qui fit voir sa statue dans son atelier, le vengèrent amplement du désagrément que lui avait suscité la médiocrité jalouse, toujours envieuse, toujours mal-adroite.

Résumons : Cette figure réunit au mérite de la pensée celui d'une expression savante, d'une exécution précieuse où la perfection est portée au dernier degré de fini sans sécheresse. La distance qu'il y a entre cette figure et tout ce qui a été fait depuis Louis XIV est immense.

On pourrait citer encore une foule de beaux ouvrages exécutés par cet habile Artiste, s'il ne suffisait pas de ceux que nous venons d'indiquer pour assurer sa célébrité.

On ne peut cependant passer sous silence le dernier modèle qu'il a exécuté pour le Palais du Sénat Conservateur, représentant *Démosthènes*. Cet ouvrage offre un intérêt de plus. Il fut exécuté par l'Artiste à l'âge de 73 ans. Déjà des tremblemens, résultat d'attaques de nerfs, l'obligeaient à cesser ses occupations chéries. Malgré ce nouvel obstacle, il a su imprimer à la statue un grand caractère; on retrouve jusque dans l'exécution la trace d'un beau talent; l'attitude a toute la vigueur qui convient au sujet; enfin, cette statue est telle qu'elle n'eût pas été mieux conçue par l'Artiste dans la vigueur de son âge.

Nous regrettons que M. Pajou n'ait pas exécuté en marbre une tête de Satyre qu'il fit d'après son garçon d'atelier. Ce fut dans un instant de délassement que cet habile Artiste s'amusa à tirer parti de la tête d'un homme qui avait l'air, et vraisemblablement l'énergie spéciale de ces divinités du second ordre. Cette tête est un chef-d'œuvre. Cela vient à l'appui de notre thèse, savoir : Que la nature fournissait aux Grecs les modèles ou plutôt les types originaux de leurs statues.

Il existe plusieurs gravures d'après les dessins de M. Pajou, qui prouvent, 1°. qu'il composait très-bien une grande scène; 2°. qu'il portait dans toutes ses compositions cet esprit de raison qui le caractérise; 3°. que la connaissance qu'il avait de l'antiquité était très-étendue, à une époque où personne ne s'en doutait.

Après avoir considéré M. Pajou sous le rapport de ses talens, il n'est pas moins intéressant de l'apprécier sous ceux de sa moralité et de ses qualités personnelles. Il possède au plus haut degré toutes celles qui font le charme de la vie et de la société; une probité à toute épreuve, la candeur d'une belle ame, qui ne soupçonnant pas le mal, la rend souvent victime des intrigans, et une bienveillance qui lui a mérité l'estime et l'amitié sincère de tous ceux qui ont été à même de l'apprécier. Sa douceur dans le commerce intérieur le fait chérir de ses enfans et de ceux qui ont l'avantage de lui être attachés.

Parmi ses élèves, celui qui s'est le plus distingué est M. Rolland, membre de l'Institut et de la légion d'honneur, auteur de la statue du grand Condé, placée actuellement dans la galerie de l'Empeur aux Tuileries; et depuis chargé par l'Institut de l'exécution en marbre de la statue de l'empereur Napoléon, qui doit être placée dans la salle de ses séances publiques.

M. Rolland, que je regarde comme le premier statuaire de

nos jours, a exécuté en marbre le buste de son maître, M. Pajou. Il est de la plus parfaite ressemblance; la reconnaissance et le génie ont été ici d'accord; la science, la beauté du travail, en font un des meilleurs bustes connus. Pourquoi n'existe-t-il pas un plus grand nombre de bustes? Pourquoi les hommes qui, par leur talent, appartiennent à la postérité, négligent-ils trop en général le moyen de s'y présenter avec tous leurs avantages.

Revenons à M. Pajou : La nature le fit laborieux, lui donna un caractère plein de dignité, et un physique qui inspirait ce respect qu'on doit à la vertu. Son caractère et son esprit sont gravés dans tous ses ouvrages. Terminons par une anecdote. Dans le cours de la révolution, M. Pajou se rendit à Montpellier pour y rétablir sa santé, que les travaux, encore plus que les ans, avaient affaiblie. Il prêta, en partant, son atelier à un homme qui lui avait de grandes obligations. Cet homme......, je lui épargne l'épithète que mérite un tel procédé, profita de l'absence de son bienfaiteur pour lui enlever un atelier qu'il avait acquis par quarante ans de succès. Son fils s'adressa à la commune des Arts pour empêcher que ce trait de noire ingratitude ne fût consommé. Tous les Artistes présens (et ils étaient en grand nombre) se levèrent d'un mouvement spontanée d'indignation; des mesures actives furent prises, et l'iniquité confondue.

M. Pajou eut alors une occasion nouvelle de reconnaître la tendre vénération qu'inspirent ses talens et ses vertus.

Après tant de travaux, cet Artiste célèbre, âgé de 76 ans, accablé d'infirmités, et réduit à une triste inaction, devait jouir d'une honnête aisance, mais la révolution lui ayant enlevé la majeure partie d'une fortune honorablement acquise, il ne lui reste pour richesse que le souvenir de ses ouvrages, de ses bonnes actions, l'honneur et la considération la mieux méritée.

Liste des Ouvrages de M. Pajou, *exécutés depuis* 1757, *jusqu'en* 1805.

Figures et Groupes en Marbre.

Une statue de femme portant une corne d'abondance ; exécuté pour madame Dubarry.

Le buste du père de mademoiselle Guiard, Peintre estimé.

La statue de Buffon ; au jardin des Plantes.

Un Mercure ; exécuté pour l'abbé Terray.

Un Saint-Augustin ; pour le dôme des Invalides.

Les statues de Turenne, de Bossuet, de Descartes et de Pascal ; ordonnées par le Roi. Celle de Turenne est aux Tuileries; les trois autres sont dans la salle des séances publiques de l'Institut, aux Quatre-Nations.

Un groupe représentant la bienfaisance : C'est le portrait de Marie Lecksinska, épouse de Louis XV ; ce groupe est présentement au Musée des Petits Augustins.

Une statue représentant l'étude.

Une représentant la Vertu ; cette dernière pour M. De la Borde.

La statue de Psyché ; présentement dans la galerie du Sénat.

Le tombeau du capitaine Cook ; pour M. De la Borde, à Méréville, route d'Orléans.

Pluton tenant Cerbère enchaîné ; pour la réception de l'auteur à l'Académie.

La statue de Bellone, celles de la Paix, de Neptune et de Cérès ; toutes quatre pour M. de Choiseul.

Un groupe en pierre de tonnerre, representant Vénus qui reçoit de l'Amour la pomme, prix de sa beauté ; ce groupe, exécuté pour M. Le Voyer, a été terminé par M. Boizot, et vendu en 1806 à une manufacture de porcelaine.

Le buste de M. Lemoine, sculpteur.

Celui d'une petite fille du marquis Le Voyer.

Le buste d'un enfant mâle; appartient à M. Hubert Robert, Peintre.

— *de madame Dewailly.*

— *de madame Dubarry.*

— *de M. de Buffon.*

Six bustes de Louis XVI.

Un du Dauphin, son père.

Un tombeau pour le général Besky; à Saint-Pétersbourg.

Le tombeau de madame de Palerme; était à Saint Gervais, actuellement au Musée des Petits Augustins.

Celui de Vaucanson, était à Sainte-Marguerite, présentement même lieu que le précédent.

Le buste de M. De Crosne, lieutenant de police.

— *de M. Poissonnier, médecin.*

— *de son épouse.*

— *de Dufresny*; pour la comédie Française.

Un modèle en plâtre représentant un Démosthènes; exécuté pour le Sénat, et placé dans la salle des séances en 1803.

Ouvrages en Pierre.

Un fleuve pour la cascade de Brunoy; pour M. de Montmartel.

Une Bacchante avec deux enfans; pour M. Le Voyer.

Au Palais royal.

Au fronton du milieu, côté de la rue Saint-Honoré, deux Anges portant un Cartouche.

Dans l'arrière corps, deux boucliers.

Dans l'un des frontons, deux figures de femmes; la Générosité et la Prudence: Dans l'autre la Force et la Justice.

Dans la deuxième Cour, sur l'avant corps du milieu, 4 figures, savoir: Mars, la Prudence, la Générosité et Apollon.

Sous le vestibule, au-dessus d'une porte; deux enfans portés sur le fronton.

A l'église de Sainte-Croix d'Orléans.

Deux grands Anges portant un Cartouche.
Un Saint André, une Sainte Cécile et un Saint Anasthase.

Au palais Bourbon.

Quatre groupes des Muses, avec leurs attributs.
Sur la principale porte, deux anges portant un cartouche aux armes du Prince ; détruits pendant la révolution.
Au-dessous de l'entablement, une peau de lion posée sur deux boucliers.
Une statue d'un Satyre jouant de la flute avec un enfant.
Un Saint François de Sales ; pour Saint-Roch ; la tête a été cassée pendant la révolution, et refaite par un Artiste médiocre.
La statue de Turenne, placée à l'Ecole Militaire.
Une statue d'Anacréon.
Un petit amour tenant des raisins.

A Versailles.

Un dessus de porte composé de deux enfans, avec les attributs de la Musique et de la Poésie ; pour la loge du Roi, salle de l'Opéra.
A l'extérieur de la salle, dans le grand fronton, la Poésie Lyrique accompagnée d'enfans.

Au palais de justice.

Côté du grand escalier, deux grands Anges portant un Cartouche.

A Saint-Louis de Versailles.

A l'extérieur du charnier, 5 bas-reliefs, la Tempérance, la

Force, la Justice et la Prudence; au milieu, la Religion avec les attributs de la loi de Moyse.

Dans l'intérieur, quatre médaillons des Evangélistes.

Les neuf Muses avec leurs attributs; destinées pour le château de Belle-Vue.

A LA FONTAINE DES INNOCENS (à Paris.)

Deux grandes Nayades.

Un bas relief d'enfans, et deux Renommées.

Ouvrages en Bronze.

Le buste de M. Lemoine, sculpteur.

Deux enfans représentant l'Amour fidèle et l'Amour volage.

Une statue de J.-B. Rousseau; une de Voltaire; pour le Parnasse Français, qui est à la Bibliothèque Impériale.

Ouvrages en Plomb.

Un groupe de trois femmes portant une coquille et formant fontaine; pour M. Lemonier, fermier-général.

Une statue du dieu Mars; pour madame de Pompadour, et placée dans les jardins de Saint-Ouen.

Un jeune enfant avec les attributs des quatre élémens; pour madame de Mazarin.

Deux Sphynx portant des cartouches; pour M. Le Voyer, et placés à sa maison près le Palais Royal.

Ouvrages en Bois et Carton.

Dans la salle d'Opéra à Versailles, un bas-relief représentant Vénus qui désarme l'amour.

Vis-à-vis, Apollon distribue des couronnes au génie des arts.

Un groupe, l'Abondance et la Paix.

Un autre, la Peinture et la Sculpture.

Quatre figures d'hommes en Gnomes.

Une frise d'ornemens mêlés d'enfans.

Quatre médaillons remplis d'attributs.

Quatre bas-reliefs d'enfans.

Sur l'entablement près la voute, quatre groupes d'enfans.

Vingt-quatre devantures de loges, dont douze représentent les Dieux de la Fable, les autres des jeux d'enfans.

Douze médaillons têtes de femmes sur l'avant scène.

Deux groupes d'enfans, l'un avec les attributs d'Hercule et d'Omphale, l'autre avec ceux de Mars.

Au milieu un groupe d'Anges portant les armes du Roi.

Sur la plate-bande de l'entablement, une tête d'Apollon rayonnante.

Au Sénat à Paris.

Un modèle en plâtre, représentant Démosthènes; exécuté en 1803.

RÉCAPITULATION DES OUVRAGES.

En Marbre	41
En Pierre	64
En Bronze	5
En Plomb	7
En Bois et Carton	64
En Plâtre	1
Total	182

Non compris nombre de bustes en terre cuite, de petits modèles, et beaucoup de Dessins et Exquisses en porte-feuille.

SUITE DU SALON DE 1806.

SCULPTURE.

La sculpture travaille pour la Postérité, ce fut la première écriture qu'inventèrent les hommes réunis en société.

C'est par elle que nous connaissons les Mœurs, le culte, les usages, les costumes, les moyens d'industrie des sociétés les plus anciennes et dont les noms même nous seraient inconnus sans les Monumens, qui nous en restent.

Les matières qu'elle employe lui donnent une durée éternelle. Sous ce rapport elle doit fixer l'attention du Gouvernement. Les faits mémorables sont écrits par elle et placés à l'abri des ravages du temps. Les portraits des héros, des hommes distingués par leurs talens ou par leurs vertus, sont conservés par elle pour la Postérité.

Les siècles s'écouleront, et les hommes qui doivent naître auront devant les yeux l'image de l'Homme prodigieux, qui remplit l'univers de son nom, dont les victoires feront leur étonnement, et les actes administratifs, leur admiration, le sujet des méditations de ceux qui aspireront à s'élever par leurs vertus.

La sculpture console les grands hommes, dit Raynal, de l'oubli ou de l'injustice de leurs Contemporains : ajoutons qu'elle instruit la Postérité.

Beaucoup de nos Statuaires ont mérité le reproche de n'être que des Compilateurs. L'exposition dernière et les statues faites pour le Sénat n'en contiennent que trop de preuves, et si ce vice n'était arrêté dans son origine, l'art serait bientôt anéanti. La statue du Germanicus fut mise à contribution : les uns imitèrent les jambes, les autres toute la statue : celui-ci mit sur le corps d'un homme de trente ans une tête de Jupiter : l'autre une tête d'Euripide, et les demi-connaisseurs s'écriaient « *c'est bien là du style Antique* ».

Heureusement que nous comptons des Artistes qui ambitionnent une gloire plus solide, et sur lesquels le mauvais exemple ne peut rien : ils préfèrent le suffrage du petit nombre d'hommes éclairés à cette foule nombreuse qui n'a que des demi-connaissances.

N°. 614. *S. A. S. le prince Cambacerès, archichancelier de l'Empire.*

N°. 615. *Eustache Le Sueur. — Buste en marbre ;* Exécuté pour la galerie du Musée Napoléon.

N°. 617. *Buste en terre cuite, de Mademoiselle R....*

N°. 618. *Buste de M. Vestier.*

N°. 619. *Buste de M.*** ;* par M. ROLLAND, Elève de M. PAJOU.

Cet habile statuaire ne nous a donné que des bustes cette année et encore sommes-nous privés de celui du Sénateur Tronchet, qui est annoncé dans le livret.

Les productions de cet Artiste, sont marquées au coin de la science qu'il posséde : on y distingue une manière grande, un fini aimable, précieux sans sécheresse : il sait s'arrêter au dégré marqué par le goût, au-delà duquel l'on ne trouve qu'aridité et patience à la place du talent.

Le buste de S. A. S. le prince Cambacerès joint à une ressemblance parfaite, une grande dignité. C'est ainsi que M. Rolland a dû représenter ce grand fonctionnaire de l'Empire.

La tête de M. Vestier est digne de la belle sculpture antique. Ici l'Auteur pouvait s'abandonner à toute sa verve

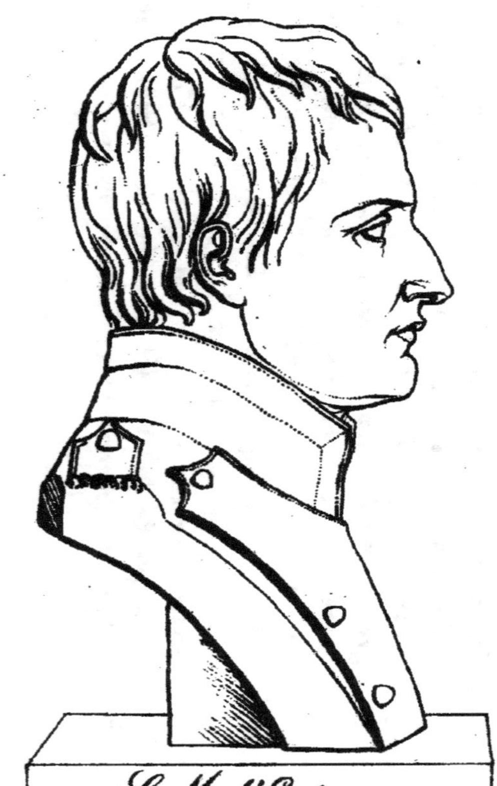

S. M. l'Empereur

Bustes faits d'après nature par M. Houdon.

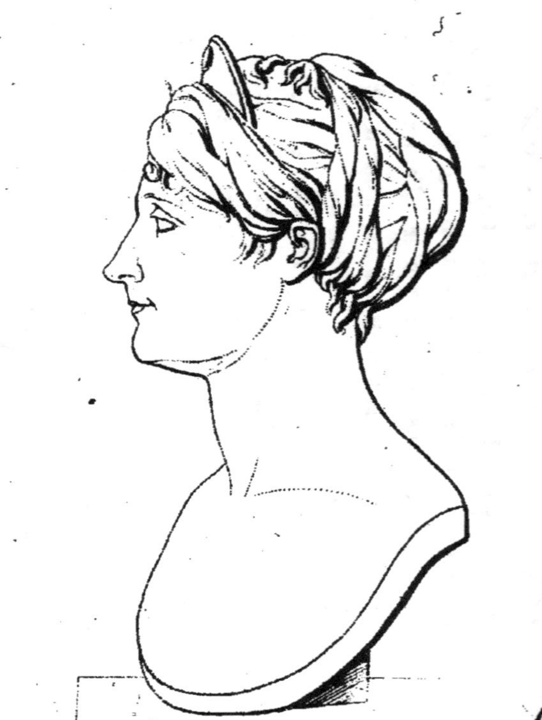

S. M. l'Impératrice.

C'est le portrait d'un Artiste, d'un ami, et dont les traits offraient au talent de M. Rolland, une occasion dont il a su profiter.

Mais il nous a montré toute l'étendue de son talent, lorsqu'il a fait du buste de cette jeune personne, un véritable chef-d'œuvre.

Cet Artiste a un talent mâle, vigoureux, tel qu'il convient à un statuaire, et ici il a su répandre toute la grace qui accompagne la jeunesse et la beauté.

Cet exemple prouve encore, et d'une manière incontestable, que c'était à de beaux modèles pris dans la Nature, que les Grecs devaient le charme de leurs admirables productions.

L'habile Artiste a imité son parfait modèle, et s'est arrêté: cette tête est aussi savante qu'agréable d'exécution.

C'est la beauté suprême imitée et rendue par un talent suprême. Les cheveux y sont traités d'une manière admirable, et telle qu'on la trouve rarement dans la sculpture moderne.

Ce buste est en terre cuite: il fait naître le regret de ne pas le voir exécuté d'une manière plus solide, et plus digne du talent du père, et de la beauté de sa fille.

N° 601. *Buste de Sa Majesté l'Empereur et Roi.*

N°. 602. *Buste de Sa Majesté l'Impératrice ;* par M. Houdon. (*Pl.* XXIV.)

Lorsqu'il s'agit de louer des êtres Supérieurs, l'admiration est le seul hommage.

J'ai cru reconnaître ici le type de *la force*, et là celui de *la grace*. Je n'y retrouve pas tout le talent de l'Artiste soit que le tems lui ait manqué, soit plutôt qu'il n'ait pas assez fait, pour vouloir trop faire. C'est ce qui arrive lorsque l'inspiration même est extrêmement vive.

N°. 603. *Madame F...*

N°. 604. *Mademoiselle H...*; par le même.

Ces deux Portraits faits d'après de très-aimables modèles, sont ressemblans, coiffés avec goût; les cheveux bouclés avec grace, servent encore d'ornement à ces jolis visages et sont bien sculptés. On voit que M. Houdon avait pour faire ces deux ouvrages tout le tems et toute la liberté que l'art exige, car dans les arts comme dans les lettres, il est des momens heureux et d'inspiration, comme il en est d'autres où elle languit et devient rebelle.

N°. 605. *Colin-Harleville.*

Ce Portrait est peu digne de cet aimable Auteur, que font regretter l'aménité de ses talens et la douceur de ses vertus; pour rendre son Portrait, il ne fallait pas le modeler dans les derniers momens d'une longue maladie; mais dans ceux où il lisait encore avec une expression si persuasive, ses derniers ouvrages; alors, M. Houdon n'eût pas fait une figure qui repousse par son extrême maigreur, et qui n'a rien du charme intéressant de son aimable modèle.

N°. 606. *Buste en Marbre de S. A. S. Madame la Margrave d'Anspach.*

Ce Buste est l'un des mieux exécutés; mais la bouche est trop petite, il n'est pas coiffé avec assez d'art, il y a trop d'égalité dans les plis de la draperie, qui d'ailleurs est insignifiante comme la coiffure.

N°. 607. *Madame Rode. Buste en Marbre.*

Il est ressemblant, on pourrait lui reprocher les mêmes

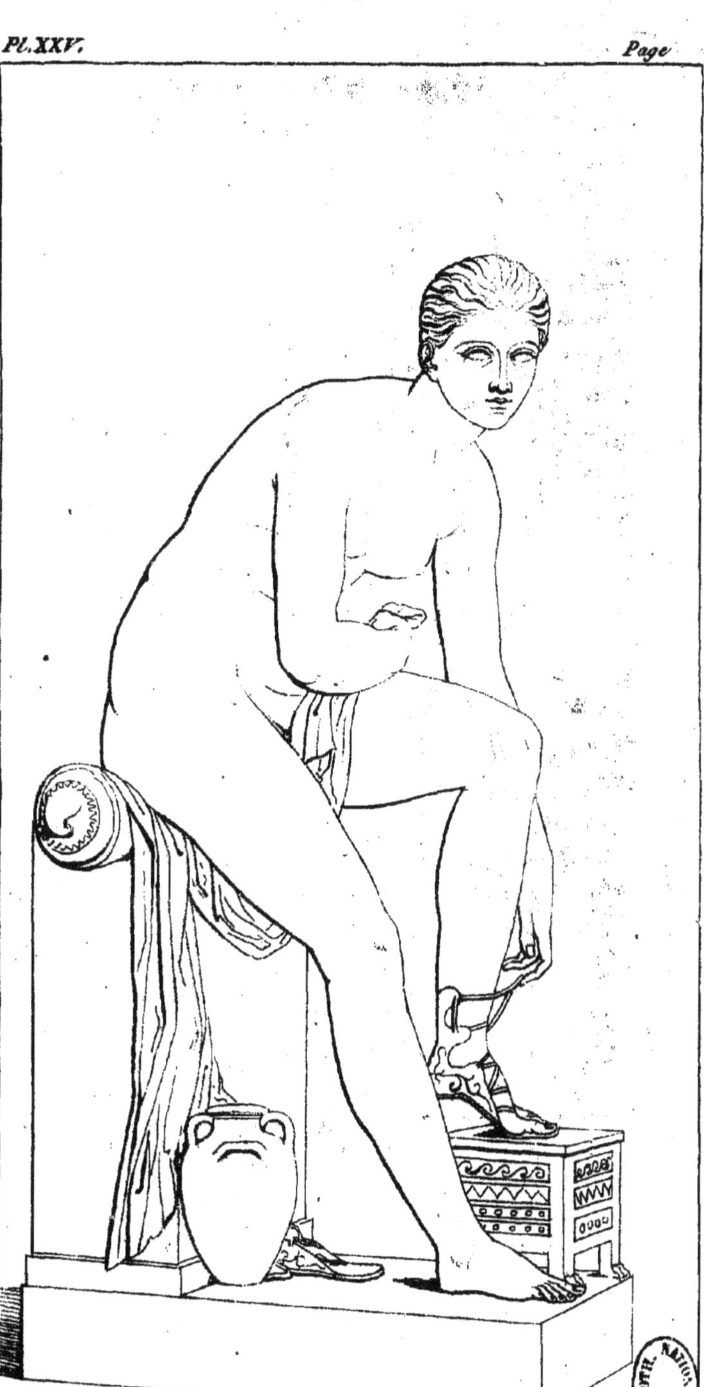

Femme Grecque qui va entrer au bain (d'après M. Espercieux)

défauts qu'au précédent ; mais le visage est sculpté avec soin, il est même d'un ciseau moelleux et agréable.

N°. 566. *Michel-Ange, Buste en Plâtre.*

N°. 567. *Le Général Vatrin ;* par M. Boichot.

Le premier de ces Bustes sec d'exécution, est d'une expresssion dure et sans noblesse, qui n'était pas celle de Michel-Ange.

Le Général Vatrin paraît ressemblant, mais il y a la même sécheresse dans la manière, les cheveux sont lourds, l'exécution en est extrêmement faible.

N°. 593. *Une Femme grecque se disposant à entrer dans le Bain ;* par Espercieux (Pl. XXV).

Les accessoires justifient le titre : le vase, la cassette étaient des meubles particuliers aux femmes grecques. Quelques monumens de la plus haute antiquité nous offrent des femmes au bain : on voit auprès d'elles un coffret pareil, s'ouvrant en dessus, et dont le couvercle était fixé par des charnières : il renfermait probablement les parfums, les strigiles, etc., etc.

Le vase d'une forme extrêmement simple, sans ornemens, se retrouve également sur les monumens antiques.

La chaussure, par le goût et l'élégance de ses formes, rappelle la chaussure grecque.

La figure est-elle grecque ? on serait tenté de le croire à la beauté du Galbe ; mais pour l'honneur des beautés françaises, et peut-être aussi pour le bonheur de l'artiste, j'aime à la croire française.

La Pose est gracieuse et simple, c'est-à-dire, qu'elle est vraie ; et cependant cette Pose, qui prête au développement de toutes les formes et les fait valoir, sans affectation, l'une par l'autre, n'avait pas encore été présentée sous ce rapport, c'est ce que les artistes appellent une Figure neuve.

Elle offrait de grandes difficultés, parce que rien n'y est sacrifié; parce que l'Etude d'une partie, n'y pouvait pas servir pour l'autre : tout y est contrasté, mais avec tant de simplicité, que nous ne sommes pas éloignés de croire que le sculpteur a pris la nature sur le fait.

Nous ne sommes ici que les échos de l'opinion publique: cette Figure a emporté la palme de l'Exposition: elle est du petit nombre de celles dont la sculpture moderne doit s'honorer.

On a sur-tout admiré l'accord parfait de toutes les parties, ce qui constitue ce mérite si rare et si peu connu des artistes modernes; je veux dire, celui de l'ensemble. Il y a variété dans le mouvement et unité dans le dessin des diverses parties.

La science anatomique, laquelle est la véritable pierre de touche du talent, est tellement observée, qu'à travers la mollesse des contours qui caractérisent une statue de femme, l'œil de l'anatomiste perce et se trouve satisfait.

C'est ainsi que dans les Statues même de Vénus rassemblées dans le Musée Napoléon, l'artiste instruit suit et découvre, sous le voile des chairs, toute l'expression anatomique, science indispensable et sans laquelle il faut renoncer à l'espoir des succès durables.

Cette Statue a dû long-temps occuper l'auteur : on ne parvient à ce degré de mérite, que par une profonde méditation et par un travail opiniâtre.

M. Espercieux est aujourd'hui du petit nombre des artistes penseurs et laborieux : il est du pays du Pujet, et il semble, par la fermeté de son caractère et par l'heureuse flexibilité de son talent, se proposer pour modèle, le Phidias de Marseille.

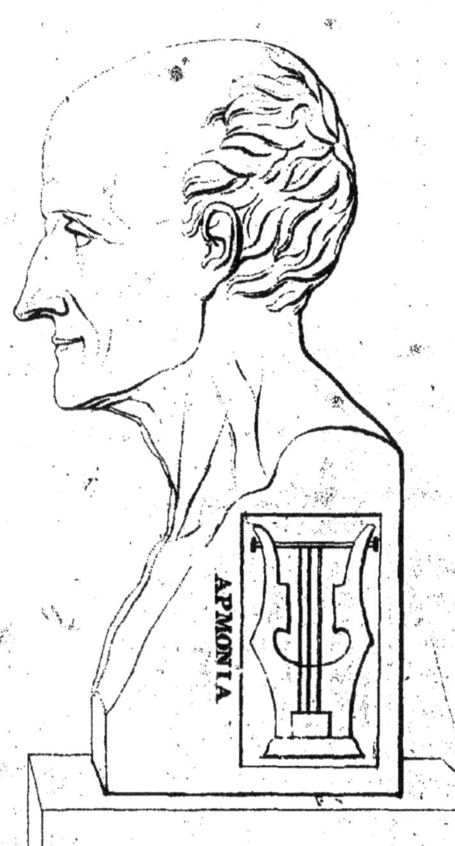

Ponce Denis Lebrun, de l'Institut National.
né le 11 Août 1729. (d'après le buste en marbre de M. Esperciеux)

N°. 695. *Molière, dans le costume de son temps*; par le même.

« Il tient d'une main sa Comédie du Misanthrope, et de l'autre le Masque comique dont il couvre la Statue de la Sagesse ».

N°. 596. *Racine*; par le même.

« Il tient sa Tragédie d'Iphigénie, et s'appuie sur la Statue d'Euripide ».

Ces deux figurines, en terre cuite, destinées à orner des bibliothèques, sont remarquables par le caractère, par l'expression, par la pensée. C'est une idée très-ingénieuse et très-vraie que celle qui place à côté de la Comédie la morale, et qui cache la Sagesse sous les traits de la Folie.

N°. 694. *Buste de Pindare Le Brun, Membre de l'Institut*, (Pl. XXVI).

Rien n'est moins aisé que de faire un Portrait. La plupart des Artistes ne représentent que le physique, la difficulté est de représenter le moral.

Pour rendre la physionomie d'un individu et sur-tout celle d'un homme supérieur, il faut, indépendamment du talent de Peintre ou de Statuaire, posséder cet esprit d'observation qui fait deviner le caractère et la pensée même. S'il s'agit d'un Fonctionnaire public, il faut saisir le moment de ses fonctions; s'il s'agit d'un Auteur, il faut saisir celui de l'inspiration.

Un Héros peut, dans quelques instans, avoir l'air d'un homme ordinaire; celui qui a le plus d'esprit ressemblera, dans d'autres instans, à un homme qui en aurait peu.

Il faut, en outre, exprimer non-seulement le caractère,

Bientôt avec Newton (1) au sein de la nature
Il plonge ; les cieux sont ouverts,
Et sa lyre inspirée au chantre d'Epicure
Annonce un nouvel univers (2).

Poète-amant, il veut que la corde amollie
Soupire ses tendres douleurs (3) :
Tibulle à ces accens rêve que pour Délie
Coulent et ses vers et ses pleurs.

Mais de quel trait aigu la malice homicide
Heureusement arme ses mots !
L'épigramme lui dit, « tu seras mon Alcide,
Va terrasser l'hydre des sots (4) » !

Que vois-je ? l'amour même à la troupe sacrée
Souffle ses funestes discords :
Chaque muse est jalouse, et leur flamme épurée
Prétend à d'uniques transports.

Phébus croit les calmer : « que sa vivante image,
Muses s'élève parmi vous ! »
Soudain pour achever cet immortel ouvrage
Renaissent leurs débats jaloux.

---

(1) Les fragmens d'un poëme sur la Nature, prouvent que M. Le Brun sait allier la plus haute philosophie à la plus sublime poésie.

(2) Il oppose aux rêveries de Lucrèce, les découvertes exactes d'une saine physique et les principes d'une morale épurée.

(3) Le public attend avec impatience un recueil d'Elégies du même auteur.

(4) Nul depuis Marot, Racine et J. B. Rousseau, n'a manié l'épigramme avec plus de force et de finesse. M. Le Mercier a dit fort heureusement :

S'il veut lancer un trait par Catulle aiguisé,
L'aiguillon sort en feu du carquois embrâsé.

Ils dureraient encor : sur la céleste cime
Apparaît l'auguste Pallas (1) :
« C'est à moi, leur dit-elle, à la raison sublime
Qu'on doit Homère et Phidias.

« L'imagination, cette vive courrière,
Devance en son vol l'Aquilon :
Qu'elle emporte le char ! je trace la carrière.
Oui : je suis la sœur d'Apollon ».

« Venez Espercieux ! à ma grace immortelle
Le Brun ajouta des attraits.
Du Poète à son tour, par votre main fidelle,
Minerve éternise les traits ».

N°. 609. *Claude Lorrain*; par M. Masson.

(*Buste en marbre exécuté pour la galerie du Musée Napoléon*).

Cette tête semble animée; elle est bien modelée et d'une exécution large, excepté les cheveux et les draperies, dont les masses et les plis sont trop petits et trop maigres; on ne sent pas assez comment le manteau est ajusté. Ce Buste est digne de l'Artiste habile auquel nous devons un *beau groupe*, *J.-J. Rousseau*, production capitale qui n'a été vue du public que pendant très-peu de temps.

N°. 599. *Une Baigneuse*; par Madame Giacomelli.

Cette figure, d'un style faible et peu sévère, est cependant

---

(1) On a voulu indiquer par cette fiction, que la raison sublime fait encore plus les grands poètes, que la vive imagination.

assez naturelle; elle a le caractère et les formes de son sexe, mais la position des jambes n'est pas heureuse, elles sont trop également placées, et représentent un A ou un compas ouvert; d'un autre côté elles ne sont pas aussi fortes l'une que l'autre.

N°. 571. *Le Colonel Morland, tué à la bataille d'Austerlitz. — Buste en plâtre plus fort que nature, fait d'après le corps injecté par M. Larrey ;* par Mademoiselle CHARPENTIER (Julie), aux Gobelins.

N°. 572. *M. Corbigny, Préfet du département de Loir et Cher. — Buste en plâtre ;* par la même.

N°. 573. *Un Bas-relief, représentant la ville de Blois avec ses attributs ;* par la même.

La Sculpture convient moins aux dames que la Peinture ; tous les travaux en sont rudes, et doivent répugner à leur délicatesse.

Le Buste du Colonel paraît trop fort pour la tête, et les moustaches sont lourdes; mais cette tête est si animée, et l'expression en est si martiale, qu'on croirait qu'elle est faite d'après un modèle vivant ; enfin les détails de l'habit sont rendus avec exactitude et avec soin ; l'Artiste en a tiré le meilleur parti possible.

572. Pour éviter les inconvéniens de l'habit français, qui désole les Sculpteurs, l'Artiste a drapé le Buste de M. Corbigny (1) avec un simple manteau, mais sans

---

(1) Préfet du département de Loir et Cher, qui laissera le nom d'un Administrateur actif et habile.

en tirer un heureux parti ; il est trop tendu sur la poitrine, qu'il coupe par une ligne désagréable ; et sans produire de beaux plis, il ne laisse pas sentir le nud ; il est mieux ajusté sur l'épaule, celle qui est découverte est d'une nature trop maigre.

573. Le bas-relief est assez bien composé, mais le style en est trop rond et manque de sévérité ; on voit que l'Artiste n'a pas assez étudié les figures antiques ; les accessoires sont mieux traités.

N°. 576. *Une jeune Personne assise, donne à manger à des petits Oiseaux* ; par M. Clodion.

(*Cette figure est un prix d'encouragement*).

Cette statue n'est pas celle d'*une jeune personne* ; sa taille et ses formes, bien développées, sont celles d'une femme de vingt à vingt-quatre ans au moins, et l'on avouera que l'occupation de donner à manger à des petits oiseaux, qui ne serait intéressante et naïve que pour une jeune fille, devient trop puérile pour une personne de cet âge ; d'ailleurs on pourrait demander pourquoi elle est toute nue, son action, ni rien de ce qui l'entoure, ne demande ici *l'absence du costume* ; sans doute rien ne fait mieux ressortir le talent d'un Artiste, et ne charme davantage les yeux du spectateur, que le corps d'une belle femme ; mais il faut que cette nudité soit motivée par une action ou de quelque manière que ce soit, et cette action n'est pas très-difficile à trouver ; ainsi les statues des Déesses, celle de Psyché, des Nymphes, des Nayades, des Baigneuses, etc., doivent être nues ; plusieurs autres sujets peuvent encore fournir à un Artiste intelligent ce moyen de développer la science et le moelleux du ciseau ; mais rien ne peut expliquer comment une jeune fille de 20 ans se trouverait déshabillée pour donner à manger à des petits oiseaux.

La pose de cette figure est assez gracieuse, la tête est jolie et même plus jeune que le corps, mais les jambes ne sont pas assez coulantes pour celles d'une femme, elles sont plutôt celles d'un jeune homme.

On se rappelle que M. Clodion a commencé par traiter des figurines, des vases, des objets de décoration dans des proportions réduites, où la sévérité du style semble moins exigée.

A l'époque où son ciseau prit cette direction, il devait se contenter d'être gracieux, il le fut, et il réussit d'autant mieux à plaire, qu'il faisait sortir ce genre de sculpture du cercle des bambochades et des grotesques, dans lequel la barbarie l'avait renfermé. M. Clodion, dans un âge où l'on ne change guère de manière, a cherché à s'élever jusqu'au style sévère qui s'est introduit dans l'Ecole, et qui lui donne tant de lustre; cependant il réussira mieux dans les figures de petites proportions.

N°. 597. *Buste de S. Em. le Cardinal Maury*; par le même.

Le Cardinal Maury est assez ressemblant; mais pourquoi lui avoir fait le sourcil froncé et les lèvres serrées, comme s'il était de mauvaise humeur; enfin c'est un buste médiocre: son air affaissé ne rappèle pas le talent vigoureux de cet Orateur plein de verve et de chaleur.

N°. 568. *Joseph Vernet. — Buste en marbre, exécuté pour la galerie du Musée Napoléon*; par le même.

Ce Buste est très-ressemblant, il est en outre d'une exécution ferme, et cependant soignée, on le distinguera parmi les nombreuses productions de M. Boizot, l'un des Sculpteurs qui aient le plus travaillé. Nous regrettons que par suite de la méprise d'un Dessinateur, on ait gravé le Buste de Paul Véronèse, au lieu de celui-ci, qui doit inspirer plus d'intérêt.

Le Buste de Vernet, en qualité de Français, de contempo-

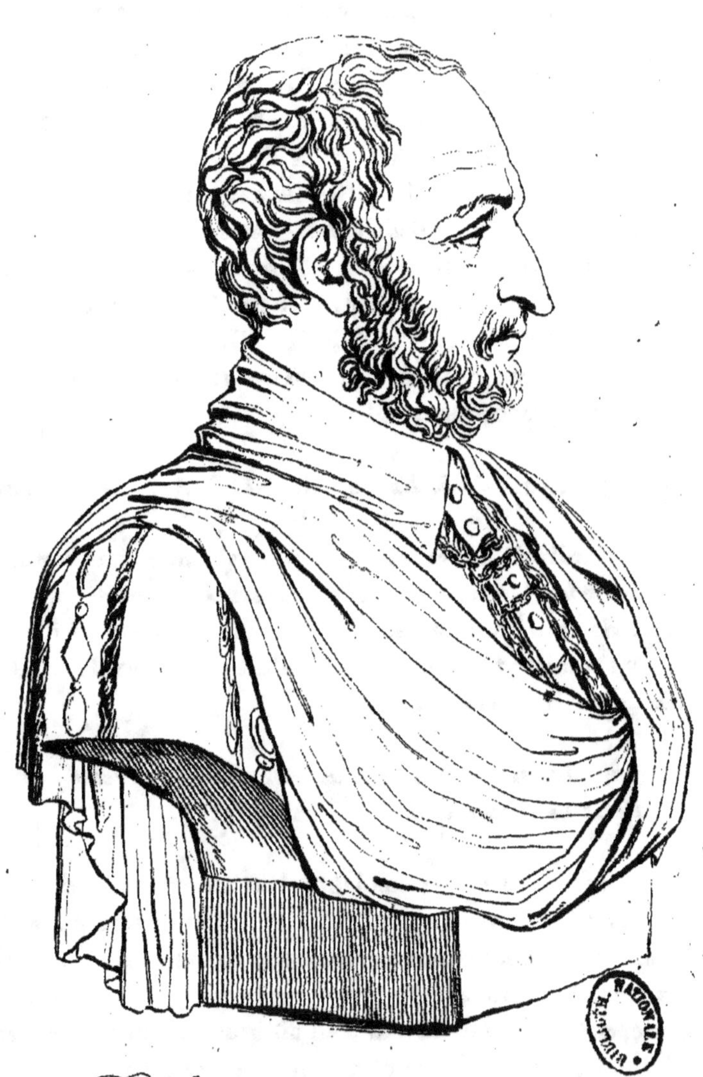

Paul Véronèse. (d'après le Buste en marbre de M. Delaistre.)

rain et d'homme de génie, avait des droits plus mérités, plus étendus à notre admiration. Vernet a créé son genre et sa manière; ce genre ajoutait à la gloire de la Nation, cette manière augmentait les richesses et les modèles de l'Art.

Vernet n'a pas eu et n'aura peut-être jamais de Rival.

Nous consacrerons, dans la suite du Pausanias, un article à la mémoire de cet Homme illustre.

N°. 584. *Paul Veronèse; buste en marbre.*

N°. 585. *Un buste de jeune fille, en terre cuite;* par M. Delaistre.

Le Buste de Paul Veronèse est d'un grand style, et les plans sont accusés largement, la tête est d'un beau caractère, la draperie heureusement ajustée et ses plis coulans et larges; cependant la barbe et les cheveux sont traités par trop petites masses, et paraissent sèchement faits. Je retrouve ici la manière un peu aride que M. Delaistre avait prise de son maître Vasse, qui la tenait lui-même de Bouchardon; mais M. Delaistre a changé depuis cette manière contre un plus grand style. Ses progrès, depuis l'exécution du tombeau du curé de Saint-André-des-Arcs, jusqu'au buste de Paul Veronèse sont marqués et rapides; ce Buste nous paraît son plus bel ouvrage, et mérite d'être distingué.

Le Buste en terre cuite, sous le n°. 585, est modelé d'après une très-jolie personne. Les cheveux bouclés avec élégance accompagnent heureurement cette charmante figure.

N°. 582. *Statue du général Caffarelli-Dufalga;* par M. Corbet, élève de feu M***. Berruer.

Cette Statue exécutée par ordre du Sénat appartient à l'Auteur.

Cette Figure n'a pas l'air assez martial pour représenter un général tel que Caffarelli ; il est trop chargé de draperies accumulées l'une sur l'autre sans motifs, et sa main posée sur toutes, semblerait indiquer qu'il empêche le sang de sortir d'une blessure. Mais cette figure est modelée avec soin, sur-tout les mains.

N°. 583. *Buste en marbre du général Berraud ; exécuté pour le Gouvernement.*

Les traits de cette Tête sont tranquilles, la bouche est sèchement faite, l'exécution en général est soignée, les cheveux sont disposés artistement, bien massés et sculptés avec soin.

N°. 590. *S. M. l'Empereur.*

N°. 591. *Ovide écrivant l'Art d'aimer.*

N°. 592. *Sapho, inspirée par l'Amour, écrit à Phaon ;* par M. Duret.

Toutes ces Figures sont en pied. Celle de l'Empereur est un peu longue et maigre.

La Statue sous le nom d'Ovide est plutôt une Figure académique que celle de ce poëte ; Il avait plus de quarante ans lorsqu'il écrivit son Art d'aimer, et le statuaire dans cette action l'a représenté âgé de dix-huit à vingt ans au plus, car son visage et ses formes sont ceux d'un très-jeune homme ; d'ailleurs, son expression est trop froide pour un poëte qui a consacré tous ses vers aux Amours, et sur-tout lorsqu'il écrit l'Art d'aimer. Au reste, cette Figure, quoique dans un genre un peu colifichet, est d'un style gracieux, coulant, et l'idée de faire tenir par un Amour cette espèce de coquillage univalve nommé *concha veneris* en guise d'encrier dans lequel Ovide trempe son stilet, ne peut être piquante puisqu'elle n'est pas juste ; les anciens n'écrivaient avec cette espèce de poinçon ou de pointe, que sur des tablettes enduites de cire (1), et n'avaient besoin par conséquent d'aucune sorte de liquide. Au reste, cet enfant est tout-à-fait manqué. La Statue allégorique qui sert en quelque sorte de pupitre au poëte est assez ingénieuse, et fait connaître le genre des différens ouvrages d'Ovide.

La Figure de Sapho n'est pas d'une belle exécution ; elle est longue et maigre, la tête est petite, et les jambes longues ainsi que les pieds ; le bras droit est d'une forme désagréable et la main est courte. L'enfant n'est pas mieux que celui qui accompagne l'Ovide. Ces Amours sont malheureux.

N°. 586. *Buste de S. S. Pie VII*, par M. Deseine.

N°. 587. *M. Clément de Ris, Sénateur, Préteur du Sénat*; par le même.

N°. 588. *Une petite Flore, portrait*; par le même.

N°. 589. *Projet d'un monument à la mémoire de Bossuet*; par le même.

Le buste du S. Père, quoique ressemblant, ne rend pas ce mélange de finesse et de bonté qui caractérisent sa physionomie.

Le buste de M. Clément de Ris est composé avec trop de roideur, mais il est exécuté avec soin, sur-tout dans les détails et les dentelles ; le mausolée de Bossuet n'est qu'une esquisse croquée, la composition rappelle le mau-

---

(1) « Les lettres furent d'abord tracées sur la Pierre, l'Airain, le Plomb et le Bois. Ensuite on se servit de Peaux, d'Ecorces d'arbre, de Feuilles, sur-tout de celles du Palmier, de tablettes enduites de cire, de la Toile, du Vélin et du Papyrus d'Egypte. Le Ciseau, le Burin, le Pinceau furent les instrumens employés pour écrire ».

solée du Cardinal de Fleury, qui était à Saint-Louis-du-Louvre, et celui du curé de Saint-Sulpice que l'on voyait dans une chapelle de cette paroisse : on pourrait y désirer un plus grand style d'architecture, sur-tout dans le sarcophage; enfin, Bossuet a l'air d'un Apôtre, d'un Père missionnaire : je cherche cette physionomie ferme, caractéristique qui appartient à l'aigle de l'éloquence.

N°. 565. *Un cadre renfermant plusieurs portraits en cire, en ivoire, en schiste tabulaire, en stéatite et en métal fusible;* par M. Babouot.

Cette miniature sculptée est exécutée autant bien que ce genre peut le comporter.

N°. 613. *Un cadre renfermant plusieurs bas-reliefs, sujet de Mythologie, d'Histoire et de portraits;* par M. Renaud.

Tous ces ouvrages sont modelés avec finesse et esprit, quelques-uns exécutés avec soin et délicatesse.

CONCLUSION.

Les morceaux de sculpture exposés au salon, sont, à l'exception d'un petit nombre, généralement faibles (1); mais ce qui pourrait d'abord faire craindre que ce bel art ne perdît de son éclat, est le signe le plus sûr de sa prospérité : en effet, s'il y a peu de belles sculptures au salon, c'est que plusieurs artistes célèbres sont employés utilement à de grands travaux publics, où ils peuvent déployer toute

---

(1) On s'aperçoit que MM. Chaudet, Cartelier, Moitte, Lemot, etc., n'ont pas exposé.

l'étendue de leurs talens comme sur un magnifique théâtre. D'un autre côté, cette grande abondance de *tableaux*, de *portraits*, etc. que l'on a vus, prouve au contraire que les Peintres ne sont pas assez employés; en effet, excepté ceux que le Gouvernement fait travailler, aucun Peintre d'histoire n'est encouragé par le luxe particulier, ils sont tous reduits à faire des portraits. Plusieurs causes contribuent à cette véritable calamité pour les arts, et en les frappant d'inutilité, ferment également plusieurs sources de la prospérité publique; car le goût des arts, la noble passion du beau dans tous les genres, influent beaucoup plus qu'on ne saurait le croire, sur le sort des particuliers comme sur la gloire des empires; voilà pourquoi la politique d'accord avec la morale et le commerce, n'a jamais cessé de les encourager, non-seulement par elle-même, mais encore par le mouvement imprimé à l'opinion publique.

Or, la première des causes qui défavorise ici la peinture historique, c'est l'insouciance de l'opinion publique. N'existe-t-il donc plus de ces amateurs généreux qui font servir une grande fortune à de grandes choses. C'est par là que le caractère d'une nation s'élève, c'est par là que le peuple Anglais s'est distingué. Rien n'a plus contribué chez eux aux succès des arts mécaniques, aux prodiges de l'industrie en général, que la direction du luxe particulier vers un but d'utilité générale. C'est à leur exemple que s'est formée en France une société qui se propose d'atteindre le même but dans les arts industriels. Ne fera-t-on pas la même chose pour les beaux arts?

Quelque homme puissant et jaloux d'obtenir dans la postérité le rang de bienfaiteur des arts, n'imitera-t-il pas les Larochefoucauld, les Caylus, dont la maison était pour ainsi dire un temple ouvert et consacré à tous les arts, à toutes les sciences, où le génie de l'humanité était en quelque sorte le dieu du sanctuaire.

Mais que dis-je, et pourquoi aller chercher hors de ces

tems d'illustres exemples. Ne se sont-elles pas déjà réalisées au milieu de nous ces vues généreuses et qui ne peuvent appartenir qu'à des hommes élevés, soit par leur place, soit par leur caractère au-dessus des autres. Un ministre de l'intérieur, le Sénateur Lucien Bonaparte n'a-t-il pas imprimé aux arts du dessin, le plus grand mouvement, par le seul goût qu'il a montré en homme instruit et en homme d'état? Un négociant de Bordeaux, M. Fonfrède, n'avait-il pas suivi à grands pas cette noble direction? Faut-il rappeler ce que firent M. Seguin et plusieurs autres personnes qui ont du moins l'honorable satisfaction d'avoir fait un digne emploi de la fortune. C'est alors qu'il visite de pareils hommes, que Plutus cesse d'être aveugle. Hélas! pourquoi ne reste-t-il plus que les ruines de l'édifice qu'ils commençaient à élever en l'honneur des arts, ou plutôt d'eux-mêmes.

Mais il sera achevé, cet édifice, n'en doutez pas. Il suffit d'abord, pour enflammer l'opinion publique, de l'exemple que donne le Gouvernement, qui, semblable à Minerve, préside à-la-fois à la victoire et aux arts. C'est aux écrivains ensuite qu'il appartient d'éveiller de plus en plus le goût général, de ramener aux plaisirs délicats, aux jouissances épurées de l'intelligence, cette foule égarée qui se plonge dans des plaisirs grossiers et purement sensuels; plaisirs que par un travers bien offensant pour la noble destination de l'homme, on a tourné en mode; que dis-je, en bienséance d'appareil.

Nous nous proposons de seconder de nos faibles moyens, les intentions du Chef Auguste de l'Empire, lorsque la nouvelle Rome efface non-seulement les triomphes, mais encore les chef-d'œuvres qu'étalait la ville des arts, jusqu'ici sans rivale.

Puisse par là ce faible ouvrage justifier l'accueil qu'il a trouvé auprès des véritables amis des arts.

Lorsque nous parlerons de l'architecture, nous établirons la nécessité de réconcilier trois sœurs qui ne peuvent jamais être divisées sans se nuire, je veux dire la sculpture, la peinture et l'architecture. Ce sont les trois graces qui se tiennent par la main.

En Italie, l'architecture offrit constamment le plus vaste théâtre à la sculpture et à la peinture, et c'est à cette généreuse émulation d'efforts que l'on dut les chef-d'œuvres des grands maîtres.

Ces chef-d'œuvres forment aujourd'hui une partie de la fortune de ces belles contrées ; ils n'auraient point existé cependant, si le système adopté par les architectes de nos jours, et qui consiste à briller seuls et sans rivaux, n'avait pas été rejeté à-la-fois par l'intérêt des arts, par les lois du goût, et par le calcul d'une politique éclairée.

ARCHITECTURE.

RÉFLEXIONS PRÉLIMINAIRES.

Un Théâtre plus vaste et véritablement héroïque, vient d'être ouvert à l'Architecture. Nous y transporterons nos lecteurs par la pensée, mais en attendant que les matériaux de ce travail, qui doit être le complément de celui-ci, soient rassemblés, jetons un coup-d'œil rapide sur l'exposition qui a eu lieu au Salon.

Nous avons remarqué avec plaisir que plusieurs Artistes reprenaient la route de la simplicité antique. L'Architecture est un Art sévère qui n'admet point de frivoles ornemens. Nous avons vu le temps où la manie de la décoration allait renverser par la plus ruineuse bisarrerie, les principes avoués par le goût, c'est-à-dire par la raison.

De tous les artistes, les architectes sont ceux à qui l'on doit le plus souvent rappeler cet axiome :

Tout doit tendre au bon sens. BOILEAU.

En effet, de toutes les sottises, une sottise en pierre est celle qui coûte le plus cher et qui dure le plus long-temps.

Une des causes qui avaient le plus contribué à perdre l'Architecture et à la corrompre c'était *l'envie de briller* et de rivaliser avec un Art dont le domaine est séparé du sien ; de sorte que l'Artiste ruinait à-la-fois et les particuliers et l'Art lui-même. Si quelques-uns de nos Architectes avaient existé sous le régime des Ediles, ils auraient été accusés plus d'une fois ; ils eussent été condamnés, sans doute, à ce tribunal. Un Edile aurait pu leur dire :

Un décorateur n'est qu'un comédien. *Les lazzi* du crayon font sur un plan sage le même effet que des *roulades* sur un chant pur. L'Architecture est un Art ou plutôt une Science, dont le premier caractère est l'utilité morale.

La simplicité est inséparable de l'utilité. Si le goût permet quelques ornemens, ils peuvent avoir place parmi les détails, pour établir ainsi une variété sobre et toujours subordonnée à l'unité de l'ensemble, dont rien ne doit interrompre le calme. La muse de l'Architecture est une matrone austère et non pas une courtisane. Parlons sans figure. Vous avez renoncé à la simplicité grecque : cette simplicité, c'est la perfection de l'Art, elle n'exclut pas une noble élégance, elle en est le type. Vous prodiguez l'extraordinaire, les ornemens, le superflu ; quand on en est là, on est près du dernier degré de la corruption de l'Art. Cette fausse délicatesse, ces caprices d'imagination, qu'on appelle fort improprement du génie, vous conduisent aux chimères arabesques, et celles-ci aux monstruosités gothiques au-dessous desquelles il n'y a rien.

Mais vous voulez être Peintre ; eh ! soyez Architecte. Que chacun fasse son métier. Votre papier n'est pas une toile, vous n'y tracerez jamais que des enluminures, des images.

Votre toile à vous, c'est le sol sur lequel vous élevez des édifices durables. La solidité, voilà votre première loi physique, votre première loi morale ».

« Le caractère d'un Monument doit se tirer de sa destination.

En cherchant à devenir Peintre, vous cesserez d'être Architecte, et vous ne serez pas un Peintre. Celui-ci a toutes les lignes à sa disposition, et par conséquent toutes les formes; il employe sur-tout la ligne ondoyante qui vous est interdite, *il exprime le mouvement*, et *vous devez exprimer l'immobilité*, de-là dérivent vos lignes et vos formes rigoureusement déterminées par des types consacrés ».

« Mais il ne suffit pas d'employer ces élémens, il faut les combiner selon leur relation. Autrement vous plongeriez dans le chaos un Art dont l'Ordre est l'ame et l'essence ».

« Il est difficile sans doute de ne faire que ce qu'on doit faire, et comme on doit le faire. Mais je le répète, l'Architecture est un Art ou plutôt une science de raison, et dès qu'on met ici l'imagination à la place de la raison, tous les genres sont confondus, toutes les barrières sont renversées, le goût est méconnu, le bon sens immolé, le génie s'égare, le caprice et la bizarrerie, c'est-à-dire tous les excès, tous les abus prennent la place des règles, l'empire des Arts se précipite alors dans l'anarchie ».

Nous aurons sans doute plus d'une fois l'occasion de faire l'application de ces réflexions dans le cours de nos observations; malheureux de blâmer quelquefois, heureux d'avoir souvent à louer, nous ne pouvons être soutenus dans cette carrière difficile que par notre amour pour les Arts libéraux, par notre estime pour les grands Artistes, dont l'amitié et les suffrages nous honorent, et sur-tout par la consolante certitude d'avoir été obscurément utiles et d'avoir contribué à diminuer, autant qu'il était en notre pouvoir, cette masse de préjugés et d'erreurs dont le domaine des beaux Arts n'est pas lui-même exempt. Il en est des erreurs comme de ces

Lichens qui croissent jusques sur les arbres les plus robustes.

N°. 620. *Modèle d'un Trophée militaire, ou Colonne à la gloire de Sa Majesté l'Empereur et de la Grande-Armée, composée entièrement de canons et de projectiles pris à Vienne et à Austerlitz;* par M. BOURDIN, Capitaine au Corps Impérial d'Artillerie.

Voici une exception à la rigueur des principes que j'énonçais tout-à-l'heure; mais c'est une exception, et sur-tout elle est heureuse.

Dans les siècles passés, et sur-tout sous Louis XIV, plusieurs Architectes voulurent créer un nouvel ordre d'Architecture : leurs essais furent désavoués par le goût.

M. Bourdin a résolu ce problême difficile d'une manière inattendue et qui tient du génie. Ce nouvel ordre de colonne pourrait s'appeler L'ORDRE NAPOLÉON : il dépasserait, comme ce Héros, toutes les proportions connues, et les matériaux mêmes seraient à-la-fois les résultats et, pour ainsi dire, les témoins et les héraults de sa gloire.

Cette composition est absolument neuve, et digne d'un architecte militaire. La colonne est d'une forme assez svelte et d'un aspect imposant; mais il ne fallait pas mettre aux quatre angles de la place des guerriers armés de pied en cap, comme dans les temps de la Chevalerie; car c'est à-la-fois un contre-sens et un anachronisme, puisque c'est précisément l'usage de l'artillerie qui a détruit ces sortes d'armures. Au reste, c'est un léger changement à faire : ces accessoires ne tiennent pas au Monument principal.

N°. 622. *Plan, Coupe et Elévation d'une Salle de Spectacle;* par DÉTOURNELLE.

N°. 623. *Plan, Coupe et Elévation d'une Fontaine de la paix et des arts;* par le même.

(Elle s'exécute maintenant sur la place St.-Sulpice).

624. *Plusieurs Cadres renfermant la vingtième et dernière livraison d'un volume des grands Prix d'Architecture*; publié par DÉTOURNELLE ET VAUDOYER, avec frontispice, même numéro.

N.° 625. *Epreuves du Recueil d'Architecture de* DÉTOURNELLE; colorié par GENAIN, sous le même numéro.

M. Détournelle est un des nos artistes les plus laborieux: il semble consacrer ses talens à faire valoir ceux des autres. Il a sacrifié sa fortune et ses veilles à faire connaître, par d'immenses travaux et par des gravures, les ouvrages de ses contemporains, dont les essais demeureraient, sans son activité, ensevelis dans l'oubli, qui dévore non-seulement des productions estimables, mais des chef-d'œuvres même, lorsque l'occasion de les faire connaître, ou d'en rappeler le souvenir, a manqué.

D'ailleurs, il faut le remarquer, les prodiges se pressent tellement, que l'attention publique, occupée toute entière par ces grands objets, ne peut descendre facilement à ceux qui, malgré l'intérêt dont ils sont entourés, sont loin d'exercer une séduction aussi puissante, aussi générale.

Ce recueil doit plaire aux amis des Arts.

La Collection des grands Prix d'Architecture, des divers Projets des Artistes qui ont concouru pour les monumens publics, etc., etc., offrent la plus piquante variété. Ici on remarque des Dessins et des Colonnes qui font honneur à MM. Caraffe et Détournelle. Là c'est un Arc de triomphe, par M. Sobre : l'ensemble a des beautés. Les figures, sur la saillie de l'entablement, donnent un air de grandiose au monument; mais les colonnes chargées de bas reliefs, font un effet désagréable sur un fond lisse.

En général, tous les ouvrages de cette Collection méritent des éloges, quoiqu'ils ne soient pas sans défauts.

Le Projet d'une Salle de Spectacle offre des idées neuves, revêtues d'un style agréable.

La Fontaine de la Paix et des Arts se recommande par une forme simple, par un style assez pur. Cependant le corps de cette Fontaine est trop petit pour porter un fronton, qui ne convient en général qu'à de grands pérystiles. Ce monument est grêle pour la place qu'il doit occuper; le grand édifice qui est en face l'écrasera. Ce bassin carré, sur des pieds, n'offre pas un effet agréable, et les quatre petits bassins, en demi cercle, sont mesquins. Le reste est bien composé : cette Fontaine sera ornée par les talens de M. Espercieux.

Une Fontaine décorée par une Muse qui pince la lyre, offre une décoration peu caractéristique. Cette idée, qui appartient à l'Architecte, me parait tirée de loin, et le ...t ne peut en être racheté que par le mérite de l'exécution.

N°. 925. La Copie de la Porte du Cimetière de St.-Sulpice, dont l'invention est de Maclaurin, n'est pas coloriée avec assez de soin. L'Architecture sur-tout manque du ton nécessaire pour faire ressortir les détails de ce Monument pittoresque. Au surplus, c'est rendre un grand service à l'Art, que de conserver au moins le dessin de ce Monument qu'on allait abattre.

N°. 228. *Arc érigé en l'honneur de Trajan, dans la ville de Bénévent.*

N°. 229. *Temple de Minerve, dans la ville d'Assise, en Ombrie.*

N°. 360. *Architecture Toscane, ou Palais, Maisons et autres Edifices de ce pays ;* par Famin et Grangean, pensionnaires de l'Ecole de France à Rome.

Ces dessins purs et soignés sont d'u beau coloris; leur

ton chaud, riche, moelleux imite la nature ; l'effet en est agréable et vrai : enfin, ces dessins sont plutôt coloriés en Peintre, que lavés en Architecte.

N°. 635. *Plan, Coupe et Elévation d'un Projet d'Hôpital pour les pauvres Orphelins des deux sexes* ; par GRANDJEAN, Pensionnaire de l'Ecole de France à Rome.

Ce projet paraît remplir, d'une manière avantageuse et utile, sa destination : les distributions en sont commodes et bien ordonnées ; enfin, l'architecture et ses ornemens présentent le style convenable à l'emploi de cet édifice.

N°. 636. *Plan de l'Eglise de la Madeleine, rendu au Culte* ; par PETIT RADEL.

Projet pour terminer ce Monument, en conservant toutefois tout ce qu'il est possible de conserver des anciennes constructions.

N°. 637. *Coupe et Elévation de ce Monument* ; par le même.

N°. 638. *Vue et Perspective de ce Monument, prise au milieu de son entrée* ; par le même.

Le programme de la destination Héroïque de ce Monument oblige l'Auteur de remettre son projet à la fonte ; cependant M. Petit Radel, malgré cette autre destination, a du moins eu le mérite de pressentir une des principales conditions imposées par le programme. Dans un plan d'une belle simplicité ; il a eu le bon esprit de conserver les anciennes constructions ; mais les détails ne sont pas d'un style assez pur : l'autel est maigre et d'un mauvais goût : cependant, le piedestal sur lequel la Sainte est posée, au milieu du dôme, nous paraît pittoresque. La couronne de fruits, à la voûte, est une décoration nouvelle, et cette invention me semble heureuse et d'un effet agréable.

N°. 642. *Plan et élévation d'un projet pour placer la Banque de France, le Tribunal de Commerce et la Bourse dans les constructions de la nouvelle église de la Madeleine*; par M. Vignon.

Projet à refondre.

C'était d'ailleurs un projet mal conçu dans le principe, quoiqu'ingénieux dans les détails. La situation de l'édifice à l'une des extrémités de l'immense ville de Paris, aurait été fort incommode pour tous les gens d'affaire et de commerce qui auraient été forcés de s'y transporter.

N°. 626. *Un Arc de triomphe.*
N°. 627. *Une Façade pour le Corps Législatif*; par M. Dumanet.

L'Arc de triomphe est d'une forme agréable et d'une belle apparence, mais n'offre rien de nouveau. Comme il est couvert de bas-reliefs, lorsqu'on approche de près pour en considérer les détails, l'œil est fatigué sans être satisfait, parce que l'artiste n'a pas laissé de repos ni de lisse dans sa compotion.

La façade du Corps Législatif est d'une ordonnance sage et même un peu trop simple, et la quantité de colonnes trop rapprochées, fatigue la vue et pourrait devenir incommode : le style est noble et majestueux.

N°. 643. *Vue perspective d'un Arc de triomphe, aquarelle*; par M. Voinier.

Cette composition plait par l'ensemble et les détails; mais

les petites galeries ne pourraient subsister sans être aussi désagréables à la vue qu'embarrassantes pour le passage; d'ailleurs, elles diminuent à l'œil la solidité du monument ainsi que son effet imposant et majestueux.

N°. 705. *Plusieurs Dessins. Projet de décoration pour la grande salle de l'hôtel-de-ville de Lyon*; par M. Gay.

Explication du Sujet donnée par l'Auteur.

Le grand bas-relief qui sert de frise renferme les Portraits des Lyonnais célébres.

Les murs trop nus sont d'un effet désagréable et pauvre, sur-tout par le contraste de la frise tellement chargée d'ornemens qu'elle en est confuse. Ces ornemens d'ailleurs sont riches, et les détails en sont bien motivés; mais les bouquets de palmes ou de plumes ne sont pas d'un goût assez pur: le dessin du plafond est très-beau, les couleurs en sont seulement trop dures; la multitude des marbres noirs et blancs du plancher fatigue l'œil; les draperies du dais n'offrent pas un effet assez somptueux.

Les décors des portes et de la cheminée sont du meilleur goût; le style en est élégant, les Figures paraissent sveltes et bien dessinées.

GRAVURE EN TAILLE DOUCE.

N°. 653. *Orphée et Eurydice, d'après le Poussin*; par M. Bovinet.

N°. 654. *Le Chansonnier, d'après Van-Ostade*; par le même.

N°. 655. *La Sainte-Cécile, d'après Raphaël*; par le même.

N°. 656. *La Vierge au linge, d'après Raphaël;* par le même.

N°. 657. *L'enlèvement de Ganimède, d'après le Sueur;* par le même.

N°, 658. *La Grappe de la terre promise, d'après le Poussin;* par le même.

N°. 659. *Un Brouillard, d'après Vernet;* par le même.

Ces trois dernières gravures, ainsi que quelques-unes, sous les noms de MM. Masquelier, Niquet et Pigeon, font partie de l'ouvrage publié par MM. Filhol et Compagnie, sous le titre de Galerie du Musée Napoléon.

Parlons d'abord de cette belle et magnifique entreprise. C'est ici que se manifeste toute l'importance de la gravure.

En un instant et comme par la plus ravissante féerie, les trésors de plusieurs contrées et de plusieurs siècles, que la magnificence du génie a rassemblés, non pour une vaine ostentation, mais pour une utilité directe et générale, pour une instruction féconde et réelle, reparaissent devant vous, deviennent en quelque sorte votre propriété particulière. Si vous êtes riche, ils égalent presque en cette occasion, votre fortune à celle des Rois, et honorent votre luxe noble et vos jouissances libérales; si les talens seuls forment votre fortune, en vous enrichissant des chef-d'œuvres de l'Art, ils vous disposent à les imiter.

Ils établissent enfin, en quelque sorte, une espèce de société intime, entre vous et tous les grands Artistes anciens. Ils cessent alors d'être rivaux, pour la première fois peut-être, et vous confient sans un mouvement de jalousie ou du moins de réserve, les secrets les plus intimes, les moyens les plus sûrs d'atteindre leur supériorité (1).

Tel est au premier coup d'œil l'avantage de ces grandes

---

(1) On l'a dit, *longum iter per præcepta, breve per exempla.*

entreprises de Gravure, à l'aide desquelles un particulier, que dis-je, une infinité de particuliers parcourent sans sortir de chez eux toutes les Galeries, tous les Musées de l'Europe, tous les monumens des quatre parties du monde, et dont le Musée Napoléon rassemble à lui seul les richesses les plus nombreuses et les plus rares.

Mais ensuite quelle source avantageuse pour le commerce, et par conséquent combien sont augmentés les moyens d'existence et de bonheur! que d'ateliers en activité, que de familles alimentées par les Arts.

Quels nouveaux et quels innocens tributs levés sur l'Etranger, dont les prétentions sont ici vaincues comme en tout, et que l'insdustrie française va sous les regards féconds du Héros qui préside aux Arts, subjuguer aussi rapidement que l'ont fait nos armes.

De pareilles entreprises ne doivent pas être abandonnées à la médiocrité qui ravale toujours les proportions du génie, qui met à la place de ses conceptions sublimes, les étroites dimensions d'un intérêt mesquin, étranger aux Arts, et change ainsi une spéculation d'utilité générale en une spéculation sordidement personnelle.

La belle entreprise de M. Filhol et Compagnie, mérite d'être distinguée de celles qui n'offrent pour ainsi dire que la caricature du Musée.

Les dimensions des Gravures, les noms des Artistes, les soins des Entrepreneurs, tout semble devoir concourir à son succès, pourvu qu'ils se rendent de plus en plus sévères, pourvu que la Gloire les intéresse autant que la fortune.

Revenons à l'artiste dont le nom ouvre cet article.

Toutes ces Gravures faites d'après de superbes Tableaux, traduisent leurs originaux avec assez de vérité pour le dessin; elles sont d'ailleurs d'une exécution ferme et hardie; mais pour viser à l'effet, elles donnent trop dans le noir, et approchent de la sécheresse.

On desire du moelleux, de la transparence, sur-tout dans les fonds. Les feuillés, les fabriques et les autres détails sont d'un burin plus agréable. Cependant le travail des tailles semble un peu trop égal.

N°. 645. *Portrait de S. M. l'Empereur*; par M. Audouin.

Cette planche appartient à l'Auteur.

N°. 446. *Melpomène, Erato, Polymnie, d'après le Sueur*; par le même.

N°. 647. *Sujet de genre, d'après Nature*; par le même.

N°. 648. *Raphaël et son maître d'armes, d'après Raphaël*; par le même.

Ces gravures sont d'un burin ferme et propre, les deux derniers sentent bien la Couleur.

Je ne puis blâmer que le choix du dernier sujet. Il ne faut traduire que les modèles utiles et en gravure sur-tout, dans cette traduction qui exige des soins longs et laborieux, enfin une dépense de temps considérable, cette régle est bien plus de rigueur.

Le Graveur multiplie les productions des Arts, et les popularise en quelque sorte. Cet avantage est trop important pour qu'on puisse en négliger les conséquences.

Il ne suffit donc pas d'exécuter et de choisir sous le rapport de l'Art, il faut encore se proposer d'être utile; à mérite égal de dessin, les compositions historiques et morales doivent obtenir la préférence.

N°. 649. *Les jeunes Athéniens et Athéniennes, tirant au sort, d'après M. Peyron*; par M. Beisson, Elève de M. Wille.

La remarque placée à la fin de l'article précédent s'applique à celui-ci. D'ailleurs cette gravure manque en général d'effet ; il ne faut peut-être accuser que le Tableau. Cependant le Graveur doit se reprocher d'avoir mis aussi trop d'égalité dans les tons et dans le travail. Quoique ce travail soit généralement d'un beau burin, celui des chairs ne semble pas assez doux, en comparaison du reste qui est très-propre, le fond est trop noir, il ne fuit pas, et cela parce que les devans ne sont pas accusés avec vigueur ; malgré ces légères imperfections, qu'il est facile de faire disparaître, cette gravure est d'un beau dessin, les draperies et les accessoires sont d'une heureuse exécution.

N°. 661. *Hercule et Télèphe, d'après le dessin de Vautier ;* par M. Bourgeois, Elève de M. Wille.

N°. 652. *Pausidippe, d'après le dessin de Ingres ;* par le même.

Ces Gravures d'un beau trait et d'une belle manœuvre, rappellent d'abord le talent particulier, mais froid du maître de cet Artiste, aussi manquent-elles de vigueur. Quelques tailles, notamment celles d'un bras, sont dirigées dans un mauvais sens, qui contrarie l'effet.

N°. 574. *La Madeleine dans le Désert ;* par Wanderwerff, dessiné par Molinchon, et par Balbon, Elève de M. Dupuis.

La plupart des Tableaux Flamands ne plaisent que par le charme de l'effet et de la Couleur : on connaît l'incorrection et la trivialité de leur dessin. Malheureusement les défauts de l'original sont encore outrés dans la gravure ; et le charme du Burin ne remplace pas celui de la Couleur qui lui manque.

N°. 668. *La transfiguration, d'après Raphaël*; par M. GIRARDET.

N°. 669. *L'enlèvement des Sabines, d'après le Poussin*; par le même.

Les Gravures de cet Artiste, sont d'un Burin très-précieux, dont la finesse nous rappelle celui de Fiquet; mais cette exécution trop léchée approche aussi de la sécheresse des Gautier et autres *petits Maîtres* (1): elle s'éloigne du sentiment que M. Girardet avait mis dans quelques productions précédentes; au reste le style du dessin, la vigueur de l'effet joint à la beauté du Burin, donne beaucoup de prix aux ouvrages de cet Artiste. Il est à désirer que l'Administration qui fait graver les chef-d'œuvres du Muséum, l'employe pour tous les ouvrages délicats de sa collection.

N°. 666. *Portrait d'un jeune homme, d'après Raphaël*; par M. ESQUIVEL de Sotomayor, Elève de M. BERWICK, pensionnaire du Roi d'Espagne.

Les Espagnols ont eu des Artistes célèbres, et cette généreuse Nation paraît destinée à briller encore dans les Arts, si on en juge seulement d'après les Elèves qui se forment aujourd'hui en France. Malgré notre sévérité envers M. Apparricio, nous avons rendu justice à ses talens en peinture. M. de Sotomayor paraît fait pour obtenir un nom dans la gravure. Il cherche la manière de Morghen, et l'imite, quoique de loin, assez heureusement pour faire espérer un rare talent dans ce genre pur et précieux.

N°. 662. *La famille de Gérard-Dow*; par M. de FREY.

Cette planche appartient à l'Auteur.

Cette planche rend fort bien la manière et le goût de

---

(1) On appèle ainsi des graveurs du 16e. Siècle.

Rembrant et de Schmitz; on y retrouve la vigueur, les effets de lumière, de ces Maîtres, enfin la touche originale et spirituelle de Rembrant. Une telle comparaison dispense de dire que c'est un fort belle gravure *dans ce genre* : mais ce genre doit-il être imité? je suis loin de le croire.

N°. 661. *Bataille de Marengo, d'après le Tableau de M. le Jeune, gravée (par ordre du Gouvernement)*; par M. Coisny.

Je trouve enfin ce que je cherchais, une Gravure d'un Tableau Héroïque et d'un intérêt National, Universel.

Journée de Marengo, salut! voilà donc les plaines où les destinées de l'Empire français et celles du monde furent prononcées.

Je reconnais tous ces Héros, et combien je suis fier alors de ne pas être inconnu à quelques-uns d'entre eux. Je frémis de leurs périls, de ceux de l'Etat. Il est sauvé. Salut! ô journée de Marengo! la plus mémorable des journées que doivent rappeller les annales du monde, puisque tu es en quelque sorte le grand anneau auquel vient s'attacher toute cette chaîne d'exploits d'éternelle mémoire, dont le dernier est toujours plus brillant que le premier.

Avec quelle espèce d'idolâtrie des Erudits, retrouveraient aujourd'hui le plan, que dis-je, tous les détails de la journée de Marathon. Les manœuvres, les traits des Généraux, l'attitude, le costume des combattans, l'aspect du site, enfin la physionnomie des hommes, des lieux, du combat? et nous Français, nous qui faisons partie de ce triomphe et par l'héroïsme de nos frères, de nos amis, de nos parens, et par notre légitime reconnaissance, et par un juste sentiment d'orgueil National, quelle impression, quelle espèce de palpitation ne devons-nous pas éprouver, en nous trouvant tout-à-coup transportés sur ce vaste théâtre de Gloire.

C'est ici que la représentation exacte de l'objet, c'est-à-dire la vérité, l'histoire, dont nous devenons alors témoins oculaires, louent mieux que nos poëmes, et le Héros qui nous gouverne, et les illustres Guerriers qui, au moindre de ses signes, volent comme la foudre.

Nous avons rendu une éclatante justice au mérite particulier de M. le Jeune, dans ce genre de Tableaux, genre dont il est pour ainsi dire le créateur : il ne nous reste qu'à examiner si la traduction de cette grande page héroïque est fidèle.

Cette gravure est une des plus belles du salon : elle retrace avec fidélité tout le tableau de M. Lejeune. On y retrouve avec autant d'intérêt que de clarté, les nombreuses figures et tous les détails; malgré leur petitesse, ces figures sont touchées avec esprit, finesse et fermeté; l'harmonie, la couleur et les plans de l'original sont bien accusés, ces derniers sont peut-être un peu trop poussés au noir, et par conséquent ne fuyent pas assez. Le mérite du dessin s'y trouve.

On voit que M. Coisny n'épargne aucune étude pour bien faire; il grave tout lui-même dans ses planches, et comme il avait beaucoup de chevaux à figurer, il est allé en dessiner plusieurs à l'Ecole Vétérinaire : il étudie ainsi la nature dans toutes les autres parties de son art. Alors il se rend un compte exact de tout. Nous proposons cet exemple à beaucoup de graveurs, qui sachant à peine dessiner, copient machinalement, et estropient la plupart des tableaux qu'ils gravent, malgré les calques et les carreaux de réduction dont ils s'aident. Gérard Audran ne s'est immortalisé par ses gravures, que parce qu'il était l'un des meilleurs dessinateurs de son temps, et il dut ce talent à l'étude assidue de la nature.

M. Coisny a la gloire d'avoir pour élève M. Richeaume, qui a remporté le prix de gravure.

N°. 689. *La bataille de Marengo, d'après Carle Vernet*; par M. PONCE.

Cette belle gravure rend bien le maître, et tous les détails de son magnifique tableau. On retrouve aussi dans la finesse et l'esprit des figures, le talent bien connu de M. Bertaux.

M. Ponce est un artiste habile, lettré, et qui a fait ses preuves dans plus d'un genre.

M. Bertaux n'a guères de rivaux. Il suffit d'indiquer le nom de ces deux artistes, celui du Peintre et le choix du sujet pour en faire l'éloge.

N°. 678. *Arlequin, égoïste et gourmand*; d'après SICARDI, par M. MÉCON, éléve de MM. GODEFROY et ROYER.

N°. 679. *Pierrot qui se brûle*; d'après SICARDI.

Ces gravures n'ont pas le charme ni les graces des ouvrages de Sicardi; cependant elles ne sont pas sans mérite, et l'on y retrouve le caractère des figures et le dessin des *originaux*, mais elles manquent de fermeté dans l'exécution.

N°. 680. *Robinson, après plusieurs années de séjour dans son île, aperçoit pour la première fois la trace d'un pas d'homme*; par M. NIGER, de la ci-devant académie.

N°. 681. *Robinson, après avoir sauvé Vendredi, l'amène dans sa demeure*; par le même.

Le travail de ces gravures n'est pas assez doux; il manque en général de goût et de finesse; mais les sujets en sont très-heureux. Qui n'aime à revoir Robinson. L'auteur des tableaux, M. Mongin, en a fait deux véritables drames. La simplicité de la composition en est le second mérite, et la vérité le premier.

Les plantes font connaître le site, les armes sont celles du temps.

Un tableau, ou plutôt une scène très-pathétique, composée avec un seul personnage, est un véritable tour de force.

La trace d'un pas d'homme suffit pour exalter ici l'effroi et le porter au plus haut degré.

Le contraste de l'autre tableau rafraîchit le cœur et la pensée.

N°. 672. *Plusieurs gravures au trait, du sixième et dernier volume du Musée des Monumens Français ;* dessiné par PERCIER, et gravé par GUYOT et PERCIER.

N°. 673. *Plusieurs gravures du portefeuille des Artistes, publiées et gravées* par A. LENOIR et L. GUYOT.

Le n°. 672 termine cet ouvrage dont l'intérêt va en croissant, et justifie la réputation des artistes célèbres qui l'ont entrepris, et qui, en réunissant leurs talens, acquièrent de nouveaux titres à la gloire et à notre reconnaissance.

L'amitié que je leur ai vouée me défend d'étendre cet éloge, mais aussi me permet d'être juste.

Je rapporterai ici l'opinion générale sur ces gravures.

On y remarque beaucoup de vérité dans le dessin ; et le style des différens siècles y est bien caractérisé. La pointe de ces gravures est maniée avec goût et légéreté.

Les différens articles du n°. 673, sont dessinés avec soin et gravés avec esprit ; leur exécution et leur utilité répondent parfaitement à leur titre.

N°. 676. *Deux Satyres, bronzes antiques.*

N°. 677. *Portrait du Cardinal Bentivoglio, d'après Van-Dick ;* par M. MASQUELIER, pensionnaire de l'Ecole de France à Rome, élève de son père et de M. LANGLOIS, aîné.

Le trait de ces ouvrages est pur, le burin agréable, et l'exécution facile et vigoureuse.

Cet artiste a eu part à la médaille d'or décernée par le jury en l'an 10, pour l'entreprise de la galerie de Florence, et il est le premier qui ait remporté le grand prix de gravure nouvellement institué.

N°. 692. *Saint-Michel terrassant le démon, d'après Raphaël;* par M. Tardieu.

On y reconnaît l'exactitude, le soin et la propreté qui distinguent le talent de M. Tardieu.

N°. 693. *Jupiter et Léda, d'après le Poussin;* par Van-Gellisty.

L'auteur regretté de tous les amis des arts, avait commencé cette gravure avec le talent qui lui avait mérité ses succès et sa réputation, il périt tragiquement avant que la planche fût très-avancée; on fût alors forcé de recourir à une main étrangère, on ne l'aperçoit que trop : car cette planche a été si mal continuée, et tellement gâtée que l'on yretrouve à peine les traces du burin qui l'avait créée.

N°. 690. *Jules-Romain, d'après le Tableau qui se voit au Musée Napoléon;* par Potrel.

Cet ouvrage fait beaucoup d'honneur à l'artiste qui a gagné le second prix. Il a bien saisi l'esprit et l'effet de son tableau : on voit qu'il s'attache plus à rendre la couleur, le sentiment et l'effet de son modèle, qu'à buriner proprement et froidement.

N°. 691. *Portrait de M. Bernardin de Saint-Pierre;* par Ribault, élève de M. Ingouf.

Fait très-proprement et d'après un beau dessin un peu

froid de M. Lafitte; en général il n'y a ni assez d'effet ni assez de Coloris dans cette gravure, qui d'ailleurs comme portrait, a le mérite d'être très-ressemblante.

No. 687. *Saint-Michel, d'après Raphaël.*

No. 688. *Saint-Roch, d'après M. Rubens ; par* PIGEOT, élève de M. LANGLOIS l'aîné.

Cet artiste donne trop à la propreté du burin; ses ouvrages sont froids, et ne sentent pas la couleur comme ceux du Bolsvert et du Westerman qui ont gravé ces sujets.

No. 685. *La mort de Saint-Bruno, d'après le Sueur.*

No. 686. *Le triomphe de Flore, d'après le Poussin;* par NIQUET.

Ces gravures sont poussées un peu trop au noir en raison de la dimension à laquelle il faut avoir égard pour ces tons forcés; d'ailleurs, le tableau de le Sueur, l'un de ses chef-d'œuvres, est sublime par son effet; bien éloigné d'être noir, il est au contraire transparent et harmonieux, quoique composé de masses blanchâtres. Cette gravure est d'un travail et d'un burin agréables.

No. 684. *Plusieurs vues de Constantinople et des environs ;* par M. NÉE.

Toutes ces vues sont tracées avec beaucoup de finesse et de netteté, si on en juge par les fabriques et les autres détails qui se distinguent, et dans lesquels on reconnait le talent de M. Duparc dans la gravure des ciels, et sur-tout celui de M. Pillement dans ses paysages; les figures sont lourdes et mal dessinées.

N°. 670. *Les Cascatelles de Tivoli, d'après le dessin de M. Baltard.*

N°. 671. *Un paysage, d'après Orisonti;* par GODEFROY.

Ces gravures, sur-tout la cascade, sont faites avec goût et finesse, *les tailles y sont propres à chaque chose*, et ce mérite rare appartient particulièrement à M. Godefroy. J'y retrouve encore son burin doux et spirituel; il y a peut-être un peu d'égalité dans l'effet, sur-tout dans celui du fond, qui ne fuit pas assez.

N°. 663. *Belisaire, d'après Gérard;* par M. DESNOYER.

Cette Estampe se trouve chez l'Auteur.

N°. 664. *Statue, d'après le dessin de Ingres, pour la collection de MM. Robillard, Péronville et Laurent;* par le même.

N°. 665. *Portrait d'Humbolt, gravé à l'eau forte, d'après un croquis de Gérard;* par le même.

La gravure du Tableau de Belisaire, justifie la grande réputation de l'Artiste : ce qui achève de lui donner beaucoup d'intérêt, c'est qu'on y trouve quelques détails ajoutés par M. Gérard, depuis qu'il a livré au public ce Tableau capital.

Le Casque de Belisaire est pendu à sa ceinture, la draperie est mieux jetée.

La gravure offre une légère incorrection. L'épaule et les genoux du jeune homme sont d'une maigreur qui n'existe pas dans le correct original. Quant à la manœuvre, elle est parfaite; mais la trop grande propreté du Burin y communique un peu de froideur, et nuit à l'effet général, ensorte que cette gravure n'a pas l'effet piquant de la Jardinière, où l'Artiste a déployé un talent si distingué. Cependant

33.

celle-ci par le sujet du Tableau et par son chaud coloris était susceptible d'en produire un plus grand : peut-être aussi que les tailles des chairs ne sont pas assez douces, en comparaison de celles des draperies, ou que le travail de celles-ci ne s'en éloigne pas assez. Malgré ces observations, cette Estampe se recommande par la beauté des têtes et par leur expression, par la manière dont le Paysage, l'eau et le ciel sont gravés, sur-tout par la pureté, la vigueur et la beauté du Burin.

Le N.° 664 est d'un trait pur de dessin, et d'un Burin propre et gracieux.

N°. 665. Pourquoi le Portrait du célèbre voyageur Humbolt, n'est-il qu'un croquis?

L'antiquité lui aurait élevé une statue; alors un nouvel Homère aurait composé une Odyssée plus intéressante que l'ancienne.

La seule idée des projets que M. Humbolt osa concevoir, étonne et subjugue l'imagination, mais ce qu'il exécuta dépasse la mesure des pensées ordinaires.

Enfin l'enthousiasme de la science, l'amour de l'humanité, les plus nobles comme les plus courageux sacrifices faits, avec une espèce de prodigalité, à la passion sans bornes d'être utile, la vertu inséparable de la plus solide célébrité; voilà ce qui caractérise M. Humbolt, voilà ce qui semblait commander à l'Artiste bien digne d'apprécier ce langage, un nouveau chef-d'œuvre. Au reste ce Croquis est charmant, il représente M. Humbolt, à-peu-près à l'âge de 25 ans, il a une heureuse physionomie, dont l'expression calme et réfléchie, annonce une tête pensante. La gravure faite de rien, est touchée avec douceur, esprit, finesse et légéreté.

N°. 644. *Un Cadre renfermant plusieurs Médailles ; par* M. ANDRIEU.

Explication donnée par l'Auteur.

« Le rétablissement du Culte : prix remporté par l'Au« teur. — L'entrevue des deux Empereurs. — La Médaille « de mariage de la Princesse Stéphanie - Napoléon avec « le Prince Louis de Bade. — La paix de Presbourg, « représentée par le Temple de Janus. — Actions de graces « pour la paix, par la Cathédrale de Vienne. — Souverainetés « données, figurées par plusieurs Couronnes posées sur une « Table. — Portrait du Prince Joachim. Pièce de monnaie ».

Le beau talent de M. Andrieux est aujourd'hui bien apprécié.

Toutes ces Médailles sont d'un travail facile et agréable, mais quoiqu'assez bien dessinées, elles n'égalent pas la Médaille de la bataille de Marengo, qui est une des meilleures productions de l'Artiste, et pour le dessin et pour la finesse de l'exécution.

Je ne suis pas étonné qu'il ait été alors véritablement inspiré, et comme échauffé du génie de son sujet.

N°. 675. *Un Cadre renfermant plusieurs Médailles ordonnées par le Gouvernement ;* par M. IALEY, Elève de MM. MOITTE et DUPRÉ.

Explication donnée par l'Auteur.

« Commençant par la droite, la couronne d'Agilulphe ; — « reddition d'Ulm et Memmingen ; — la bataille d'Austerlitz ; « — création de l'ordre de l'aigle ; — plan de la fête donnée au « camp de Boulogne, lors de la distribution des Croix ; — la « Cathédrale de Paris ».

L'Artiste annonce du talent ; il y a des parties bien exécutées, telles que la Cathédrale de Paris, qui est heureusement en perspective et coupée avec finesse et netteté; mais dans celle où l'on voit l'Empereur sur un Char, on remarque plusieurs fautes de dessin : les chevaux lourds, ronds, sans formes ni muscles, et les deux figures de Rois sont petites au point de n'en rien distinguer. En général ces Médailles ne sont pas assez bien modelées; cependant le travail en est ferme, il offre une belle facette d'outils, et l'on voit que l'Artiste, en continuant de travailler avec la même ardeur, peut aller loin, s'il s'attache à modeler et à dessiner d'après Nature, afin de pouvoir bien se rendre compte de ce qu'il grave; d'autant qu'il est déjà un de ceux qui dessinent le mieux, car la plupart des graveurs en ce genre négligent malheureusement la partie du dessin.

N°. 667. *Un Cadre renfermant plusieurs Médailles*; par GALLE AINÉ.

Explication donnée par l'Auteur.

« N°. 1. Conquête de la Haute-Egypte. — 2. Médaille « ordonnée par la Préfecture de la Seine, et présentée à « l'Empereur aux fêtes du Sacre. — 3. Prise de Vienne et « de Presbourg. — 4. Le retour d'Egypte, et l'arrivée de « Napoléon à Fréjus. — 5. Sceau de l'Empire, ordonné par « son Excellence le Ministre de l'Intérieur ».

La plupart des Artistes qui gravent des Médailles, auraient besoin de faire des études sérieuses d'après Nature, et de s'exercer davantage. De toutes les productions de ce genre, exposées cette année, la plupart sont mal dessinées, et l'on voit que leurs Auteurs savent à peine modeler. Les Médailles du n°. 667, sont coupées nettement et avec fermeté; mais le travail en est un peu maigre et sent le métier : enfin les figures sont incorrectes.

N°. 694. *Un Cadre de pierres fines gravées ;* par M. Verger.
Explication des Sujets donnée par l'Auteur.

« Un Enfant exprimant dans sa bouche le suc d'une « grappe de Raisin. — La Vénus à la coquille du Titien. — « Un Portrait de jeune femme, sous la figure d'Hébé. — « Un Portrait de femme en miniature ».

Toutes ces pierres sont d'un travail agréable et les sujets en sont gracieux ; mais le défaut de correction dans le dessin de quelques-unes des figures, se fait encore trop sentir.

CONCLUSION.

Comme la gravure sur métaux et sur pierres fines, non-seulement éternise en quelque sorte le sujet qu'elle représente, mais encore immortalise l'Artiste, et porte à travers les siècles le témoignage de l'état des Arts, et de la civilisation à telle ou telle époque, on ne saurait assez insister sur la nécessité d'exclure de ce genre la médiocrité, et sur-tout d'y apporter la plus grande perfection de formes, c'est-à-dire le plus beau style de dessin, soit dans les sujets sublimes, soit dans les sujets gracieux.

L'exiguité du module n'est pas un obstacle. Les anciens ont su être grands dans les plus petites choses.

Les Médailles de la grande Grèce, et sur-tout celles de Syracuse, montrent et révèlent aussi bien la supériorité des grecs dans les arts du dessin, que leurs plus belles statues. Leur génie semble avoir passé dans les pierres gravées qu'ils nous ont laissées. Simplicité de la composition, vérité des attitudes, expression des figures, beauté des formes, pureté du trait, style tour-à-tour énergique et gracieux, pensées ingénieuses sans recherche, naïveté sans bassesse, précision sans sécheresse tout s'y trouve, et par dessus tout, l'Art de produire beaucoup avec peu.

Ces modèles sont sous les yeux ; ce n'est pas assez, il est tems qu'ils revivent autre part que dans les Musées et dans les cabinets, et qu'ils se reproduisent sous la main et par l'inspiration de nos Artistes.

Et quel temps fut jamais plus fertile en Miracles !.. RACINE.

Les Français n'ont plus aujourd'hui de rivaux que dans les Arts de l'antiquité. Il faut aussi vaincre cette gloire des Grecs dans les beaux Arts. Le grand Napoléon appelle nos Artistes à cette conquête.

TABLE DES DIVISIONS.

TABLE ALPHABÉTIQUE
DES NOMS D'AUTEURS.

ABRÉVIATIONS.

P. signifie *peint* ou *peintre*.
S. — *sculpteur* ou *sculpture*.
A. — *architecte* ou *architecture*.
G. — *graveur* ou *gravure*.
D. — *dessinateur* ou *dessin*.
El. signifie *élève*.
en M. — *en marbre*.
en P. — *en pierre*.
en Pl. — *en plâtre*.

TABLE DES MATIERES.

A

B

C.

TABLE DES PLANCHES.

FIN.

ERRATA.

Page 110, ligne 28. Pierre Vanloo; *lisez*, Carle Vanloo.

Page 115 et suiv. *Titre courant.* Scène du Déluge; *lisez*, Scène de Déluge.

Page 366, lig, 10, *après les mots*, nouvelle Emilie; *ajoutez*, elle inspira les vers, etc.

Page 383, lig. 24; *ajoutez*, par M. Turpin.

Page 405, lig. 16, Simon; *lisez*, Cimon.

Page 407, lig. 22, *après*, No. 12. Un Paysage, par Bacler d'Albe; *ajoutez*, Pâris blessé mortellement, implore envain les secours d'Œnone.

Page 457, lig, 1, Scène-pantomine; *lisez*, pantomime.

Page 507, lig. 20, La Madeleine dans le désert, par Vanderverff, dessiné par Molinchon; *ajoutez*, gravé par Halbon.

Ibid. lig. 21, par Balbon, *lisez* Halbon.

AVIS AU RELIEUR.

A commencer de la feuille 18, la pagination est fausse, jusques et compris la feuille 20. *Au lieu de* 173, *lisez* 273, et continuez jusqu'à la page 220, qui doit être 320.

www.ingramcontent.com/pod-product-compliance
Lightning Source LLC
Chambersburg PA
CBHW051340220526
45469CB00001B/40

* 9 7 8 2 0 1 2 7 2 9 1 1 7 *